Dreizehn Meter Flur

Eine Geschichte
vom Kampf um Liebe,
dem Verlust der Würde
und dem Beginn eines neuen Lebens

Zum Autor:

Eberhard Lempelius, geboren 1943, arbeitete nach Beendigung seiner Trinkerkarriere 25 Jahre soziotherapeutisch als Fachkrankenpfleger auf einer Entwöhnungsstation im Klinikum Bremen-Ost.

Seit seiner Berentung im Jahr 2008 referiert er häufig bei Fachtagungen als Experte in der Pflege suchtkranker Menschen.

Sein Werdegang bis zu seiner Tätigkeit als Krankenpfleger, findet vor vielen unterschiedlichen Kulissen statt:

In der rauen Welt der Seeleute und Kraftfahrer, im Kieler und Hamburger Rotlichtmilieu, in Kasernen, auf der Strasse, in Kneipen und in der Gosse...

Veröffentlicht im ebilius-verlag
www.eberhard-lempelius.de
Februar 2011

ISBN 978-3-00-033744-4

Gestaltung, Layout und Satz: Eberhard Lempelius
Druck und Verarbeitung: Jürgens Druck, Hamburg

Nur belehrt von der Wirklichkeit
können wir die Wirklichkeit
ändern

Berthold Brecht (1898 – 1956)

Geleitwort

Mit großem Vergnügen erfülle ich die Bitte ein Geleitwort zu formulieren, für dieses, von meinem ehemaligen Mitarbeiter (oder war ich sein Mitarbeiter?) verfasste biografische Buch. Seit geraumer Zeit lässt er mich an dessen Entstehungsgeschichte teilhaben.

Als ich als junger Chefarzt 1983 meine Tätigkeit in der Bremer Suchtklinik (Sebaldsbrück) aufnahm, stieß ich dabei auf eine Schar von Mitarbeitern, deren enormer therapeutischer Enthusiasmus ganz offenkundig dazu führte, dass die Überzeugtheit von der Richtigkeit ihres Tuns auch in die Gemüter ihrer Patienten Eingang fand. Die Folge war, dass die Einzigartigkeit und der Erfolg ihrer Therapie nicht angezweifelt werden durften. Dazu kam, dass die Abgelegenheit der Suchtklinik von der allgemeinen Psychiatrie zu einer intensiven Suchttherapeutenkohäsion geführt hatte, in der Zweifler, Grübler, Andersdenkende oder gar Neuerer nur mit Mühe ihre Position behaupten konnten.

In dieser Situation war es für mich umso erfreulicher, dass im Laufe der ersten Monate meines dortigen Tätigseins der inzwischen zum Autor avancierte Eberhard Lempelius hinzustieß und durch seine forsche Art prekäre Situationen aufzulockern verstand, indem er sich mit Anzeichen von Selbstzweifel und Ironie, ja sogar mit der selteneren Form der Ironie, nämlich der Selbstironie, einbrachte. Dies konnte ihm, ohne Schaden zu nehmen, deshalb gelingen, weil er als trockener Alkoholiker das Geschehen gewissermaßen auf einer höheren Bewusstseinsstufe, vom „Glaubwürdigkeitsolymp“ aus, verfolgen und kommentieren durfte. Als alkoholkranker Therapeut konnte er immer eine geringe Kritikrate für sich verbuchen. Es fehlte nicht mehr viel und er hätte den päpstlichen Unfehlbarkeitsanspruch für sich erheben können

Bei Eberhard Lempelius wäre ich damals nie auf die Idee gekommen, dass er ein „Frischling“ in der Alkoholkrankentherapie sei, was ich erst nachträglich seiner Biographie entnehmen konnte, trat doch auch er konfrontierend auf wie ein „5-Sterne- Suchttherapeut“. Bestätigt fühle ich mich in dieser Einschätzung, wenn ich in seinem Werk lese, dass er mich damals als einen in der Suchttherapie wenig erfahrenen Arzt eingeschätzt hatte, obwohl wir beide, was die Dauer anging, ungefähr gleiche lange Suchttherapieerfahrung hatten. Was die Qualität dieser Erfahrung angeht, war sie natürlich sehr unterschiedlich.

Nicht nur aufgrund der dann über mehrere Jahre gehenden Zusammenarbeit, sondern vor allem aufgrund der entstandenen Sympathie füreinander, ganz abgesehen davon, dass der Suchtkrankentherapeut Eberhard Lempelius öfter mal ein gutes Wort für den Chefarzt in den Teams einlegte, machte mir die Lektüre der biographischen Aufarbeitung seines „Alkoholikerdaseins mit gutem Ausgang“ besonderes Vergnügen. Herr Lempelius hat mit gewissen literarischen Kniffs und seiner teilweise circulären Erzählform total spannend seine Geschichte aufbereitet. In der Art seiner Darstellungen unterscheidet er sich auch von der sonst üblichen (Ausnahme: J. Seiler mit „Blaupause“) Betroffenheitsliteratur, weil er es versteht, auch anrührende Momente immer mit einem kleinen Schuss Ironie zu belegen, unveränderlichen Situationen sarkastisch zu begegnen, auch hier und da ein wenig Zynismus hineinspielen zu lassen, immer aber auch sich selbst ein wenig auf die Schippe nehmen zu können. An keiner Stelle des Buches, was für mich sehr wohltuend ist, klingt durch: „Seht her, so tief steckte ich in der Scheiße, so wie ich muss man es machen, um wieder herauszukommen!“. Bewegend ist auch die ungebremste Freude, die er über das Erreichte vermittelt.
Für Leser, denen die persönliche Bekanntschaft mit Eberhard Lempelius nicht gegönnt ist, wird sich schon nach den ersten Seiten des Lesens ein Drang einstellen die Geschichte weiter zu verfolgen.

Lempelius straft unser Buch „Mit dem Rückfall leben“ insofern Lügen, als er einer der wenigen ist, die offenbar mit nur einem Aufenthalt in einer Suchtklinik und anschließenden Selbsthilfegruppebesuchen ein für allemal (zumindest bis jetzt) die Kurve gekriegt haben, wobei bei ihm, als erfolgreichem Krankenpfleger, auch heute noch der Schmerz über „vergeigte“ Jahre herausklingt, aber auch ein gewisser Stolz spürbar ist, so gewesen zu sein, aber jetzt nicht mehr so zu sein. Aus „Lümmel“ wurde Pfleger Eberhard und dann Herr Lempelius, der langjährige Pflegeleiter einer Motivationsstation und soziotherapeutisch arbeitender Krankenpfleger im Entwöhnungsbereich

Im Unterschied zu der schon angesprochenen Betroffenheitsliteratur, die aus unserer Sicht überwiegend dazu dient, anderen Betroffenen einen Einblick zu gewähren und ggf. Mut zu machen für ein trockenes Dasein, liest sich Lempelius's Buch auch für Unbetroffene faszinierend, so dass eine Lektüre in nur zwei Portionen durchaus nicht abwegig ist. Außerdem erfährt der interessierte (Sucht-) Laie über dieses „Fallbeispiel“ auf lebhafte und spannungsgeladene Art und Weise sehr viel Aufschlussreiches über Entstehung, Verlauf und Ausstiegsmöglichkeiten eines Suchtprozesses.

Ich, als ein in der Suchttherapie tätiger Arzt, hoffe auch in eigenem Interesse, dass Lempelius's „Dreizehn Meter Flur“ viele Leser findet.

Gunther Kruse, Bremen im April 2006

Vorwort des Autors

Nachdem ich im März 1977 aus meiner Suchttherapie entlassen wurde,war ich sehr erpicht darauf, Bücher zu lesen, die etwas mit Alkoholismus zu tun hatten. Insbesondere interessierte ich mich für Berichte, in denen Betroffene schilderten, auf welche Art sie dem Alkoholismus verfallen waren und wie sie es geschafft hatten, sich aus ihrer Gosse zu befreien.. Diese Literatur half mir sehr dabei, Mut für mein eigenes Abstinenzvorhaben zu fassen und es erfolgreich anzugehen. Und so entstand in mir schnell die Idee, auch „irgendwann mal" solch ein Buch zu schreiben, welches „Abstinenz-Neulingen" über ihre Startschwierigkeiten hinweg helfen könnte. Von der schnell aufkeimenden Erstidee bis zur Veröffentlichung dieses Buches vergingen allerdings fast 30 Jahre. Aber jedermann weiß: Nichts vergeht schneller als die Zeit, und so bin ich froh, dass ich es doch noch geschafft habe, mein Vorhaben nach vielen Versuchen und Selbstzweifeln, auch langen Faulheitsepisoden (oder waren es eher schöpferische Pausen?) zu verwirklichen...
Mittlerweile hat sich das Spektrum des Publikums, welches ich mit den Inhalten dieses Buches ansprechen möchte, jedoch erweitert:
Ich will auch Menschen erreichen, die nicht süchtig sind, aber entgegen gängigen Vorurteilen sich dafür interessieren, wie ein Suchtprozess entstehen kann, wodurch er begünstigt wird, wie er verläuft und welche Ausstiegsmöglichkeiten dem Betroffenen möglich sind. Wohlgemerkt: in meiner Biografie beschreibe ich meinen Weg, und es gibt viele andere, die sich aber oft ähneln. -- Auch dem meinigen.
Ich biete professionellen Helferinnen und Helfern, die als AnfängerInnen in der Suchtarbeit einsteigen wollen, an, aus diesem „Fallbeispiel" über einen Suchtverlauf Erkenntnisse zu gewinnen, die sie daraufhin vielleicht in der Beziehungsarbeit mit ihrem Klientel konstruktiv umsetzen können. Allerdings empfehle ich nicht, den damaligen „nur-problemorientiert-konfrontativen" Behandlungsstil zu übernehmen, sondern sich modernen, empathischeren und „auch-reccourcen-fördernden" Therapieformen zu widmen, wobei in der

Suchtarbeit meiner Meinung nach das konfrontative Gespräch nach wie vor ein Teil des Therapeuten-Handwerkzeugs bleiben wird und auch bleiben muss.
Außerdem halte ich es für möglich, dass auch Angehörige, Freunde oder Kollegen von suchtkranken Menschen aus diesem Buch Nutzen für sich ziehen können, um Alkoholikern oder anders süchtigen Menschen sicherer zu begegnen. Insbesondere in Bezug auf (sehr oft) erforderliche Abgrenzung.
Und es wäre schön, wenn suchtgefährdete Menschen durch das Lesen dieses Buches ihren Suchtkonsum in Frage stellen und ihre Talfahrt bremsen könnten... (Allerdings hätte ich mich in meiner wilden Zeit einer solchen Literatur verweigert oder mich allenfalls lustig darüber gemacht.)
An Hand meiner Autobiografie möchte ich außerdem deutlich machen, wie wichtig es ist, Kindern nicht die elterliche Identität mit fragwürdiger Autorität überzustülpen, sondern ihnen so weit wie möglich die eigene zu überlassen, diese zu erkennen und intensiv zu fördern!
Ich bitte um Verständnis dafür, dass ich in meiner Biografie sehr wenig über mein Verhältnis zu meinen Geschwistern schreibe. In diesem Buch geht es vornehmlich um mich, und ich möchte meine Schwestern und meinen Bruder nicht durch irgendwelche unachtsame Bemerkungen verletzen. An dieser Stelle möchte ich deutlich machen, dass ich mit meinen Geschwistern in Liebe verbunden bin, obwohl wir uns nicht sehr oft sehen.
Auch über die Frauen, mit denen ich partnerschaftlich verbunden war, habe ich nur das geschrieben, was ich für notwendig hielt und mich mit kritischen Bemerkungen bewusst zurück gehalten.

Letztlich möchte ich mein Vorwort nutzen, um mich bei einigen Menschen zu bedanken, deren Hilfe bei der Entstehung dieses Buches für mich unentbehrlich war.
Als erstes danke ich meiner Ehefrau Ulrike, die gleichzeitig meine Geliebte ist. (Das ist sehr praktisch!) Sie war sich nie zu schade, den Erstlesungen meiner frisch geschriebenen Kladdeverfassungen zu

lauschen und mich zu ermutigen, weiter zu schreiben und meine Selbstzweifel in Bezug auf mein schriftstellerisches Tun über Bord zu werfen. Außerdem hielt sie tapfer und tolerant meine Stimmungsschwankungen aus, denen ich während meiner Autobiografie-Verfassung unterlegen war.
Auch danke ich Kathleen Spinner, mit deren Hilfe ich meine Selbstdisziplin, dieses Buch zu schreiben, aufrecht erhielt.
Ich danke meinem „Autorenvater" Professor Gunter Kruse, der mich während der ganzen Zeit, die ich an diesem Buch schrieb, mental unterstützte und mich irgendwann per Telefon wieder aufrichtete, als ich ihm entmutigt mitteilte, dass einige Verlage mein Manuskript abgelehnt hatten.. (Er tat das auf recht konfrontative Art. In etwa so wie ein 5-Sterne-Therapeut...) Außerdem bedanke ich mich bei ihm für das freundliche, humorvolle und für mich sehr schmeichelhafte Geleitwort zu diesem Buch!
Mein Freund Jörg Mertsch war mir sehr behilflich, den Computer für mein Vorhaben zu nutzen und letzteren dabei auch kennen zu lernen. Danke, Jörg!
Als ich im Februar 2011 mein Buch im Eigenverlag, also im ebilius-verlag auf den Markt brachte, half mir meine Freundin und ehemalige Kollegin Anja Kopp sehr professionell bei den erforderlichen Arbeiten mit dem Computer, sowie bei der Gestaltung meiner Homepage. Sie hatte sich nämlich inzwischen zu einer kompetenten Computer-Fachfrau mit eigener Firma gemausert. Danke, liebe Anja!
Und es standen noch einige andere Menschen hinter mir, die mich immer wieder ermutigten, mein Buchprojekt zu Ende zu bringen. Besonders intensive Unterstützung erhielt ich dabei von Rolf Riebesell, Ruth Ahrens, meinem Schwager Udo Peschken, Utta und Hans-Gert Winter, sowie meiner Tochter Silke Lempelius.

Bremen, im Februar 2011, der Verfasser.

Schluss jetzt !

Endlich verschwindet sie.
Gott sei Dank ist sie jetzt draußen!
Nämlich Helga, die Frau vom Bootsmann, die auf diesem Schiff als Stewardess gemustert ist.
Kommt hier einfach in meine Kammer und hält mir auf penetrante Art einen Vortrag darüber, wie labil sie mich findet. Nüchtern sei ich ja ein feiner und auch brauchbarer Kerl meint sie, sobald ich jedoch eine Bierflasche ansetze und ein paar Züge nehme, kann man mich abschreiben, weil ich danach tagelang weiter saufe, unzuverlässig werde und etwas später zu nichts mehr zu gebrauchen sei.
„Warum bist du nur so labil und willensschwach?“, fragt sie kopfschüttelnd, als sie 'rausgeht und ergänzt: „Aber dafür hast Du ja jetzt Deine Quittung erhalten. Schade eigentlich.....“ und macht die Tür von draußen zu.
Dieses Ereignis findet im Dezember 1974 auf dem Frachtschiff "Friesenstein" der Hapag-LLoyd-Reederei statt.
Seit zwei Monaten fahre ich auf diesem Schiff als Matrose. Wir befinden uns auf der Heimreise von der Westküste Südamerikas. Die dortigen Seehäfen haben wir mit Stückgut beliefert und Kupfer, Kautschuk und Kaffee abgeholt.
Während der ersten Tage meiner Bordzugehörigkeit komme ich bei der Besatzung gut an. Ich bin ein geselliger Typ, habe oft einen schlagfertigen Spruch auf den Lippen und leiste brauchbare Arbeit. Und weil ich auch tarifpolitisch ein paar arbeitnehmerfreundliche Ideen zu äußern weiß, schlägt man mir vor, mich als Kandidat zur Bordvertrauensleutewahl der Gewerkschaft zur Verfügung zu stellen. Das schmeichelt mir natürlich! Gespräche dieser Art finden in der Regel nach Feierabend in gemütlicher Kollegenrunde bei Bier und dem einen und selbstverständlich auch dem anderen Schnaps statt. Über diese feuchtfröhlichen Abende werde ich hier an Bord schon in der zweiten Woche meiner Bordzugehörigkeit durch Trunkenheit im Dienst auffällig. Es kommt vor, dass man mich aus Sicherheitsgründen

von Deck schicken muss oder dass ich dort gar nicht erst erscheine, weil ich volltrunken bin. Mein Problem sieht seit einiger Zeit so aus: Immer, wenn ich nach tagelanger Alkoholabstinenz wieder ein paar Schluck nehme, kann ich nicht mehr aufhören und muss so lange trinken, bis es mir nur noch schlecht geht und ich „entziehen" muss. Dabei fühle ich mich immer furchtbar krank und elend.
Auf der „Friesenstein" gestalten sich meine Probleme gleichermaßen wie auf allen anderen Schiffen, zu deren Besatzungen ich während der letzten zwei Jahre gehörte: Das, wie auch auf jedem anderem Schiff übliche „Schwarze Brett", teilt der gesamten Besatzung schriftlich mit, dass der Matrose Lempelius für unbestimmte Zeit Alkoholverbot habe und dass es allen anderen Mitgliedern der Crew verboten sei, Herrn L. mit geistigen Getränken zu versorgen.
Erschwerend für mich und die gesamte Belegschaft kommt hinzu, dass ich unter Alkoholeinfluss nicht nur unzuverlässig, sondern auch aggressiv werde. Dadurch meiden mich in der Folge meine Mannschaftskollegen und die Themen „Bordvertretung, Vertrauensmann, Gewerkschaft" wird in meiner Gegenwart plötzlich nicht mehr erwähnt.
Ungeachtet meines Alkoholverbots besorge ich mir heimlich Stoff und versetze einige Leute mit meinem Trotzdem-besoffen-sein in Ratlosigkeit und Wut gegen mich – insbesondere meine Vorgesetzten!
Im Verlauf der Reise spitzt sich die Lage zu und ich erhalte auf der „Friesenstein" einen Tag nach Weihnachten noch auf See meine fristlose Kündigung. Das ist es, was Helga mit „Quittung" gemeint hat. Ich habe also „den Sack gekriegt". Das ist im Seemannsjargon die symbolische Bezeichnung für die Kündigung. Du bekommst vom „Alten" deinen Seesack mit deinen Klamotten ausgehändigt und kannst verschwinden...
Auf Grund dieser Maßnahme gegen mich werde ich zum Passagier umgemustert und muss meinen täglichen Verpflegungssatz selbst bezahlen. Der Betrag wird mir im Lohnbüro der Reederei von meiner Heuer abgezogen. Und sobald das Schiff in Bremen an der Pier liegt, habe ich es umgehend zu verlassen.

Aber nun wollen wir gedanklich zurückgehen in meine Kammer und verfolgen, was dort weiter geschieht :
Helga ist also draußen. Ich hole erst einmal meine Weinbrandflasche aus meinem Versteck. Sie liegt ganz unten im Wäschekorb unter meiner schmutzigen Wäsche. Ich öffne sie, nehme einen kräftigen Schluck und verschließe sie wieder. Nach kurzem Zögern wiederhole ich die Prozedur. Danach vergrabe ich die Buddel wieder in meiner Schmutzwäsche. Ich gerate ins Grübeln: ‚Quittung hatte sie gesagt... Ja, genau: Vor drei Tagen bekam ich den Sack! Auf See, Mann! Das gibt es nicht oft ---, da müssen schon schlimme Vergehen passieren! Na ja, so war es auch: Ständiges-besoffen-sein, daraus resultierendes Randalieren und Schläge androhen..., aber die sollen froh sein oder sogar dankbar, dass ich meine Drohungen nicht wahr gemacht habe! Ja, genau, das ist es: Sie sollten vor Dankbarkeit Kirchenlieder singen, dass ich keinen von ihnen abgerammt habe! Diese Weicheier! Und außerdem soll ich auch noch irgendwelche Paragraphen verletzt haben!' In meinem Zustand finde ich das sehr komisch und feixe: ‚Ich hab' mich weiß Gott schon heftigst 'rumgeprügelt, aber einen Paragraphen habe ich wirklich noch nie verwackelt. Hohoho.' Ich lache glucksend über meinen Witz, den ich in meiner Verfassung für einen guten Kalauer halte. Ich gehe wieder zum Wäschekorb, wühle die Flasche hervor, stelle sie auf den Tisch und setze mich zu ihr, betrachte sie und beginne mit ihr zu sprechen: „Warum verstecke ich Dich eigentlich noch? Wir beide sind jetzt hier alleine, mein Schatz! Keiner kommt hier mehr 'rein. Ich habe keine Kollegen und kein Alkoholverbot mehr. Ich fahre jetzt als Passagier zur See! Prost!“ Und noch einmal schraube ich den Verschluss auf und lasse mir eine beträchtliche Menge Weinbrand über die Zunge in den Schlund laufen. Ich grüble weiter: ‚Irgendwie ist es beschissen. Auch auf diesem Schiff kann mich keiner mehr leiden. Anfangs mochten sie mich doch, und dann wollten sie allmählich nichts mehr mit mir zu tun haben..., komisch...! Nur weil ich so'n Scheiß-Alkverbot bekommen habe, ist doch lächerlich...!'
Eigentlich ist dies eine Zweimannkammer, aber jetzt wohne ich alleine hier. Ungefähr zehn Tage vor meiner „Ummusterung“ sagte Gerd,

mein Mitbewohner: „Du kotzt mich an mit deiner verdammten Sauferei. Ich ziehe aus diesem Stinkstall aus, und zwar ein Deck höher, in die leere Stewardkammer. Ich verspreche dir, dass ich dich achtkantig rausschmeiße, wenn du mich dort in deinem Suff besuchen kommst!“ So spricht er, packt seine Klamotten und verschwindet. Seitdem meidet Gerd mich.
Ich sinniere weiter: ‚Ach, der kann mich doch am Arsch lecken; nur weil ich ab und zu mal besoffen bin, haut er ab! Na ja, vielleicht ist er etwas Besseres...Okay, es stimmt, dass einige Kollegen Wache für mich gehen mussten, wenn ich mal breit war... Aber sonst kamen wir doch alle gut miteinander aus - oder etwa nicht ?!'
Plötzlich schlägt meine Sufflaune um und ich beginne selbst anklagende Gedanken zu formulieren: ‚Aber irgendwie haben die auch Recht mit ihrer Moserei. Eigentlich habe ich hier, wie auf den meisten Schiffen zuvor, im Suff immer wieder Mist gemacht! Zuletzt bekam ich fast auf jedem Dampfer Alkoholverbot, weil ich immer unter Strom stand. Das geht bestimmt schon zwei Jahre so... Und nicht nur auf den Schiffen klappt nichts mehr. Egal, was ich mir vornehme, egal, was ich anfange, ich bringe es nicht zu Ende, weil ich vorher schon irgendwo besoffen in der Ecke liege! Und wenn ich noch weiter zurückblicke, läuft mein ganzes Leben schon so verpfuscht ab! Vom Gymnasium, wie auch von der Realschule, bin ich rausgeflogen und habe noch nicht einmal den Hauptschulabschluss geschafft ! Förster oder Tierarzt wollte ich werden! Aber jetzt fährt Eberhard, der Adoptivsohn eines Oberstudienrates, als Matrose zur See! Ich bin ein Versager!'
Selbst meine Landgänge versaue ich mir immer wieder, weil ich es einfach nicht mehr schaffe, meine Pläne zu verwirklichen, die ich zuvor schmiede. Ich nehme mir zum Beispiel vor, kurz bevor ich an Land gehe, gepflegt essen zu gehen, mir eine neue Jeans und ein paar flotte Hemden zu kaufen oder mir einen Wagen zu mieten, um die Gegend zu erkunden. Vor einigen Jahren ist mir das noch sehr gut gelungen. Heutzutage klappt das nicht mehr. Ich habe zwar nach wie vor diese Ideen, bin jedoch nicht mehr in der Lage sie zu verwirklichen. Und zwar deswegen, weil ich das Taxi, das ich mir bestellt habe, an der

erstbesten Kneipenleuchtreklame anhalten lasse, hineingehe und dort meistens versacke und meine Pläne im Alkohol ertrinken lasse. Oft gehe ich mit der Absicht an Land, mir ein wenig Zärtlichkeit und Sex zu kaufen. Aber auch davor entscheide ich mich inzwischen überwiegend für flüssige Stimmungsmacher. Meinen Schwanz kann ich danach zwar noch benutzen, aber leider nur zum Pinkeln.... Und irgendwann im Verlauf geschieht Letzteres manchmal sogar bei geschlossener Hose oder im Bett ! Es ist beschämend!

Neuerdings beginne ich, mich selbst beschimpfend, aufzuzählen, was ich mir alles durch meine Trinkerei zerstört habe. So auch jetzt: ‚Du blödes Schwein! Du hast zwei Ehen versoffen, man hat dir deine Tochter wegadoptiert, eine deiner Frauen hast du mit 3000 DM Schulden im Stich gelassen! Du warst auf der Seefahrtschule um ein nautisches Patent zu machen! Nach vier Wochen hast du das Handtuch geschmissen, du Niete! Du hast zig Arbeitsplätze wegen deiner Sauferei verloren, und immer mehr Menschen verachten dich, weil du sie nur noch enttäuscht!

Und dazu noch diese ständigen Prügeleien...! Da muss man doch die Schnauze voll von dir haben...! Weißt du was, du Drecksack? Du bist ein Scheißalkoholiker, mein Lieber! Genau das bist du! Du solltest die Welt von dir befreien und dich wegmachen. Das wäre zum Schluss doch mal 'ne nette Abschlussgeste, denn dieses Leben war von Anfang an sinnlos.-- Mach Schluss! Du musst dich gar nicht erst tot saufen, wie dein Onkel oder deine Mutter es getan haben. Nee, nee, das dauert zu lange...’ Nach einer weiteren Denkpause sage ich laut zu mir: „Schluss, jetzt! Du wirst dein Leben hier und jetzt beenden, und das wird das erste und einzige sein, was du in deinem Leben perfekt vollenden wirst!“

Langsam stehe ich auf und gehe steifbeinig zu meinem Spind, öffne ihn und hole unter der sauberen Wäsche eine unangebrochene Whiskyflasche hervor und aus einem Schuh ein Tablettenfläschchen. Alle meine Stimmungshelfer sind grundsätzlich versteckt. Ich weiß aber immer, wo sie sich befinden, egal wie voll ich bin. Auf dem Etikett des Tablettenfläschchens steht „Valium 10 mg“ geschrieben. Ich habe es

mir in Südamerika besorgt. Dort benötigt man kein Rezept, wenn man sich in einer Apotheke solche oder ähnliche Mittel besorgen will. Ich benutze diese Pillen als Schlafmittel oder als Entzugsmilderer, wenn ich wieder einmal nicht mehr weiter saufen kann oder will. „Whisky und Valium werden dir hinüberhelfen“, sage ich zu mir. Vor einigen Monaten hat mir nämlich eine Krankenschwester erzählt, dass Valium, in Verbindung mit einer „ordentlichen“ Menge Schnaps ein todsicheres Selbstmordmittel sei.
Ich öffne die 12 years old- Flasche und stelle sie auf den Tisch. Daneben schütte ich die Tabletten und zähle sie. Es sind 29 Stück. „Jetzt will und werde ich sterben“, sage ich fast feierlich zu mir und fühle mich dabei leicht und frei. „Ich will mit dieser widerlichen Lebensscheiße nichts mehr zu tun haben... Ja, ich sag' es noch einmal: Schluss jetzt! Ich will meine Ruhe haben!!“ Ich werfe mir, nachdem ich mir das gesagt habe, die gesamte Tablettenmenge in mehreren Portionen in den Mund und kippe jedes Mal einen großen Schluck Whisky hinterher. Nachdem ich alle Tabletten hinuntergeschluckt habe, trinke ich die Flasche zügig leer. Die leeren Gefäße verstecke ich noch schnell in meinem Schrank. Falls nämlich jemand wider Erwarten in diese Kammer hereinkommt, soll er denken, dass ich schlafe und nicht angesichts dieser Behältnisse Verdacht schöpfen und vielleicht auf die blöde Idee kommen, mein beschissenes Leben retten zu wollen. Zur Beendigung dieser, meiner letzten Täuschungsaktion lege ich mich zum Sterben in meine Koje. Mich beschleicht ein wohliges Gefühl. Ähnlich dem, als würde ich nach einem sehr langen, arbeitsreichen Tag endlich Feierabend haben und meine wohlverdiente Ruhe finden. Kurz bevor ich mein Bewusstsein verliere, wundere ich mich noch, dass ich keine Angst verspüre...
Als ich mich so zum Sterben hinlege, bin ich fast 32 Jahre auf dieser Welt. Was ist geschehen, bevor ich in diese Todessehnsucht geriet?
Es ist sehr, sehr viel geschehen, und ich beginne einfach ‘mal zu erzählen...

Epilepsie ?

Als kleiner Junge, aber auch noch als jugendlicher und junger Erwachsener gerate ich abends im Bett manchmal in einen Zustand, der von mir als „Ich träume das Weite“ bezeichnet wird. Es geschieht wenn ich noch wach bin und stellt sich folgendermaßen dar: Alles, was ich im Dunkeln sehen kann, verzerrt sich wie bei einem Blick durch den Kamerasucher eines Fotoapparats mit einem aufgesetzten Weitwinkelobjektiv. Die Dinge wirken kleiner, weiter weg, der Raum scheint größer zu sein. Die Akustik verändert sich auch: Streiche ich mit der Hand über die Bettdecke oder drehe mich um, klingen die dabei entstehenden Geräusche wesentlich lauter als normal. Es klingt bedrohlich und sie flößen mir, genau wie die „Raumerweiterung“, starke Angst ein. Der Zustand hält meistens ungefähr zwanzig Minuten an. Zu Beginn riskiere ich eine Geräuschentwicklung, die ich in Kauf nehme: Ich verkrieche mich unter der Bettdecke, sorge für genügend Luftzufuhr und halte die Sache angsterfüllt aus. Manchmal glaube ich währenddessen sogar, dass auf diese Weise mein Tod eingeleitet wird. In der Hoffnung, dass es besser wird, schließe ich zwischendurch die Augen. Vergeblich, denn die daraufhin entstehenden Phantasiebilder weisen die gleiche weite Perspektive auf und beängstigen mich auch. Manchmal möchte ich währenddessen aus dem Bett steigen und zu Mutti gehen. Aber ich traue mich nicht.

Am anderen Tag erzähle ich Mutti meistens davon, und sie kann mich nur im Nachhinein trösten. Es fällt ihr jedoch nichts zur Erklärung ein. Irgendwann glaubt sie aber einen Zusammenhang mit einem früheren, mich betreffenden Epilepsieverdacht zu erkennen und berichtet: „Du hast als Kleinkind Krämpfe gehabt und wärst beinahe Epileptiker geworden. Krampfanfälle nennt man Epilepsie, und es ist ungefähr so, als würde in deinem Gehirn ein elektrischer Kurzschluss stattfinden. So hat mir der Arzt das damals erklärt. Du verstehst doch, wie ich das meine - oder?“ Ohne meine Antwort abzuwarten, spricht sie weiter: „Es war so: Du warst noch nicht ganz drei Jahre alt und spieltest im Wohnzimmer zu meinen Füßen mit einem Brummkreisel. Ich saß im

Sessel und strickte einen Pullover. Irgendwann standest du auf, kamst zu mir und legtest deine Hand auf mein Bein, verharrtest plötzlich in der Bewegung, neigtest deinen Kopf auf die Seite, gabst einen komischen Laut von dir, wurdest starr und fielst um. Dann zucktest du, es sah ganz schlimm aus. Ich bekam furchtbare Angst um dich. Gott sei Dank wurdest du ganz schnell wieder wach, wirktest zwar etwas benommen, spieltest dann aber bald wieder und zeigtest dich von Minute zu Minute klarer. Wir holten trotzdem einen Arzt, der sich den Vorfall ganz genau von mir schildern ließ. Er äußerte die Befürchtung, dass du Epileptiker bist. ‚Es kann aber auch sein, dass Ihr Sohn nie wieder Krämpfe bekommt. Wenn die Zeiten besser sind, sollten wir ihn zur Beobachtung in ein geeignetes Krankenhaus schicken', hatte der Arzt abschließend zu mir gesagt. Es war Anfang 1946, und wir fanden wegen der Nachkriegswirren noch kein entsprechendes Hospital. Erst im Sommer 1947 kamst du zur Beobachtung in eine Klinik in der Holsteinischen Schweiz. Ich glaube, dass dein „Das-Weite-Träumen" vielleicht etwas mit deiner Epilepsie-Veranlagung zu tun hat. Einen Krampfanfall hast du glücklicherweise nie wieder gehabt", schließt sie ihren Bericht.
An den von ihr erwähnten Krankenhausaufenthalt sind für mich starke Erinnerungsbilder geknüpft: Ein unheimliches, ein rätselhaftes und ein sehr, sehr schmerzhaftes Bild...

DasUnheimliche:
Acht Jungs sind wir in dem Krankenzimmer. Ich bin vier Jahre alt, die anderen sind zwischen sechs und zwölf. Einer ist sogar schon fünfzehn. Der ist mir unheimlich. Er ist zwar nett und freundlich, aber es heißt, dass er einen Tumor im Kopf hat und daran wohl bald sterben wird. Ihm ist nichts anzumerken. Aber ich meide ihn. Er tut mir zwar leid, aber er ist mir unheimlich, weil er vielleicht bald tot sein wird....
Mit meinen vier Lebensjahren beschäftige ich mich sehr oft mit dem Thema „Tod". - Taucht es doch in der Nachkriegszeit immer wieder in den Erzählungen der Erwachsenen auf...

Und ich bin jetzt täglich mit einem großen Jungen, der bald sterben wird, ganz dicht in einem Raum zusammen. Es ist für mich eine unheimliche Situation, an die ich noch oft zurückdenken muss.

Das Rätselhafte:
Jeden Tag nach dem Mittagessen kommt eine Krankenschwester ins Zimmer und fragt: „Na, hat es uns gut geschmeckt?" Dann schiebt sie uns bei gutem Wetter mit den rollbaren Betten in die Schatten der Bäume des Klinikparks.
An diesem Tag schiebt sie mein Bett etwas weiter, noch um die Wegbiegung herum und versetzt mich in freudige Spannung: „Deine Mutti wird dich heute besuchen. Aber jetzt müssen wir uns erst einmal zudecken und Mittagschlaf halten." Sie spricht immer so, als würden wir alles gemeinsam machen. - Auch Pipimachen und essen und schlafen. Sie lässt mich mit meiner Lagerstätte unter einem großen Baum in der Nähe eines bunten Blumenbeets stehen. Direkt in meiner Nähe steht noch ein Bett. Das Kind, welches darin liegt, brabbelt ständig vor sich hin. Es scheint mir erheblich jünger und kleiner als ich zu sein. Ich kann der Empfehlung „jetzt müssen wir erst einmal Mittagschlaf halten" aus zwei Gründen nicht nachkommen: Einerseits freue ich mich unbändig, dass Mutti gleich kommt und andrerseits stört mich der Lärm meines Bettnachbarn. Oder ist es eine Nachbarin? Ich will wissen, womit ich es zu tun habe und frage: „Bist du ein Mädchen oder ein Junge?" „Ich bin ein Rüdiger", bekomme ich zu hören. Damit kann ich nichts anfangen. Ich: „Was ist das?" Keine Antwort. „Bist du ein Mädchen oder ein Junge?" wiederhole ich. „Ich bin ein Rüdiger" kommt es stereotyp zurück. „Was ist ein Rüdiger?" frage ich inzwischen leicht gereizt. „I C H bin ein Rüdiger!" behauptet das Wesen und wirkt dabei auch genervt. Mit diesem Begriff kann ich immer noch nichts anfangen und zeige meine Ungeduld: „Ich will nicht wissen, ob du ein Rüdiger bist! Ich will wissen, ob du ein Junge oder ein Mädchen bist! - Was bist du denn nun??" Antwort: „Ich bin ein Rüdiger."....
Furchtbar, ich kann der Sache nicht beikommen. Entnervt lege ich mich auf die Seite und lutsche auf meinem Daumen...

Und jetzt folgt das schlimme Erlebnis. Es wird zunächst jedoch durch ein sehr schönes eingeleitet:
Mutti kommt um die Ecke! – Meine Mutti! Sie rennt zu mir, reißt mich aus dem Bett und drückt mich ganz fest an sich. Wir umklammern uns gegenseitig und wollen uns gar nicht wieder loslassen. Wir weinen beide vor Freude und lachen gleichzeitig. Viel zu lange haben wir uns nicht mehr gesehen...“Mutti, was ist ein Rüdiger?“, frage ich sie sofort nachdem wir uns etwas beruhigt haben. „Rüdiger?, das ist ein Name für Jungen. Warum fragst du?“ Ich zeige ihr das Bett mit dem kleinen Menschen und erzähle ihr, was ich mit ihm erlebt habe. „Nun gut“, erklärt mir Mutti, „er ist ein kleiner Junge, der Rüdiger heißt. Rüdiger ist nämlich ein Name.“ Sie fährt fort: „Ich habe dir eine ganz tolle Nachricht mitgebracht.“ Ich bin gespannt und will wissen, was es ist. „Du bekommst bald einen neuen Vati. Er ist Lehrer und ein sehr guter und kluger Mann. Ich war vor einigen Jahren sogar seine Schülerin in der höheren Handelsschule.“ Mutti schwärmt weiter: „Er ist ein viel besserer Mensch als dein leiblicher Vater, dem du ja leider so erschreckend ähnlich siehst und manchmal auch ähnlich bist...“ Während dieser Worte sieht sie mich merkwürdig ernst, fast böse an, und ich fühle mich dabei sehr unbehaglich. „Nächstes Jahr werden wir heiraten, mieten uns in Kiel eine größere Wohnung und werden wieder eine Familie. Dein neuer Vati, ich, du und deine Schwester Heidemarie“, spricht sie weiter. Ich freue mich auch auf diese von ihr so schön gemalte Zukunft und auf den neuen Vati.
Von meinem anderen ist Mutti geschieden. Den nennen sie „Molli“, wenn sie von ihm sprechen. - Der soll ja so schlecht sein... (Und ich soll ihm so ähnlich sein, sagen sie immer. Alle aus der Verwandtschaft, die ihn kennen, sagen das.)
Zurück zur Besuchszeit: Wir reden und spielen eine ganze Weile und malen dabei auch tolle Zukunftsbilder, bis Mutti plötzlich sagt: „So, nun muss ich gleich los, sonst verpasse ich meinen Zug.“ „Bleib' hier“, nörgle ich schmusend, „du darfst nicht weg von mir“.
„Doch, ich muss ...“ „Nein, du kannst hier im Krankenhaus schlafen. Es gibt hier ganz viele Betten.“ „Nein, das geht nicht, sei jetzt nicht

albern." Ich merke, dass es ernst wird, werde traurig und fange leise an zu weinen. „Du darfst jetzt nicht weinen, mein Junge. Du bist doch schon groß. Wenn du nicht damit aufhörst, werde ich auch ganz traurig und fange auch damit an. Du musst jetzt in deinem Bett bleiben, damit ich los kann. Was soll denn der kleine Rüdiger von dir denken, wenn du als großer Junge hier liegst und weinst?" Sie umarmt mich zum Abschied und küsst mich. Ich kralle mich in ihrer Jacke fest und schluchze: „Du darfst nicht weggehen..." Sie löst meine Finger, tut mir dabei weh und sagt ärgerlich: „Bleib' jetzt im Bett und sei artig!" Mit diesen Worten dreht sie sich um und geht, wendet sich unterwegs mir noch zweimal zu und winkt. Ich stehe in meinem Bett, halte mich am Seitengitter fest, sehe ihr nach, bin entsetzlich traurig und schluchze.

Als sie die Wegbiegung entlanggeht und nicht mehr zu sehen ist, halte ich es nicht mehr aus. „M-u-t-t-i-! M-u-t-t-i-!", gelle ich, klettere über das Gitter und renne hinter ihr her. Kleine spitze Schottersteine pieken unter meinen nackten Fußsohlen, aber es ist mir egal. Ich renne hinter ihr her. Sie hört mich endlich, dreht sich um, kommt mir entgegen, nimmt mich auf den Arm und weint jetzt auch.

Mit der Hilfe zweier Schwestern und einem Arzt gelingt es, mich anschließend im Bett zu halten.

Abends schlafe ich ein paar Mal ein und werde sofort wieder wach, weil ich sofort träume, dass ich keine Mutti mehr habe...

Ersteindruck vom „neuen“ Vati

1947 leben meine zweieinhalb Jahre ältere Schwester Heidemarie und ich in einem Dorf an der Schlei, bei Oma, Opa und Tante Ruth.
Mutti bewohnt mit unserem zukünftigen Vati seit mehreren Wochen in Kiel eine kleine Wohnung, weil er dort an der „Höheren Handelsschule“ als Diplomhandelslehrer tätig ist, und sie bei ihm sein will.
Einige Monate nach meinem Krankenhausaufenthalt wegen meines Epilepsieverdachts, bekommen meine Großeltern einen Brief von meiner Mutter, der auch an uns Kinder gerichtet ist. Opa liest uns das Schreiben vor. Unter anderem höre ich, dass ich demnächst von Mutti abgeholt werde, um drei Tage in Kiel zu verbringen. Der „neue“ Vati und ich, wir sollen uns kennen lernen. Heidemarie darf zwei Wochen später kommen. Für zwei Kinder sei es in der kleinen Wohnung zu eng, heißt es.
Auf die Reise mit der Bahn freue ich mich. Hoffentlich darf ich am Fenster sitzen! Außerdem wünsche ich mir jetzt schon, dass die dicke, weiße Rauchwolke der Dampflok nicht ständig meinen Ausblick behindert, weil der Wind so ungünstig steht. Das habe ich nämlich während einer Zugreise schon einmal erlebt und mich darüber geärgert! Ich bin sehr gespannt. Fünfmal muss ich noch schlafen, dann holt Mutti mich ab!
Sie erzählte mir, dass der Neue mit Vornamen „Günter“ heißt und dass ich bis zur Hochzeit, die im nächsten Jahr stattfinden soll, Onkel Günter zu ihm sagen darf.
Er wartet in Kiel auf dem Bahnhof. Wir begrüßen uns und fahren in seine Wohnung. Neugierig betrachte ich ihn. Er ist sehr freundlich zu mir. Nach kurzer Zeit sagt Mutti zu mir: „Eberhard, Onkel Günter und ich müssen noch schnell etwas einkaufen. Du kannst leider nicht mitkommen. Sei artig und spiel' schön oder sieh dir das Bilderbuch an, welches dort auf dem Tisch liegt. Lass aber deine Finger von den Sachen, die auf dem Schreibtisch sind. Hörst du? Wir bleiben nicht lange weg und sind gleich wieder hier. Sei artig!“ Sie drückt mir noch

einen flüchtigen Kuss auf, und schon bin ich alleine. Das Bilderbuch, welches ich, wie empfohlen, durchblättere, ist mir zu langweilig. Ich gehe hinüber zum Schreibtisch und bin fasziniert: Dort sehe ich sehr viele Gegenstände, die ich noch nie gesehen habe. Noch nicht einmal auf Opas Schreibtisch gibt es solche Dinge zu bewundern! Ich verschränke meine Hände auf dem Rücken, um nicht in Versuchung zu geraten, das Verbot von Mutti zu missachten. Mein Blick bleibt gebannt an einem spitzen, durchsichtigen, messerähnlichen Gegenstand haften. Ich frage mich, was das wohl für ein Ding ist und befühle es neugierig. Trotz des Verbots nehme ich es auf und glaube, dass ich ein Glasmesser mit einem Eisengriff in der Hand halte. Es ist ziemlich schwer, schwerer als andere Messer dieser Größe, die ich kenne. Selbst- und verbotsvergessen setze ich mich auf den Fußboden und beginne damit zu spielen. Ich fasse es am Griff an und kratze mit der Spitze ganz leicht auf dem abgenutzten Teppich herum. Das erzeugt ein feines, fast klingelndes Geräusch. Ich verstärke den Druck, vollziehe schnellere Bewegungen und ... knack! In der Hand halte ich den Griff, und die Klinge liegt auf dem Boden - abgebrochen! Ein eisiger Schreck durchfährt mich. Verzweifelt versuche ich die Teile aneinander zu fügen und wünsche mir, dass sie zusammen bleiben. Das funktioniert nicht. Während ich überlege, was ich noch bewerkstelligen kann, damit das Ding wieder heil wird, öffnet sich die Wohnzimmertür. Als erster kommt Onkel Günter herein und sieht mich mit diesem zerbrochenen Gerät in der Hand auf dem Fußboden sitzen. Er wirkt erstaunt und fragt: „Was hast du denn mit meinem Kristallbrieföffner angestellt? Zeig' 'mal her, ist er kaputt? Wie ist dir das denn gelungen?“ Während er diese Fragen stellt, schüttelt er ständig seinen Kopf. Aber er lächelt dabei. Ich weiß nicht so recht: Ist er böse oder findet er es gar nicht so schlimm? „Guck mal, was dein Sohn hier gemacht hat“, sagt er zu Mutti. Die schimpft mich sofort aus: „Ich hatte dir doch verboten etwas vom Schreibtisch zu nehmen. Du solltest dir das Bilderbuch ansehen oder spielen. Jetzt ist der schöne Brieföffner kaputt! Was soll ich nur mit dir machen ?!“ „Ja, - genau das möchte ich jetzt mit dir besprechen, Helga. - Und du“, sagt Onkel Günter, immer noch

freundlich, zu mir, „bleibst so lange dort sitzen." Die beiden Erwachsenen setzen sich auf das Sofa und besprechen in ruhigem Ton, wie ich bestraft werden soll und von wem. „Aber ich kriege keine Haue!", krähe ich im Hinblick auf die freundliche Atmosphäre dazwischen. „Du bist jetzt still und wartest dort", bekomme ich von Mutti zu hören. Und das klingt streng!
Kurz darauf steht mein zukünftiger Vater auf, sieht mich auf einmal böse an und sagt: „Du warst ungehorsam, hast Prügel verdient und wirst sie jetzt von mir bekommen." Er geht nach dieser Erklärung zum Schreibtisch, holt ein langes Lineal hervor, schnappt mich und fängt an, mit dem Teil auf mich einzuschlagen. Es tut fürchterlich weh. Ich kreische und strample und habe Angst, dass er nicht mehr aufhört mit der Prügelei. Irgendwann ist es vorbei und ich höre ihn zwischen meinem Schmerzgewimmer sagen: „Jetzt weißt du, was dir in Zukunft blüht, wenn du nicht gehorchen kannst, du ungezogener Bengel, du!"
In mir beginnt sich eine schreckliche Angst vor diesem Mann zu entwickeln. Sie bleibt für sehr lange Zeit mein Grundgefühl ihm gegenüber. Außerdem gibt es etwas, was mein großes Kindergemüt nicht begreifen kann: Warum hat Mutti diesem fremden Mann erlaubt mich so zu schlagen? Ich habe nicht den Mut ihr diese Frage zu stellen. Ich befürchte, dass sie den Mann jetzt lieber hat als mich.

Fräulein Meyer

Inzwischen schreiben wir das Jahr 1950, und es hat sich einiges ereignet:
Mutti und Onkel Günter haben am 15. Mai 1948 geheiratet. Seitdem dürfen Heidemarie und ich ihn „Vati" nennen. Demnächst will er uns sogar adoptieren. Dann haben wir alle den gleichen Nachnamen und sind eine echte Familie! Mutti sagt, dass wir ihm das „hoch anrechnen" müssen: „Das macht längst nicht jeder Mann. Damit beweist er uns, wie lieb er uns hat."
Wir leben jetzt in einer großen Wohnung in Kiel, und es ist ein kleines Schwesterchen dazugekommen: Im Mai 1949 wird Britta geboren.
Mutti ist schon wieder schwanger, und wir warten alle gespannt auf den Geburtstermin im April. Ich wünsche mir, dass ich dann einen Bruder bekomme. Mit dem könnte ich bestimmt viel besser spielen als mit einer älteren und einer jüngeren Schwester! Aber leider (für mich) ist es wieder ein Mädchen. Es heißt Angelika. Trotzdem freue ich mich auch. Fast so sehr, wie die anderen Familienmitglieder.
Als Heidemarie und ich beginnen, von den „Halbschwestern" zu sprechen, werden wir von Mutti liebevoll gerügt: „Fangt damit gar nicht erst an! Ihr seid alle echte Geschwister, und Vati ist euer aller echter Vati!" Nach einer kurzen nachdenklichen Pause fügt sie böse hinzu: „Bis jetzt habt ihr beiden Großen noch nie einen richtigen Vater gehabt!"
Irgendwann manifestiert sich der Begriff „die Lütten"(Die Kleinen) wenn wir von Britta und Angelika reden. Das ist heute noch so. Beide sind inzwischen über fünfzig Jahre alt.
Zur Zeit der Geburt meiner jüngsten Schwester werde ich vom ersten ins zweite Schuljahr versetzt. Meine Eltern loben mich und sind stolz, dass ich von Fräulein Meyer, meiner Klassenlehrerin ein sehr gutes Beurteilungsschreiben bekommen habe. Ein Zeugnis mit Zensuren gibt es anlässlich der ersten Versetzung noch nicht. Der mich lobende Text meiner Lehrerin und die dadurch hervorgerufene liebevolle Zuwendung meiner Eltern mir gegenüber machen mich sehr glücklich und versetzen

mich in eine ganz tolle Stimmung. Ich reite auf der Lehne eines unserer schweren Ledersessels und rufe ständig: „Ich bin ein guter Schüler, ich bin ein guter Schüler...!“. In der Folge klettere ich auf Vatis Schoß und teile ihm ein Stück meiner Zukunftsplanung mit: „Wenn ich so gut in der Schule bin, kann ich ja - so wie du - Lehrer oder Schuldirektor werden. Oder sogar Schulhausmeister!“ Ich glaube, dass der Hausmeister in der Schulhierarchie noch vor dem „Direx“ ganz oben steht. Das hat sehr viel mit der Wichtigkeit und der Allgegenwärtigkeit des Mannes zu tun, der derzeitig dieses Amt an meiner Schule bekleidet. Vati lacht über meine „Karriereplanung“ und knuddelt mich. Er ist oft lieb und freundlich zu mir, aber ich habe überwiegend Angst vor ihm.

Oft - für mein Empfinden zu oft - beziehe ich von ihm Prügel. Inzwischen benutzt er dafür einen dünnen, elastischen Bambusstock, herausgeschnitten aus einem Teppichklopfer... Mit dem schmerzen die Schläge noch stärker als mit einem Lineal. Und jeder Hieb hinterlässt einen schmalen, blauen, brennenden Streifen auf der Haut. Wenn er schimpft, brüllt er so furchtbar laut, dass ich in panische Angst gerate und nicht mehr weiß, was ich tun soll.

Ich begegne ihm sehr vorsichtig und versuche schnell herauszufinden, in welcher Stimmung er sich gerade befindet. Am freundlichsten behandelt er mich, wenn ich in der Schule gute Leistungen zeige.

Nun, die bescheinigt mir Fräulein Meyer in meinem ersten Schuljahr sehr oft. Ich mag sie sehr gerne und komme sehr gut mit ihr zurecht. Sie ist auch das weibliche Wesen, durch welches ich, in meinem noch so jungen Leben, meine ersten erotischen Empfindungen erfahre.

Sehr schön ist sie mit ihren großen, freundlichen, blauen Augen und der rötlich glänzenden vollen Lockenpracht. Unter ihrem Pullover zeichnet sich ein schöner, großer Busen ab, der mich sehr fasziniert. Abends, wenn ich im Bett liege, muss ich sehr oft daran denken. Ich durchlebe meine ersten erotischen Phantasiebilder, an die ich mich entsinnen kann, mit ihr.

Ich stelle mir darin vor, dass Fräulein Meyer auf dem Rücken liegt. Ich streichle und knete leicht ihre Brüste. In meiner Vorstellung dürfen sie nicht nackt sein. Sie sind immer von einer dünnen Bluse oder ihrem schönen grünen Pullover bedeckt. Außerdem muss sie dabei die Augen geschlossen halten. Nicht etwa, weil sie mein Streicheln genießt – nein, sie darf mich nicht ansehen und erkennen, dass ich meine unanständigen Lusttätigkeiten genieße und dass ich es bin, der so etwas mit ihr macht. Während dieser Phantasien gibt es noch ein schambesetztes Ereignis: Mein Penis versteift sich und fühlt sich ganz hart an. Ich wälze mich auf dem Bauch hin und her und ich empfinde ein Gefühlsgemisch aus Schmerz, Scham und unwiderstehlicher Lust.

Ich befürchte, dass Mutti hereinkommt, mir die Decke vom Leib zieht, mich auf den Rücken dreht und sieht, was mit mir los ist. Dann würde ich wieder zu hören bekommen, was mir schon bei vielen Gelegenheiten vorgeworfen wurde. Zieht ein erwachsenes weibliches Mitglied der Familie sich in meiner Gegenwart aus, werde ich meistens neugierig und möchte gerne sehen, wie ein nackter weiblicher Busen oder eine weibliche Schamgegend aussieht und verrenke den Hals in die entsprechende Richtung. Das wird von der Betroffenen gemerkt und ich bekomme etwa Folgendes zu hören: „Guck weg! Schäm' dich! Das tut man nicht. Aber es ist auch kein Wunder, dass du so ein Schwein bist. Dein Erzeuger Molli war genau so! Der hat auch alle Frauen angegiert, obwohl er mit deiner Mutter verheiratet war! Du wirst 'mal genau so wie er! Ach, was rede ich, du bist jetzt schon so!"

Im Alter von fünf Jahren sitze ich neben Tante Ruth auf dem Sofa. Sie beugt sich leicht vor, um sich auf den Tisch zu stützen. Auch sie besitzt sehr schöne Brüste. Heute trägt sie ein enges Kleid und ich versuche mit meinem Zeigefinger ganz zart ihren Busen zu berühren. Als sie das merkt, bekomme ich eine Ohrfeige und Schelte, die mir sehr viel Verachtung und Verurteilung bezeugen und wieder werde ich mit Molli, dem Schwein, in einen Topf geworfen.

Ich lerne sehr früh, dass Lustgefühle sich zwar sehr schön anfühlen, aber unanständig sind. Über meine erste Erektion traue ich mich nicht zu sprechen, weil ich mich ihrer schäme. Es kommt mir gar nicht in den Sinn, stolz darauf oder froh darüber zu sein.

Und es gibt Schultage , an denen ich am Morgen Fräulein Meyer nicht in die Augen sehen kann.

Drei schmerzhafte Erinnerungen

1.) Am Ende des Flures...

Nachdem meine jüngste Schwester geboren ist und der graue Alltag eintritt, gibt es für Mutti durchweg schwere Arbeitstage. Sie muss die große Fünfzimmerwohnung reinigen und den Haushalt organisieren, sowie zwei kleine und zwei Kleinstkinder versorgen und pflegen.
Vati erteilt während der Woche zwei- bis dreimal Nachhilfeunterricht, um die Haushaltskasse aufzubessern. Diese Zusatztätigkeit findet abends in unserem Wohnzimmer statt. Ich registriere dabei immer wieder erstaunt, dass die „Schulkinder", die am Abend zu Vati kommen, schon erwachsene Menschen sind. Auf meine diesbezüglichen Fragen erfahre ich, dass es Berufsschulen, Wirtschaftsgymnasien und Universitäten gibt, an denen sich erwachsene Menschen weiterbilden und dass Vati als Lehrer an einem Wirtschaftsgymnasium unterrichtet.
Manchmal denke ich: ‚Wenn die Schüler erwachsen sind - ist dann der Stärkste in der Klasse auch stärker als Vati? Und was passiert, wenn es zwischen ihnen Streit gibt ...?'
Es kommt mir gar nicht in den Sinn, mir zu wünschen, dass jemand meinen Vater verhaut, weil dieser mich so oft verprügelt. Es ist eher so, dass ich während solcher Gedanken Angst um ihn bekomme und ihn beschützen möchte. Ich habe nicht nur Angst vor ihm. –Nein, - ich habe ihn auch lieb!
Nun will ich aber wieder zurück zu Muttis Belastungen blenden: Durch die viele Arbeit mit uns und der großen Wohnung wirkt sie ständig nervös und gereizt. Es scheint so, als hätte sie dauernd Angst, irgend etwas nicht rechtzeitig oder überhaupt nicht zu schaffen.
Einmal in der Woche, nämlich samstags, ist „Badetag" und damit Wechsel der Unterwäsche für Heidemarie und mich. Mutti hat nämlich noch keine Waschmaschine, mit der sie öfter waschen könnte. Wir größeren Kinder tragen daher unsere Unterwäsche eine Woche lang. Nachdem ich mich zum Bad entkleidet habe, lässt Mutti sich von mir meine Unterhose zeigen. Sie schaut in das Innere der Hose hinein und

kontrolliert mit strengem Blick den Bereich zwischen den Beinöffnungen, also den Schritt. Im Verlauf einer Woche hat sich natürlich durch „Nötiges-Müssen“ oder „Nicht-richtiges-Abwischen“ eine braune Spur angesammelt.
Oft, - für meinen Geschmack zu oft, befindet sie, dass die Kotspur zu groß ist, beschimpft mich deswegen als Schwein und ergänzt: „Nimm diese Hose und zeig' sie deinem Vater!“ Ich nehme das verschmutzte Textil und betrete angsterfüllt und weinend den dreizehn Meter langen Flur, der zur Stube führt, in der Vati sitzt. Ich gehe sehr langsam, weil ich mir wünsche, dass Mutti mich wieder zurückruft. Aber es geschieht das Gegenteil: „Beeil' dich, dass du zu deinem Vater kommst und dir deine Strafe abholst! Ich brauche die Dreckshose bald wieder, weil ich sie einweichen muss!“ Ich bringe den langen Korridor voller Furcht und schlimmer Erwartungen hinter mich, öffne die Stubentür und sehe ins Zimmer. Dort sitzt Vati an seinem großen Schreibtisch und ist pädagogisch tätig, indem er Klassenarbeiten korrigiert. Er ist ein sehr beliebter Lehrer! Gestört, durch das Öffnen der Tür, hebt er seinen Kopf, sieht mich unwillig an und fragt gereizt: „Was willst du? Ihr solltet mich doch nicht stören!“ „Ich soll dir meine Unterhose zeigen, sagt Mutti“, entgegne ich ihm. Ich hoffe immer noch (entgegen meiner Erfahrungen), dass die Sache glimpflich abgeht. Nach kurzem Kontrollblick auf die „Bremsspur“ unterbricht er spontan für die nächsten Minuten sein theoretisches pädagogisches Tun und widmet sich der Praxis:
Er schnappt sich den immer griffbereiten elastischen Bambusstock und verprügelt mich. Dabei beschimpft er mich lauthals als Windhund und Schwein und als jemanden, der seiner Mutter nur Arbeit und Mühe bereitet...
Mit schmalen, blauen Striemen an meinem Körper steckt Mutti mich danach in die Badewanne. Und wenn das Wasser etwas zu heiß ist, schmerzen die blauen Streifen noch einmal kräftig nach.
Es gibt Wochen, da weiß ich am Dienstag schon, dass ich am Samstag „wieder reif“ bin, weil sich irgendein lächerlicher, aber feuchter Furz nicht am Austritt hindern ließ...

2.) Ein langer Tag...

Ich bin derjenige, der zu Muttis Entlastung die Schuhe der gesamten Familie putzt. Es sind manchmal zehn Paar, also zwanzig Stück. Diese Arbeit verrichte ich entweder auf dem Steinboden der Küche oder in der großen Veranda, weil dort mehr Platz ist. Manchmal kommt es vor, dass ich danach vergesse, die Tür zwischen Veranda und Küche zu schließen. Im Sommer ist das unerheblich. In den kälteren Jahreszeiten wird es jedoch problematisch, weil dadurch die Wohnung auskühlt.

Und so vergesse ich irgendwann im frühen Herbst wieder einmal, besagte Tür zu schließen. Die anderen Familienmitglieder merken es auch nicht. Somit bleibt sie die ganze Nacht geöffnet. Die Außentemperatur sinkt in der Nacht von achtzehn auf fünf Grad Celsius herab! Küche, Flur und Bad sind dadurch ungemütlich kalt. Morgens werde ich laut und schmerzhaft geweckt: „Du verdammter Windhund! Wie oft habe ich dir gesagt, dass du abends die Verandatür zumachen sollst?! Mindestens tausend Mal! Wer soll denn die entstehenden Heizkosten bezahlen? Du etwa, du kleiner Wicht?“ Es ist Vati, der mich so brutal weckt und dabei mit der flachen Hand meinen Körper traktiert. Danach erklärt er mir, warum er an diesem Abend nicht vor neunzehn Uhr zu Hause sein wird. Er verspricht mir aber, dass ich dann, wenn er nach der angegebenen Zeit eingetroffen ist, noch einmal Prügel bekommen werde: „Damit du verdammter Bengel das Schließen der Verandatür nie wieder vergisst!“ Mit diesem angsteinflößendem Versprechen und dem Wissen, dass er es auch hält, gehe ich durch den Tag.

Ich besuche die Schule, esse zu Hause zu Mittag, erledige meine Schularbeiten, spiele auf der Straße und muss immer wieder voller Angst daran denken, was ich heute Abend noch vor mir habe...

Ich begebe mich nach dem Spielen nach Hause, als würde ich auf's Schafott gehen. Um kurz nach sieben höre ich, wie Vatis Schlüssel sich im Schloss der Wohnungstür dreht...

Zehn Minuten später, nachdem Mutti und meine Geschwister ihren Begrüßungskuss erhalten haben, löst er das Versprechen ein, das er mir

am Morgen gegeben hat. Er prügelt auf mich ein, und ich liege vor Schmerzen schreiend unter ihm auf dem Fußboden.
Ich erlebe noch manchen Tag, durch den ich mich „hindurchängstigen" muss, weil mein Vater mir wegen irgendwelcher „Freveltaten" für den Abend Schläge verspricht.

3.): Folgen eines Elternabends...
Mutti und Vati besuchen während der zweiten Hälfte meines zweiten Schuljahres einen Elternabend.
Ich liege derweil im Bett, habe gebetet, wie an jedem Abend, und bin eingeschlafen.
Plötzlich schrecke ich hoch, weil die Tür polternd aufgestoßen wird, das eingeschaltete Schlafzimmerlicht mich blendet und jemand mir die Bettdecke vom Körper zieht. „Du fauler Hund! Du Windhund!", brüllt Vati. „Du bist genau so faul und verlogen wie dein leiblicher Vater!", schreit Mutti. „Wieso hast du deine Schularbeiten nicht gemacht? Zweimal ist dir verlogener Hund das schon passiert! Du hast es uns jedes Mal verheimlicht! Feige bist du wohl auch noch!?" Oh ja, fällt mir siedend heiß ein, das stimmt! Innerhalb der letzten zwei Monate ist das geschehen. Das erste Mal habe ich einen Teil meiner Hausaufgaben „richtig vergessen". Fräulein Meyer hat es mir geglaubt und mich nicht bestraft. Als ich das zweite Mal „etwas absichtlicher" einen kleinen Teil meiner Schulaufgaben wegließ und meine Lehrerin das merkte, bekam ich eine kleine Strafarbeit aufgebrummt. Ich erledigte diese und hatte das Gefühl, dass die Sache erledigt ist.
Als meine Eltern heute Abend zur Versammlung in die Schule gehen, bin ich guter Dinge, weil mir diese „Vergesslichkeiten" gar nicht mehr bewusst und somit auch nicht bedrohlich werden. Mir kommt überhaupt nichts in den Sinn, weswegen Mutti und Vati von meiner Lehrerin etwas Negatives über mich hören sollten. Um so überraschender und schockierender ist deswegen für mich dieser spätabendliche Überfall. Seltsamerweise werde ich nicht verprügelt.
Mir schlägt jedoch soviel Verachtung und Hass entgegen, dass ich diese Situation schlimmer empfinde als körperliche Züchtigung. Im Verlauf

der Beschimpfungen bekomme ich weiterhin zu hören, dass die Eltern aus Vatis Kollegenkreis nur Freude an ihren Kindern hätten, dass sie selbst jedoch, sich wegen mir nur schämen könnten. Als ihnen keine Verbalattacken mehr gegen mich einfallen, ergreift Vati eine benutzte Unterhose seiner Mutter, die im Moment bei uns zu Besuch ist. Diese Frau, meine Oma, ist sehr klein, sehr fett und gehbehindert. Sie hat etwas sehr Tyrannisches, und ich mag sie nicht. Ihr Schlüpfer ist sehr groß und stinkt eklig. Mit diesem „Lappen“ deckt mein Vater mir das tränenüberströmte Gesicht zu und sagt: „Schäm' dich. Wir wollen dich nicht mehr sehen!“ Danach wird das Licht ausgelöscht und die Tür noch lauter zugeknallt als sie aufgestoßen wurde.
Als Erstes reiße ich mir diese widerliche Hose vom Gesicht. Dann weine ich leise und lange in mich hinein. Als ich das nicht mehr kann, falte ich meine Hände und bete an diesem Abend ein zweites Mal: „Lieber Gott, vergib mir bitte alle Sünden, die ich getan habe. Auch, dass ich so ein verlogener Windhund bin. Aber jetzt bitte ich dich ganz, ganz doll. Lass mich bitte, bitte heute Nacht sterben, damit ich morgen tot bin. Ich möchte nicht mehr leben. Lass mich bitte wirklich sterben, lieber Gott! Amen.“
Was ich da so an den lieben Gott richte, ist mehr betteln als beten, und ich meine es sehr, sehr ernst!

Hausaufgaben

„Hat der Sohn Schularbeiten gemacht?"
Die Familie sitzt am Abendbrottisch. Wir sind fast fertig mit dem Essen. Vati stellt diese Frage und sieht dabei den Salzstreuer an, der neben der Margarine auf dem Tisch steht.
„Ja, hab' ich. Es ist aber nicht viel", antworte ich.
„Das ist egal. Du weißt doch, dass du deine Hausaufgaben eigentlich unaufgefordert vorzeigen sollst. Und zwar vor dem Abendessen."
„Ja, aber ich..."
„Was, ja aber ich? Was, ja aber ich? Es gibt kein ja-aber-ich! Gleich nach dem Essen will ich sie sehen und morgen eine Stunde vorher! Ist das klar?"
„Ja, Vati."
Die Anordnung, meine Hausaufgaben vor dem Essen unaufgefordert vorzuzeigen, existiert zwar, sie wird jedoch ziemlich lasch praktiziert. Manchmal hat Vati keine Zeit, ein anderes Mal fragt er nur: „Hattest du Schwierigkeiten?" Und weil ich das dann garantiert (erleichtert) verneine, winkt er ab und meint, dass er in dem Fall nichts sehen will. Mitunter kommt es vor, dass dieses Thema trotz der Anordnung einige Tage hintereinander überhaupt nicht erwähnt wird. Ich bin dann immer sehr erleichtert.
Heute aber ist ein Tag, an dem er sie sehen will und sich in einer Form auf die Anordnung beruft, als sei sie (auch von ihm nicht) nie umgestoßen worden. Also zeige ich ihm meine Schularbeiten ängstlich und sehr gespannt. Zuerst den Aufsatz. Aufsätze gehen mir leicht von der Hand, die mache ich gerne. Er liest ihn durch und meint:
„Ja, toll, der ist dir ja ganz gut gelungen. Aber guck hier: 'nämlich' schreibt man nicht mit 'h'. Wer 'nämlich' mit 'h' schreibt, ist dämlich. Das müsstest du eigentlich als Lehrersohn wissen. Habt ihr noch mehr auf?"
„Ja, acht Türme rechnen", antworte ich beklommen. Ich bin mir nämlich darüber im Klaren, dass diese voller Fehler stecken und dass es jetzt wohl wieder ein Donnerwetter geben wird. Vati kontrolliert die

Rechenaufgaben und beginnt nach kurzer Zeit mit dem Kopf zu schütteln: „Dz, Dz, Dz, - was hast du hier denn wieder für einen Bockmist gemacht?! Die letzten Türme sind ja alle falsch ausgerechnet!"
„Wo?", frage ich, weil mir keine bessere Antwort einfällt.
„Frag' nicht so dämlich! Hier in deinem Heft! Wo denn sonst? Sag' bloß, du hast diese einfachen Aufgaben nicht kapiert?!"
Es geht dabei um Multiplikationen mit den Zahlen 7, 8 und 9. Er erklärt sie mir unwillig, aber ich begreife sie trotzdem immer noch nicht. Und exakt an der Stelle, wo es schwer für mich wird und ich nichts kapiere, wird er ungeduldig:
„Das musst du doch endlich begreifen. Das verlange ich von dir!" Und dann spöttisch: „Wie oft soll ich dir das denn n o c h erklären?" Dann holt er tief Luft und fügt laut und wütend hinzu: „Du bist intelligent genug das zu begreifen! Du bist lediglich zu faul, ein bisschen nachzudenken. Du wirst später mal als Ritzenschieber bei der Straßenbahn enden, du Windhund!"
Ritzenschieber und Windhund sind seine Lieblingsbezeichnungen für mich.
Meistens rechnet er die Aufgaben dann für mich aus, und ich muss sie dann abschreiben, ohne etwas begriffen zu haben. Die Hausaufgabenkontrolle läuft oft in dieser Art und Weise ab. Deswegen habe ich solche Angst davor.
Zu dieser Zeit bin ich acht Jahre alt, im dritten Schuljahr und leide unter meiner eigenen Unzulänglichkeit. Darüber verfalle ich in eine merkwürdige Verhaltensweise, die ich trotz empfindlicher Bestrafung durch meine Eltern einige Monate immer wieder auf die gleiche in der Folge beschriebenen Art praktiziere:
Ich setze mich nach dem Mittagessen an Vatis großen Schreibtisch und beginne mit den Schularbeiten. Als Erstes erledige ich die Dinge, die mir leicht von der Hand gehen und mir sogar Spaß machen. Dazu gehören Schreiben, Lesen und Aufsätze oder Nacherzählungen zu verfassen. Danach hole ich mit beklommenen Gefühl Rechenbuch und -heft aus meinem Ranzen hervor und verschaffe mir einen Überblick von dem, was Fräulein Meyer uns aufgegeben hat. Missmutig beginne

ich mit meinen Rechenaufgaben. Dieses Schulfach fällt mir sehr schwer. Halbherzig rechne ich ein wenig herum und lasse meine Gedanken irgendwann frei, sitze tatenlos herum und träume von schönen Dingen, wie Fußballspielen oder Ferien bei Oma und Opa auf dem Dorf zu verbringen und mit Opas Hündin Senta oder den Kälbern von den Bauern zu spielen. Die können so niedlich sein und einem so drollig die Finger ablutschen. Oder ich sinniere in solchen Wachträumereien darüber nach, wen ich alles verhauen würde, wenn ich der Stärkste in der Klasse wäre...Ich bin dann völlig abwesend. Irgendwann komme ich zurück und wenn ich dann auf die große Wanduhr sehe, stelle ich fest, dass ich manchmal eine gute halbe Stunde träumerisch unterwegs war, mich zwar wohl gefühlt habe, auf meinem Rechenheftpapier jedoch nichts geschrieben steht.
Bei dem folgenden Neubeginn mit den Hausaufgaben befällt mich dann eine starke Unlust und ein ebenso intensiver Freiheitsdrang. ‚Du sagst einfach zu Vati, dass wir keine Rechenaufgaben aufhatten', beruhige ich mein Gewissen, beende meine erfolglosen Multiplikationsversuche, krame meine Hefte und Bücher zusammen, verstaue sie in meinem Schulranzen und begebe mich auf die Straße zum Spielen. Dort genieße ich erst einmal die frische Luft, fühle mich einerseits frei und erleichtert, leide jedoch andrerseits unter einer dumpfen, schlecht zu unterdrückenden Angst, gepaart mit einem schlechten Gewissen ...
Selbstverständlich bemerkt Fräulein Meyer am anderen Tag in der Schule, dass ich einen Teil meiner Hausaufgaben nicht gemacht habe, schimpft mit mir und lässt mich nachsitzen.
Daraufhin komme ich später als erwartet nach Hause.
„Warum kommst du so spät?“, fragt mich Mutti oder Vati, nach dem zweiten Mal, wohl wissend, dass ich wieder „nachdienen“ musste...und wohl wissend von dem Grund für diese Strafe.
Nach meinem Geständnis erhalte ich die Standartsanktionen Schimpfe, Prügel mit dieser elastischen Bambusgerte und zuweilen auch bis zu vier Wochen Stubenarrest - ohne Amnestie. Der wird bis zum letzten Tag durch gestanden, mit Kalendereintrag und Kontrolle. Und trotz der

harten Strafen wiederhole ich monatelang mindestens zweimal in der Woche diesen Schularbeitenfrevel.
Irgendwann werden meine Eltern doch stutzig, vielleicht auch nur bestrafungsmüde und vereinbaren einen Gesprächstermin mit meiner Lehrerin. Diese ist auch ziemlich ratlos und konstatiert:
„Ihr Sohn ist zwar hochbegabt, ja, sogar einer der begabtesten der Klasse, er ist aber leider sehr faul. Und was jetzt in ihn gefahren ist, dass er wochenlang Teile seiner Schularbeiten nicht mehr macht..., warum er sich so verweigert...und das immer wieder trotz harter, durchaus angebrachter Bestrafung von Ihnen als seine Eltern, ich weiß es auch nicht, ich kann mir keinen Reim darauf machen..."
Meine Eltern berichten mir, was sie in dem Gespräch mit der Lehrerin thematisiert haben und dass sie überein gekommen sind, dass Mutti mit mir zu einem Psychiater, einem Seelenarzt, gehen wird. Vielleicht habe ich eine unnormale Veranlagung, die es herauszufinden und zu behandeln gilt.
Mutti und Vati sind plötzlich ziemlich freundlich zu mir. Wenn es eine solche Veranlagung gibt, habe ich sie bestimmt von Molli, meinem leiblichen Vater geerbt, glaubt meine Mutter.
Nach meinem Psychiaterbesuch wird es tatsächlich besser mit mir in der Schule und mit meinem Verhältnis zu Eltern und Lehrerin. Ich weiß nicht mehr, was meine positive Veränderung bewirkt hat oder was der Arzt zu mir gesagt hat. Danach tue ich jedenfalls sehr lange, was von mir verlangt wird und stelle fest, dass mein Leben mit weniger Strafen angenehmer verläuft.
Ich erinnere mich jedoch daran, was Mutti mit mir veranstaltet, als wir im Wartezimmer dieses Nervenarztes sitzen, um mich auf ihn vorzubereiten. Sie nimmt mich an ihre Seite, ergreift einen von den extra für Kinder bereitgestellten Malstiften sowie ein großes Stück Papier vom Zeichenblock und sagt:
„Pass 'mal auf, mein Junge, es kann gut angehen, dass du bei dem Herrn Doktor ein Bild mit einer Baumallee malen musst. Die Bäume, die du dann malst, müssen zum Ende des Bildes hin immer kleiner werden. Das nennt man perspektivisches Malen. Guck mal, so..."

Dann malt sie die Bäume „in Perspektive“ auf den Zettel.
„Begreifst du das? Auch das mit der Perspektive?“ Ich nicke und habe begriffen, dass ich große und kleine Bäume malen soll, den größten zuerst und die kleineren der Reihe nach hinterher. So, wie wir beim Turnen in der Schule antreten müssen. Mutti spricht weiter:
„Wenn du so malst, wie ich es dir eben gezeigt habe, merkt der Arzt, dass du ein kluger Junge bist. Und das willst du doch auch, oder? Du darfst ihm aber nicht erzählen, dass ich es dir gerade gezeigt habe.“ Ich verspreche ihr, dass ich sie nicht verpetzen werde. Kurz bevor ich aufgerufen werde, sagt Mutti noch:
„Sag' immer schön 'Herr Doktor' zu ihm. Er ist auch Akademiker, genau wie Vati. Und wenn du ihn begrüßt, mach' einen Diener und sieh ihn dabei an, hörst du?“
Ich nicke noch einmal und habe wie immer Angst, dass ich alles falsch machen könnte.
Das ist alles, was ich von dem Psychiaterbesuch noch weiß...

Die Prüfung

Ich gehe in einer Gegend spazieren, die mir völlig unbekannt ist. Plötzlich versperrt mir eine sehr hohe, in der Breite endlose Mauer den Weg. Als ich vor ihr stehe und ihre Dimensionen erkenne, fange ich an, mich zu fürchten und mich zu fragen, wie ich jetzt weiterkommen soll. Plötzlich erscheinen eine Frau und ein Mann, die mir fremd sind und fordern mich auf, über diese unheimlich hohe Steinwand zu klettern. Auch sie wirken, genau wie die Mauer, bedrohlich auf mich. Ich fühle mich von ihnen unter Druck gesetzt. Ängstlich beginne ich zu klettern. Dabei finden meine Hände und Füße immer wieder irgendeinen Halt, weil es hervortretende Steine, ein paar Löcher und einige andere Vorsprünge gibt. Während des Aufstiegs werde ich etwas ruhiger und meine Angst nimmt ab. Ich spüre, wie mir mein Klettererfolg Mut macht. Sobald ich jedoch nach unten schaue, wird mir schwindelig und ich fürchte mich vor den beiden Personen, die mir von unten spöttische Kommentare zurufen:

„Na, mach' bloß nicht schlapp, Kleiner!"

Oder:

„Schäm' dich, deine Unterhose guckt 'raus!"

Oder:

„Kannst du dich mit deinen mageren Spinnenärmchen überhaupt festhalten?"

Und:

„Ha ! Wenn du oben ankommen solltest, fällst du doch sowieso wieder 'runter, du Flasche!"

Verschämt und ängstlich klettere ich weiter und werde wieder etwas ruhiger, sobald ich sie ignoriere. Irgendwann komme ich oben an und stelle erschrocken fest, dass diese Mauer höchstens zehn Zentimeter dünn ist. Auch spüre ich, dass sie schwankt. Ich klammere mich so gut ich kann fest und sehe voller Panik nach unten. Der Mann und die Frau sind nur noch als sehr kleine Punkte zu erkennen, und meine fast schon wahnsinnige Angst steigert sich wegen der Höhe ins Unermessliche!

Plötzlich höre ich ein knackendes Geräusch und sehe, wie sich links und rechts von mir Risse im Gemäuer bilden und merke, dass das Schwanken sich verstärkt. Zunächst ganz langsam und dann immer schneller fängt der Teil, auf dem ich mich panisch festklammere, in die Richtung zu kippen, aus der ich hochgekommen bin. Ich stürze und stürze unendlich lange, kann aber meine Angst nicht hinausschreien. Den Aufprall spüre ich nicht mehr, weil ich in dem Moment erwache und aufrecht im Bett sitze.
Ich bin zu diesem Zeitpunkt zehn Jahre alt, befinde mich im vierten Schuljahr und träume diesen Traum sehr oft. Bestimmt alle zwei bis drei Wochen einmal. Es ist die Zeit, in der meine Prüfung zum Gymnasium ansteht. Nach meinem Psychiaterbesuch haben sich meine schulischen Leistungen meinem „Begabungspotential" angenähert. Fräulein Meyer und meine Eltern sind sich einig, dass es schade um mich wäre, wenn ich nicht das Abitur machen würde. Ich selbst freue mich zwar darauf ein Oberschüler zu werden, spüre aber auch eine widerlich penetrante Angst vor der einwöchigen Prüfung für die Zulassung zum Gymnasium.
Und irgendwann ist es dann soweit: Die Prüfungswoche beginnt an einem Montag und endet am folgenden Freitag in fremder Umgebung, mit mir völlig fremden Mitprüflingen und Lehrern an dem fremden Gymnasium, welches ich mir während der letzten Wochen manchmal aus respektvoller Entfernung ansehe.
Es geht mir während der Prüfungstage ziemlich schlecht! Ich verspüre vor Angst ständig Magenschmerzen und leide unter der fremden, auch gespannten Atmosphäre. In den Pausen auf dem Schulhof beneide ich die Großen unter den Gymnasiasten, weil ich tief in meiner Seele sicher bin, dass ich die Prüfung nicht bestehen und nie einer von ihnen sein werde. Ich schäme mich vor den Lehrern, die sich in jener Woche mit uns befassen und mag auch keinen Kontakt zu den mir fremden Klassenkameraden aufnehmen. Am Unterricht beteilige ich mich kaum und bin sicher, dass ich alle Klassenarbeiten in den Sand setze.
Genau so ist es auch. In der Woche nach der Prüfung erfahren meine Eltern von einem der Examenslehrer Folgendes: „Ihr Sohn konnte

nicht die Leistungen erbringen, die zur Aufnahme ans Gymnasium erforderlich sind. Eberhard saß wachsbleich und wie gelähmt im Unterricht, beteiligte sich kaum, und fast alle schriftlichen Prüfungsarbeiten von ihm mussten wir mit „nicht ausreichend" zensieren. Er wirkte während der gesamten Prüfungswoche überdurchschnittlich ängstlich. Es tut uns leid. Vielleicht sollte er es im nächsten Jahr noch einmal versuchen. Vorher sollten Sie als Eltern aber in Erwägung ziehen, ihn das vierte Schuljahr noch einmal wiederholen zu lassen."

Als Mutti und Vati nach Hause kommen, berichten sie mir von dem Gespräch mit diesem Lehrer. Ich werde weder bestraft noch getadelt. Es ist, als stünden sie unter einem Schock und wirken sehr traurig und enttäuscht. Ich beginne nach dieser Nachricht zu weinen, schäme mich für mein Versagen und vor meinen Eltern und verachte mich dafür, dass ich ihnen eigentlich nur Schande bereite.

Erst zwei Tage später beginnt Vati mich zu verurteilen und mir, wie so oft, mein Zukunftsbild vom Ritzenschieber bei der Straßenbahn schillernd und verächtlich aufzumalen. Mutti haut, nachdem sie sich von dem Schock erholt hat, in die gleiche Kerbe und beschimpft mich zusätzlich wegen meines Erbguts: „Das ist Mollis Faulheit, die du geerbt hast! Aus dir wird auch nichts werden, genau so, wie aus ihm nichts geworden ist!"

Und ich? Ich schäme mich zu Hause, vor den Spielkameraden auf der Straße, vor meinen Geschwistern, vor allen Verwandten und besonders vor den Kollegen meines Vaters, die öfter zu Besuch kommen und immer wieder die von mir so schmerzhaft empfundene und bohrende Frage stellen: „Na, Eberhard, was macht die Schule? Können deine Eltern stolz auf dich sein?"

Den eingangs beschriebenen Traum habe ich nicht wieder geträumt. Manchmal träume ich jetzt etwas anderes. In diesem Traum laufe ich nackend über den Schulhof und werde ausgelacht. Wenn ich mir die Spötter greifen will, um sie zu verhauen, kann ich nicht zuschlagen...

Kiusweg

„Das ist keine Rotbuche, Eberhard, das ist eine Blutbuche!"
„Aber sie ist doch rot..."
„Ja, das stimmt, die Blätter sind rot. - Blutrot, kann man sagen. Ich versuche jetzt, es dir genau zu erklären: Die Rotbuche ist ein ganz normal grüner Baum, dessen nacktes inneres Holz rötlich getönt ist. Aus diesem Grund nennt man sie Rotbuche. Ihre Blätter zeigen ein etwas satteres Grün als die Weißbuche, die im Holz heller ist. Die Blutbuche hat dieses dunkelrote Laub, welches im Sonnenlicht so schön leuchtet und jedes Blatt sieht aus, wie ein großer Bluttropfen. - Kannst du dir diesen Vergleich merken, mein Junge?"
„Oh ja, Opa, so kann ich das behalten", antworte ich und freue mich, dass er mir das im wahrsten Sinne des Wortes so einleuchtend erklärt hat.
Wir beiden machen gerade unseren Abendspaziergang über die Wiesen und Felder an der Schlei. Senta, Opas setterähnliche schwarze Mischlingshündin buddelt in einiger Entfernung erfolglos nach Mäusen, um kurz darauf übermütig in großen, immer enger werdenden Kreisen um uns zwei herumzuwetzen. Im Moment fühle ich mich sauwohl, denn ich genieße meine Herbstferien und verbringe diesen Urlaub von der Schule wie alle anderen, die im Jahr anfallen, bei Opa, Oma und Tante Ruth in Kiusweg an der Schlei. Diese Aufenthalte bei Muttis Eltern und ihrer Schwester sind für mich, seitdem ich in Kiel lebe und dort auch zur Schule gehe, zur schönen Tradition geworden.
Inzwischen bin ich neun Jahre alt und genieße wieder einmal den Spaziergang mit Opa und Senta. Während ich mit meinem geliebten Großvater Hand in Hand gehe und mich über das alberne Getolle unserer Hündin amüsiere, spielen sich in mir folgende Gedanken ab: ‚Ich kenne keinen Menschen, der so toll ist, wie mein Opa. – Ja, ich habe ihn sogar noch mehr lieb als Mutti. - Aber das werde ich ihr nie erzählen, niemals!'
Mann, ist das schön, wenn wir, so wie jetzt, durch die Natur gehen und er mir alles erklärt! Gut, Pflanzen und Bäume sind etwas langweilig, und

er schimpft auch manchmal mit mir, wenn ich nicht mehr weiß, wie zum Beispiel eine Erle aussieht, nachdem er es mir doch „tausendmal verklugfidelt“ hat, wie er dann immer sagt. Aber wenn er schimpft, habe ich keine Angst vor ihm, wie zum Beispiel vor Vati, der mich dann ja meistens schlägt...
Viel spannender als Blumen und Bäume mit Namen zu kennen, finde ich, was Opa mir alles über die Tiere erzählt. Deren Namen und Eigenarten kann ich mir besser einprägen und behalten. Wenn ich alleine durch die Felder streiche, schleiche ich mich manchmal an Hasen oder Rehe heran. Einmal gelingt es mir, mich so anzuschleichen, dass ich nur noch durch einen buschbewachsenen Wall von drei Rehen getrennt bis auf einige wenige Meter direkt in ihrer Nähe bin. Ich weiß, dass es kaum möglich ist, dass die Tiere mich sehen, und dass sie aufgrund des starken Gegenwindes meine Witterung nicht aufnehmen können. Dieses Wissen und damit dieses Erfolgserlebnis, verdanke ich Opa, von ihm weiß ich, wie man sich am besten anschleicht.
Im letzten Jahr bekomme ich zu Weihnachten ein von ihm selbst geschnitztes und bemaltes Kaspertheater geschenkt. In keinem Spielzeugladen der großen Stadt Kiel entdecke ich jemals so schöne Kasperpuppen, wie die von meinem Opa.
Eines Tages bitte ich ihn, ob er mir ein Gewehr basteln könne. - Damit es echter aussieht, wenn ich „Cowboy und Indianer“ spiele...
„Ich kann doch kein Gewehr bauen“, antwortet er. „Wie sall ick dat denn moken? Nee, nee, min Jung', dat ward nix.“
Manchmal spricht er plattdeutsch mit mir.
Drei Tage nach dieser ablehnenden Antwort nimmt er mich nach dem Frühstück mit in seine kleine Werkstatt zur Hobelbank, entfernt ein längliches Tuch von einem Gegenstand, der sich als ein Spielzeuggewehr entpuppt und einer echten Knarre täuschend ähnlich sieht. Das hat Opa während der letzten drei Tage für mich gebastelt! Ich jaule vor Glück und Freude, küsse Opa vor Dankbarkeit sein Gesicht sauber und spiele den ganzen Tag mit diesem schönen Gerät „Cowboy und Indianer“. Anfangs spiele ich nur alleine, mit irgendwelchen imaginären Feinden. Etwas später erkläre ich Hündin

Senta, dass sie jetzt ein Büffel ist und jage sie über die Wiese. Immer, wenn ich dann so tue, als würde ich auf sie schießen, brülle ich unmittelbar nach dem „Peng“ – „Platz!“, woraufhin das Tier sich (von Opa vortrefflich erzogen) sofort hinlegt und auch, dem Zustand einer erschossenen Kreatur entsprechend, liegen bleibt...“Jetzt bist du tot“, sage ich dann zu ihr, um sie auf's Neue loszujagen und mein erfolgreiches Jagderlebnis zu wiederholen.
Das für mich eindrucksvollste Kunststück, welches Senta durch die Dressurkünste meines Großvaters kann, sieht so aus: Er sagt zu ihr: „Sitz!“ Das Tier setzt sich hin. Er legt der Hündin einen kleinen Fleischhappen auf die Nase und gibt den Befehl:„Nicht nehmen!“ Senta's Augen bekommen einen gespannten, lauernden Ausdruck, sie stellt ihre schwarzen Schlappohren auf „Habt Acht!" und sitzt abwartend still und starr, und nichts an ihr bewegt sich. Auf ihrem Nasenrücken ruht dieser kleine verführerische Leckerbissen, und sie lässt ihn dort liegen. Opas Gesicht befindet sich ziemlich dicht vor dem seiner Hündin, sein Zeigefinger ist erhoben, und ich habe den Eindruck, dass er sie mit seinem Blick zwingt stillzuhalten - bis er plötzlich „na, nimm!“ sagt, woraufhin sie eine blitzschnelle Kopfbewegung macht, man ein kurzes „Schlapp“ von ihr hört und miterlebt, wie sie den Leckerbissen „inhaliert“, ohne sich mit irgendwelchen umständlichen Kaubewegungen abzumühen.
Ja - ja, ich habe einen tollen Opa...
Ich freue mich schon jetzt auf die kommenden Weihnachtsferien. Am zweiten Feiertag werde ich wieder mit dem Zug nach Kiusweg fahren und dort bis einen Tag vor dem neuen Schulbeginn bleiben. Das steht jetzt schon fest! Ich freue mich unter anderem deswegen schon darauf, weil ich mir gerade vorstelle, wie Opa in der warmen Stube im Kerzenschein des Tannenbaumes die Weihnachtsgeschichte erzählt. Er schildert sie immer mit seinen eigenen Worten, ohne sie aus der Bibel vorzulesen und zwar so bildhaft und spannend, dass ich in jedem Jahr auf`s Neue befürchte, Herodes könnte es, im Zuge seiner befohlenen Kindermorde noch schaffen, auch den kleinen frischgeborenen Jesus abzuschlachten und bin jedes Mal, wenn Opa erzählt, neben meiner

Empörung und Verachtung gegenüber Herodes erleichtert, dass Jesus nun doch wieder nicht erwischt wird...
Oha, und wenn ich zu Ostern die Kreuzigungsgeschichte aus dem Munde meines Großvaters höre, muss ich immer sehr weinen, weil mir dieser gequälte Herr Jesus furchtbar leid tut. Ich mag dann gar nicht glauben, dass der nach seiner Folter am Kreuz schon am dritten Tag danach wieder aufgestanden ist. - Der muss doch noch schreckliche Schmerzen gehabt haben...!
Opa erzählt oft Geschichten aus der Bibel, und ich höre ihm immer wieder gebannt und gerne zu. Er ist mein Idol. - Nicht nur meins! Alle Mitglieder der Familie achten, ehren und bewundern ihn. Manchmal bekomme ich Angst, dass er plötzlich sterben könnte. Ich wünsche mir, dass er zumindest so lange lebt, bis ich ein erwachsener Mann bin. Denn dann brauche ich vielleicht nicht zu weinen, wenn er von uns geht. Ich habe gehört, dass erwachsene Männer kaum noch traurig sind, keine Angst mehr haben und auf keinen Fall mehr weinen... '
Nachdem wir diesen Spaziergang, an dem ich meinen Gedanken und Erinnerungen so stark nachhänge, beendet haben und ich in der gemütlichen Wohnküche auf Opas Schoß sitze, sage ich zu ihm:
„Weißt du, was ich später einmal werden möchte? Förster will ich werden, oder Tierarzt. Doch lieber Tierarzt, dann kann ich kranke Hunde und Katzen heil machen oder den Kühen beim Kälber kriegen helfen. Findest du das gut?"
„Oh ja, das ist eine gute Idee, mein Junge. Dann musst du allerdings die Prüfung zur Oberschule bestehen und dein Abitur machen. Hoffentlich schaffst du das......."
Während unseres Gesprächs sitzt Oma auch am Tisch, hört uns zu, strickt an einem Pullover und sagt mit verfinsterter Mine zu mir:
„Eberhard, mein Junge, greif' nie zum Alkohol! Erst heute habe ich wieder in der Zeitung gelesen, dass ein 21-jähriger junger Mann ins Gefängnis muss, weil er Schnaps getrunken hat, danach einen anderen Mann überfiel und dem die Brieftasche raubte. Immer, wenn ich solche Geschichten lese, bekomme ich Angst um dich und deine Zukunft. Schließlich hast du doch von Molli einige schlechte Seiten geerbt."

Solche und ähnliche Vorträge muss ich mir oft von Oma anhören. Außerdem achtet sie mit einer ziemlichen Strenge darauf, dass ich abends bete. Wenn sie mit mir schimpft, droht sie mir oft mit der entsprechenden Bestrafung durch den „lieben“ Gott. Dadurch habe ich auch vor ihm Angst: Was Vati, Mutti, Oma und Tante Ruth von meinen „Sünden“ nicht merken, das beobachtet er und es wird von ihm entsprechend bestraft. Und am Ende steht für all mein böses Tun die Hölle für mich als Endstation. Manchmal bezweifle ich, dass es den lieben Gott gibt. Daraufhin schäme ich mich dann sofort und bekomme Angst, dass er mich wegen meiner Wankelmütigkeit bestraft. Zum Beispiel mit einer „Fünf“ in einer Klassenarbeit...
Nähere Kontakte mit Oma vermeide ich. Sie will mich manchmal beim Schmusen auf den Mund küssen. Dann ekle ich mich vor ihr, weil sie solch einen feuchten und behaarten Mund hat. Nachts, wenn wir in dem kleinen Haus alle im Schlafzimmer liegen, bekommt sie oft Herzattacken, stöhnt und jammert so laut, dass ich immer sehr erschrecke und befürchte, dass sie gleich stirbt. Insgeheim lehne ich meine Oma ab und mag sie nicht, weil ich sie unästhetisch finde und sie mir immer wieder eine düstere Zukunft voraussagt.
Und Tante Ruth, Muttis Schwester? Die will immer, dass ich sonntags mit in die Kirche komme. Sie ist mir zwar nicht direkt böse, wenn ich nicht mitgehe, vermittelt mir aber auch, dass es „irgendwie eine Sünde ist“, wenn ich mich dazu nicht aufraffen kann. „D u brauchst nicht mitzukommen, wenn du es nicht freiwillig tust“, sagt sie zwar oft, aber sie vermittelt mir trotzdem das Gefühl, dass der liebe Gott es streng verurteilt, wenn ich zu Hause bleibe. Und weil ich Bestrafungen fürchte, gehe ich Sonntags meistens mit ihr in die Kirche und habe dort Schwierigkeiten, mir einzugestehen, dass ich mich langweile oder Angst habe zum falschen Zeitpunkt aufzustehen oder mich hinzusetzen. Ansonsten ist Tante Ruth jedoch ein guter Kumpel und wir können viel Quatsch miteinander machen. Oft sagt sie im Hinblick darauf, dass sie in der Zeit, als Mutti selten zu Hause war, uns bemuttert hat: „Heidemarie und du, Eberhard, ihr seid eigentlich m e i n e Kinder, und ich habe euch so lieb, als wäre ich eure Mutter.“ Meistens weint sie

dabei, wenn sie das sagt. Ich habe Tante Ruth lieb, empfinde sie jedoch manchmal als zu religiös. Hoffentlich verzeiht mir der liebe Gott das...
Opa, Oma und Tante Ruth, sowie mein zweites Zuhause Kiusweg bedeuten mir sehr viel und ich verbringe dort meine Ferien bis zum Ende meiner Schulzeit. Mein Wunsch, dass Opa so lange am Leben bleibt, bis ich ein erwachsener Mann bin, geht nicht in Erfüllung. Er verlässt uns am 1. Februar 1954. Und zwar genau so plötzlich, wie ich es oft befürchtet habe. Er stirbt zwei Monate vor meiner erfolgreichen Prüfung zum Gymnasium, als ich elf Jahre alt bin. Die Trauer um meinen Großvater hält für mich noch sehr lange an. Vor und nach seinem Tod tut er meiner Seele gut. Unter vielen anderen Dingen deswegen, weil er liebevoll und einfühlsam eine feste Verbindung zwischen mir und unserer Natur herstellt und ich immer überzeugt bin:
„Der hat mich lieb und ich ihn auch!“
Danke, Opa!

Mein schönstes Schul- und Kindheitsjahr

„Flechner“ steht auf der Wandtafel in großen, fast formatfüllenden Buchstaben geschrieben.

Das ist der Name des Mannes, der vor uns Schülern im Schulraum steht und als Klassenlehrer folgende Begrüßungsrede hält:

„Es gibt ein paar neue Mitschüler in dieser Klasse, die das vierte Schuljahr wiederholen. Diese Jungs haben, warum auch immer, trotz ihrer überdurchschnittlichen Begabung die Aufnahmeprüfung zum Gymnasium oder zur Realschule nicht bestanden. Es spielt hier und jetzt keine Rolle mehr, warum die Betreffenden durchgefallen sind. Wichtig ist, dass sie und alle anderen aus dieser Klasse bereit sind, das „Training“ mitzumachen, welches ich im Hinblick auf Hochschulexamina praktiziere. Fast alle von euch werden am Ende dieses Schuljahres an einer Prüfung zu einer höheren Schule teilnehmen. So viel ich weiß, sind es bis jetzt nur drei Schüler aus dieser Klasse, die hier an der Volksschule bleiben. Jetzt schon warne ich die anderen davor, diese „Nichtkandidaten“ zu verspotten, weil der Großteil der Herren eventuell meint, etwas Besseres darzustellen! Ich komme zurück auf mein vorher erwähntes Training: Während des gesamten Schuljahres werden wir in allen Fächern immer wieder verschiedene Sexta-Prüfungsarbeiten schreiben. Ihr werdet im Verlauf merken, dass sie gar nicht so schwer sind, wenn ihr sie ohne Prüfungsangst schreibt. Ich habe während der vergangenen Jahre mit diesem Training die Erfahrung gemacht, dass bis auf drei oder vier Ausnahmen alle anderen ihre Prüfung erfolgreich bestanden haben. Und hier noch zwei Punkte für die neuen Klassenkameraden zur Beachtung! Erstens:

Wer wann auch immer vergisst, Teile seiner Hausaufgaben zu machen, meldet dies zu Beginn des jeweiligen Unterrichts an. Wir erörtern die Begründung für das Weglassen und es wird keine Bestrafung geben. Bekomme ich es jedoch später heraus und merke, dass gemogelt werden sollte, wird derjenige, der dabei ertappt wird, bestraft. Ich hasse Unehrlichkeit!

Zweitens :
Sollte ich aus irgendwelchen Gründen während des Unterrichts den Raum verlassen müssen, dann ändert sich hier nichts an der Ruhe und Disziplin, die in meiner Gegenwart geherrscht hat. In solch einer Situation kommt nämlich unser Klassensprecher Jürgen nach vorne und erzählt eine seiner tollen und spannenden Geschichten, bis ich wieder zurück bin. Das hat bis jetzt immer lärmfrei geklappt, und es wird auch weiterhin funktionieren! Gut. - Hab' ich noch 'was vergessen?", fragt er in den Raum hinein.
Irgendein Schüler von den Alten sagt: „Sylt."
„Ah, ja- danke. Im September fahren wir vierzehn Tage nach Sylt. Mit der ganzen Klasse. Darauf könnt Ihr Euch jetzt schon freuen."
Mit diesem Hinweis beendet er seine Begrüßungsansprache für die fünf neuen Mitschüler, zu denen auch ich gehöre.
Meine Eltern haben sich noch einmal nach meiner „Gymnasiumsschlappe" mit Fräulein Meyer beraten und von ihr erfahren, dass an einer anderen Volksschule, die auch in der Nähe unserer Wohnung angesiedelt ist, dieser Herr Flechner mit seinem Spezialprogramm für Schüler wie mich erfolgreich und überregional populär unterrichtet. Weil es bei ihm noch einen freien Platz gibt, werde ich an jene Schule in seine Klasse versetzt, um das vierte Schuljahr zu wiederholen und das Aufnahmeexamen zum Gymnasium noch einmal zu versuchen.
Die Begrüßungsansprache dieses Lehrers beeindruckt mich stark. Ich empfinde ein Gemisch aus Angst, wie ich sie bei allen dominanten Menschen spüre, aus Respekt vor seinen klaren, gerecht klingenden Maßnahmen und aus Hoffnung, dass ich bei ihm lerne, meine Ängste vor der Prüfung zu verlieren.
An irgendeinem Montag sagt er morgens zu uns Schülern:
„Wir schreiben Donnerstag eine Sexta-Prüfungsarbeit in Mathematik und beginnen heute damit dafür zu trainieren. Übrigens: Wir sagen ab heute nicht mehr ‚rechnen', sondern Mathematik, hört ihr?"
In mir spielt sich nach seiner Ankündigung das Übliche ab, wenn es um „Mathe" geht: Wie ein Nebelschleier setzt sich eine lähmende Angst auf

mich herab und ich nehme wie automatisch, fast abwesend, an diesem so genannten Training teil.
Herr Flechner lässt jeden Einzelnen von uns mündlich vor der Klasse drei Aufgaben lösen. Ich höre den anderen bei ihren Ausführungen zu und nehme immer noch angstbeklommen wahr, wie dieser Lehrer meinen Mitschülern, die eine falsche Antwort geben, ruhig und freundlich begreiflich macht, wie der richtige Weg zu einem korrekten Ergebnis zu gehen ist. Und ich, der die gleichen Aufgaben vor sich auf dem Tisch liegen hat und vergleichen kann, „begreife gleich mit".
Meine Angst baut sich langsam ab. Der Nebel verfliegt. Als ich an die Reihe komme, gebe ich drei richtige Antworten. Und die im Fach Mathematik, das muss man sich 'mal vorstellen! Wenn jetzt Mutti und Vati hier wären...Das muss ich denen unbedingt erzählen!
Als wir am Donnerstag die Klassenarbeit schreiben, beginne ich zwar zuerst mit dem mir bekannten ängstlichen Gefühl, merke aber im weiteren Verlauf, dass ich keine Schwierigkeiten mit den Aufgaben habe und sie insgeheim sogar als „babyleicht" bezeichne.
Am Montag sollen wir die Arbeiten zurückbekommen. Ich halte die Zeitspanne bis dahin angstfrei aus, weil ich sicher bin, dass meine Zensur besser als „fünf" sein wird.
Herr Flechner macht es am Montag sehr spannend:
„Ich habe hier 35 Hefte mit Sexta-Prüfungsarbeiten in Mathematik. Die Zensuren sind folgendermaßen verteilt: Trotz der Trainingszeit gibt es 4 Fünfen, gefolgt von 5 Vieren, 10 Dreien, 8 Zweien und - jawoll - genau so viel, nämlich 8 Einsen! Ich verteile jetzt die Hefte in der Reihenfolge der Zensuren. Zuerst die Fünfen."
Dabei bleibe ich endlich einmal ganz ruhig, weil ich sicher bin, nicht dabei zu sein. Als er die Vierer verteilt, befürchte ich doch schon ein wenig, dazu zu gehören. Aber nein - Glück gehabt! Beim Verteilen der Dreier rücke ich schon ein wenig meinen Stuhl zurecht, um schnell nach vorne zu kommen und mir mein Heft abzuholen. Es ist jedoch auch hier nicht dabei! Ich beginne zu glauben, dass er es bei sich zu Hause vergessen hat. Dieser Verdacht wird für mich dadurch erhärtet, dass er auch die mit der Zensur Zwei bedachten Hefte verteilt, ohne

mich aufzurufen. Halbherzig und ein wenig enttäuscht höre ich noch zu, wie er die Einser mit entsprechenden Lobeskommentaren verteilt und ganz zum Schluss mich aufruft, indem er einfach nur sagt:
„Eberhard?“
Ich stehe auf und bin sicher, dass Herr Flechner mir jetzt erklären wird, warum er mein Heft zu Hause vergessen hat. Aber er führt sein Gespräch anders mit mir fort:
„Eberhard, hast du schon jemals eine Sexta-Prüfungs-Mathematik-Arbeit geschrieben, die mit einer Eins zensiert wurde?“
„Nee, noch nie“, antworte ich wahrheitsgetreu, jedoch mit einem voller Vorfreude hüpfenden Jungenherzen, denn vor ihm auf dem Pult liegt noch ein Heft!
„Hier hast du eine, und es freut mich ganz besonders für dich, weil ich vermute, wie schlecht es dir vor einiger Zeit während der Prüfung ergangen ist, mein Junge.“
Ich gehe von der Schule in einer Stimmung nach Hause, wie ich sie bis dahin noch nie auf meinem Weg dorthin oder von dort nach Hause erlebt habe. Ich klingle stürmisch und wiederholt an unserer Wohnungstür. Als Mutti wegen dieses Lärms ein wenig unwillig öffnet, überfalle ich sie übermütig mit den Worten:
„Ich hab' 'ne Eins in Mathe geschrieben!“ Und umarme sie glücklich.
„Du spinnst, das glaube ich dir nicht“, entgegnet sie.
Ich verzeihe ihr sofort dieses Misstrauen und lege ihr mein Heft mit großer Geste geöffnet auf den Tisch. Unter den Rechenaufgaben, nein, besser, unter den Mathematikaufgaben, die aufgeschlagen sind, prangt eine große rote Eins.
Muttis Zweifel sind beseitigt:
„Toll“, staunt sie, „darüber wird Vati sich bestimmt freuen.“
„Ich freue mich aber auch“, gebe ich fröhlich zu bedenken...
Als mein Vater nach Hause kommt und ich ihm stolz meine Eins zeige, wirkt er zwar auch froh über dieses neuartige und ungewohnte Ereignis, kann aber nicht umhin, mir einen kleinen Dämpfer zu verpassen:
„Schön, diese tolle Zensur. Wir wollen sie aber nicht überbewehrten. Schließlich wiederholst du das vierte Schuljahr... Hoffentlich war diese

Eins keine Eintagsfliege. Ich würde mich noch mehr freuen, wenn sich diesbezüglich eine Beständigkeit deinerseits einstellen würde."
Nun: Es stellt sich tatsächlich diesbezüglich meinerseits eine Beständigkeit ein. Die schlechteste Zensur, die ich je bei Herrn Flechner schreibe, ist eine Drei. Und zum Thema „Ehrenrunde" denke ich: ‚Ich wiederhole zwar das Schuljahr, aber ich habe das, worin ich jetzt eine Eins geschrieben habe, vorher nie begriffen.'
Ich traue mich nicht, so gegenüber Vati laut zu argumentieren, weil ich mich vor seiner Antwort ängstige, die etwa so lauten könnte:
„Du begreifst nur dann nichts, wenn du zu faul zum Nachdenken oder zum Lernen bist. Hättest du dir vor einem Jahr mehr Mühe gegeben, dann währst du jetzt schon ein Oberschüler!"
‚Eigenartig', denke ich bei dieser durchaus realistischen Einschätzung meines Vaters, ‚Herr Flechner würde so etwas nicht sagen. Der schimpft zwar manchmal, hat auch eine sehr harte ‚Handschrift', aber er verurteilt niemanden. Toll, wie er etwas erklären kann. Und wenn er bei jemandem dessen Vorzüge erkennt, kitzelt er sie aus demjenigen so richtig heraus.'
Alle Jungs in meiner Klasse sind sich einig: Der Mann ist hart, aber gerecht und herzlich! Wir lassen nichts auf ihn kommen und werden von den Schülern aus anderen Klassen oft um ihn beneidet. Offensichtlich kennt er sich, obwohl er erwachsen ist, noch sehr gut in der Jungenwelt aus. Hier ein Beispiel:
Es ist große Pause. Herr Flechner hat Aufsicht, sitzt auf dem Geländer der Schulkellertreppe und isst einen Apfel. Ungefähr fünfzehn Meter davon entfernt streitet sich Gerd, unser Klassenstärkster, mit einem Schüler, der mir unbekannt ist. Ich gehe zu ihnen hin, mische mich ein wenig in deren Meinungsverschiedenheit ein und feuere meinen Kumpel Gerd an:
„Red' doch nicht so viel mit diesem Kasper! Hau' ihm einfach 'n paar in die Fresse... Am besten mit links, dann kannst du noch mit rechts dein Pausenbrot weiter essen. Der kann doch nichts, diese Flasche!"
Während ich so hetze, drehe ich dem Kontrahenten meines Klassenkameraden halb meinen Rücken zu. Der Fremde hört meine

Worte, wird böse und tritt mich in den Hintern. Das macht mich zornig. Ich will auf ihn losgehen, sehe aber meinen Lehrer auf dem Geländer sitzen und herüberblicken. Also traue ich mich nicht, diese Schlägerei auszufechten, auch deswegen nicht, weil es auf dem Schulhof verboten ist. Ich beherrsche mich und knurre den anderen, der ungefähr einen Kopf größer ist als ich, an:
„Wenn ich dich nach der Schule erwische, haue ich dir 'n Arsch voll!“
„Und ich stopf dir deine viel zu große Fresse, du Zwerg!“, erwidert der andere. Ich antworte nicht und schicke mich an, die nicht benutzte Arena zu verlassen. - Wütend! -
„Eberhard! Was ist los mit dir? Lässt du dir das gefallen?!“
Es ist mein Lehrer, der mir diese provozierende Frage zuruft.
„Willst du dich nicht wehren?“, setzt er noch hinterher.
Angestachelt durch die Provokation dieses so sehr von mir verehrten Mannes gehe ich zu Gerd und seinem Kontrahenten zurück, nehme „Boxergrundstellung“ ein und grunze meinen Gegner an:
„Nimm die Flossen hoch, Kasper! Es geht doch jetzt schon los!“
Dann geht alles sehr blitzartig: Mit einer beeindruckenden Schnelligkeit und Gewandtheit unterlaufe ich seine fuchtelnden Arme, die ins Leere schlagen und „bringe einen rechten Schwinger auf seiner Nase an“ (so formuliert Gerd es später grinsend), die sofort blutet.
„Aufhören! Genug, jetzt!“, kommandiert Herr Flechner sofort, als er bei dem anderen das Blut sieht. Dann ruft er uns zu sich und sagt zu meinem Gegner:
„Du trittst nie wieder jemanden, der dir den Rücken zudreht. - Klar?“
Und zu mir:
„Du lässt dir in Zukunft so etwas nicht mehr gefallen, hörst du? - Hast übrigens 'ne tolle Technik drauf und bist sehr schnell. Hm -, gefällt mir. Als Jugendlicher war ich 'mal im Boxverein und verstehe deswegen ein wenig davon.“
Danach spricht er uns beide an:
„So, was meint ihr? Ist der Streit noch zu frisch oder könnt ihr euch schon die Hände geben und euch vertragen? Seht euch 'mal gegenseitig an.“

Wir tun wie uns geheißen, grinsen verlegen und geben uns die Hände. Und als wir uns später öfter auf dem Schulhof sehen, grüßen wir uns freundlich...
Und noch ein Ereignis lässt mir meine Brust schwellen, dass sie beinahe platzt:
Laut Schulverordnung ist es streng verboten, im Treppenhaus schnell zu laufen, weil dadurch eine erhöhte Unfallgefahr gegeben ist.
Wir Schüler kümmern uns manchmal nicht um dieses Verbot und rennen trotzdem die Treppen 'rauf oder 'runter. Wenn wir dabei erwischt werden, hagelt es empfindliche Strafen: Nachsitzen, Strafarbeiten oder sogar Schläge mit dem Rohrstock.
Auch ich renne eines Tages wieder selbstvergessen die Treppe hoch, als es zur Unterrichtsstunde klingelt. Plötzlich fällt mir das Verbot ein und ich bremse meinen Lauf. Auch weil ich weiß, dass Herr Flechner wieder Pausen- und Treppenaufsicht hat. Um sicher zu gehen, dass ich nicht beobachtet werde, gehe ich zum Geländer und sehe durch den Treppenschacht nach oben. Und wer sieht von der zweiten Etage aus nach unten und winkt und bedeutet mir, zu ihm hoch zu kommen? Na klar! Mein geliebter, nun aber doch von mir gefürchteter Klassenlehrer!
‚Au weia', denke ich, ‚kriege ich jetzt eine seiner saftigen, schmerzhaften Ohrfeigen oder lässt er mich 'ne Stunde nachsitzen?'
Beklommen gehe ich zu ihm in die zweite Etage hinauf. Dort steht er zusammen mit einem Schüler, der etwas älter und größer ist als ich und winkt mich etwas ungeduldig zu sich:
„Komm her, Eberhard, beeil' dich doch 'mal!"
Als ich mit meinem schlechten Gewissen bei ihm ankomme, legt er fast zärtlich seine große Hand in meinen Nacken und sagt zu dem anderen Jungen:
„So, Klaus, jetzt pass' 'mal gut auf: Ich habe dich beim Rennen durch das Treppenhaus erwischt. Dieses Mal gehst du straffrei aus. Sollte ich dich jedoch wieder dabei ertappen, dann werden wir drei - du, ich und dieser Eberhard hier - in die Turnhalle gehen und ihr beide werdet einen Boxkampf austragen! Ich garantiere dir jetzt schon, dass du in Erinnerung an den Kampf nie wieder irgendeine Treppe 'rauf- oder

'runterrennen wirst, auf der das verboten ist! Hast du das kapiert? Ja? Gut. Dann Marsch, jetzt in deine Klasse!“

Klaus verschwindet, wie ihm befohlen, und Herr Flechner sieht mich wie einen alten Kumpel an, zwinkert mir mit dem linken Auge zu und sagt: „Der hat jetzt Schiss und rennt nicht mehr. - Komm, wir gehen jetzt in unseren Raum, 'n büschen Unterricht machen."“

Während wir gehen, liegt seine Hand auf meiner Schulter und ich fühle mich sauwohl und bin auch ein wenig stolz auf mich.

‚Wenn der mein Vater währe', denke ich, als wir in den Klassenraum gehen, bekomme aber sofort ein schlechtes Gewissen und schiebe den Wunsch genau so schnell weg, wie er auftaucht.

Ja, es ist ein tolles Jahr!

Auch zu Hause geht es mir gut, weil meine Leistungen in der Schule konstant überdurchschnittlich bleiben und weil die Hoffnung, dass ich die Prüfung zum Gymnasium schaffe, durchaus gerechtfertigt ist. Herr Flechner hat auch meine Fähigkeit, gute Aufsätze zu schreiben, erkannt und lässt mich meine Arbeiten oft vor der versammelten Klasse vorlesen. Mein Selbstwertgefühl bekommt während dieser Zeit sehr viel Nahrung. Außerdem gelingt es diesem Lehrer jede Form von Überheblichkeit bei mir und den anderen Schülern im Keim zu ersticken:

„Bildet Euch nichts auf Eure Fähigkeiten ein. Seid dankbar dafür, denn es sind Geschenke, die ihr bekommen habt“, sagt er oft.

Und wir zehn- und elfjährigen verstehen schon sehr gut, wie er es meint.

Im April 1954 ist dieses schöne Jahr mit Herrn Flechner vorüber und es steht für mich zum zweiten Mal die Prüfung zum Gymnasium an. Es soll wieder an einem Montag geschehen und eine ganze Woche dauern...

Am Samstag vorher bekomme ich eine Erkältung mit sehr hohem Fieber und kann am Examen nicht teilnehmen. Mutti und Vati erkundigen sich und erfahren, dass ich ersatzweise einer dreitägigen Einzelprüfung unterzogen werden kann, sobald ich wieder gesund bin und mich erholt habe.

Und so geschieht es auch.
Trotz des Trainingsjahres bei Herrn Flechner gehe ich genauso angstvoll und beklommen wie vor einem Jahr in die Prüfungstage und weiß von diesen drei Tagen nur noch das Ergebnis:
Ich bestehe die Prüfung!
Zwar nur mit „Hängen und Würgen", aber ich bestehe die Prüfung zum Gymnasium. Ich bin jetzt ein Oberschüler!
Als Vati das erfährt, küsst er mich . Er küsst mich auf den Mund! Er zerquetscht mich fast mit seinen Bärenkräften, als er mich voller Liebe umarmt.
„Ich habe immer gewusst, dass du es schaffst", presst er leidenschaftlich hervor, „auch wenn ich's dir nie gesagt habe!"
Mutti albert tanzend herum und trällert immer wieder:
„Er hats geschafft, er hats geschafft!"
Und ich bin glücklich wie nie zuvor und fühle mich von meinen Eltern geliebt, wie noch nie in meinem elfjährigen Leben...Wenn ich groß bin, mache ich mein Abitur und werde Förster oder Tierarzt! Das steht jetzt schon mit Sicherheit fest! Mutti, Vati und ich, wir sind uns insbesondere in einer speziellen Angelegenheit total einig: Die Ritzenschieberabteilung von der Straßenbahn wird auf meine Assistenz verzichten müssen. Das hat Vati gestern am Mittagstisch so ähnlich formuliert. Jawohl!

Der Genuss, ein Märtyrer zu sein

„Aah! – Aua“, schreit Bernd Krüger, fasst sich mit der rechten Hand an den Nacken und reibt an einer dort schmerzenden Stelle.
„Was ist denn mit dir los? Was brüllst du hier 'rum?“, fragt ihn unwirsch Doktor Proll, unser Klassenlehrer .
Irgendwo im Raum wird leise gekichert. Die Szene spielt sich auf unserem Gymnasium, in meiner Klasse Sexta B, während des Biologieunterrichts ab. Herr Oberstudienrat Doktor Proll erklärt uns gerade den Unterschied zwischen Mäusebussard und Hühnerhabicht, als unser Klassenkamerad Bernd vor Schmerzen aufschreit. Auf die Frage des Lehrers, was mit ihm los sei, antwortet Bernd, sich immer noch den schmerzenden Nacken reibend:
„Irgend jemand hat mir eine Papierkrampe in den Nacken geschossen.“
Doktor Proll, ein höchst cholerisch veranlagter Vertreter seiner Berufsgilde, bekommt nach dieser Information einen hochroten Kopf, kümmert sich nicht weiter um die Schmerzen seines angeschossenen Schülers und faucht in den Klassenraum hinein:
„Wer war das?“ - Nach einer kurzen Pause brüllt er: „Ihr wisst, dass es strengstens verboten ist, mit Gummibändern Papierkrampen zu schießen! Das hat schon zu schlimmsten Augenverletzungen geführt. Also -, wer war dieser Lump?“
Niemand meldet sich. Spannung und Angst sind spürbar. Jetzt kichert niemand mehr. Doktor Proll steht inzwischen ganz vorne vor der Klasse und dreht uns Schülern den Rücken zu. Seinen Kopf hat er nach hinten in den Nacken gelegt, die Hände in den Jackentaschen versenkt, offensichtlich zu Fäusten geballt. Er wippt auf den Füßen.
„Ich warte,“ knurrt er, „ich warte darauf, dass hinter mir jemand aufsteht und sagt: 'Ich war's!` Und wenn das niemand tut, weil er zu feige ist, wird die gesamte Klasse bestraft und heute zwei Stunden nachsitzen! Nur Bernd Krüger nicht. Der darf natürlich nach Hause gehen.“
Nach dieser Drohung verstreichen einige Sekunden in bedrohlicher Stille. Der Krampenschießer meldet sich immer noch nicht. Unser

Klassenlehrer schreitet zu seinem Pult, nimmt dort auf seinem Stuhl Platz, blickt auf seine Armbanduhr und sagt:
„Ich werde jetzt die restlichen zwanzig Minuten dieser Unterrichtsstunde hier an dieser Stelle schweigend verharren und auf die Meldung des Missetäters warten. - Und bis dahin will ich außer einem 'Ich war es.' aus dem Munde des Betreffenden von niemandem in diesem Raum etwas hören! Alle aufstehen und sich neben die Bänke stellen!“
Wir erheben uns wie befohlen und treten neben die Bänke. Während dieser Aktion beobachte ich gespannt Horst Seitz. Er steht vor mir, und ich sinniere: ‚Dieser Mistkerl! Ich habe ihn doch genau dabei beobachtet, wie er mit dem Gummiband auf Bernd gezielt hat! Warum meldet dieses feige Schwein sich nicht? Er hat doch sonst immer so ein großes Maul...! Will er, dass wir alle seinetwegen nachsitzen?’ Darüber werde ich im Stillen wütend, und mir kommt eine heldenhafte Idee: ‚Ich werde meine Mitschüler retten und die Schuld auf mich nehmen!’ Mit diesem Gedanken fühle ich mich kräftig und stolz und sage trotzdem etwas aufgeregt und ängstlich:
„Ich war's.“
Doktor Proll reagiert:
„Aha, du natürlich.... das hätte ich mir eigentlich denken können, komm' nach vorne, aber dalli! Unser leistungsschwacher Klassenkasper avanciert jetzt also auch zum Klassenrüpel. Toll!“
Ich mache mich ängstlich auf den Weg und komme dabei an dem feigen Horst Seitz vorbei und registriere kurz, wie der mich erstaunt und spöttisch zugleich ansieht.
Bei Doktor Proll angekommen, fange ich mir von dem als erstes eine kurz und hart geschlagene, schmerzhafte Ohrfeige ein. Ich lasse mir meinen Schmerz nicht anmerken, kann ihn sogar recht gut ertragen, weil ich mich in einer tollen Helden- und Märtyrerstimmung befinde. Deswegen prallt auch seine laut vorgetragene Schimpfkanonade an mir ab. Ich höre ihm einfach nicht zu.
Ich nehme seine Worte erst dann wieder wahr, als er zu mir sagt:

„So, und jetzt scher' dich zurück an deinen Platz. Schnapp' dir dein Biologiebuch und kreuze die Seiten 20 bis 25 an. Die wirst du zu Hause abschreiben und wenn du noch einmal mit einer Gummikrampe auf einen deiner Mitschüler schießt, dann fliegst du von der Schule, du Flegel! Dafür werde ich persönlich sorgen. - Alle anderen wieder hinsetzen!"
Etwas später klingelt es zur Pause. Auf dem Schulhof angekommen, bestürmen mich meine Klassenkameraden: „Das war dein Glück, dass du dich gemeldet hast, sonst hätt`ste Klassenkeile bekommen, wenn wir deinetwegen hätten nachsitzen müssen", ist die am häufigsten zu hörende Aussage meiner Mitschüler an mich. Auch Bernd Krüger kommt auf mich zu und sagt wütend:
„Du bist ein gemeines Arschloch! Wenn ich stärker wäre als du, würdest du jetzt Senge von mir kriegen."
Ich höre mir alles ganz ruhig an und beobachte dabei ständig Horst Seitz, der sich ziemlich bescheiden im Hintergrund aufhält. Plötzlich hebe ich beide Arme und brülle laut, um das Geschimpfe meiner Klassenkameraden zu übertönen:
„So, nun hört mir 'mal alle zu! Ich habe gar nicht mit dem Gummi geschossen! Ich habe mich nur deswegen gemeldet, damit wir nicht nachsitzen müssen."
Die Jungs sehen mich verdutzt und ungläubig an. Ich ignoriere sie, gehe direkt auf Horst Seitz zu und schlage ihm voller Wut und Wucht meine geballte Faust ins Gesicht und schreie ihn an:
„Du warst es, du feiges Schwein oder etwa nicht? Ich hab's genau gesehen, und wenn du es jetzt nicht zugibst, bekommst du so viel Prügel von mir, wie du noch nie bekommen hast, du Blödmann!"
Horst reibt sich sein anschwellendes Jochbein und nickt verschämt:
„Ja, ich war's. Aber ich hatte Angst, mich zu melden. Ich wollte mich gerade bei dir bedanken, dass du dich für mich gemeldet hast und mich auch entschuldigen...."
Während dieser Worte macht er einen sehr jämmerlichen Eindruck. Die anderen pöbeln zwar verächtlich mit ihm herum, aber keiner wendet ihm gegenüber Gewalt an. Außer Bernd Krüger: Der tritt ihn in den

Hintern und kneift ihn kräftig in den Nacken und zwar genau an der Stelle, wo die Papierkrampe von Horst ihn getroffen hat. Und ich? Ich werde von meinen Klassenkameraden als Held und Retter gefeiert...
Als ich zu Hause Mutti und Vati davon erzähle, loben auch die mich als guten Menschen und sagen, dass sie stolz auf mich sind.
Nur die Schwellung und den inzwischen spürbaren brennenden Schmerz meiner von Doktor Proll geohrfeigten Wange nimmt mir niemand ab. - Und die fünf klein gedruckten Seiten aus dem Biologiebuch muss ich nachmittags alleine schreiben, während viele meiner Mitschüler hinter Fußbällen herlaufen oder an der Badestelle herumtoben...
Trotzdem finde ich es schön, sich wie ein Held zu fühlen!

Schwimmer oder Spinner ?

Nicht nur dieses Märtyrer-Gefühl ist schön, sondern auch jenes, jetzt endlich ein Oberschüler zu sein und sich auf dem Gymnasium wohl, ja, sich sogar gegenüber einigen Nachbarskindern überlegen zu fühlen. Obwohl Mutti und Vati immer noch der Meinung sind, ich könnte im Hinblick auf meine „hohe Begabtheit", wie sie es nennen, in der Schule viel mehr leisten.

„Wenn du nicht so faul wärst, könntest du der Beste in der Klasse sein und nicht nur der Klassenclown", bekomme ich oft von meinen Eltern zu hören. Wenn ich mit Klassenarbeiten nach Hause komme, die mit einer Zwei zensiert sind, geschieht es oft, dass Vati mich zwar im ersten Moment dafür flüchtig lobt, nach genauer Überprüfung der jeweiligen Arbeit sich meistens jedoch fürchterlich aufregt und mich anbrüllt:

„Warum musstest du diesen blöden Fehler machen, diesen Bockmist verzapfen, du Idiot?! Du hättest eine Eins erreichen können...! Aber du bist und bleibst wohl zu dämlich...!"

Meistens bestätige ich ihn dann und antworte zerknirscht:

„Das weiß ich auch nicht, warum ich mal wieder so blöde war. -Ja-, es wäre schön gewesen, eine Eins zu schreiben..." Aber innerlich freue ich mich dann doch ein wenig über meine Zwei. Zwar nicht mehr so doll, wie in dem Moment, wie ich sie in der Schule empfangen habe, aber doch noch ein bisschen. Leistungsmäßig gehöre ich in der Schule zum guten Klassendurchschnitt. Meine Lieblingsfächer sind Biologie, Deutsch, Englisch, Religion und Sport. Schwierigkeiten habe ich nach wie vor mit Mathematik und zwar in allen Bereichen, in der Geometrie, der Algebra und allen anderen der Mathematik zugehörigen Gebieten. Außerdem missfällt mir Geschichte, Geografie, Musik und Kunsterziehung. Bei Letzterem fehlt mir einfach die erforderliche Geduld, in Ruhe ein Bild zu malen oder eine sauber geklebte Bastelarbeit anzufertigen.

Sehr gut gefallen mir wiederum in diesem Sexta-Jahr die Sommerferien. Eigentlich ist diese Ferienzeit immer schön, aber in diesem Jahr genieße ich sie besonders. Warum? Weil ich etwas sehr Wichtiges lerne.

Folgendes geschieht:
Wie immer verbringe ich meine Ferien bei Oma und Tante Ruth in Kiusweg, dem kleinen Häuschen an der Schlei. Opa ist leider im Jahr zuvor am ersten Februar gestorben, und ich muss manchmal immer noch weinen, wenn ich daran denke.
An diesem Tag, von dem ich erzähle, belastet mich jener traurige Vorfall jedoch nicht. Es herrscht sonniges Sommerwetter und ich mache mich auf den Weg zur Badestelle. Vorher verabschiede ich mich von Tante Ruth und Oma. Tante Ruth ermahnt mich:
„Denke daran, dass du nicht gleich hineintobst, sondern dich vorher abkühlst, wenn du ins Wasser gehst." Und Oma ergänzt: „Geh nicht ins tiefe Wasser, du weißt, dass du nicht schwimmen kannst! Hörst du?"
„Ja, Oma", reagiere ich etwas genervt und sehe zu, dass ich verschwinde.
Auf dem Weg zur Badestelle muss ich daran denken, was Mutti alles veranstaltet hat, um mir das Schwimmen beizubringen. Ich erinnere mich gedanklich:
‚Was hat sie nicht alles mit mir versucht: Trockenübungen an Land , an der „Angel" üben im tiefen Wasser, Übungen im flachen Wasser, während sie mich festhielt und so weiter... Na ja, sie hatte ja gute Gründe dafür. Schließlich sollte ich in ihre Fußstapfen treten, denn sie war als junge Frau immerhin schleswig-holsteinische Landesmeisterin im Brustschwimmen gewesen. Aber ich enttäuschte sie und lernte das Schwimmen leider nicht.' Mit diesen Erinnerungen beschäftigt erreiche ich nach einiger Zeit die Badestelle und leide etwas unter dem Schamgefühl, welches ich habe, weil ich als 12-jähriger Junge noch nicht schwimmen kann und Mutti deswegen immer wieder enttäusche.

Ich suche mir einen guten Platz, breite mein Badehandtuch aus und lege mich in die Sonne. Irgendwann erhebe ich mich und begebe mich langsam und bedächtig ins kühle, erfrischende Nass. Dieses Abkühlen von Achselhöhlen und Brust, wie Tante Ruth es empfiehlt, mag ich nicht gerne. Ich gehe lieber langsam hinein. Irgendwann stehe ich bis zum Bauchnabel im Wasser und lasse mich langsam nach vorne fallen.

Ich japse und pruste, weil es noch ziemlich kühl ist und plansche und tobe herum. Dabei gerate ich in immer tiefere Gefilde. Ich stelle mich aufrecht hin und merke, dass mir das Wasser bis an die Brustwarzen reicht. Omas warnenden Worte fallen mir ein. Ich schaue zurück zum Ufer und stelle fest, dass es schon ziemlich weit entfernt ist. Deshalb stoße ich mich mit den Füßen vom Grund ab und tauche torpedoähnlich in Richtung Land. Dabei bewege ich meine Beine wie ein Frosch. ‚Das ist, wie Schwimmen', denke ich und strecke meine Arme nach vorne und rudere mit ihnen nach seitwärts, wie ich es an der Übungsangel vor einigen Jahren machen musste. Plötzlich bewege ich meine Arme und Beine in schulmäßiger Schwimmharmonie!
„Den Kopf über die Wasseroberfläche!", befehle ich mir. Als dieser oben ist und ich richtig atme, jubelt es in mir: ‚Ich schwimme! Ich kann doch schwimmen!!' Sofort beginne ich, die Züge zu zählen. Nach 20 Schwimmzügen habe ich im flachen Wasser Grundberührung mit meinen Knien. Ich stelle mich auf, drehe mich um und wiederhole mein neues Können mich wieder vom Ufer entfernend, kehre im großen Bogen um und schwimme ziemlich lange im Kreis. Ich bin sehr stolz und glücklich und es kommt mir so vor, als hätte ich schon immer schwimmen können.
Als ich am Abend Tante Ruth und Oma von meiner neuen Fähigkeit berichte, freuen sich beide mit mir. Am anderen Tag kommt Tante Ruth neugierig und gespannt mit mir an die Badestelle um sich zu überzeugen, „wie das im Wasser mit mir klappt", wie sie sagt.
Als sie mich schwimmen sieht, lobt sie mich:
„Das sieht sehr gut aus! Es macht den Eindruck, als könntest du schon sehr lange schwimmen..."
Irgendwann sind auch diese Sommerferien beendet, und ich muss wieder nach Hause. Meistens bin ich traurig, wenn ich von Kiusweg wieder weg muss. Auch dieses Mal steige ich mit wehmütigen Abschiedsgefühlen in den Zug, der mich nach Kiel bringen soll. Nach kurzer Fahrt jedoch weicht das Wehmutsgefühl einer inneren Spannung und einer Ungeduld und ich überlege:

‚Was Mutti wohl sagen wird, wenn ich ihr erzähle, dass ich ganz einfach losgeschwommen bin?'
Und mit dieser Ungeduld kann ich es nur ganz schwer aushalten, bis der Zug endlich im Kieler Hauptbahnhof einrollt. Wie erwartet, holt Mutti mich ab. Wir begrüßen uns liebevoll und sie fragt, wie es mir in den Ferien ergangen ist. Ich spiele ein wenig den Lässigen und sage:
„Ja, war ganz gut. Hab' übrigens 'ne Überraschung für dich."
„Was? Du hast 'ne Überraschung für mich? Was denn? Ist es in deinem Koffer? Ist es ein Geschenk?" Mutti wirkt sehr gespannt.
„Es ist kein Geschenk oder ein Gegenstand. Es ist mehr 'ne Nachricht, aber eine von der tollen Sorte!", frohlocke ich.
„Oha, dann erzähl' doch mal."
„Nee, das kann ich hier nicht erzählen, erst wenn wir zu Hause sind....," versuche ich die Sache noch spannender zu machen, weil Mutti es genau so macht, wenn sie eine Überraschung für uns hat.
„Hmm", meint Mutti, „dann lass uns zusehen, dass wir schnell nach Hause kommen."

Als wir unsere Wohnungstür endlich von innen hinter uns schließen, bettelt sie fast:
„Ich bin ganz gespannt, bitte, bitte, erzähle mir endlich, womit du mich überraschen willst!"
„Ja gut. Also - , ich habe an der Badestelle bis zur Brust in der Schlei gestanden."
„Ja und? Was dann? Wo ist die Überraschung?"
„Tja, dann bin ich vorne über gefallen und losgeschwommen. Zuerst 20 Züge und dann mindestens 10 Minuten am Stück. Was sagst du nun?"
Muttis fröhlich gespannter Gesichtsausdruck verändert sich urplötzlich. Die steile Falte zwischen ihren Augenbrauen wird sichtbar, und sie sagt mit ärgerlichem Unterton in der Stimme:
„Lüg' mich nicht an! Das kann gar nicht angehen. Hör' auf, mir zu erzählen, dass du plötzlich wie ein junger Gott schwimmen kannst. Vielleicht bist du wieder etwas 'rumgepaddelt und warst etwas länger über Wasser als sonst, du Angeber. Dir glaube ich erst dann, dass du

schwimmen kannst, wenn ich es selbst sehe oder mir dein amtlich abgestempeltes Freischwimmerzeugnis unter die Nase hältst! Und jetzt geh' spielen. Ich muss deine Sachen auspacken und waschen."
Ihr Gesichtsausdruck und ihr Ton halten mich davon ab, etwas zu erwidern, geschweige denn, mich zu rechtfertigen... Trotzig, traurig und wütend zugleich drehe ich mich um und gehe wie befohlen nach draußen. Zum Spielen habe ich keine Lust. Ich setze mich in der nahegelegenen Grünanlage unter einen Baum und maule im Stillen mit Mutti: ‚Die glaubt mir anscheinend nur, wenn ich etwas Schlechtes von mir erzähle. Gutes traut die mir gar nicht zu, genau wie Vati auch! Wenn ich ihr erzählt hätte, dass ich Omas alte Wanduhr kaputtgemacht hätte, würde sie es glauben. Aber wenn ich erzähle, dass ich etwas Tolles geleistet habe, dann bin ich ein Angeber!... Fehlt nur noch, dass sie Molli ins Spiel bringt...! So eine Scheiße!! Ich soll's ihr beweisen.... Das Freischwimmerzeugnis soll ich ihr unter die Nase halten, dann glaubt sie's ! Hat sie doch gesagt oder? Moment 'mal, das mach' ich! Die wird sich wundern, und der Alte auch! Ha, ich hab' 'ne Idee!'
Meine Miene hellt sich auf und meine Stimmung wird auch besser. Mir fällt nämlich ein, dass wir in der Schule jeden Mittwoch Schwimmunterricht haben. Und während dieses Unterrichts kann jeder sein Frei-, Fahrten- und Jugendscheinzeugnis erwerben.
‚Genau! Und ich werde mich, sobald die Schule beginnt, beim Sportlehrer dafür anmelden', nehme ich mir vor. Geplant, getan. Zu Hause meide ich während der nächsten Wochen dieses Thema. Mutti fragt zwar noch ein- oder zweimal nach, aber ich gebe ausweichende Antworten. Ob ihr doch Zweifel gekommen sind? Eine Antwort von mir lautet:
„Mutti, ich möchte kein Angeber oder Lügner sein. Ich kann wohl doch nicht schwimmen..."
Mit dieser Antwort bin ich zwar schon wieder ein Lügner, aber es klingt demütig und bescheiden und ich bin während dieser Lüge auf keinen Fall ein Angeber. Die Wahrheit weiß außer mir niemand. Außer Tante Ruth und Oma. Aber die sind weit weg und haben zu Mutti und Vati ganz selten Kontakt.

Nachdem die Schule wieder begonnen hat, bestehe ich innerhalb von acht Wochen, vor meiner Familie von mir verheimlicht, das Freischwimmerzeugnis, das Fahrtenschwimmerzeugnis und den so genannten Jugendschein. Als ich Letzteren ausgehändigt bekomme, begebe ich mich nach dem Schwimmunterricht schnurstracks und vor Triumph fast platzend nach Hause. Die anderen Schwimmzeugnisse hatte ich bis dahin in meiner Schultasche versteckt und hole sie hervor. Dann suche ich meine Mutter und finde sie in der Küche. Es entsteht folgender Dialog:
„Mutti?“
„Ja?“
„Mutti, ich glaube, ich kann schwimmen.“
„Was? - Schon wieder?“
„Ja, oder besser: nein, noch immer!“
„Hör auf…“
„…zu lügen. Ich weiß, das sagtest du schon 'mal und du wolltest 'nen Beweis!“
„Ja, genau. Und wo ist er, der Beweis?“
„Hier, Mutti!“ Und ich halte ihr das Freischwimmerzeugnis, wie vor einigen Wochen angefordert, unter die Nase.
„Und hier, Mutti, Fahrtenschwimmer. Und hier habe ich noch 'was, nämlich meinen Jugendschein! Übrigens: Ich habe mir die Dinger nicht geliehen! Wenn du sie aufblätterst, kannst du meinen Namen darin lesen. Im Moment lüge ich ausnahmsweise 'mal nicht und bin auch ausnahmsweise 'mal kein Angeber“, triumphiere ich.
Mutti stiert entgeistert und sprachlos auf die Zertifikate, während ich voller Genuss und Genugtuung mein Triumphgefühl auskoste. Irgendwann sagt sie: „Die Überraschung ist dir aber vortrefflich gelungen. Toll, dass du endlich schwimmen kannst. Ich muss aber auch zugeben, dass ich es dir doch ein wenig geglaubt habe, als du sagtest, dass du während der Ferien schwimmen gelernt hast. Aber..., na ja...“ Sie wirkt verlegen auf mich, aber ich merke, wie Mutti sich freut und dass mir meine Überraschung geglückt ist. Allerdings wünsche ich mir

eigentlich, dass sie sich bei mir entschuldigt... Sie tut es aber nicht. - Schade!

Ein Boxtalent in unseren Kreisen

Während dieser Zeit bekommt Mutti dreimal wöchentlich Unterstützung von einer Hausgehilfin. Wenn sie Feierabend hat, holt deren Ehemann sie meistens bei uns ab und trinkt dann manchmal noch eine Tasse Kaffee in unserer Küche, wenn er noch etwas auf sie warten muss. Dabei komme ich irgendwann ins Gespräch mit ihm und er erzählt mir, dass er früher ein sehr guter Amateurboxer war. Jetzt sei er dazu zu alt, habe außerdem einen Bandscheibenvorfall erlitten und deswegen das Boxen aufgegeben.

„Aus meiner aktiven Zeit sind viele schöne Erinnerungen, drei Meisterpokale, zwei Paar alte Gurken und eine krumme Nase übriggeblieben," sagt er zum Schluss seiner Erzählung etwas scherzhaft, aber auch ein wenig wehmütig, reibt seine verbogene Nase und sieht mich freundlich an.

„Wofür hast du denn die alten Gurken aufbewahrt? Sind die nicht inzwischen verfault?", frage ich ihn etwas unverständig. Er lacht.

„Mit Gurken meine ich alte Boxhandschuhe. Die sehen doch von der Seite immer so aus. Deswegen werden sie so genannt."

„Ach so, ich würde auch gerne im Boxverein sein. Aber ich weiß nicht, ob mein Vater mir das erlaubt. - Ich glaube, eher nicht -."

„Na ja, du brauchst ja nicht gleich in einen Verein zu gehen. Mir kommt da eine Idee. Die Gurken brauche ich nicht mehr. Die liegen bei mir nur noch 'rum. Wenn ich das nächste Mal meine Frau abhole, bringe ich sie mit und schenke sie dir. Da wird dein Vater wohl nichts dagegen haben, glaube ich. Und dann kannst du mit deinen Straßenkumpels ausprobieren, ob dir das Boxen Spaß macht oder vielleicht doch zu hart ist. Was meinst du, ist das 'ne gute Idee?"

Vor Freude schnappe ich erst einmal nach Luft.

„Wie bitte? Du willst mir deine Boxhandschuhe schenken? Wirklich?"

Er nickt mir freundlich zu: „Ja klar!"

Ich renne zu Vati ins Wohnzimmer, wo er an seinem Schreibtisch sitzt und frage ihn:

„Vati, Herr Struckmann, - du weißt doch, der Mann von unserer Hausgehilfin, der will mir seine alten Boxhandschuhe schenken! Gleich zwei Paar! Darf ich die annehmen?“
„Von mir aus, meinetwegen. Gegen wen willst du denn boxen? Gegen mich?“
„Nein. Du bist doch Schwergewicht und ich höchstens Papiergewicht. Da würde ich in der ersten Runde k.o. gehen. Danke, dass du mir das erlaubst.“
Ich gebe Vati einen Kuss und renne wieder zu Herrn Struckmann.
„Ich darf sie haben,“ teile ich ihm triumphierend mit.
Und so komme ich zu zwei Paar alten Boxhandschuhen 'a 10 Unzen, auch „Gurken“ genannt...
Innerhalb der nächsten Tage treffen sich meine Kumpels und ich auf einem glattgeräumten Trümmergrundstück in unserer Straße und veranstalten ein kleines Boxturnier. Jeder gegen jeden, jeweils drei Runden 'a drei Minuten. Wir sind sechs Jungen, alle etwa gleich alt und fast gleich schwer. Weil mir die Boxhandschuhe gehören, darf ich den ersten Kampf bestreiten und wir sind uns nach drei Runden einig, dass ich der Sieger bin. Meine zweite Auseinandersetzung gewinne ich auch. Direkt neben dem Grundstück, auf dem wir boxen, befindet sich das Lager einer großen Getränkefirma. Von dort aus schaut der Lagermeister, ein großer dunkelhaariger Mann, den ich flüchtig kenne, manchmal neugierig herüber. Während ich meinen dritten Kampf bestreite, verlässt er sein Getränkelager, gesellt sich zu uns und sieht interessiert zu. Das beflügelt mich: ‚Mein Gott, da guckt ein Erwachsener zu, da zeig' mal, was du kannst,’ denke ich und versuche mein Bestes zu geben. Als die dritte Runde beendet ist, sind alle der Meinung, dass ich wieder der Sieger bin. Und der große dunkelhaarige Mann, dieser erwachsene Zuschauer, kommt auf mich zu, hilft mir, meine dicken Boxhandschuhe auszuziehen und fragt mich 12-jährigen Porks:
„Boxt du bei der Borussia in Kiel-Gaarden? Das sieht gut, was du da machst im Ring. Auch wenn's hier nur 'ne freie Fläche ist.“

„Nee," antworte ich noch etwas außer Atem, „ich boxe nur auf diesem Trümmergrundstück, sonst nirgends."
„Wenn das so ist," antwortet der große Mann, „dann bist du ein Naturtalent. Du bist flink auf den Füßen, hast gute Reflexe und machst gute Sachen mit deiner linken Führhand. Alle Achtung, du solltest zu uns zum Training kommen. Ich bin nämlich Jugendtrainer beim Boxring 'Holstein-Kiel'. Was meinst du dazu?"
Erst einmal jubelt alles in mir auf Grund der Komplimente, die dieser Mann mir macht. Andrerseits hege ich große Zweifel in Bezug auf meinen Vater und sage deshalb:
„Oh ja, das würde ich gerne machen. Aber ich glaube nicht, dass mein Vater mir das erlaubt."
„Bist du dir sicher?"
„Ja, zu Neunzig Prozent."
„Gut, dann fragen wir ihn gemeinsam .Ich komm mit. Was hältst du davon?" Er wartet meine Antwort gar nicht ab, nimmt mich bei der Hand, fragt, wo ich wohne und zieht mit mir los in Richtung meiner Wohnung. Ein wenig hilflos, aber auch sehr stolz gegenüber meinen Kumpels trotte ich neben dem Trainer her. Als wir unsere Wohnungstür erreicht haben, klingelt er und mein Vater öffnet die Tür, sieht uns beide und fragt sofort:
„Hat der Bengel etwas angestellt ?" „Ja, das hat er", erwidert der Trainer, stellt sich kurz mit Namen vor und fährt fort:
„Er hat nebenan auf dem Trümmergrundstück bewiesen, dass er ein begnadetes Boxtalent ist. Und da Ihr Sohn sich nicht traut, zu fragen, frage ich Sie: Sind Sie damit einverstanden, dass Eberhard Mitglied im Holstein-Boxring wird und regelmäßig am Training teilnimmt? Ich habe soeben Ihrem Sohn zugeschaut und bin sicher, dass ich ein Naturtalent entdeckt habe."
Nach diesem Vortrag bekommt Vatis Gesicht einen etwas säuerlich-spöttischen Ausdruck, und er sagt:
„Bester Mann, leider habe ich Ihren Namen schon wieder vergessen, aber ich sage Ihnen eins:

In unseren Kreisen gab es nie Boxer und es wird in eben diesen Kreisen auch nie Boxer geben. Auf Wiedersehen. - Und du, mein Sohn kommst jetzt rein!“
Dann nimmt er meinen Arm, zieht mich in die Wohnung und macht meinem Gönner und Förderer die Tür vor der Nase zu. Gleichzeitig faucht Vati mich an:
„Ich würde es begrüßen, wenn du dich vornehmlich in der Schule als Naturtalent und somit als Meister deiner Klasse beweisen würdest! Damit könntest du mir imponieren - ! Und noch was: Bring' hier nicht noch einmal einen solchen Proleten an die Tür.“
Damit lässt er mich stehen, und ich schäme mich wieder einmal entsetzlich. Aber ich hege auch ein paar kritische Gedanken:
‚Komisch, ein- bis zweimal im Monat bekomme ich Prügel oder zumindest ein paar Ohrfeigen, also Schläge und zwar hier in eben diesen, unseren Kreisen...! Ist das nicht viel primitiver als technisch gutes Boxen?’
Aber ich traue mich nicht, Vati diese Frage zu stellen. Und ich traue mich auch nicht, ihn zu fragen, ob ich in einem Handball- oder Fußballverein Mitglied werden darf. Ich bin nämlich auch ein sehr guter Torwart, mit sehr guten Reflexen, wie man so schön sagt...

Karriere als Klassensprecher?

„Schneeballschlacht auf dem Schulgelände ist strengstens untersagt!" Dieses Verbot ist auf mehreren DIN A4 Plakaten an den Wänden und am „schwarzen Brett" unseres Gymnasiums zu lesen. Im Unterricht weisen die Lehrer auch immer wieder auf die Verletzungsgefahren hin, die damit verbunden sind. Es hat nämlich in den letzten Tagen heftig geschneit und es ist durchaus verführerisch sich einen oder noch einen Schneeball zu formen und irgendwelchen Schulkameraden in den Nacken oder sogar ins Gesicht zu pfeffern. Aber es ist von den Lehrern, dem so genannten „Lehrkörper", verboten, weil die Verletzungsgefahr zu hoch ist!

Reinhard, Peter, Lutz, Jochen und ich verlassen an einem dieser schneereichen Tage nach Unterrichtsschluss die Schule, überqueren einen kleinen unbefestigten Weg, der an das Schulgelände angrenzt und beginnen auf einem ebenso unbefestigtem Gelände den Schnee von den dort parkenden Autos abzuschaben, Schneebälle daraus zu formen und uns damit jauchzend und johlend zu bewerfen. Die meisten Autos, die wir vom Schnee befreien, gehören den Lehrern unserer Schule. Inmitten unserer fröhlichen Schneeballschlacht erscheint plötzlich Dr. Scharnowski auf unserem Schlachtfeld. Er unterrichtet uns im Fach Geografie und ist ein sehr mürrischer, selten lachender Mann. Sein Spitzname lautet „Schardoofski". Als er uns sieht und erkennt, womit wir beschäftigt sind, brüllt er sofort:

„Halt, aufhören, ihr Flegel! Ihr wisst genau, dass das Schneeballwerfen auf dem Schulgelände verboten ist und tut es trotzdem! Das ist eine Unverschämtheit ersten Ranges! Hier parken die Autos der Lehrer und somit handelt es sich bei diesem Platz um Schulgelände. Ist das klar? So viel ich weiß, haben wir morgen in der vierten Stunde Geografie-Unterricht. Dann erfahrt ihr von mir, in welcher Form ich euch für diese Frechheit bestrafen werde. Und jetzt verschwindet hier und schert euch nach Hause!"

Ohne sich auf Einwände unsererseits einzulassen, steigt er mit wutrotem Kopf in sein Auto und fährt davon.

Meine Mitschüler und ich sind etwas betreten. Irgendwann sagt Reinhard:
„Der Platz hier gehört doch gar nicht zum Schulgelände, oder?“
Wir anderen stimmen ihm zu.
„Aber wenn die Lehrer sich einig sind, dann behaupten sie, dieses hier ist doch Schulgelände und wir bekommen von Schardoofski ne Strafe aufgebrummt“, überlegt Lutz.
„Wir müssen diplomatisch vorgehen“, überlege ich laut, „so viel ich weiß, kommt Schardoofski nicht vor der vierten Stunde in die Schule. Morgen ist nämlich Donnerstag, da erscheint er immer erst um die Zeit... Und morgen früh haben wir erstmal Biologie bei Dr. Proll. Das ist bekanntlich unser Klassenlehrer und dem werde ich morgen ein paar Fragen stellen. Lasst mich man machen“, vertröste ich meine Klassenkameraden.
Am anderen Morgen ist die weiße Pracht fast wieder verschwunden, weil über Nacht Tauwetter eingesetzt hat. Das ist zwar nicht schön, für meinen beabsichtigten Schachzug allerdings sehr günstig, weil ich vermute, dass die Schneeballschlachten jetzt nicht mehr so in den Köpfen sind. Als Dr. Proll den Klassenraum betritt und die Lehrer-Schüler-Begrüßungszeremonie beendet ist, melde ich mich.
„Was willst du, Lempelius?“, fragt Dr. Proll.
„Ich würde gerne wissen, wie weit unser Schulgelände reicht“, bringe ich etwas aufgeregt hervor.
„Das ist ganz einfach“, antwortet er, „unser gesamtes Schulgelände ist von einer kleinen Steinmauer umgeben. Jenseits davon hört unser - ich sage einfach mal - unser Hoheitsgebiet auf.“
„Aha“, antworte ich schon etwas sicherer, „und wozu gehört der Parkplatz, auf dem Ihre Autos stehen?“
„Das ist gar kein richtiger Parkplatz. Das ist eine ungenutzte Baufläche, die zu einem anderen Grundstück gehört. Ich vermute, dass dort nächstes Jahr ein Haus entsteht und dann müssen wir unsere Autos woanders abstellen. Aber sag mal, warum fragst du mich das alles?“
Jetzt nehme ich meinen ganzen Mut zusammen und antworte:

„Gestern haben einige Mitschüler und ich uns auf dem Behelfsparkplatz mit Schneebällen beworfen. Herr Dr. Scharnowski kam hinzu und behauptete dieser Platz gehöre zum Schulgelände und deswegen sei es verboten, dort eine Schneeballschlacht zu machen. Heute will er uns dafür bestrafen. Nun haben Sie uns aber darüber informiert, dass der Parkplatz zu einem anderen Grundstück gehört und das Verbot dafür nicht gilt. Deswegen bitte ich Sie im Namen meiner Mitschüler und in Ihrer Rolle als unser Klassenlehrer Herrn Dr. Scharnowski mitzuteilen, dass er Unrecht hat und uns daher nicht bestrafen darf."
Meine Stimme zittert, als ich meinen Vortrag so zu Ende bringe.
Herr Dr. Proll sieht mich lange an und es blitzt etwas auf in seinen Augen. Ich kann dieses Blitzen zwar nicht genau einschätzen, merke aber, dass es mir gut tut. Endlich sagt er:
„Du bist ein schlaues Kerlchen mit deinen dreizehn Jahren. Also doch nicht nur Klassenkasper, sondern auch ein schlauer Fuchs. Alle Achtung dafür, wie geschickt du deine Fragen gestellt hast. Du hättest ja auch fragen können: ‚Dürfen wir auf dem Lehrerparkplatz Schneeballschlachten machen?' Dann hätte ich ‚Nein' gesagt. Aber du hast das ausschlaggebende Schulgelände-Argument benutzt. Genau, wie Kollege Scharnowski. Und an der Stelle befindet er sich im Unrecht. Ich werde ihm als verantwortlicher Klassenlehrer von einer Bestrafung abraten müssen."
Ein triumphierendes Johlen und Klatschen meiner Mitschüler durchlärmt den Klassenraum, woraufhin Dr. Proll beschwichtigend die Arme hebt und mit donnernder Stimme „Ruhe!!" brüllt und etwas leiser fortfährt: „Nun dreht mal nicht gleich durch und insbesondere du nicht, Lempelius! Es wäre nämlich schön, wenn deine schulischen Leistungen genau so brillant wären, wie dein diplomatisches Geschick..."
Trotz dieses Dämpfers meines Klassenlehrers fühle ich mich sauwohl. In der Pause empfehlen mir die meisten meiner Mitschüler mich demnächst als Klassensprecher zur Wahl zu stellen. Dieses Angebot nehme ich schon jetzt voller Stolz an und koste mein Triumphgefühl

voll aus. Als ich dieses Ereignis zu Hause zum Besten gebe, loben Mutti und Vati mich auch und Mutti fragt:
„Ab wann würdest du dann wohl Klassensprecher sein?"
„Gleich zu Beginn des neuen Schuljahres wählen die mich!", frohlocke ich.
„Wenn du versetzt wirst", ergänzt Vati mit einem Unterton in der Stimme, in dem sehr viel Zweifel und Ärger mitschwingt. Tja. Und da taucht es dann wieder auf: Dieses erbärmliche Gefühl, welches ich seit langem so gut kenne. Es setzt sich zusammen aus Scham, Angst und Trauer. Es schleicht sich meistens bei mir ein, wenn ich mich darüber freue, eine tolle Leistung vollbracht zu haben oder wenn ich meinen Zukunftsträumereien nachhänge. Darin sehe ich mich als Förster durch „meinen" Wald streifen oder als Tierarzt, wie ich einen Hund operiere und ihm dadurch sein Leben rette...Während dieser Träume setzt sehr schnell dieses für mich so beschämende Gefühl ein, das mich denken lässt: ‚Das schaffst du doch sowieso nicht, weil du in der Schule eine Niete bist...'
Manchmal geschieht es, dass unsere Studienräte, wenn sie auf Grund schlechter Leistungen der Schüler verärgert sind, düster prophezeien:
„Innerhalb der nächsten zwei Jahre wird die Anzahl der Personen dieser Klassengemeinschaft deutlich geschrumpft sein, weil einige Herren den Leistungsanforderungen dieser Anstalt nicht gewachsen sein werden, weil sie zu dumm, zu faul oder zu gleichgültig sind!"
Immer wenn ich solche düsteren Prognosen höre, dann beschleicht mich die dumpfe angstbesetzte Gewissheit, dass ich garantiert zu den „Herren" gehören werde, die wegen Faulheit und Unfähigkeit vorzeitig aus dieser gymnasialen Elitebühne aussortiert werden. Und so, wie ich es schmerzhaft befürchte, geschieht es auch: Als erstes erfolgt eine „Nichtversetzung". Mein Traum, im neuen Schuljahr zum Klassensprecher gewählt zu werden, kann sich nicht erfüllen, weil ich durch so genanntes „Sitzen-bleiben" am Ende des Schuljahres die Klassengemeinschaft verlassen muss, obwohl ich auf kameradschaftlicher und „politischer" Ebene dort so viel Anerkennung erhalten habe. Meine durchschnittlichen bis ausreichenden Leistungen

in den Fächern Deutsch, Biologie, Englisch und Sport schaffen keinen Ausgleich zu meinen nicht ausreichenden bis mangelhaften Zensuren in Mathematik, Geografie, Geschichte, Musik und Kunsterziehung.
Somit muss ich die Quinta wiederholen und komme in eine neue Schülergemeinschaft. Dort stelle ich beschämt fest, dass ich hier kein Klassensprecher, wohl aber der Klassenälteste bin. Hier zähle ich im Schnitt zwei Jahre mehr als meine Mitschüler, weil ich mittlerweile das zweite Mal ein Schuljahr wiederhole. Ich schäme, schäme, schäme mich! Besonders vor Mutti und Vati, aber auch vor meinen Geschwistern, vor Tante Ruth und Oma. Aber auch vor Opa, der mein Schulelend bestimmt vom Himmel aus beobachtet. Ich schäme mich vor der gesamten Verwandtschaft und den Freunden unserer Familie. Insbesondere vor Vatis Lehrerkollegen, die öfters zu Besuch kommen und mich grundsätzlich fragen:
„Na, Eberhard, was macht denn die Schule? Kommst du gut voran?"
Diese Frage tut mir inzwischen fast körperlich weh, fast wie ein Schlag in die Magengrube.
Auf Grund meiner Nichtversetzung werde ich von meinen Eltern erstaunlicherweise nicht direkt bestraft. Es gibt weder Stubenarrest noch Prügel. Mutti und Vati wirken einerseits selbst ratlos und traurig, was in mir zusätzliche Scham und auch Mitleid erzeugt, andrerseits behandeln sie mich ziemlich verächtlich, indem sie mir eindringlich eine schlimme Zukunft prophezeien. Sie sehen mich später allenfalls als Hilfsarbeiter oder - selbstverständlich wie schon früher - als Ritzenschieber bei der Straßenbahn arbeiten. Für mich ist es sehr schmerzhaft, das immer wieder hören zu müssen. Ich empfinde es manchmal schlimmer als Prügel oder Stubenarrest. Außerdem bekomme ich wieder einmal vorgehalten, dass ich meinen Versagercharakter mit Sicherheit von Molli geerbt habe. Diese verächtlichen Predigten meiner Eltern mir gegenüber werden erst dann weniger, als mein Wiederholungsschuljahr läuft und ich einigermaßen durchschnittliche Leistungen nach Hause bringe.
Am Ende jenes Schuljahres werde ich von der Quinta in die Quarta versetzt. Hier kommen die Lehrfächer Physik, Chemie und Latein

hinzu, welche mir neue Schwierigkeiten bereiten. Zusätzlich zu den Fächern, an denen ich schon zuvor in meiner ersten „Quintarunde" gescheitert bin. Und auch letztere bereiten mir in der Quarta, in der ich nicht mehr Wiederholer bin, erneute Probleme!
Kurz und bündig sei gesagt: Mit dem Ende meines Quarta-Schuljahres auf dem Max-Planck-Gymnasiums zu Kiel endet auch meine Schulzeit auf diesem Institut. Ich werde wieder nicht versetzt, und meine Lehrer raten meinen Eltern mich von der Schule zu nehmen und mich auf die Realschule zu schicken.
Dr. Proll, der während dieser Tage zufällig meinen Eltern in der Stadt begegnet, rät ihnen: „Lassen Sie Ihren Sohn die mittlere Reife machen, einen Beruf lernen und schicken Sie ihn dann in die Politik. Dazu hat er Talent... Zum Jurastudium reicht es ja leider nicht mehr..."
„Ja, ja", antwortet Vati, „der faule Windhund kann einem ein Loch in den Bauch reden., ich weiß, aber mehr kann er nicht..." (Mutti erzählt mir von diesem Dialog erst einige Monate später.)
Und zu Hause höre ich von ihm:
„Der Herr Sohn kommt jetzt auf die Mittelschule! Toll! Dort wird Mittelmaß verlangt! Ich hasse diesen mittelmäßigen Bildungsstand, dieses Halbwissen!" Danach schweigt er ungefähr eine halbe Minute, um mich dann mit hochrotem Kopf anzubrüllen:
„Du saufauler Hund! Verschwinde aus meinem Gesichtskreis! Ich will dich Versager nicht mehr sehen!"
Ich laufe weinend, voll von Schuld-, Angst- und Schamgefühlen auf mein Zimmer, werfe mich auf mein Bett, weine laut und bin total verzweifelt.
Irgendwann wird meine Zimmertür geöffnet und Mutti kommt herein, sieht mich mit zusammengekniffenen Augen eiskalt an und zischelt spöttisch:
„Nachdem du dann irgendwann deine mittlere Reife gemacht hast, kannst du ja noch Ingenieur werden... Die dazu gehörige Ausbildung wird ja, meiner Meinung nach größenwahnsinniger Weise, auch Studium genannt. Das ich nicht lache! Auf jeden Fall hört man, dass diese Mittelschul- und Handwerksabsolventen sich Studenten nennen -

lächerlich, sowas! Und du kannst jetzt auch noch so ein Pseudostudent werden, du faules Stück. Aber vielleicht schaffst du nicht einmal das...Du bleibst jetzt bis morgen auf deinem Zimmer! Wir wollen dich heute nicht mehr sehen und auch nicht mehr hören, du undankbarer Kerl! Dein Vater tut alles für dich, wie ein leiblicher Vater! Und wie dankst du es ihm? Schäm dich...!"
Kopfschüttelnd verlässt Mutti mein Zimmer. Mir geht es furchtbar schlecht, und ich möchte am liebsten tot sein.
Meine Nichtversetzung auf dem Gymnasium hat auf der Realschule entsprechende Gültigkeit und ich komme dort in die achte Klasse. Somit bin ich durch die dritte Wiederholung eines Schuljahresdrei Jahre älter als der Durchschnitt. Das heißt, meine Mitschüler sind zwölf Jahre alt und ich bin fünfzehn!
Drei Jahre muss ich diese Schule noch besuchen, um dann die von meinen Eltern so verächtlich beurteilte „mittlere Reife" zu machen.
Trotz der von Mutti und Vati propagierten Wertlosigkeit dieses Abschlusses wünsche ich mir sehr, dass ich es schaffe...

Talente und Gefühle

„In der Himmschwalle sind wir taut geweicht und sost erfaffen."
„Hä? Was heißt das denn jetzt wieder?"
„In der Schwimmhalle sind wir weit getaucht und fast ersoffen."
„Ah, ja, - hahahahaha...sost erfaffen, hahahaha...!"
Mutti und Vati wollen sich kaputt lachen, weil ich wiederholt in Sätzen die Buchstaben und Silben vertausche und immer wieder neue Variationen erfinde. Genau wie in der Schule, wenn ich dort die Klassenkameraden als „Clown" unterhalte...
Meine Eltern, meine Geschwister und ich sitzen am Mittagstisch. Nachdem wir das Essen beendet haben, nutze ich, wie so oft, die Gelegenheit eine meiner Einmann-Unterhaltungsshows zu präsentieren. Die heutige leite ich damit ein, dass ich Mutti in sächsischem Dialekt dafür lobe, dass das Essen so gut schmeckt und sie frage, ob sie mir „des Räzept zur Vorfieschung schdelln gennde."
Dann sage ich zu Vati im Berliner Dialekt:
„Ick hab ma janz uff deene Essjeräusche konssentriat und stell ma die Fraje, ob wa dir det neechste Mal wieda ssum Essn einladen, wa?"
Zusätzlich rezitiere ich Heinz Erhard, präsentiere ein paar Spontanblödeleien oder imitiere einen Mathematiklehrer unserer Schule, der Schwierigkeiten hat, die Buchstaben Z, S, Sch und St auszusprechen. Er ersetzt diese immer durch einen schlecht zu beschreibenden, von mir aber gut nachahmbaren knackenden Zischlaut. Meine Familienmitglieder biegen sich vor Lachen, und wenn meine Show beendet ist, bestätigen Mutti und Vati mir jedes Mal, dass ich ein großartiges Schauspieler- und Komikertalent besitze.
„Vielleicht rettet dich das vor einer Ritzenschieberlaufbahn," meint Mutti auch dieses Mal ernsthaft und wohlwollend. „Vielleicht nimmst du irgendwann Schauspielunterricht und kommst damit weiter. Ich glaube, dafür brauchst du kein Abitur. Es wäre schön, wenn das klappen würde..."
Und Vati ergänzt:

„Ja, das kann ich mir auch gut vorstellen, dass auf diesem Gebiet etwas Vernünftiges aus dir wird. Allerdings müsstest du dann sehr viel auswendig lernen... Alle deine Rollentexte musst du im Kopf haben, und du weißt ja selbst, wie gerne du lernst... Na ja, aber vielleicht machst du's dann endlich freiwillig und wirklich gerne."
Im Hinblick auf die heitere und fröhliche, mir wohlgesonnene Stimmung, antworte ich:
„Auswendig lernen habe ich lediglich zu Beginn meiner Karriere nötig. Wenn ich dann berühmt bin und mir meine Rollen selbst aussuchen kann, spiele ich nur dramatische Charaktere, die allerdings taubstumm sind. Oder aber, ich spezialisiere mich von Anfang an auf Pantomime."
Also: Jenseits meines chronischen Schuldilemmas und den damit verbundenen familiären Stimmungstiefs gibt es zu Hause mit mir auch durchaus schöne und fröhliche Momente.
Außerdem habe ich oft das Gefühl, dass Mutti mich trotz meines Versagens in der Schule lieb hat.
Manchmal sitzen wir zusammen in der Küche oder im Wohnzimmer und führen Gespräche, die mir sehr gut tun. Sie sagt dann oft, dass sie fest davon überzeugt ist, dass ich trotz meiner schlechten Schulleistungen ein sehr guter Mensch bin und dass sie sich immer wieder darüber freut, wenn sie sieht, wie ich mit Tieren umgehe oder erfährt, dass ich schwächere Spielkameraden beschütze. Sie ist sich völlig sicher, dass ich nie auf die schiefe Bahn geraten werde, da ich ein gutes „Charakterfundament" besitze. Und obwohl ich sie durch mein Äußeres oft an ihren ersten Ehemann, den sie abgrundtief hasst, erinnere, liebt sie mich sehr, versichert sie. Oft sagt sie in diesem Zusammenhang zu mir:
„Die guten Wesenszüge, die du besitzt, hast du von mir geerbt, die schlechten von Molli..."
Meistens nimmt sie mir anlässlich dieses Themas das Versprechen ab, dass ich nie - auch nicht als Erwachsener - Kontakt zu ihm aufnehmen werde. Ich bin inzwischen durch das, was ich oft über ihn zu hören bekomme, überzeugt, dass er ein sehr schlechter Mensch sein muss. Deswegen verspreche ich Mutti hoch und heilig- im Sinne einer

Verschwörung - ihn nie aufzusuchen. Ich gehe sogar noch weiter und versichere ihr:
„Wenn ich ihn trotzdem einmal treffe und erfahre, wer er ist, werde ich ihn zusammenschlagen, weil er dir so viel Leid zugefügt hat!“
Nachdem ich dieses gesagt habe, umarmt Mutti mich ganz fest, gibt mir einen Kuss auf die Stirn und sagt:
„Ich hab’ dich lieb, mein Junge.“
Daraufhin fühle ich mich akzeptiert und geborgen und antworte:
„Ich hab' dich auch lieb, Mutti.“
Und der Gedanke, dass ich sie eines Tages vielleicht rächen darf, erfüllt mich mit prätriumphaler, stolzer Genugtuung!
Und Vati? Liebt der mich auch?
Ich weiß es nicht. Oft denke ich darüber nach und stelle mir und manchmal auch Mutti diese Frage. Sie behauptet, dass er mich sehr lieb hat, denn er sorgt schließlich für mich genau so, wie für Britta und Angelika, seine leiblichen Töchter. Außerdem hat er Heidemarie und mich adoptiert und dafür hohe Rechtsanwaltkosten bezahlen müssen... Wenn das kein Liebesbeweis ist, meint Mutti.
Trotzdem hege ich Zweifel, weil er mir nie sagt, dass er mich lieb hat.
Und ich? Liebe ich ihn?
Hauptsächlich habe ich Angst vor ihm, weil ich so oft Prügel bekomme und er immer so laut brüllt, wenn er schimpft. Aber wenn ich mir vorstelle, dass er heute sterben würde, empfinde ich Trauer. Das bedeutet für mich, dass ich Vati wohl doch lieb habe. Trotzdem wäre es schöner für mich, wenn er mich nicht so oft verprügeln und anbrüllen würde. Das macht er zwar auch mit meinen Geschwistern, aber mit mir am meisten.

Cora

Nach einem Umzug wohnen wir in Russee, einem Vorort von Kiel. Vati hat dort ein freistehendes Einfamilienhaus gemietet. Es wird mit Holz und Kohle geheizt und ist umrahmt von einem großen Garten. Dadurch erweitert sich mein Aufgabenbereich. Zum Schuhe putzen für die gesamte Familie kommen jetzt Brikett stapeln, Kohlen-aus-dem-Keller-holen, Holz hacken sowie Rasen mähen, Unkraut zupfen und andere Gartenarbeiten hinzu. Alle diese Tätigkeiten sind mir sehr unangenehm und ich versuche erfolglos mich davor zu drücken. Vati nimmt mich immer wieder dafür in die Pflicht und oft bekomme ich diese Arbeiten als Strafe aufgebrummt, wenn ich unartig war oder wieder einmal in der Schule versagt habe. Trotzdem wohne ich gerne dort, weil sich direkt in der Nähe ein großes Waldgebiet befindet, in dem ich mich meiner nach wie vor vorhandenen Naturverbundenheit widmen kann. Sehr oft streife ich alleine durch den Wald und erinnere mich dann gerne an die Spaziergänge mit Opa und Hündin Senta an der Schlei. Ich kann jetzt gut verwerten, was er mich gelehrt hat und weiß daher in den meisten Fällen, wie die Pflanzen und Geschöpfe heißen, denen ich auf meinen Steifzügen durch die Natur begegne.

‚Schön wäre es, wenn ich einen Hund dabei hätte', denke ich dann oft.

Inzwischen bin ich 14 Jahre alt. Opa ist seit drei Jahren tot, Senta seit einem Jahr. Aber ich vermisse beide immer noch. Das erzähle ich manchmal Mutti. Auch sie sehnt sich noch oft nach ihrem Vater und ist immer noch traurig, dass er tot ist. Eines Tages, als wir uns wieder mit diesem Thema beschäftigen, sagt sie:

„Wir können weder Opa noch Senta zurückbekommen, das ist ja klar, aber vielleicht können wir uns einen Hund anschaffen. Was meinst du?"

„O, ja, Mutti, das wäre toll", antworte ich begeistert.

„Da muss ich aber erstmal Überzeugungsarbeit bei Vati leisten, denn der hält nicht allzu viel von Haustieren. Mal sehen. Sag du erst mal nichts, wir brauchen Geduld...", beschwichtigt Mutti mich.

Einige Wochen später, als ich von der Schule nach Hause komme und die „Hundeidee“ bei mir schon völlig in das Hinterstübchen meines Bewusstseins gerutscht ist, fängt Mutti mich an der Haustür ab und sagt:
„Bleib hier stehen, im Wohnzimmer herrscht so grelles Licht, dass ich dir die Augen verbinden muss.“
Nachdem sie das verwirklicht hat, führt sie mich ins Wohnzimmer. Dann ergreift sie meine Hand und legt sie auf etwas Fellartiges. Dieses „Fellartige“ gerät sofort in Bewegung und unmittelbar darauf wird meine Hand geleckt und mit kleinen spitzen Zähnen bekaut. Ich reiße mir das Tuch von den Augen und sehe ein kleines gelbbraunes Hündchen. Es handelt sich dabei um einen nicht ganz reinrassigen Boxerwelpen, eine Hündin. „Cora“ heißt sie. Ich stoße einen Jubelschrei aus, umarme Mutti voller Dankbarkeit und Freude, um mich dann diesem kleinen, drolligen Geschöpf, unserem neuen Familienmitglied zu widmen und mit ihm zu schmusen.
„Mann, Mutti, diese Überraschung ist dir aber gut gelungen“, lobe ich sie.
„Das freut mich. Es war auch gar nicht so schwer, Vati zu überzeugen, dass wir einen Hund benötigen“, antwortet sie und lacht über ihren Ausdruck „benötigen“.
Im Laufe der nächsten Wochen stellt sich heraus, dass Cora mich zu ihrem „Bezugsmenschen“ macht. Das rührt daher, dass ich mich sehr oft mit dem Tier beschäftige und auch ihre Erziehung übernehme. Ich versuche sie so zu erziehen, wie Opa es mit Senta gemacht hat und habe sehr viel Erfolg damit. Allerdings schaffe ich es nicht, ihr den „Nasen-Leckerbissen-Trick“ beizubringen. (Zur Erinnerung: Opa legte Senta ein Stück Fleisch auf die Nase und das Tier schnappte erst dann zu, wenn Opa „Nimm!“ befahl.) Cora und ich sind zu ungeduldig dieses Kunststück zu lernen. Sie ist jedoch eine gelehrige und folgsame Schülerin, wenn es darum geht, den Befehlen „Sitz“, „Platz“ oder „bei Fuß“ zu folgen. Außerdem lernt sie liegen zu bleiben, wenn ich mich entferne und erst dann zu mir zu kommen, wenn ich sie rufe. Sie gehorcht mir sehr gut – wohlgemerkt -, mir! Den anderen

Familienmitgliedern zollt sie nicht so viel Respekt. Mit fröhlicher Albernheit und unbefangenem Hundecharme macht sie bei denen überwiegend was sie will. Oft höre ich den Satz:
„Eberhard, sag du dem Hund mal, dass er gehorchen soll. Bei mir tut er das nicht!“
Insbesondere Vati kann sich gegenüber Cora nicht durchsetzen und unterliegt ständig ihrem Charme. Von ihm höre ich diesen appellativen Hilferuf am meisten.
Eine Tages, noch bevor ich mit der Erziehung meiner Hündin beginne und sie noch sehr jung ist, gerate ich in die Situation, dass ich ihr das Leben retten muss. Folgendes geschieht:
„Eberhard, geh mal zum Schlachter und hole zwei Pfund Bratenmett und nimm Cora mit“, beauftragt Mutti mich. Um zum Schlachter zu gelangen, muss ich das ganze Dorf durchqueren. In der Mitte des Dorfes, sozusagen auf der Hälfte des Weges, liegt das Haus, in dem Cora geboren wurde. Als wir es erreichen, steht dort Frau Hartmann, das Frauchen von Cora's Mutter, an der Gartenpforte und sieht uns. Neben ihr sitzt die kräftige, muskulöse Boxerhündin Freia, Cora's Mutter. Frau Hartmann freut sich, die kleine Hündin wiederzusehen, nimmt sie auf den Arm und schmust mit ihr. Als sie Cora wieder absetzt, stürzt sich Freia mit einem zornigen, dumpfen Knurren voller Eifersucht auf ihre eigene Tochter, packt sie mit ihrem Maul im Genick und setzt an, sie zu schütteln. Mir ist sofort klar, dass es dabei um „Totschütteln“ geht. Blitzschnell reagiere ich: Mit meiner linken Hand ergreife ich das Lederhalsband der kräftigen Hündin und schiebe meine rechte Faust am Körper von Cora vorbei in den Schlund der wütenden Freia. Ich drücke fest in ihren Schlund hinein, so dass sie zu würgen beginnt und mein kleines Hündchen fallen lässt. Dann brülle ich Freia verächtlich an, woraufhin sie sich durch die halb offen stehende Haustür knurrend, aber devot zurückzieht. Frau Hartmann hält die vor Angst zitternde Cora fest, sieht mich bewundernd an und sagt:
„Mann, du bist aber mutig! Ist deine Hand verletzt?“
„Nee“, beschwichtige ich sie, „lassen Sie uns sehen, ob Cora heil geblieben ist.“

Außer einer kleinen Risswunde im Nackenbereich hat die Attacke nichts angerichtet. Ich nehme mein immer noch zitterndes Tier auf den Arm, tröste es, verabschiede mich von Frau Hartmann und gehe mit Cora schmusend in Richtung Schlachter. Ich selbst zittere jetzt auch, vor nachträglicher Aufregung, bin aber sehr stolz auf mich.
Frau Hartmann ist von meiner „Heldentat“ so beeindruckt, dass sie die Geschichte überall im Dorf erzählt, anscheinend auch unserem Pastor. Denn anlässlich meines nächsten Konfirmationsunterrichts lobt er mich vor allen meinen Mitkonfirmanden und schildert meine Heldentat so wahrheitsgetreu, als wäre er selbst dabei gewesen...

Selbstkritische und kritische Gedanken

Heldentat hin, Dorfgespräch her, es gibt jedoch in diesem Zusammenhang auch Verhaltensweisen an mir, wegen denen ich mich oft schäme - zusätzlich noch zu meinen Schamgefühlen schulischer Herkunft. Ich bin heilfroh darüber, dass die Leute im Dorf, insbesondere Frau Hartmann und auch der Pastor, nichts darüber wissen. In meiner Hundeerziehung bin ich nämlich längst nicht so talentiert und geduldig, wie die meisten glauben, die diesen Prozess verfolgen. Cora gehorcht mir zwar sehr gut, aber ich werde bei ihrer Erziehung sehr oft ungeduldig, wenn etwas nicht schnell genug klappt. Dann brülle ich sie an und schlage sie auch manchmal mit der Leine. Als sie etwa ein Jahr alt ist, hat sie offensichtlich die Nase voll von meinen gelegentlichen aggressiven Erziehungsmethoden und knurrt mich beim nächsten Wutausbruch mit gefletschten Zähnen böse an und schnappt sogar nach meiner Hand, ohne diese jedoch zu erwischen. Mühsam gelingt es mir, sie zu beschwichtigen und zu besänftigen. Ich versöhne mich mit ihr und bin von dem Moment an vorsichtiger und auch geduldiger. Als ich abends im Bett liege und immer noch ziemlich beeindruckt von dem Verhalten meiner Hündin bin, kommt mir eine Idee:

'Vielleicht muss ich mich gegen Vati auch mal wehren, wenn er mich verprügelt oder anbrüllt. Aber wenn ich das versuchen würde, dann schlägt der mich bestimmt tot, glaube ich...'

Allein diese Vorstellung löst in mir eine panische Angst aus. Außerdem weiß ich von Oma und auch aus dem Konfirmationsunterricht, dass es eine Todsünde ist, seine Hand gegen seine Eltern zu erheben und man wird zur Strafe in die Hölle kommen.

Ein weiterer piekender Punkt in meinem Gewissen ist der, auf welche Art ich ziemlich oft mit meinen jüngeren Schwestern umgehe. Die beiden schreie ich auch immer wieder an, schlage sie manchmal und drohe ihnen Schlimmeres an, wenn sie mich verpetzen. Im Nachhinein komme ich mir dann immer ziemlich mies vor, weil ich doch eigentlich jemand bin, der gerne Schwächere beschützt...

Andrerseits jedoch beginne ich jetzt im Alter von 14 Jahren nicht nur mich, sondern auch meine Eltern kritischer zu betrachten. Ich löse mich von meinem „Mutti-und-Vati-Denken", spreche sie zwar in der direkten Anrede nach wie vor so an, nenne sie im Stillen allerdings nur noch „die Alten".

Mutti empfinde ich überwiegend als hysterisches Nervenbündel, welches den ganzen Tag nichts anderes macht als das Haus zu putzen und uns anzuschreien und zu beschimpfen, weil wir alles wieder schmutzig machen. Sie nörgelt sehr oft an uns Kindern herum und verkündet wiederholt:

„Wegen euch bringe ich mich bald um!" Wir Kinder lachen hinter ihrem Rücken darüber und nehmen sie damit nicht ernst.

Vati erlebe ich als launisch, unberechenbar, cholerisch und durch seine ständige Bereitschaft zum Stock zu greifen, angsteinflößend. Außerdem verurteilt er fast alles, was junge Menschen mögen: Ob es die „Blue Jeans" sind, die gerade modern werden, ob es Elvis Presley mit seiner Musik ist oder die Romane, die Heidemarie gerne liest, mein Vater wertet das alles sehr verächtlich ab. Wenn ich versuche, mit ihm über solche Dinge zu diskutieren oder ihm zu erklären, warum mir oben genanntes gefällt, antwortet er meistens:

„Hör auf, dich mit solch billigem Bockmist zu beschäftigen. Kümmere dich lieber um deine Schule und denke darüber nach, warum du auf dem Gebiet so schlecht bist. Komm mir nicht auch noch mit diesem Halbstarkenquatsch!"

Ein weiteres Thema, welches ich immer wieder kritisch sehe, ist die Art und Weise, wie es in unserem Elternhaus mit der Ernährung bestellt ist. Es ist bei uns tatsächlich so, dass es Verpflegung erster und zweiter Klasse gibt. Wir Kinder bekommen billige Teewurst, Leberwust und Schmierkäse als Brotauflage, meine Eltern aber essen den guten, teuren Aufschnitt - Mettwust, Schinken, Delikatess-Salate und teuren Schnittkäse. Wenn ich mir etwas aus der Speisekammer holen will, muss ich zuvor meine Mutter fragen. Sie gestattet es mir zwar, sagt aber jedes Mal:

„Nimm nichts vom oberen Regal! Das ist Vatis! Hörst du?"

Ich hasse diesen Satz von ihr und spreche ihn jedes Mal genervt leise mit.
Außerdem mag ich es nicht, dass meine Eltern so viel Bier-, Weinbrand- und Weinvorräte haben. Die beiden sind zwar nicht oft betrunken, aber trotzdem geht es mir gegen den Strich. Wenn ich die Vorräte im Keller oder in der Speisekammer betrachte, werde ich zornig und denke:
‚Mannomann, vielleicht könnten wir Kinder auch von der besseren Wurst essen, wenn das Geld nicht ständig für Bier und Schnaps vergeudet würde.'
Aber ich wage es natürlich nicht, so etwas anzusprechen!
Apropos Geld - vergeudetes Geld! Die meisten Kinder, die ich kenne, bekommen von ihren Eltern Taschengeld. Meine Geschwister und ich erhalten nichts. Diesbezüglich argumentieren unsere Alten:
„Was wollt ihr mit Taschengeld? Ihr habt doch alles! Und wenn ihr etwas braucht, was wirklich wichtig ist, dann kaufen wir es euch."
Ein anderes Argument von ihnen lautet:
„Wa-a-s? Taschengeld? Für euch? Ihr gebt es ja doch gleich wieder für irgendwelchen Blödsinn aus. Ihr könnt doch gar nicht mit Geld umgehen!"
Still für mich denke ich nach solch einer Aussage:
„Wenn ich nie Geld habe, kann ich auch nicht lernen, damit umzugehen."
Aber selbstverständlich traue ich mich nicht, das laut und auch nicht leise zu sagen...

Notgeld

Eines Tages allerdings geschieht es doch, dass ich Geld von meinem Vater zur Verfügung gestellt bekomme.
Im Jahr 1957 darf ich meine 14 Tage dauernden Herbstferien in Hamburg bei meiner Tante Anita, der Schwester meiner Mutter, verbringen. Ich bin immer noch 14 Jahre alt. Meine Vorfreude auf Hamburg ist riesig, weil es ein oft geträumter Wunschtraum von mir ist, die große Stadt einmal zu besuchen. - Hagenbeck's Tierpark, der große Hafen, die vielen Museen sowie das Fahren mit der U- und S-Bahn, all das interessiert mich sehr, und nun soll ich es endlich kennen lernen. Toll! Meine Eltern bringen mich zum Bahnhof, Kurz bevor ich in den Zug steige, zieht Vati seine Geldbörse aus der Hosentasche, holt einen 20-DM-Schein heraus und hält mir mit erhobener Stimme folgenden Vortrag:
„Hör zu, mein Sohn. Ich habe mit Tante Anita vereinbart, dass sie die Kosten für deine Museums- und Tierparkbesuche sowie deine U- und S-Bahnfahrten auslegt und nach deinen Ferien mit mir abrechnet. Sie fragte mich, warum ich dir das Geld nicht geben würde. Ich habe ihr geantwortet, dass du mit Geld gar nicht umgehen kannst. Daraufhin war sie mit meiner Abrechnungsidee sofort einverstanden. Und jetzt pass auf! Ich gebe dir trotzdem diesen 20-DM-Schein als Notgeld, hörst du? Solltest du auf deinen Erkundungsausflügen in Hamburg irgendwie in Schwierigkeiten geraten und dabei Geld benötigen, so darfst du diese 20 DM dafür benutzen. Aber nur für einen Notfall, hast du das verstanden? Für nichts anderes! Hast du das gehört? Wenn du wieder nach Kiel kommst und in Hamburg nichts Notfallmäßiges eingetreten ist, will ich diesen Geldschein unversehrt wiederhaben. Sieh mich an, wenn du antwortest!"
„Ja, Vati, ich habe das gehört und auch verstanden", antworte ich genervt, stecke die 20 DM in die verschließbare Brusttasche meiner Jacke und freue mich darauf, im Zug zu sitzen und meine Eltern, insbesondere meinen Vater, der mich mit seinem Gequatsche als total dämlich darstellt, weit hinter mir zu lassen. Irgendwie fühlt es sich

andrerseits aber doch beruhigend an, einen so hohen Geldbetrag bei sich zu haben.
Kurz und gut: Während meiner Hamburg-Ausflüge komme ich auch eines Nachmittags zu den Landungsbrücken von St. Pauli. Dort überfällt mich plötzlich ein starker Hunger, obwohl ich bei Tante Anita gut und reichlich zu Mittag gegessen habe. Aus einer Würstchenbude schleicht sich der verführerische Duft von Schinkenbratwurst in meine Nase. Ich unterliege der Versuchung:
„Eine Schinkenbratwurst mit Kartoffelsalat, bitte“, ordere ich bei dem weißgekleideten Mann, der in der Bude hinter dem Tresen steht.
„Mach ich doch“, antwortet der und fragt sofort hinterher: „Und was will der junge Herr trinken?“
„Eine Cola bitte“, höre ich mich sagen und komme mir während dieses Dialogs richtig erwachsen vor. Als ich alles genüsslich verzehrt habe, muss ich 3.20 DM bezahlen.
Nachdem ich das getan habe, meldet sich mein Gewissen, und ich frage mich, was der „Alte“ wohl zu meiner Geldausgabe sagen wird.
‚Ach was’, denke ich, ‚schließlich hatte ich entsetzlichen Hunger und habe nichts Unnötiges gekauft. Das wird er wohl bestimmt verstehen.’
Damit kann ich mein Gewissen gut beruhigen und genieße weiterhin meine Hamburg-Ferien, ohne die restlichen 16.80 DM zu benötigen.
Als ich aus Hamburg zurückkehre, holt mich meine Mutter in Kiel vom Bahnhof ab, und ich plappere während der Fahrt vom Bahnhof mit dem Bus nach Hause unbekümmert und fröhlich von meinen „Hamburg-Erlebnissen“.
Der Alte wartet zu Hause und begrüßt mich fröhlich, als meine Mutter und ich dort erscheinen. Auch er hört meinem Reisebericht interessiert zu. Als ich nicht mehr viel zu erzählen weiß, sagt er:
„Das ist ja sehr schön, dass es dir in Hamburg so gut gefallen hat. Das freut mich. Und wenn du deine Sachen ausgepackt hast, gibst du mir die 20 DM wieder, die ich dir als Notgeld mitgegeben habe. Oder hast du die sinnlos verprasst?“, scherzt er hinterher.
Ich spüre einen Stich in der Magengegend. Diese Angelegenheit hatte ich auf Grund der vielen schönen Erlebnisse total vergessen. Meinem

plötzlich eintretenden Schuldgefühl entsprechend, beichte ich meinem Vater kleinlaut:
„Es sind keine 20 DM mehr. Ich habe 3.20DM ausgeben müssen."
„Müssen? Wofür?"
„Ich hatte Hunger und Durst. Da habe ich eine Bratwurst mit Kartoffelsalat gegessen und eine Cola getrunken und das hat zusammen 3.20 DM gekostet."
Mein Vater fragt mich entrüstet:
„Hast du denn bei Tante Anita nichts zu essen bekommen?"
„Natürlich! Drei Stunden vorher gab es ein gutes Mittagessen bei ihr, aber ich bekam trotzdem diesen großen Hunger und dann habe ich..."
Der Alte lässt mich nicht ausreden, unterbricht mich brüllend:
„Bist du wahnsinnig? Deine Tante macht dir ein Mittagessen und du behauptest, du hättest sofort wieder Hunger gehabt? Ich glaube dir verlogenem Hund kein Wort! Wo ist das Geld geblieben?"
Er wird immer lauter und bedrohlicher. Meine Angst wird immer stärker.
„Ich habe wirklich dafür gegessen, weil ich Hunger hatte. Nicht sofort, aber nach drei Stunden. Ich habe nicht gelogen", sage ich leise und bin den Tränen nahe.
„Ach was, papperlapapp, selbst wenn das stimmt, dass du Hunger hattest und etwas gegessen hast..., die 20 DM waren als Notgeld gedacht! Ich hätte es nie und nimmer erlaubt, dass du dir dafür in einer Imbissbude eine Bratwurst und den ganzen anderen Quatsch kaufst!", brüllt er mich an. Irgendein Teufel muss mich plötzlich reiten, denn ich traue mich trotz meiner Angst und trotz seiner Bedrohlichkeit in bockigem Ton zu sagen:
„Du erlaubst mir doch sowieso nie etwas, egal, um was ich dich bitte..."
Während dieser Auseinandersetzung sitze ich auf dem Sofa, er mir gegenüber auf einem Sessel. Zwischen uns steht der Stubentisch. Meine Mutter sitzt etwas abseits auf einem anderen Sessel. Als ich meinen letzten bockigen Satz beendet habe, zuckt mein Vater zusammen, als hätte er eine leichte Ohrfeige bekommen, brüllt unmittelbar danach laut und unartikuliert auf, springt über den flachen Couchtisch hinweg zu

mir aufs Sofa und kniet sich mit seinen zwei Zentnern Lebendgewicht auf mich und bearbeitet mich mit seinen Fäusten. Gott sei Dank kann ich mich noch während seines Sprunges in der Ahnung, was jetzt kommt, reaktionsschnell auf den Bauch drehen. Deswegen treffen seine Schläge lediglich meinen Rücken, meine Arme und meinen Hinterkopf. Aber auch das tut höllisch weh und ich schreie vor Schmerzen genau so laut wie er vor Wut.
Urplötzlich beendet er das Prügeln und Brüllen, kippt zur Seite weg, hängt halb sitzend, halb liegend auf dem Sofa, hält die Augen geschlossen, seine Hände verkrallen sich im Hemdkragen und er japst nach Luft. Zusätzlich ist er kreidebleich.
„Günter, was ist mit dir? Was hast du?“, höre ich meine Mutter panisch kreischen und beobachte, wie sie ihm mit zitternden Händen den Schlips und das Hemd öffnet. Ich hocke schluchzend mit schmerzenden Knochen, aber auch um meinen Vater bangend, in der Sofaecke und frage:
„Mutti, was ist mit Vati los?“
Sie wendet sich mir zu und sieht mich so böse und kalt an, wie sie mich noch nie angesehen hat und faucht:
„Dein Vater hat eine Herzattacke und es ist deine Schuld! Wenn er jetzt stirbt, hast du ihn umgebracht! Dann hast du deinen Vater ermordet! Hau ab, du Miststück, scher dich auf dein Zimmer. Los! Verschwinde...!“
Ich laufe weinend, vor Angst schlotternd und im Glauben höchstwahrscheinlich meinen Vater ermordet zu haben, auf mein Zimmer und werfe mich dort auf mein Bett.
‚Wenn der stirbt, dann bringe ich mich auch um’, schwöre ich mir in dem Moment, ‚mit der Schuld will ich nicht mehr leben, dann springe ich von der Gablenzbrücke vor einen Zug, der gerade vorbeikommt.’
Plötzlich steht nach einigen Minuten meine Mutter in meinem Zimmer und sagt immer noch ziemlich böse, aber auch erleichtert:
„Wir haben Glück gehabt, insbesondere du, du Flegel. Vati hat sich wieder erholt. Gott sei Dank! Dich will er heute nicht mehr sehen. Und ich dich auch nicht! Du kannst dir jetzt Abendbrot machen und es mit

auf dein Zimmer nehmen. Dort bleibst du heute! Ab morgen hast du vier Wochen Stubenarrest. Für die verprassten 3.20 DM wirst du drei Nachmittage im Garten arbeiten, nämlich Holz hacken und Unkraut zupfen. Ist das klar?“

Ohne meine Antwort abzuwarten, verlässt sie den Raum.

Ich bin zwar erleichtert, dass ich meinen Vater nicht umgebracht habe, leide aber trotzdem unter starken Kopf- und Gliederschmerzen, die seine Faustschläge bei mir verursacht haben. Außerdem deprimiert mich die Perspektive vier Wochen nicht draußen spielen zu dürfen sowie an drei Nachmittagen widerliche Arbeiten im Garten verrichten zu müssen. Ich weiß aus leidvoller Erfahrung, dass der Stubenarrest bis auf den letzten Tag abgedient werden muss. Dafür hat es bisher noch nie eine Begnadigung gegeben...

‚Am liebsten würde ich meine Sachen packen und hier abhauen’, sinniere ich, ‚aber wohin denn?’

Pubertät und Schulabschluss

„Eberhard, was bist du heute wieder blass, wie kommt das nur, du bist doch nicht etwa krank oder?“
Meine Mutter fragt mich das und sieht mich besorgt, aber auch irgendwie forschend an.
Inzwischen bin ich 15 Jahre alt.
„Nö“, antworte ich, „ich bin nicht krank. Ich fühle mich sogar sehr gut.“
„Na ja,“ entgegnet sie etwas unsicher wirkend, „vielleicht kommt es mir nur so vor...“
Und dann auf einmal sehr forsch: „Ach was! Komm' mit in die Stube, ich muss mal mit dir reden.“
Ich folge ihr in unser Wohnzimmer und bin sehr gespannt, worüber sie mit mir sprechen will. Wir setzen uns gegenüber, jeder in einen Sessel. Meine Mutter wirkt etwas verlegen. Es scheint ihr schwer zu fallen die richtigen Worte zu finden, denn sie druckst ziemlich herum, um dann plötzlich doch zu beginnen:
„Also, äh -, du bist jetzt 15 Jahre alt und - hm, - na ja, in der Pubertät... Interessierst du dich eigentlich für Mädchen?“
„Na ja, ein wenig schon, aber das ist doch nicht schlimm oder?“
„Nein, das ist es nicht“, beschwichtigt sie mich sofort. „Nur, äh -, meine eigentliche Frage geht dahin, ob du schon - also, ob du dich selbst befriedigst. - Du kannst es mir gerne erzählen..."“
Jetzt bin ich es, der verlegen wird und antworte:
„Ja-, aber nur manchmal, Mutti, eher selten...“ Ich weiß, dass ich lüge, als ich das sage...
Meine Mutter antwortet sofort:
„Ja ja, das habe ich mir gedacht und deswegen bist du auch in letzter Zeit manchmal so blass. Ich bin deswegen aber nicht böse. Tu aber dir selbst, auch mir und deiner späteren Frau einen Gefallen: Mach es nicht so oft, denn die Samenmenge des Mannes ist nicht unbegrenzt. Wenn du später einmal heiratest, wirst du deine Frau nur dann glücklich machen, wenn du noch genügend Samen besitzt. Außerdem

beschädigst du durch zu vieles Onanieren dein Rückenmark Sieh dir mal zum Beispiel Gerd Barning von gegenüber an. Den verspottet ihr doch ständig, weil er so schlapp, träge und auch ziemlich dämlich ist. Der ist jetzt auch in der Pubertät. Vorher war der lebhafter und weil er jetzt so dämlich und träge ist, bin ich mir sicher, dass er wohl ständig an sich rumspielt und bestimmt jeden Tag onaniert. - Also, - achte gut auf dich, denke an deine Zukunft und halte Maß! Ich vertraue dir. - Das kann ich doch oder?"

„Ja klar, Mutti, das kannst du bestimmt", lüge ich sie mit offenem Blick und sehr schlechtem Gewissen an. Sie gibt mir einen Kuss und entlässt mich aus diesem Aufklärungsgespräch. Wahrhaftig! Sie hat ein für mich sehr heikles Thema angesprochen! Seit einigen Monaten onaniere ich heimlich fast jeden Abend. Manchmal auch schon am Morgen und abends noch einmal. In der Schule habe ich mich sogar einmal während der Unterrichtsstunde beim Lehrer abgemeldet.

Mit den Worten „ich muss mal dringend auf's Klo", verlasse ich den Klassenraum, gehe auf die Toilette und onaniere dort...

Nach jeder „Selbstbefleckung", wie es so schön in der Bibel heißt, schäme ich mich. Denn ich bin der Überzeugung, dass ich es viel zu oft mache und bin genau wie meine Mutter der Meinung, dass ich mir auf Dauer damit schade und dass so etwas unanständig ist, weil man es eigentlich nicht tut! Aber ich kann es einfach nicht lassen, denn es fühlt sich unheimlich toll an, wenn es so aus mir heraussprudelt! Wenn es nicht so schädlich wäre, dann würde ich es ständig machen. Manchmal nehme ich mir vor, es ein oder zwei Tage nicht zu tun, schaffe es dann leider meistens nur für einen Tag es zu unterlassen.

Eines Tages komme ich auf meinen Hundespaziergängen mit Cora in eine nahegelegene Kiesgrube. Dort finde ich eine etwas zerknüllte Zeitschrift. Diese Illustrierte enthält unter anderem eine mehrseitige Reportage über den so genannten „Busenstar" Jayne Mansfield. Die schöne Frau wird auf den Bildern in für mich sehr reizvollen Posen, mit tiefem Dekollete` und sehr eng sitzender Kleidung dargestellt. Die Bilder erregen mich auf's Äußerste. Ich reibe mein Glied, ohne meine Hose zu öffnen, bis es sich wonnevoll ergießt.

Das Bild, welches mich am meisten erregt, reiße ich aus der Zeitschrift heraus, falte es sorgfältig zusammen und verstecke es zu Hause so in meinem Zimmer, dass meine Mutter es garantiert nicht findet. Neben meinem Bett befindet sich eine kleine Tür, die in eine Abseite unter der Dachschräge führt. In dieser wimmelt es oft von dicken Spinnen und weder meine Mutter noch ich öffnen diese Klappe, weil wir uns vor diesen Tieren fürchterlich ekeln und auch Angst vor ihnen haben. Ich aber überwinde jetzt meine Angst- und Ekelgefühle und verstecke mein „Mansfield-Bild" in dem kleinen Kabuff mit der Gewissheit, dass meine Mutter dort nie hineinsieht. Sehr oft hole ich es wieder hervor, verlustiere mich daran, um es danach mit schlechtem Gewissen dort wieder zu verstecken.
Irgendwann jedoch zerreiße ich das Bild „nach Gebrauch", weil meine Gewissensbisse immer stärker werden, werfe es ins Klo und spüle es weg. Als meine Lust mich danach allerdings wieder sehr schnell einholt, überlege ich, wie ich mir neue visuelle Reize beschaffen kann. Hierzu fällt mir ein, dass meine Eltern Lesemappen abonniert haben und ich beginne in jenen nach entsprechenden Bildern zu suchen. Wenn ich fündig werde, leihe ich mir die Zeitschrift für einige Zeit aus...
Und was erlebe ich mit den Mädchen?
An einem Spätnachmittag im Herbst stehen wir auf der Straße herum und klönen miteinander. Wir, das sind Gerd Barnig, Werner Meyer, Klaus Pahlke, Monika Schramm, Uschi Kock, Vera Eggert und ich. Wir sind zwischen 14 und 16 Jahre alt. Plötzlich schlägt Klaus Pahlke vor:
„Lasst uns doch mal Versteck mit ‚kriegen' spielen, so wie früher, - hat doch immer Spaß gebracht - oder?"
Gesagt, getan, los geht's!
Im Verlauf des Spiels finde ich Vera Eggert in ihrem Versteck und als sie weglaufen will, halte ich sie fest. Sie windet sich in meinen Armen, so dass ich sie noch fester halten muss. Dabei landen meine Hände auf ihren Brüsten und ich knete sie sanft. Vera scheint das genau so wie mir gut zu gefallen. Diese Berührung erregt mich und es kommt bei mir sehr schnell zu einem Samenerguss, der sich toll anfühlt. Ich beherrsche mich dabei aber so sehr, dass sie nicht merkt, was mit mir geschieht.

Bald löst sie sich aus meiner Umklammerung und läuft kichernd davon. Ich bin ziemlich durcheinander: Einerseits stolz wie ein Gockel, andrerseits verunsichert, ob Vera nicht doch böse auf mich ist, weil ich sie in der Form berührt habe...In dem Fall könnte es nämlich sein, dass sie mich bei ihren Eltern, die mit den meinigen befreundet sind, verpetzt. Dann gibt es Ärger...! Als wir uns nach dem Versteckspielen noch einmal kurz sehen, tut sie jedoch so, als sei nichts geschehen. Ich verhalte mich ihr gegenüber genau so.

Zwei Tage später beauftragt mich meine Mutter:

„Geh mal nach nebenan zu Eggert's und hole die Zeitung, die sie ausgeliehen haben. Komm aber gleich wieder und halte dich nicht so lange mit Gequatsche auf, hörst du?"

Das Haus der Familie Eggert ist ein kleines Einfamilienhaus, welches auf unserem Nachbargrundstück steht. Ich begebe mich hinüber und klopfe an die Tür. Vera öffnet. Als ich sie sehe, werde ich im Hinblick auf das Ereignis, welches zwischen uns vor einigen Tagen stattfand, etwas verlegen und frage:

„Sind deine Eltern nicht da? Ich soll die Zeitung abholen."

„Nein, meine Eltern sind nicht da. Komm rein."

Wir betreten die gemütliche Wohnküche der Eggert's. Vera nimmt die Zeitung vom Tisch, hält sie mit beiden Händen hinter sich auf dem Rücken versteckt, streckt mir ihren schönen Teenager-Busen, den ich vor einigen Tagen so lustvoll berührt habe, entgegen und sagt zu mir:

„Hol dir die Zeitung!"

Ich greife sofort zu: Mit dem linken Arm umfasse ich das Mädchen, meine rechte Hand berührt ihren Busen, den sie mir provokativ entgegenstreckt. Doch bevor es zu einer genüsslichen Rangelei zwischen uns kommt, klopft es von draußen laut ans Fenster. Vera und ich bekommen einen furchtbaren Schreck und sehen meine Mutter dort draußen stehen. Diese droht mir mit der Faust und ruft:

„Komm sofort raus, du Schwein, hab ich mir's doch gedacht!"

Draußen bei ihr angekommen, prügelt sie vor Vera's Augen mit einem mitgebrachten Ledergürtel auf mich ein und jagt mich auf unser Gründstück:

„Du Flegel, du Lustmolch! Du bist genau so ein Schwein wie dein leiblicher Vater! Was wolltest du Vera antun, du Mistkerl? Schäm dich“, brüllt sie außer sich vor Wut. In dem Moment bin ich mir sicher, dass außer Vera auch alle anwesenden Nachbarn dieses lautstarke Szenario miterleben. Ich schäme mich weder einmal in Grund und Boden und traue mich einige Tage nicht mehr bei Tageslicht auf die Straße.
Dieser Vorfall und die damit verbundenen Beschimpfungen meiner Mutter beeinträchtigen mein schon sowieso durch das viele Onanieren lädierte Gewissen immer mehr. Meine Scham- und Schuldempfindungen werden immer heftiger und ich beginne daraufhin, mit mir ins Gericht zu gehen und mich zu verurteilen. In meinem Zimmer auf der Bettkante sitzend, sage ich zu mir:
‚So, mein Lieber, du wirst jetzt für dich eine Entscheidung treffen! Und zwar: Schule oder Mädchen! Und - mein Freund, du wirst dich für die Schule entscheiden! Hier und jetzt! Zur Strafe für den ganzen Scheiß, den du gemacht hast, wirst du ab heute eine Woche lang nicht wichsen! Und Vera guckst du nicht mehr an und anfassen kommt überhaupt nicht in Frage!’
Nachdem ich mir dieses Urteil verkündet habe, fühle ich mich etwas erleichtert und bin zudem stolz und ernsthaft motiviert, meine weiteren Interessen nur noch der Schule zu widmen. Dann nehme ich die geliehene Zeitschrift von meinem Nachtschrank, bringe sie meinen Eltern ins Wohnzimmer zurück, gehe wieder auf mein Zimmer, hole mein Englischbuch aus meiner Schultasche hervor und beginne energisch und engagiert Vokabeln zu lernen.
Allerdings: Mein heroischer Entschluss, mich gegen die Mädchen und für die Schule zu entscheiden, mag mich für den Moment ehren, aber er kommt wesentlich zu spät. Er hat keinen positiven Einfluss mehr auf meine derzeitige Situation in der Schule. Die in diesem plötzlichen blindwütigen Fleiß entstandene Paukerei verhilft mir tatsächlich dazu, dass die Englischvokabeln noch sehr lange für mich präsent sind, aber sie hilft mir nicht mehr versetzt zu werden.
Zur Erinnerung: Ich besuche die Mittelschule, bin 15 Jahre alt, Schüler im 8-ten Schuljahr, obwohl ich schon 10 Jahre lang zur Schule gehe...

und es ist wieder zu befürchten, dass ich im nächsten Jahr zu Ostern wieder einmal nicht versetzt werde.
Kurz und (nicht ganz so) gut: Einige Tage nach meinem 16-ten Geburtstag werden meine Eltern an die Schule zitiert und bekommen mitgeteilt, dass für meine Versetzung keine Chance mehr besteht.
„...obwohl Ihr Sohn hochbegabt ist!", wird meinen Eltern am Ende des Gesprächs noch versichert. Danach zu Hause angekommen, schleudern sie es mir wutentbrannt entgegen:
„Du bist hochbegabt, - hochbegabt, hoch sollst du leben, du faules Stück. Aber leisten? - Leisten tust du gar nichts, - überhaupt nichts, außer, dass du nur Schande und Blamage über uns bringst!"
Tagelang prallt mir von allen Seiten, auch von mir selbst, grenzenlose Verachtung entgegen...
„Glaube ja nicht, dass wir dich noch ein einziges Jahr wiederholen lassen, du Windhund! Du verlässt zu Ostern die Schule und dann kannst du einen Handwerksberuf lernen oder Hilfsarbeiter werden- ist doch egal...!"
Solches und Ähnliches bekomme ich von meinen Eltern zu hören...
Meine Mutter zieht unter Tränen der Wut und Enttäuschung mir gegenüber folgendes Fazit:
„Sieh' dich an: Eberhard Lempelius, der Sohn eines Studienrates, ein hochbegabter, aber vor Faulheit stinkender Versager, hat nach 10-jähriger Schulzeit die Volksschule, das Gymnasium und die Realschule besucht. Dabei hat dieser Kerl noch nicht einmal das Minimalziel, nämlich einen einfachen Hauptschulabschluss erreicht, weil er auch auf der Realschule nicht von der 8-ten in die 9-te Klasse versetzt wird. Ich weiß nicht, womit Vati und ich das verdient haben. So etwas Peinliches habe ich noch nicht erlebt...!"
Ich erspare mir an dieser Stelle die Schilderung weiterer demütigender Kommentare dieser enttäuschten Menschen mir gegenüber. Ich bin zu der Zeit felsenfest davon überzeugt, dass sie unter meinem Schuldilemma noch stärker leiden als ich selbst. Sie tun mir sehr leid und ich schäme mich wahnsinnig vor ihnen...

Start ins Berufsleben

„Ich glaube, du wirst es in deinem Leben nirgends lange aushalten", wirft mir meine Mutter vor, „du wirst überall etwas finden, was dich stört und dann weglaufen. Aber dieses Jahr im Jugendaufbauwerk - mein Lieber -, das wirst du zu Ende bringen, so wahr ich Helga Lempelius heiße!"

Nach meinem unrühmlichen Schulabgang und nachdem die dadurch verursachten Wogen wieder einigermaßen geglättet sind, muss ich auf Beschluss meiner Eltern ins „Jugendaufbauwerk Kiel". Das ist eine öffentliche soziale Einrichtung, in der Jugendliche beschäftigt werden, die keine Lehrstelle haben, noch nicht genau wissen, was sie beruflich machen wollen oder aus anderen Gründen für den Arbeitsmarkt schwer vermittelbar sind. Ich bin dort in einer Abteilung beschäftigt, die Jugendliche an „Metall verarbeitende Berufe" heranführt. Allerdings interessiert mich das Verarbeiten von Metall nicht im Geringsten und ich absolviere meine Arbeitszeit dort nur widerwillig. Einen sehr großen Teil meiner Dienstzeit verbringe ich mit Gleichgesinnten rauchend auf der Betriebstoilette. Als ich meiner Mutter nach einiger Zeit meine Unlust auf diesen Betrieb und die dortige Arbeit mitteile, hält sie mir ziemlich ungehalten den oben genannten Kommentar entgegen. In der Konsequenz der Worte meiner Mutter muss ich es also ein ganzes Jahr im so genannten JAW aushalten, um danach eventuell eine Schlosserlehre oder etwas Ähnliches anzutreten. Mein jetziger Arbeitstag zieht sich von 7.oo Uhr bis 15.oo Uhr hin. Das sind acht Stunden, von denen ich mindestens drei rauchend auf dem Klo verbringe. Den Rest der Zeit stehe ich am Schraubstock und feile lustlos an einem U-Stahl herum.

Alle vierzehn Tage gibt es in dem Betrieb 5 DM Taschengeld. Dafür kaufe ich mir Zigaretten. Inzwischen habe ich nämlich begonnen zu rauchen. Meine Eltern haben nichts dagegen. Meine Mutter kauft mir sogar ziemlich oft Zigaretten. Nur mein Vater bezeichnet dieses Laster von mir „jungem Schnösel" manchmal als „Großmannssucht", obwohl er sehr lange selbst Raucher war. Aber vielleicht hat er erst als „großer

Mann“ angefangen zu rauchen und war deswegen nicht von der „Großmannssucht“ befallen, wer weiß...!
Außer den Zigaretten steckt meine Mutter mir inzwischen manchmal auch ein bisschen Geld zu.
„Lass es Vati aber nicht wissen“, sagt sie dann immer verschwörerisch zu mir, denn der ist immer noch der Meinung, dass es nicht gut ist, wenn ich Geld in die Finger bekomme.
Irgendwann im Verlauf des JAW-Jahres entsteht in mir der Wunsch zur See zu fahren. Durch meine Heimatstadt Kiel fühle ich mich sehr stark mit der Seefahrt verbunden und ich habe immer noch tolle Erinnerungen an den riesigen Hamburger Hafen anlässlich meiner damaligen Ferien in jener Stadt. Nachdem diese Idee für mich immer mehr zum festen Wunsch wird, spreche ich meine Eltern eines Tages während des Abendessens daraufhin an:
„Wie wäre es für euch, wenn ich Seemann werden würde?“
Nach kurzer Überlegung antwortet mein Vater:
„Hm, ich hätte nichts dagegen. Ich glaube, die Seefahrt ist eine gute Lebensschule und würde dir gut tun.“
Und meine Mutter ergänzt:
„Tja, warum nicht? Opa war auch Seemann. Allerdings bei der Kriegsmarine, aber das spielt ja keine Rolle...“
Daraufhin spinne ich den Faden weiter:
„Am liebsten würde ich an Deck fahren und als Decks-Junge, als so genannter „Moses“ anfangen. Dafür müsste ich für ein paar Wochen nach Lübeck, zum Priwall, auf die Schiffsjungenschule. Die befindet sich dort auf der ‚Passat‘, das ist ein ausgemustertes
4-Mast-Vollschiff, das letzte deutsche Frachtsegelschiff...“
Mein Vater unterbricht mich unwirsch:
„Habe ich das soeben richtig gehört? Hat der Sohn etwas von einer Schule gesagt? Von einer Schule, die er, ausgerechnet er, besuchen will?!“
„Ja“, antworte ich immer noch begeistert von meinem Plan, „das hab' ich. Die Schule muss ich nämlich besuchen, wenn ich die Deckslaufbahn einschlagen will und sie kostet nur 60 Mark.“

„Nur??", poltert mein Vater jetzt los. „Nur, sagst du unverschämter Hund? In meinem ganzen Leben werde ich keine Schule für dich bezahlen, die du besuchen willst! Das hieße nämlich: Enttäuschungen erleben und obendrein dafür bezahlen! - Nee, nee, mein Lieber, du darfst gerne zur See fahren, aber nicht auf meine Kosten. Finde heraus, wie du auch ohne Schiffsjungenschule bei der Seefahrt landen kannst!"
Missmutig und enttäuscht antworte ich:
„Das weiß ich bereits. Nämlich als Messejunge. Dann muss ich abwaschen, die Kammern saubermachen und den Matrosen das Essen servieren... Das macht doch keinen Spaß."
„Dann fängst du eben auf die Art an", schaltet sich meine Mutter in das Gespräch ein, „so lernst du das zu tun, was ich täglich machen muss. - Übrigens könntest du dort dein gesamtes Geld sparen, weil du es auf See gar nicht ausgeben kannst. Und dadurch wärst du dann in der Lage, mit dem ersparten Geld zum Beispiel eine Schauspielschule zu finanzieren. Diese Möglichkeit steht dir doch nach wie vor offen, oder? Du willst doch nicht dein Leben lang Seemann bleiben, - was ist das denn schon auf Dauer?"
Jetzt bin ich derjenige, der kurz nachdenkt. Die Worte meiner Mutter klingen gar nicht so schlecht.
„Ja klar", sage ich, „das ist 'ne gute Idee! Und wenn mich dann an Bord einer fragt, warum ich nur so'n Messbüdel bin, erzähle ich dem, dass ich das nur vorübergehend mache und mir das Geld für eine Schauspielschule verdiene - Ja, das finde ich gut!"
Mein Vater kann sich mir dieser neuen Perspektive auch anfreunden und es geht uns seit sehr langer Zeit endlich mal wieder gut miteinander.
Es ist wieder Hoffnung da! Hoffnung für mich und meine Eltern! Hoffnung auf Berühmtheit, Anerkennung und viel Geld! Da spielt der nicht vorhandene Hauptschulabschluss im Moment überhaupt gar keine Rolle...

Die Geburt des „Lümmel“

Blenden wir doch noch einmal kurz zurück ins JAW. Genauer gesagt, auf die Betriebstoilette, jenen Ort, auf dem ich durchschnittlich drei Stunden pro Werktag heimlich rauchend meine Arbeitszeit verbringe. Es ist nicht so, dass ich dort alleine mit meiner Zigarette die langsam kriechende Zeit totschlage. Nein nein, wir sind mindestens drei bis fünf junge Männer, die sich dort immer wieder zum „Qualmen“ einfinden und miteinander quatschen. Offiziell ist es verboten auf der Toilette zu rauchen. Die Ausbilder dulden es aber trotzdem. Wenn allerdings zu viele Jungen an den Werkbänken fehlen, dann jagt uns irgendeiner von den Meistern an unsere Arbeitsplätze zurück. Deswegen sprechen wir uns während der offiziellen Pausen ab, wer wann und mit wem zur Toilette zum Rauchen geht. Wir sind 25 Ausbildungsanwärter und wenn davon regelmäßig drei bis fünf Leute nicht an der Werkbank stehen, so wird das geduldet. Aus dieser Einteilung entstehen Cliquen und auch Freundschaften. Ich lerne darüber Pit und Josi kennen. Schon bald sind wir ein unzertrennliches Trio. Josi, 16 Jahre alt, kommt aus Kiel-Gaarden, also vom Kieler Ostufer und sticht dadurch hervor, dass er rotzfreche Sprüche anwendet und scheinbar vor nichts und niemandem Angst hat.

Pit ist bereits 18 Jahre alt, gebürtiger Hamburger, war dort Mitglied in einer Straßengang und kann glaubhaft schildern, wie er einmal mit einer 25-jährigen Frau Sex hatte. Er ist der größte, kampferprobteste und lebenserfahrenste von uns dreien. Und ich? Ich falle auf durch Schlagfertigkeit mit Wort und Faust, also „Fähigkeiten“, die mich schon in der Schule bzw. in den Schulen bei meinen Mitschülern mehr oder weniger beliebt gemacht haben... (Auf dem Gebiet gehörte ich immer zu den Besten in der Klasse.)

Pit, Josi und ich treffen uns auch außerhalb unserer Arbeitszeit, insbesondere am Wochenende. Samstags ziehen wir abends durch die Kneipen.

Es beginnt die Zeit, da ich regelmäßig in Gaststätten verkehre und mich öfters betrinke. Inzwischen bin ich 16 1/2 Jahre alt. Meine Eltern tolerieren meine Kneipenzüge, besser gesagt, sie akzeptieren sie sogar und ich bekomme kein Zeitlimit gesetzt. Ich kann nach Hause kommen, wann ich will, auch am frühen Morgen. Außerdem wird mir zu Hause gestattet von dem ständig vorhandenen Bier meiner Eltern zu trinken. Und - für meine Kneipenbummel mit meinen neuen Freunden bekomme ich von meiner Mutter, vor dem Alten verheimlicht, jedes Mal ein paar Mark zugesteckt.

Eines Samstags geschieht spät am Abend folgendes:

Wir drei sitzen in einer Kneipe in der Nähe der Kieler Ostseehalle. Es ist ungefähr 23.oo Uhr. Jeder von uns hat mindestens fünf halbe Liter Bier getrunken. Unsere Jungmänner-Gehirne sind somit ziemlich benebelt, unsere Stimmung ist aber gut. Plötzlich sagt Josi:

„Los, kommt mit, wir gehen runter zum Puff!"

„Was willst du da denn?", fragt Pit spöttisch, „etwa vögeln? Dafür brauchst du Geld, viel Geld, und zwar so viel, wie du noch nie in der Hand hattest, mein Kleiner!"

„Quatsch' keinen Blödsinn, lass uns 'mal sehen, was da los ist", provoziert Josi weiter.

„Oh ja", mische ich mich ein, „uff uff uff, jetzt geh'n wir in den Puff und machen einen druff! Das hat Winnetou schon damals zu Old Shatterhand gesagt", frotzle ich hinterher.

Danach ist Pit umgestimmt. Wir zahlen in der Kneipe unsere Zeche, verlassen sie und als wir vor die Tür treten und „wehrlos der frischen Luft ausgesetzt" sind, reißt mein „Erinnerungsfilm".

Als mein Erinnerungsvermögen wieder einsetzt, befinde ich mich in folgender Situation:

Ich stehe mit einem ziemlich schwergewichtigen Kerl vor einer Wand, die zu der „Grotte", einer Kneipe am Kieler Kiez, gehört. Der vierschrötige Kerl steht mit dem Rücken zu dieser Wand, blutet aus der Nase und sein linkes Auge schwillt zu. Er ist mit schwarzen Lederklamotten bekleidet, wirkt darüber etwas Furcht einflößend, durch den Zustand seines Gesichtes aber auch jämmerlich zugleich.

Ich höre mich zu ihm sagen:

„So, wenn du jetzt genug hast, können wir in diese Kneipe gehen und einen trinken."
Dabei wird mir langsam bewusst, dass ich es bin, der ihn so zugerichtet hat, denn ich halte mit meiner linken Hand seinen Jackenkragen fest und meine rechte Faust ist halb erhoben, als würde ich ihn schlagen wollen. Er entzieht sich vorsichtig meinem Griff, weicht langsam zurück und sagt kleinlaut:
„Nee nee, lass man, mit dir will ich nichts trinken, nachher haust du mir noch 'mal eine rein. Lass mich, ich hau lieber ab."
Ich lass ihn los und er entfernt sich. Nach einigen Schritten dreht er sich noch einmal um und brüllt:
„Ey, du Lümmel, du hast meine Lederjacke versaut, die ist total voller Blut! Oh Mann, das ist zum Kotzen, wenn ich dich noch mal erwische, dann bist du fällig!"
Mit dieser eher als leer einzustufenden Drohung verschwindet er um die nächste Straßenecke.
„Was ist hier eigentlich los?", frage ich an Pit und Josi gewandt.
Die umarmen mich, klopfen mir wie verrückt auf die Schulter und tanzen ein paar Sambaschritte oder so etwas Ähnliches mit mir.
„Verdammt, hört doch mal auf damit! Was war los?", frage ich etwas lauter.
„Das weißt du nicht?"
„Nee! Weiß ich nicht!"
„Du willst uns erzählen, dass du nicht weißt, wie du diesen großen, schwarzen Lederklotz abgerammt hast?", fragt Josi ungläubig.
„Nee, seitdem wir die Kneipe bei der Ostseehalle verlassen haben, fehlt mir der Film und zwar bis zu dem Moment, da ich mit dem Kerl hier an dieser Mauer stehe", beteuere ich.
„Das glaube ich nicht", stellt Josi in Zweifel, „du warst so schnell am Prügeln und Ausweichen, da kannst du gar nicht richtig besoffen gewesen sein!"
„Doch", mischt Pit sich sehr ruhig und überlegen wirkend ein, „das gibt es, das ist mir auch schon mal passiert. Ich wirkte auf die anderen, die

dabei waren, total nüchtern, aber ich war voll, wie'n Eimer und wusste nicht, was eigentlich los war. Ich glaub' dir das, Eberhard."
„Danke Pit, aber nun erzählt mir endlich mal, was da abging", fordere ich meine Kumpels auf.
„Erzähl du's ihm", sagt Josi feixend zu Pit.
„Also, o.k., das war so: Wir kommen hier die Straße 'runter, da steht dieser Lederklotz dahinten und hantiert an einem Fahrrad herum. Bevor dich jemand zurückhalten kann, bist du bei ihm und fragst den Kerl: ‚Ist das dein Fahrrad?'
Er: ‚Was geht dich das an, du Gartenzwerg?'
Du: ‚Wenn das dein Fahrrad ist, wundert es mich, dass es nicht kotzt. Denn wenn ich dein Fahrrad wäre, würde ich vor lauter Ekel immer nur kotzen, du Saftarsch!'
Daraufhin wird der Dicke wütend und will dir eine fegen, haut aber vorbei, weil du blitzschnell ausweichst und ihm gleichzeitig eine auf's Auge verpasst. Das klatscht richtig laut. Er versucht wieder dich zu erwischen, trifft dich aber nicht, während du ein paar Doubletten bei ihm landest. Na ja, und dann hattest du ihn an die Wand getrieben und er hatte keine Lust mehr noch 'was auf die Fresse zu kriegen. Tja, so war das, so was Schnelles wie dich hab' ich selten gesehen, toll!"
Stolz und geschmeichelt höre ich mir diese Schilderung von Pit an, in der ich der Held bin, und dann meint Josi:
„Eberhard, Eberhard! Das ist eigentlich kein schöner Name. Ich wüsste 'nen besseren für dich. Und zwar diesen: Lümmel!! Der Kerl hatte Schiss vor dir und hat dich Lümmel genannt. Das ist doch Klasse! Da hast du 'n Kampfnamen von dem bekommen! Ey! Bist du damit einverstanden, dass wir dich in Zukunft „Lümmel" nennen? Wenn nicht, tu ich's trotzdem, hehehehe!", lacht er hinterher.
„Finde ich auch kernig", pflichtet Pit ihm bei, „wir gehen jetzt hier in die ‚Grotte' und taufen dich auf deinen neuen Kampfnamen Lümmel, o.k?"
Voller Stolz, Gerührtheit und trunken, nicht nur vom konsumierten Alkohol, sonder auch vor lauter Selbstbewunderung, nehme ich den Vorschlag meiner Freunde an und gehe mit ihnen in die Kneipe.

Es ist ca. 0.oo Uhr, als wir den Laden betreten. Wir setzen uns an einen freien Tisch und bestellen einen 2-Liter-Stiefel Bier. Er macht der Reihe nach die Runde zwischen uns. Zwischenzeitlich kippen mir meine Freunde etwas von dem Gerstensaft über den Kopf und taufen mich feierlich auf den Namen „Lümmel". Nachdem das Gefäß ausgetrunken ist und wir einen zweiten geordert haben, holt Josi sein Taschenmesser hervor und ruft:
„Jetzt werden wir Blutsbrüder!"
„Jawoll, das geht los", pflichtet Pit ihm bei.
Und weil „die linke Hand vom Herzen kommt", legt jeder die seine auf den Kneipentisch und schneidet sich mit Josi's Messer einen kleinen Ritz in den Daumenballen. Das hervortretende Blut lassen wir in das Bier des neu servierten Stiefels tropfen und trinken diesen Bluttropfen-Bier-Cocktail langsam gemeinsam aus. Währenddessen hören Josi und ich Pit zu, wie er aus vergangenen „Hamburger Tagen" erzählt: Von Straßenschlachten, Mopedrennen, Mädchen begrabschen u.s.w...Irgendwann entschwindet mir in jener Nacht zum zweiten Mal das Bewusstsein und ich erlange es erst dann wieder, als ich am anderen Morgen zu Hause in meinem Bett liege und erwache. Ich weiß zwar nicht, wie und wann ich dort hineingekommen bin, entsinne mich aber noch sehr gut an meine Taufe, auch auf welche Art und Weise sie zustande gekommen ist und dass meine Freunde mich jetzt „Lümmel" nennen. Mir fällt dazu ein lateinisches Sprichwort aus meinem Lateinunterricht in der „Quarta" ein:
„Nomen est Omen"…
Ich erinnere mich in diesem Moment auch an ein deutsches:
„Name ist Schall und Rauch"…
Aber ich freue mich trotzdem, dass ich jetzt Lümmel heiße! (In meinen Kreisen....)

Verliebt, versiebt!

„Mannomann“, meckert Pit, „gegen den Hamburger Dom ist das hier höchstens ein kleiner Wochenmarkt.“
„Nun hör' doch endlich mal auf, so schrecklich mit Hamburg anzugeben, Pit! Ich finde diesen Jahrmarkt hier super. Wenn's dir in Kiel nicht gefällt, dann zieh' doch zurück nach Hamburg!“, entgegne ich Pit's abfälligem Gemecker über den Kieler Jahrmarkt und rede weiter:
„Und außerdem heißt es doch: ‚In Hamburg sind die Nächte lang und wer zu wenig schläft, wird krank’. Deswegen musst du nämlich in Kiel bleiben, damit du nicht noch kranker wirst, als du eh' schon bist, du arme Sau.“
„Ach was“, kontert Pit, „weißt du, warum ich in Kiel bleibe? Deinetwegen, du kleiner Scheißer! Ich würde gern zurück nach Hamburg gehen und dich doofen Lümmel mitnehmen. Aber vor'm Stadttor von Hamburg ist Gesichtskontrolle und da würden sie dich garantiert nicht 'reinlassen. Deswegen bleibe ich in Kiel und passe weiter auf dich auf. Ich bin sicher, dass Gott mich dafür eines Tages fürstlich belohnen wird...“
Auf diese Art miteinander herumfrozzelnd schlendern wir über den Jahrmarkt, probieren einige Karussells aus und testen unsere Schießkünste in einer Schießbude. Pit schießt sich einen kleinen Teddy und ich mir eine rote Rose. Etwas später stehen wir vor einem Fahrgeschäft, welches „Raketenfahrt zum Mond“ genannt wird und schauen dem dortigen Treiben zu. Ich beobachte fasziniert, wie die Kassierer lässig auf das fahrende Karussell aufspringen, das Fahrgeld kassieren, um dann ebenso lässig wieder abzuspringen. Gleichzeitig lasse ich mich von der hämmernden Rockmusik, die aus den Lautsprechern dröhnt, inspirieren im Takt mit zu zucken.
Vor Pit und mir stehen zwei junge Mädchen, die sich den Karusselltrubel auch ansehen und sich ebenfalls im Takt der Musik bewegen. Eines dieser beiden Mädchen fasziniert mich. Es trägt schulterlange blonde Haare und hat blaue Augen, die für mein

Empfinden etwas Geheimnisvolles ausstrahlen. Mit einem weiteren, etwas verschämten, aber sehr neugierigen Blick auf die Bluse der jungen Dame, überzeuge ich mich davon, dass das Wachstum ihrer Brüste eine Dimension erreicht haben, die der Größe und der Form von Äpfeln entspricht. Ich würde dieses Mädchen gerne ansprechen. Aber wie? Was soll ich sagen? Ich tippe Pit an:
„Guck mal, Pit, die Kleine da, die finde ich toll. Die würde ich gerne anquatschen, aber wie?“
„Welche? Die da? Ja, die ist ganz niedlich, vielleicht noch'n büschen jung oder? Na ja, du bist ja auch noch sehr jung... Wie du sie anquatschen sollst? Frag sie doch, wie spät es ist!“ meint Pit etwas spöttisch.
„Du spinnst, wenn ich das mache, sieht sie, dass ich 'ne Uhr umhabe und fühlt sich verarscht, du Blödmann!“
Pit ist hier keine große Hilfe. Ich sehe mir die Papierrose an, die ich geschossen habe und komme auf eine gute Idee. Meinen ganzen Mut zusammen nehmend, spreche ich das Mädchen an:
„Entschuldige bitte, wenn ich dich anspreche, aber ich möchte dich zu einer Karussellfahrt einladen und wenn du „Ja“ sagst, schenke ich dir diese Rose.“
Nach diesen mutigen Worten von mir merke ich, wie ich im Gesicht erröte. Aus den Augenwinkeln registriere ich, wie Pit, dieser Blödmusiker albern herumfeixt.
Und das Mädchen?
Es errötet auch, lächelt ein süßes, bezauberndes Lächeln und sagt:
„Nee, lass man....“
Ich merke, dass sie selbst nicht so recht überzeugt von ihrer ablehnenden Haltung ist und werde mutiger:
„Komm, fahr' doch bitte mit..., wenn du eine Runde mit mir fährst, bekommst du diese rote Rose und dann gehen wir zur Schießbude, und ich schieß' dir noch eine. Die Farbe darfst du dann bestimmen. Übrigens, ich heiße Eberhard, dafür kann ich aber nichts.“
Jetzt muss sie lachen und antwortet:

„Ich heiße Marion. Na gut, lass uns einsteigen. Aber du brauchst mir keine zweite Rose zu schießen."
Ich werfe Pit einen triumphierenden Blick zu und steige mit Marion in das Karussell. Selbstverständlich sitze ich außen, so dass sie allein schon durch die Fliehkraft des sich drehenden Karussells an mich gedrückt wird. Ich lege meinen Arm um sie und Marion wehrt sich netterweise nicht gegen die oben erwähnten Gesetze der Physik... Als die Fahrt beendet ist, schlendern wir zu viert über den Jahrmarkt. Nach ungefähr einer Stunde verabschiedet Pit sich von uns und raunt mir noch ein kumpelhaftes, vieldeutiges „Viel Spaß!" ins Ohr. Etwas später geht auch Marions Freundin Anke nach Hause.
Ich begleite Marion auf ihrem Heimweg und erfahre von ihr, dass sie fast 15 Jahre alt ist und das Gymnasium besucht, um dort in zwei Jahren mit der mittleren Reife abzuschließen. Das Schulthema überspringe ich sehr schnell und berichte, dass ich zur Zeit im JAW beschäftigt bin und demnächst zur See fahren werde.
„Aber nur für kurze Zeit", versichere ich ihr, „nur so lange, bis ich das Geld zusammenverdient habe, damit ich eine Schauspielschule besuchen kann."
Es fühlt sich gut an, was ich da sage, - besser, als hätte ich gesagt: ‚Ich bin wegen Faulheit von sämtlichen höheren Schulen geflogen und weiß jetzt nicht, was ich machen soll...'
Marion reagiert, wie von mir erwünscht:
„Was? Du willst Schauspieler werden? Das ist ja toll!"
Und sie scheint sich überhaupt nicht dafür zu interessieren, welche Schulbildung ich habe...
Auf Marions anerkennende Reaktion antworte ich beschwichtigend und etwas verlegen:
„Na ja, nicht so'n berühmter Schauspieler wie Heinz Rühmann oder so, eher so einer, der im Theater spielt..., was Kleineres..., na ja, mal gucken..."
Nachdem wir ihr Wohnhaus erreicht haben, verabreden wir uns für den nächsten Tag um 18.oo Uhr hier vor der Haustür und verabschieden uns artig voneinander mit Handschlag.

Ich begebe mich zur Bushaltestelle und muss während der Heimfahrt und auch zu Hause ständig und etwas sehnsüchtig an Marion denken. Ich verspüre eine noch nie erlebte Form der Glückseligkeit, gehe auf mein Zimmer und schreibe den Namen „Marion" immer wieder auf ein Blatt Papier. Immer wieder - in unterschiedlichen Schreibweisen, mindestens eine Stunde lang. Kurz gesagt: Ich bin das erste Mal in meinem Leben verliebt! Und morgen um 18.oo Uhr darf ich dieses schöne Wesen wieder sehen!
Am anderen Tag stehe ich pünktlichst(!) zur verabredeten Zeit vor ihrer Haustür und Marion öffnet dieselbe ebenso pünktlich.
Wir gehen anfangs ohne uns zu berühren, nach kurzer Zeit jedoch Hand in Hand, über dieses und jenes miteinander sprechend in Richtung einer kleinen Parkanlage, die sich in der Nähe befindet. Dort lassen wir uns auf einer Bank nieder. Da es Herbst ist, dämmert es um diese Zeit bereits...Unsere Gespräche verstummen, wir rücken eng zusammen, fühlen uns durch die eintretende Dunkelheit unbeobachtet, und plötzlich küssen wir uns. - Sehr lange - mit Zungenschlag! Gott sei Dank habe ich das schon oft auf meinem Handrücken geübt!
Pit hat mir nämlich irgendwann einmal gesteckt, dass man das können muss, denn wenn man das nicht kann, „Dann kannst du gleich alles vergessen, dann haut die Alte gleich wieder ab!", belehrte er mich abschließend.
Nachdem Marion und ich unseren ersten Kuss beendet haben, beginnen wir nach kurzer Pause mit einem zweiten, einem dritten und so weiter...
Als wir um 20.oo Uhr feststellen, wie spät es ist, wundere ich mich, wie schnell zwei Stunden vergehen können. Marion muss jetzt nach Hause. Nach einem langen Abschiedskuss vor ihrer Haustür sagt sie zu mir:
„So Eberhard, jetzt sind wir ein Liebespaar und gehen miteinander."
Diese Worte von ihr bewirken in mir eine Durchflutung von einer Glückseligkeit, die ich bis dahin noch nie verspürt habe und die ich sehr genieße.
An manchen Wochenenden besucht Marion mich zu Hause. Dann gehen wir im nahe gelegenen Wald spazieren und schmusen

miteinander. Unsere Sexualität beschränkt sich auf's so genannte Petting, wobei ich derjenige bin, der dieses überwiegend an Marions Brüsten praktiziert. Ich traue mich jedoch nie mit meinen Händen zwischen ihre Beine zu fassen, weil ich vermute, dass sie dann böse auf mich sein wird. Schließlich weiß ich doch von meiner Mutter, dass Frauen die Sexualität vor der Ehe verabscheuen! Da mich dieses Petting jedoch sehr erregt und mein Orgasmus nicht mehr so unmittelbar nach Brustberührungen erfolgt, wie damals bei Vera, unserer Nachbarstochter, dränge ich meinen Unterkörper seitlich an Marions Hüften und reibe dort so lange mein Glied, bis „es" mir kommt. Dabei beherrsche ich mich so gut ich kann, weil ich nicht will, dass sie etwas merkt. Wie gesagt, sie könnte mich schließlich für unanständig halten und mir deswegen die Freundschaft kündigen!
Manchmal fragt meine Mutter mich unverhohlen neugierig, was auf unseren Waldspaziergängen geschieht. Dann berichte ich ihr, dass ich mich anständig benehme und Marion für die Ehe schone. Wie und dass ich doch heimlich zu meinem Orgasmen komme, verschweige ich meiner Mutter natürlich.
„Das finde ich lobenswert, mein Sohn", unterstützt sie mein anständiges Verhalten, „außerdem hast du ja auch noch die Zipfelmütze, die dich daran hindert, auf's Ganze zu gehen..."
Damit spricht meine Mutter meine Vorhautverengung an. Ich habe sie vor einiger Zeit darüber informiert, dass es mir bei erregiertem Penis nicht gelingt, meine Vorhaut über den Peniskopf zurückzuziehen, ohne Schmerzen zu erleiden.
„Oh", mutmaßt sie daraufhin, „dann kannst du keinen Sex ohne Schmerzen haben. Das muss operiert werden."
„Und wann soll ich das operieren lassen?", frage ich sie.
„Sobald du verheiratet bist. Vorher ist das nicht erforderlich, denn so kannst du mit Sicherheit anständig bleiben."
Ja ja, es ist schon ein erhabenes Gefühl, anständig zu sein. Aber wenn ich mit Marion zusammen bin, fällt mir diese Tugend doch ziemlich schwer und ich wäre fast jedes Mal allumfassend unanständig. Außerdem meine ich zu spüren, dass Marion auch ganz gerne

unanständig wäre. Aber da bin ich mir nicht allzu sicher und gehe deswegen lieber kein Risiko ein...
Nachdem wir ungefähr 9 Monate zusammen sind, beginnen Marions Sommerferien. Sie fährt zu weitläufig Verwandten nach Frankreich.
Als sie wiederkommt, wirkt sie seltsam verträumt und behandelt mich wie jemanden, den sie nur flüchtig kennt. Völlig irritiert frage ich sie, was mit ihr los ist und warum sie sich mir gegenüber so abweisend verhält. Sie zögert kurz und gibt mir dann diese Antwort:
„Eberhard, wir müssen Schluss machen. Ich habe mich in Frankreich in jemanden verliebt und wir haben auch miteinander..., na du weißt schon...!“
Nach dieser Auskunft dreht sie sich schnell um und verschwindet in ihrem Hauseingang.
Nachdem ich nach einigen Wochen Schock, Trauer und Seelenschmerz überwunden habe und darüber nachdenke, was ich falsch gemacht habe, komme ich zu folgendem Schluss:
‚Eberhard, du bist ein Idiot! Du hast es selbst versiebt! Du hättest dir nicht heimlich an ihr einen abrubbeln müssen, sondern ‚es’ richtig mit ihr machen sollen! Jetzt hat es ein anderer gemacht und du, mein klein' Eberhard, bist sie losgeworden, weil du zu feige, zu anständig und zu bescheuert warst! Schöne Scheiße! Und dann immer Mutti mit ihrem blöden Anstand! So'n Quatsch! Nächstes Mal bin ich nicht mehr anständig! Sobald ich volljährig bin, lass' ich mir diese verdammte Zipfelmütze wegoperieren...!’
So zürne ich mit mir und auch mit dem blöden Anstandsgetue meiner Mutter herum. Aber in der Folgezeit komme ich sehr lange nicht mehr dazu mich zu verlieben...
Bald treffe ich mich wieder regelmäßig mit Pit, den ich während meiner Zeit mit Marion nur selten gesehen habe. Auch er war kurz mit einem Mädchen zusammen. Aber auch das ist vorbei, obwohl er mit ihr Sex hatte.
Wir ziehen also an Wochenenden wieder durch die Kneipen, besaufen uns und fechten die eine oder andere Prügelei mehr oder weniger

erfolgreich aus...Übrigens: Josi ist nicht mehr dabei. Er ist mit seinen Eltern in eine andere Stadt gezogen.

Als die JAW - Zeit beendet ist, bekommt Pit eine Lehrstelle als Maschinenbauer. Ich bewerbe mich bei einer Kieler Reederei als Messejunge und bekomme eine Zusage. Allerdings muss ich noch einige Wochen warten bis das betreffende Schiff, auf dem ich fahren soll, in Deutschland ist. Die Reederei sagt mir zu, dass sie mich benachrichtigen wird, wenn es soweit ist. Um die Zeit bis dahin zu überbrücken, bin ich als Bote für eine Schreibwarenfirma beschäftigt. Auch dieser Job gefällt mir nicht, denn ich fahre mit einem hässlichen, schweren Botenfahrrad durch die Gegend. Jedes Mal, wenn ich auf meinen Botenfahrten Leute treffe, die mich kennen, schäme ich mich fürchterlich, weil ich mir unangenehme Fragen anhören muss. Fragen, wie diese:

„Bist du jetzt Bote? Wolltest du das schon immer werden?“

Oder von einer jungen Frau aus der Nachbarschaft:

„Ist Bote nicht etwas für Doofe?“

Oder:

„Was? Du bist schon lange nicht mehr auf dem Gymnasium? Das wusste ich ja gar nicht! Und jetzt bist du Bote? Das ist aber schwach!“

Auch Pit verspottet mich manchmal deswegen und ich sehne den Moment herbei, an dem ich endlich zur See fahren kann und hier verschwunden bin!

Hinaus auf's Meer!

„Du hast Post von deiner zukünftigen Reederei“, ruft meine Mutter mir zu, als ich eines Nachmittags von meiner ungeliebten Botentätigkeit nach Hause komme, „deine Reise wird nach Kanada gehen, freust du dich?“

Natürlich hat meine neugierige Mutter die Post, die an mich adressiert ist, schon längst geöffnet und hält sie mir jetzt hin. Aufgeregt lese ich den Brief durch und erfahre, dass ich in einer Woche in Bremen im dortigen Europa-Hafen sein soll, um auf der „Catarine Sartori“, einem Frachtschiff, anzumustern. Mein Seefahrtsbuch und die dazugehörige Gesundheitskarte besitze ich bereits seit einigen Wochen. Einen richtigen Seesack für meine Kleidung habe ich auch schon. Wie dem Brief der Reederei zu entnehmen ist, soll die Reise zu den großen Seen von Kanada gehen. Ich freue mich riesig darauf und kann am Abend vor lauter Aufregung erst sehr spät einschlafen.

Am Wochenende feiere ich mit Pit in einer Kneipe Abschied. Unsere Stimmung ist nicht so ausgelassen wie sonst und wir provozieren auch keine Schlägerei. Pit gesteht mir, dass er etwas neidisch auf mich ist. Er würde auch gerne zur See fahren, möchte jedoch seine Mutter und seine Schwester nicht alleine lassen.

„Tja“, erwidere ich darauf, „ich bin ziemlich froh darüber, dass ich endlich von zu Hause weg komme. Außerdem ist die Sache mit Marion vorbei. Was soll ich hier denn noch? Aber wir beiden sehen uns in zwei Monaten schon wieder, Pit. Länger dauert die Reise nicht. Dann hauen wir richtig auf den Putz, und ich gebe dir ordentlich einen aus. Ich werde dir aus jedem Hafen eine Karte schicken. Versprochen!“

„Ich verlass mich drauf“, antwortet mein Freund, „komm, lass dich umarmen.“

Nachdem wir das kraftvoll getan haben, trinken wir noch ein paar Bier zusammen. Gegen 1.00 Uhr trennen wir uns schweren Herzens und trunkenen Geistes voneinander und begeben uns nach Hause.

Der Abschied von meinen Eltern und Geschwistern fällt mir nicht so schwer. Meiner Hündin Cora erkläre ich, warum ich sie jetzt verlasse

und verspreche ihr, genau wie ich es Pit versprochen habe, in zwei Monaten wieder hier zu sein. Ihr gegenüber verspüre ich auch einen gelinden Abschiedsschmerz, der aber von meinem Reisefieber, dem Fernweh und der ganzen Aufregung unterdrückt wird.
Nachdem mich ein Zug nach Bremen und dort ein Taxi zur "Catarine Sartori" in den Europa-Hafen gebracht hat, melde ich mich an Bord und bekomme von dem wachhabenden Matrosen meine Kammer zugewiesen.
„Ich heiße Willi“, stellt sich mir der Mann vor, als er mir meine neue Unterkunft zeigt. „Dieses ist auch meine Kammer. Du beziehst die Oberkoje, und in diesen Spind hier kannst du deine Klamotten einräumen. Was du nicht im Spind unterbringst, packst du in die Backskiste.“
Er klappt die Sitzfläche einer der beiden im Raum vorhandenen Sitzbänke hoch und zeigt dort hinein. Somit erfahre ich gleich, was eine Backskiste ist.
„Ist das deine erste Reise als Moses?“, fragt er mich.
„Ja, so ist es. Ich will einige Zeit zur See fahren, um mir das Geld für eine Schauspielschule zusammen zu sparen“, antworte ich.
„Hm“, meint er etwas belustigt, „dann musst du aber lange, lange fahren. Denn als Moses bekommst du nur 65.- DM Heuer, so viel ich weiß. Aber egal, wichtig ist, dass du deine Arbeit gut machst und...“, er zögert etwas und hält inne. „Na ja“, fährt er dann fort, „ich meine, du kannst hier in der Kammer machen was du willst, aber wenn ich dich beim Wichsen erwische, dann gibt es was an die Ohren! Ist das klar?“
Ich sehe ihn an. Er ist ziemlich groß und kräftig gebaut, vielleicht 25 Jahre alt. Er flößt mir Respekt ein, und ich antworte etwas verunsichert und eingeschüchtert, aber doch mit Humor und Ironie:
„Du wirst mich nie beim Wichsen erwischen, denn ich wichse nur im Urlaub zu Hause im Keller.“
Daraufhin muss er laut lachen und sagt:
„Ist schon gut. Ich glaube, wir verstehen uns.“
Ich erfahre nie, ob er die Drohung, mir eins an die Ohren zu hauen, wenn er mich beim Onanieren ertappt, ernst gemeint hat.

Am anderen Tag verlässt das Schiff seinen Liegeplatz und meine erste Seereise in meinem bis dahin 17-jährigen Leben beginnt.
Als ersten Hafen sollen wir Rotterdam anlaufen.
Vom Chef-Steward werde ich in meine Pflichten als Messejunge eingewiesen. Ich muss die Backschaft in der Matrosenmesse und der dazugehörigen Pantry machen. „Backschaft" bedeutet Tische für die Mahlzeiten auf- und abdecken, abwaschen, Mahlzeiten aus der Kombüse holen und den Matrosen servieren. Außerdem muss ich die Mannschaftsunterkünfte, die dazugehörigen Gänge und Treppen sauber halten. Dieses gilt auch für den Speiseraum, der so genannten Messe. Ich muss also Arbeiten verrichten, zu denen ich überhaupt keine Lust habe. Also widme ich mich diesen Tätigkeiten während der Reise nur widerwillig und für die Matrosen nicht zufrieden stellend. Trotzdem verhalten sie sich mir gegenüber tolerant und sind überwiegend freundlich zu mir.
Aber nun zurück zum Reisebeginn und meinen ersten Tagen an Bord:
Wir schippern mit der „Catarine Sartori" die Weser abwärts und gelangen in den Ärmelkanal. Dort erwartet uns Windstärke 4 - 5 mit einem kappeligen, kurzwelligen Seegang, der das Schiff in Schaukel- und Schlingerbewegungen versetzt. Während dieser Zeit bin ich in meiner Pantry mit dem Abwaschen des Mittagsgeschirrs beschäftigt. Mit den für mich ungewohnten Bewegungen des Schiffes kann ich mich schlecht arrangieren und spüre, wie eine leichte Übelkeit in mir hochkommt. Diese verschlimmert sich zusehends. Plötzlich muss ich mich übergeben und schaffe es gerade noch rechtzeitig, an Deck zu rennen, um mich über die Reling gebeugt zu erbrechen. Leider erwische ich die dem Wind zugekehrte Seite, also die Luv-Seite des Schiffes. Und eben dieser Wind pustet mir meine soeben erbrochenen Speisereste, kaum dass sie meinen qualvoll geöffneten Mund verlassen haben, wieder zurück und gegen mein Hemd. Ich schleppe mich zur entgegen gesetzten Seite, der Lee-Seite. Dort erbricht es sich etwas hygienischer, aber ebenso qualvoll. Mein beschmutztes Hemd ziehe ich mir über den Kopf und lasse es apathisch in den Ärmelkanal fliegen. Durch die Seekrankheit, die mich erwischt hat, ist mir alles egal. Nachdem ich

meine, dass „alles raus“ ist, habe ich das Gefühl, dass es mir etwas besser geht und begebe mich zurück in meine Pantry. Dort riecht es nach Brot und Wurst. Dieser Geruch löst spontan einen neuen gewaltigen Brechreiz in mir aus. Ich mag nicht mehr zurück an Deck laufen, greife nach der „Fuelbrass“, das ist der seemännische Ausdruck für Mülleimer und übergebe mich wiederholt. Irgendwann kommt ein Besatzungsmitglied des Weges, sieht mich dort leiden und spöttelt:
„Kotz dich ruhig aus, Moses! Pass aber auf, wenn du das Gefühl hast, einen braunen Ring im Mund zu haben, den musst du 'runterschlucken, denn das ist dein Arschloch, das brauchst du noch, falls du überlebst!“
Nach dieser entsetzlich witzigen Bemerkung verschwindet er kichernd. Mir ist es ziemlich egal, was er sagt. Ich habe nur noch einen Wunsch: Am liebsten würde ich sterben. Mühsam schleppe ich mich den Gang entlang in die Mannschaftsmesse und lege mich dort auf eine der Sitzbänke. Im Liegen lässt es sich etwas besser aushalten. Als ich einige Zeit so gelegen habe, betritt Willi die Messe, betrachtet mich und lacht ein bisschen.
„Ich glaube, du bist ein wenig seekrank, mein Junge. Komm mal mit an Deck, da zeige ich dir, wie du dieses Elend wieder loswerden kannst“, fordert er mich auf. Da ich ihn auch unter meiner momentanen Sterbebereitschaft respektiere, erhebe ich mich mühsam und folge ihm.
„So“,sagt er, als wir das Schiffsdeck erreicht haben, „du stellst dich hier jetzt hin und guckst zum Horizont. Den nimmst du als Fixpunkt für deine Augen und pendelst die Schiffsbewegungen entgegengesetzt mit deinem Körper aus. Anfangs hältst du dich noch an diesem Handlauf fest. Dann übst du es freihändig und etwas später im Gehen. - Immer den Blick auf den Horizont gerichtet, bis du es kannst. Wenn du das schaffst, hast du gewonnen. Seekrankheit hat nämlich was mit dem Gleichgewichtssinn zu tun und den kannst du trainieren. Lass dir ruhig Zeit dabei...“
Nach dieser Belehrung geht Willi von Deck und lässt mich mit meiner Aufgabe alleine. Bald gelingt es mir, die schlingernden Schiffsbewegungen auszupendeln und mein Gleichgewicht zu halten. Nachdem eine halbe Stunde Training verstrichen ist, hat sich meine

Übelkeit soweit reduziert, dass ich mich nicht mehr übergeben muss. Außerdem kann ich schon ein paar Meter freihändig über Deck gehen und die Schaukelei ausgleichen. Allerdings habe ich für meine Übungen nur eine Stunde Zeit, denn das Wasser beruhigt sich fast plötzlich, weil wir den englischen Kanal verlassen und das ruhige Gewässer des Reviers vor Rotterdam erreichen. Die Schaukelei hört auf und mir geht es fast sofort besser. Am Abend machen wir in Rotterdam fest. Ich entschließe mich, ein wenig im Hafen spazieren zu gehen und mir die dort liegenden Schiffe anzusehen. Als ich den festen Boden der Pier unter meinen Füßen spüre, habe ich das Gefühl, dass dieser schwankt - wie der Schiffsboden, den ich gerade verlassen habe...

‚Komische Sache, diese Seefahrerei', denke ich und wünsche mir, dass mein Training fruchtet und ich nie wieder seekrank werde.

Am nächsten Tag verlassen wir Rotterdam, um Antwerpen anzulaufen. Wieder müssen wir den Ärmelkanal befahren. Hier ist der Wind noch stärker geworden und der Wellengang auch. Beklommen registriere ich das, aber ich werde nicht seekrank! Ich kann mich auf dem schlingernden Schiff frei bewegen und mir wird nicht schlecht! Darüber hocherfreut suche ich Willi auf, der irgendwo in einer Ladeluke arbeitet und teile ihm fröhlich mit, wie gut es mir geht.

„Dann sind dir aber schnell Seebeine gewachsen", meint er.

„Ja, dank deiner Hilfe, Willi. Sonst wäre ich bestimmt an der Seekrankheit verreckt. Du hast mir mein Leben, oder besser gesagt, mein Seemannsleben gerettet. Dafür danke ich dir", scherze ich.

In Antwerpen liegen wir drei Tage. Am dritten Tag sollen wir um 16.00 Uhr auslaufen. Dann geht es über den großen Teich nach Kanada.

Als ich an dem Tag gegen 14.00 Uhr meine Mittagsbackschaft in meiner Pantry verrichte und über die bevorstehende Reise nachdenke, beschleicht mich plötzlich ein überwältigendes Sehnsuchtsgefühl. - Ich bekomme starkes Heimweh, kann aber in meinen Gedanken nicht benennen, wonach oder nach wem. Ich sehne mich weder nach Cora, noch nach Pit, geschweige denn, nach meinen Eltern. Und trotzdem leide ich unter diesem schmerzhaften Gefühl und will hier unbedingt

weg und nach Kiel zurück! Panische Gedanken kreisen durch mein Gehirn:
‚In zwei Stunden laufen wir aus. Wenn das Schiff losgemacht hat, kann ich nicht mehr weg, dann bin ich hier gefangen! Ich muss mich krank melden. Aber womit? Ich bin doch kerngesund, noch nicht einmal mehr seekrank!'
Ich wühle förmlich in mir nach Ideen, wie ich dieses eiserne Gefängnis wieder verlassen kann:
‚Ich brauche einen Unfall! Genau! Das ist es! Ich muss einen Unfall haben. - Aber wie? Ha! Jetzt hab' ich's: Ich werde mir einen Finger brechen. Das muss klappen...!'
Prüfend sehe ich mich in meiner Pantry um und erspähe die Schlingerleisten, die sich an den Kanten des Arbeitstisches befinden. Diese werden bei Seegang hochgestellt, damit nichts vom Tisch rutschen kann. An den Tischecken befinden sich Lücken zwischen den Leisten. Auf eine dieser Lücken lege ich meinen linken Zeigefinger, so dass er eine Brücke über die Ecklücke von Leiste zu Leiste bildet.
‚Wenn ich jetzt mit der Kante des großen Brotbrettes auf meinen Fingerrücken schlage, muss der brechen', überlege ich mir, ergreife jenes Brett und hole damit zum Schlag aus. - Ich schaffe es jedoch nicht, zuzuschlagen. Ich schließe die Pantrytür von innen. Danach lege ich meinen Finger wieder über die Leistenlücke und lass das Brotbrett ziemlich lange zögerlich darüber schweben. Noch einmal vergegenwärtige ich mir, dass ich hier auf keinen Fall bleiben möchte. Die Zeit des Auslaufens rückt bedrohlich näher... Durch diesen Zeitdruck zu meiner Tat ermutigt und motiviert, schreie ich wie ein Karatekämpfer laut auf und schlage zu. Ein höllischer Schmerz durchfährt mich. Mein Finger schwillt an und färbt sich blau. Sofort begebe ich mich nach mittschiffs und suche den zweiten Offizier auf. Dieser ist an Bord für medizinische Versorgung und erste Hilfe zuständig.
„Ich bin in der Pantry ausgerutscht und mit meinem Finger in der Schieblade hängen geblieben", lüge ich den Mann an, „was meinen Sie,

ist mein Finger gebrochen?“ füge ich mit nach außen gespielter Besorgnis und innerer Hoffnung hinzu.
„Zeig mal her“, sagt „der Zweite“, „mach' ihn mal krumm. Nee, ich seh’ schon, das geht nicht.- Aber beweg ihn mal hin und her. Na, das geht ja. - Dann ist er vielleicht nur verstaucht. Ich glaub nicht, dass er gebrochen ist. Aber komm lieber noch mal in 'ner halben Stunde wieder her, Moses, dann kann ich's vielleicht sicherer feststellen. Bis nachher.“
‚So'n Scheiß’, denke ich, ‚wenn der Finger nur verstaucht ist, kommst du bestimmt nicht von Bord’, mache ich mir klar. Also begebe ich mich wieder an den Tatort meiner Selbstverstümmelung zurück und umwickele meinen geschundenen Zeigefinger mit einem Tuch. Ich beabsichtige nämlich, noch einmal darauf zu schlagen und hoffe, dass das Tuch den Schmerz lindert, wenn der Finger jetzt wirklich bricht.
Und so wiederhole ich, in der Hoffnung auf Erfolg, meine Selbstmisshandlung mit der gleichen Wucht wie vorher, ohne jedoch so lange zu zögern. Dieses Mal ist der Schlag noch schmerzhafter als vorher. Nachdem ich die erste Schmerzreaktion überwunden habe, inspiziere ich meinen geschundenen Körperteil und bin mir sicher, dass er jetzt endlich gebrochen ist. Somit begebe ich mich wieder zum „Zweiten“, der meinen Finger abermals, dieses Mal allerdings gründlicher als vorher, untersucht. Als er damit fertig ist, meint er:
„Nee, der ist nicht gebrochen, da hast du noch mal Glück gehabt, min Jung', der ist nur verstaucht. Damit arbeitest du nur das Nötigste und kommst regelmäßig zum Verbinden her. -- Mann, das wäre doch schade, wenn der Finger gebrochen wäre und du deine erste Seereise schon jetzt wieder beenden müsstest, oder?“
Er gibt mir einen kumpelhaft väterlichen Klaps auf den Hinterkopf, macht mir einen Salbenverband um meine Verletzung und entlässt mich. Ziemlich bedeppert begebe ich mich nach achtern und setze mich in meiner Kammer auf meine Backskiste und überlege:
‚Jetzt musst du mitfahren! Du kannst hier nicht mehr abhauen und das Schiff läuft gleich aus.’

Während ich das denke, wundere ich mich, dass ich überhaupt nicht mehr von diesem panischen Heimwehgefühl geplagt werde. Auch die panische Angst vor der bevorstehenden Reise ist wie weggeblasen.
‚Komisch', überlege ich, ‚hast du dir vielleicht mit dem Brotbrett das babyhafte Heimweh durch den Finger aus dem Körper geprügelt? Wer weiß -jedenfalls ist das Scheißgefühl wie auch immer verschwunden. Wirklich komisch! Na gut, egal, denn man zu: Auf nach Kanada! - Kanada, ich komme!' In meine erstaunten Gedanken hinein höre ich an Deck die Achterwinde rattern. Das bedeutet, dass die achterliche Festmacherleine eingeholt wird. Mein Schiff hat somit keine Landverbindung mehr und jetzt geht sie los, die große Reise. Und ich? Ich bin nun doch froh dabei zu sein. Nur mein linker Zeigefinger, der tut ziemlich weh! Zehn Tage benötigt das Schiff, um über den Atlantik nach Montreal zu kommen. Während der Überfahrt gestaltet sich das Wetter unterschiedlich. Manchmal ist es fast windstill, manchmal präsentiert es sich mit Windstärken von 7 bis 8. Dann schaukelt die „Catarine" wieder sehr heftig, aber es macht mir Gott sei Dank nichts mehr aus. Es ist sogar so, dass mich das Meer in seiner Urgewalt fasziniert, wenn es stürmt, aber auch wenn die See glatt ist und "mein" Schiff hindurchrauscht. Während meiner Freizeit stehe ich oft an der achterlichen Reling, schaue ins Schraubenwasser, in den Himmel oder auf den Horizont und genieße das alles.
Meine Arbeit unter Deck jedoch macht mir im Gegensatz dazu überhaupt keinen Spaß. Ich erledige sie mehr schlecht als recht. Sehr oft werde ich deswegen vom Bootsmann, dem Chef-Steward oder den Matrosen gerügt, gebe mir daraufhin wieder einige Tage etwas mehr Mühe, lasse kurz darauf aber wieder die Zügel schleifen. Mein verstümmelter Finger funktioniert bald wieder beschwerdefrei. Allerdings ereilt mich an Stelle dessen ein neues, immer wieder auftretendes Problem, welches ich mir aber nicht selbst zugefügt habe: Kopfschmerzen! Mindestens zweimal pro Woche leide ich darunter...
Als wir endlich Montreal anlaufen, bin ich fasziniert von dem Erscheinungsbild dieser für meine Begriffe riesigen Stadt. Während meines ersten Landgangs mache ich mich zum stolzen Besitzer einer

„LEE-Jeans". Seitdem die „Elvis-Presley-Welle" zu uns nach Deutschland herübergeschwappt ist, ist eine „LEE-Jeans" ein Wunschtraum von mir, den ich mir endlich erfülle.
Im weiteren Verlauf der Reise kommen wir nach Cleveland, Toronto, Detroit, Duluth und der kleinen Stadt Fort Williams.
Von dort aus geht der Trip wieder über die großen Seen und den Sankt-Lorenz-Strom zurück. Außer den Städten faszinieren mich auch die Landschaftsausschnitte, die ich von Kanada und Nordamerika zu sehen bekomme. Das Schiff muss sehr viele Schleusen passieren. Eine Mehrstufenschleuse liegt direkt in der Nähe der Niagara-Fälle. Ich bedaure, dass ich nicht die Gelegenheit bekomme mir diese anzusehen, obwohl wir nur zehn Minuten davon entfernt sind. Schade.
Als wir uns auf der Rückreise in Richtung Hamburg auf dem Atlantik befinden, suche ich wegen meiner ständig auftretenden Kopfschmerzen den zweiten Offizier auf und setze ihn darüber in Kenntnis. Er hört sich meine Schilderung an, denkt eine kurze Zeit nach und antwortet dann:
„Tja, Moses, vom Bootsmann und vom Salonsteward höre ich öfters, dass das mit der Qualität deiner Arbeit ja alles andere als berauschend ist. Ich will mal annehmen, dass deine ständigen Kopfschmerzen die Ursache deiner schlechten Arbeitsleistung sind. Da mach' ich dir jetzt mal'n Vorschlag: In Hamburg musterst du krankheitshalber ab, fährst nach Hause, nach Kiel und lässt mal genau untersuchen, woher deine Kopfschmerzen kommen. Was hältst du davon?"
Irgendwie löst sein Vorschlag in mir eine riesige Erleichterung aus. Ich habe zu dieser Arbeit hier an Bord nämlich immer weniger Lust. Ich fahre zwar gerne zur See, aber nicht unter diesen Arbeitsbedingungen. Selbstverständlich gebe ich das vor niemandem offen zu. Deswegen halte ich das krankheitsbedingte Abmustern für eine elegante Lösung...Also wende ich mich nach meiner erleichterten Reaktion und meinen taktischen Überlegungen wieder dem zweiten Offizier zu und stelle mich deprimiert:
„Das hieße ja, dass ich die nächste Reise nicht mitfahren kann…, das will ich eigentlich gar nicht. Ich meine, ich würde verdammt gerne

wieder dabei sein. Aber Sie haben Recht, die Ursache für meine Kopfschmerzen müssen erst mal 'rausgefunden werden. Da werde ich mich wohl oder übel drum kümmern müsse. Noch mal: Ich find's schade, dass ich deswegen aussteigen muss“, lüge ich hinzu.
„Ja, das ist es wohl, Moses. Aber wenn du dann gesund bist, kannst du ja vielleicht wieder einsteigen. Dann musst du aber besser arbeiten als bisher, hörst du? Jetzt verbleiben wir aber so: Am Einlauftag in Hamburg holst du deine Papiere ab und fährst mit dem Zug nach Kiel, meldest dich bei deinem Hausarzt krank und teilst das der Reederei mit. Die sagen dir dann, wie es weitergeht. Okay?“
Und so geschieht es dann auch. Aber bevor ich einen Arzt konsultiere, komme ich erst einmal zu Hause bei meiner Familie an. Meine Eltern, meine Geschwister und auch Cora freuen sich sehr über meine Heimkehr. Sie glauben, dass ich einige Tage zu Hause bleibe und dann wieder wegfahre. Sie sind neugierig und gespannt, was ich zu erzählen habe. Also erzähle ich und berichte von meinen tollen Reiseeindrücken, von meiner Seekrankheit und wie gut ich diese in den Griff bekommen habe. Außerdem erwähne ich flüchtig, dass mir meine Arbeit als Messejunge zwar nicht so sehr viel Spaß gebracht habe, alles andere aber sehr toll ist, bei der Seefahrt..., wenn mich nicht gerade meine inzwischen immer wieder auftretenden Kopfschmerzen plagen...
„Und wann fahrt ihr wieder los?“, fragt mein Vater, ohne auf meine Kopfschmerzbemerkung einzugehen.
„Ich fahre erstmal nicht wieder los, ich habe krankheitshalber abmustern müssen“, antworte ich kleinlaut.
„Du hast was?“, fragt meine Mutter ungläubig. Meine Geschwister schütteln überrascht den Kopf, die Miene meines Vaters verdunkelt sich, Cora wackelt mit dem Schwanz.
„Ich musste wegen ständig auftretenden Kopfschmerzen abmustern und soll mich untersuchen lassen. Morgen gehe ich zum Arzt“, verkünde ich bedrückt.
„Kopfschmerzen! Kopfschmerzen!“, knurrt mein Vater verärgert, „mag ja vielleicht sein, dass du sie hattest. Aber ich tippe eher darauf, dass du mal wieder zu faul zum Arbeiten warst, weil du keine Lust dazu hattest.

Das hattest du ja bereits angekündigt bevor du zur See fuhrst. Und somit stehen wir als deine Eltern wieder einmal vor der Tatsache, dass der Sohn nicht das aushält, was er aushalten sollte, nämlich regelmäßig und mit Freuden zu arbeiten, so wie unsereins es tut! Ich weiß bald wirklich nicht mehr, was ich mit dir anfangen soll, du Windhund! Scher dich zum Arzt und sieh zu, dass der dir deine angeblichen Kopfschmerzen aus dem Hirn pustet, und dann arbeite wieder - egal, als was!“

Er erhebt sich nach diesem Vortrag missmutig, winkt mit seiner Hand verächtlich ab und begibt sich an seinen Schreibtisch um Klassenarbeiten seiner Schüler durchzusehen. Meine Mutter verlässt ebenfalls die Runde und zischelt böse:

„Kopfschmerzen hast du doch schon immer gehabt, du Simulant, und zwar immer exakt dann, wenn du zu irgendetwas keine Lust hattest! Wenn du etwas tust, was dir Spaß macht, habe ich dich noch nie über Schädelbrummen jammern hören. Aber gut, lass dich untersuchen. Ich glaube auf keinen Fall, dass der Arzt etwas finden wird...“

Meine Geschwister stehen auch auf, verlassen den Raum und wirken ebenso enttäuscht. Ich hole mir Coras Leine und mache einen ausgedehnten Spaziergang mit ihr.

Am anderen Tag konsultiere ich einen Arzt. Der überweist mich nach einigen Untersuchungen zu einem Zahnarzt. Dieser röntgt meinen gesamten Kieferbereich und diagnostiziert folgendes:

„Ihre Kiefergelenke haben zu viel Spielraum und in dem Hohlraum Ihres Oberkiefers liegt ein Zahn quer. Deswegen ist er nach dem Milchzahnausfall nicht gewachsen. Er hat sich seinen eigenen Ausgang versperrt. Wenn sie Ihre Kopfschmerzen los werden wollen, müssen Sie sich in der Kieferchirurgie den quer liegenden Zahn herausoperieren lassen. Danach wird man Sie kieferorthopädisch behandeln müssen, indem man Ihnen den Kiefer mit Hilfe einer Klammerung richtet. Ihre Kieferprobleme rühren vermutlich daher, dass Sie des Nachts vermutlich mit den Zähnen knirschen. Die ganze Behandlung wird mehrere Wochen dauern. Danach können Sie dann wieder zur See fahren. Ich vermute, frei von Kopfschmerzen.“

Diese Diagnose und den dazugehörenden Behandlungsplan teile ich meinen Eltern mit.
„Dann bin ich wohl doch kein Simulant, oder?“, triumphiere ich zum Ende meines Berichts.
„Das habe ich auch nicht direkt gesagt“, leugnet meine Mutter, „ich habe nur angedeutet, dass du mir manchmal wie ein solcher vorkommst.“
Und mein Vater? Er lässt sich in seiner Haltung mir gegenüber trotz des Befundes kaum beirren. Er sagt:
„Sieh zu, dass du deine Behandlungsprozedur hinter dich bringst. Mag ja sein, dass deine Kopfschmerzen wirklich vorhanden sind... Aber dass du ein fauler Hund bist und es nirgends lange aushältst -, darin haben wir nach wie vor Recht. Und ich bin mir sehr sicher, dass sich das niemals ändern wird.“
Ein paar Tage später unterziehe ich mich der notwendigen Kieferoperation, die mir in den darauf folgenden Tagen noch einige Schmerzen bereitet. Nachdem die Operationswunde abgeheilt ist und die Fäden gezogen sind, setzt man mir die Kiefer-Richtklammerung in den Mund. Diese muss ich sechs Wochen tragen. Während der gesamten Behandlungszeit bin ich selbstverständlich krank geschrieben und habe somit sehr viel Freizeit, die ich oft mit meinem Freund Pit verbringe. Ihm erzähle ich ganz offen, dass ich keine Lust mehr habe als Messejunge zu fahren, obwohl ich andrerseits gerne zur See fahre.
„Seefahrt ist wirklich toll“, schwärme ich ihm vor, „aber ich kriege jetzt schon wieder 'nen Kotzreiz, wenn ich mir vorstelle, als Kammer- und Putzzofe für die Matrosen auf einem Dampfer zu sein. Viel lieber würde ich mich mit der Arbeit an Deck abrackern.“
„Das glaube ich dir“, bestätigt mich Pit, „weißt du was? Wenn ich meine Lehre beendet habe, werde ich zur Bundesmarine gehen. Wäre das nicht auch 'was für dich? Ich würde zwar als Maschinenmaat fahren, aber du könntest dich doch für die Deckslaufbahn anmelden. Dann brauchst du nicht mehr als Kammerzofe zu fahren und brauchst auch keine Decksmosesfabrik für die Handelsschifffahrt abzureißen.

Was hältst du davon? Übrigens: Als Freiwilliger nimmt der Bund dich schon im zarten Alter von 17 Jahren!"
„Echt?", frage ich erstaunt, „das ist ja 'ne tolle Idee...! Tja, und wenn ich richtig informiert bin, verdiene ich als freiwilliger Soldat mehr als ein wehrpflichtiger und noch viel mehr als so ein dämlicher Moses, der ich mal war! Was ist Pit, wollen wir uns nicht gleich morgen freiwillig bei dem Hochwasserclub melden?"
„Ich bewerbe mich erst zum Ende meines zweiten Lehrjahres bei denen. Aber du solltest es so schnell wie möglich tun", rät er mir.
Am anderen Tag berichte ich meinen Eltern von meiner neuen Idee und frage sie, ob sie sich vorstellen können, dass ich Marinesoldat werde. Sie haben beide nichts dagegen. Im Gegenteil. Meine Mutter gibt folgender Hoffnung Ausdruck:
„Oh, das wäre gut. Dann kannst du in Opas Fußstapfen treten. Der war auch lange bei der Marine und hat den höchsten Rang erreicht, den man als Unteroffizier erreichen kann. Du würdest mir eine sehr große Freude bereiten, wenn du das auch schaffen würdest. Eine richtige Offizierslaufbahn ist ja für dich leider nicht mehr drin..., bei deinem nicht vorhandenen Schulabschluss!"
Und mein Vater ergänzt:
„Ja, das kann ich mir gut vorstellen. Das wäre gut für dich, da würden sie endlich einen richtigen Mann aus dir machen. Und ich glaube sogar, dass du das Zeug dazu hast ein guter Soldat zu werden, wenn du in die richtige Richtung gelenkt wirst."
Also bewerbe ich mich mit dem Segen meiner Eltern als 17-jähriger freiwillig zur Bundeswehr, Waffengattung „Marine".
Einige Wochen nach meiner darauf erfolgten Musterung wird mir vom Kreiswehrersatzamt mitgeteilt, dass man mich zwar nimmt, meine Einstellung aber um ein halbes Jahr zurückstellt, weil ich noch zu schmächtig bin. Vor der verschobenen Einstellung wäre dann lediglich nur noch eine erneute Untersuchung erforderlich, der man von Seiten der Bundeswehr optimistisch entgegensieht...
Also habe ich noch ein wenig Zeit, bevor ich Marinesoldat werden kann.

Die Amputation

Zeitgleich mit den oben geschilderten Ereignissen wird in der Kieferchirurgie meine lästige Mundklammer entfernt und ich stehe der Seefahrt als Messejunge wieder zur Verfügung.
Als ich meine Reederei „Sartori und Berger"anrufe und frage, ob man Verwendung für mich hat, wird mir dort mitgeteilt, dass man mir zur Zeit und auch in den nächsten Wochen kein Schiff anbieten kann. Diese Auskunft nehme ich erleichtert hin und denke: ‚Dann muss ich mir wohl bald mal bei einer anderen Firma ein Schiff suchen. Aber das eilt nicht so sehr. Erstmal mach' ich mir noch ein paar schöne Tage an Land, bevor ich irgendwelchen Matrosen wieder die Kammern putze ...'
An einem Abend, dieser von mir geplanten freien Tage treffe ich mich mit Pit und wir nehmen uns vor, mal wieder das zu machen, was wir eine „Reintour" nennen. Das bedeutet, das wir mal in diese, mal in jene und auch in die nächste Kneipe „rein-gehen" und in jeder einiges an Bier in uns „rein-schütten". Gegen 1.00 Uhr in der Nacht sind wir „reinweg" betrunken und entschließen uns diese Tour als erfolgreich beendet zu betrachten. Wir wanken eng umschlungen und im Duett Operettenlieder singend in Richtung Busbahnhof. Pit erwischt seinen letzten Bus gerade noch, meiner ist bereits abgefahren. Ich überlege, was ich machen soll und schlendere dabei ziemlich planlos am Kieler Hafenende, der so genannten „Hörn", entlang in Richtung Schlachthof. Rechts von mir verlaufen hinter einem hohen Drahtzaun viele Geleise der Bundesbahn und es sind eine Menge Güter- und Reisewaggons darauf abgestellt.
Plötzlich komme ich auf eine ganz tolle Idee: ‚Ich werde in einem dieser abgestellten Dinger übernachten!'
Gedacht, getan. Den hohen Drahtzaun zu überwinden kostet mich wenig Mühe. Als ich vor einem der Waggons stehe, prüfe ich, ob seine Tür verschlossen ist. Sie ist leicht zu öffnen und ich begebe mich hinein. Selbstverständlich wähle ich ein Abteil der ersten Klasse aus und mache es mir dort für die Nacht bequem.

Ich schlafe ungestört und werde am frühen Morgen gegen 7.00 Uhr wach. Sehr schnell erinnere ich mich, wo ich bin und wie ich hier herein gekommen bin. Nachdem ich mich vergewissert habe, dass ich unbeobachtet von irgendwelchem Bahnpersonal mein Hotel auf Rädern verlassen kann, schlendre ich, noch immer nicht ganz nüchtern, zum Busbahnhof und fahre in fröhlicher Stimmung nach Hause. Im Stillen amüsiere ich mich köstlich darüber, dass ich heute Nacht kostenlos in einem Abteil erster Klasse geschlafen habe ...

Als ich um ca. 8.30 Uhr die Tür unseres Hauses aufschließe und die Wohnung betreten will, kommt mir der Alte wutschnaubend entgegen und brüllt mich sofort an: „Du verdammter Kerl hast gestern die Kellertür nicht abgeschlossen, bevor du weggingst! Und nicht nur das! Du hast sie sogar halb offen stehen gelassen. Ich hab' dir tausendmal gesagt, dass du sie abschließen sollst, wenn du den Keller verlässt, du verdammter Windhund!“ Dann bricht er seine Schimpfkanonade ab und baut sich mit seiner Zwei-Zentner-Figur bedrohlich vor mir auf.

Irgendwie stelle ich in meinem noch trunkenen Hirn einen Vergleich an: ‚Der Alte sieht jetzt aus wie der Lederklotz, den ich damals abgerammt habe...’ Laut und durch meinen Zustand völlig angstfrei sage ich zu meinem Vater: „Halt, keinen Schritt weiter. Bevor du mich jetzt wie üblich verprügeln willst, sage ich dir, dass ich vor geraumer Weile einen Macker abgerammt habe, der noch ein bisschen kräftiger war als du. Also, wenn du mich jetzt angreifst, schlage ich zurück! Ich lass' mich nie wieder von dir verprügeln. Ich werde mich jetzt und in Zukunft wehren und ich bin auf diesem Gebiet ziemlich gut, wesentlich besser als in der Schule, merk' dir das!“ Während dieser Worte nehme ich ihm gegenüber „Boxerstellung“ ein. Gleichzeitig bin ich aber auch etwas erschrocken über meinen Mut und rechne mit einem wütenden Angriff seinerseits gegen mich.

Und was geschieht?

Mein Vater zuckt zusammen, wie ein Hund, dem man mit der Leine schlägt. In seinen Augen glimmt etwas auf, was ich noch nie bei ihm gesehen habe: Panische Angst erkenne ich. Dann schnappt er nach Luft, geht einige Schritte rückwärts, läuft ins Wohnzimmer, dann ins

Bad, dann in die Küche, während ich dastehe und seine Hilflosigkeit mit einiger Überraschung, aber auch mit Verachtung beobachte. Nachdem er sich etwas gefangen hat, brüllt er: „Du Misthund! Du bist mein Sohn nicht mehr! Das ist vorbei! Du bist ganz bestimmt mein Sohn nicht mehr ...!"

Ich antworte in ruhigem Ton, jetzt aber auch wütend und ziemlich verbittert: „Dein Sohn? Das war ich doch noch nie! Und du hast mich auch nie wie einen solchen behandelt! Man kann sagen, du hast mich misshandelt, mein Lieber! Aber dein Sohn -nee, das war ich nie! Du kannst mich mal!"

Dann lasse ich ihn stehen, gehe auf mein Zimmer und lasse die soeben erlebte Szenerie für mich noch einmal Revue passieren. Ich bin erstaunt und enttäuscht zugleich über meinen so genannten Vater und verurteile ihn: ‚Der ist ja 'ne total feige Ratte, das hätte ich nicht gedacht. Der hat ja mehr Angst vor 'm Arschvoll als ich, das gibt's ja wohl nicht ...!' Auf mich selbst bin ich sehr stolz, lege mich auf mein Bett und schlafe irgendwann ein und meinen Restrausch aus.

Selbstverständlich berichtet mein Vater meiner Mutter von diesem für ihn niederschmetternden Ereignis. Nachmittags desselben Tages treffen sie und ich uns wie zufällig in der Mitte des Dorfes.

„Hallo, Mutti", begrüße ich sie etwas verlegen, „ich hatte heute Morgen Streit mit Vati. Er wollte mich mal wieder verprügeln und da habe ich ..."

„Halt' deinen Mund", unterbricht sie mich böse, „und hör' mir jetzt genau zu: Ich, deine Mutter, habe keine Lust, mir von dir meine Ehe kaputtmachen zu lassen. Ich liebe deinen Vater und dulde nicht, dass du ihn bedrohst. Dich liebe ich auch, aber nur als meinen Sohn. Ich verlange von dir, dass du dein Leben ab sofort selbständig gestaltest! Du bist alt und reif genug, deine Erziehung selbst in die Hand zu nehmen. Und du hast auch genug gute charakterliche Substanz von mir mitbekommen, um das zu schaffen. Sieh zu, dass du so schnell wie möglich ein Schiff bekommst und uns verlässt!" Nach diesem Vortrag lässt sie mich stehen und geht in einen Lebensmittelladen um einzukaufen.

Ich bin total verdattert, mein Kopf fühlt sich dumpf an, mir ist auch etwas schwindelig. Ich befinde mich in einem Zustand, den ich nicht beschreiben kann. Es kommt mir so vor, als habe meine Mutter eine Gefühlsbindung, die zwischen uns bestand, soeben durchgeschnitten - wie eine Amputation! Aber ich fühle nichts. Keinen Schmerz, keine Wut. Alles ist leer und dumpf in mir.

Spät abends, als ich im Bett liege und weiterhin über diese „Amputationsbegegnung“ zwischen mir und meiner Mutter nachdenke, spüre ich dann doch Trauer und Verbitterung in mir hochkommen. Auch Wut und Groll gegen sie keimt in mir auf und ich grüble: ‚Sie will sich ihre Ehe nicht von mir kaputtmachen lassen, dass ich nicht lache! Sie duldet nicht, dass ich ihren Mann verhaue ... ha! Der durfte mich ständig verhauen! Das hat sie noch unterstützt, toll! Dann meint sie noch, ich könnte mich selbst erziehen - schubst mich einfach so von sich weg, wie jemanden, der sie belästigt. Okay, dann hau ich eben ab. Was soll ich denn hier noch? Ja, genau, das mach' ich! Gott sei Dank hat der Alte zum Schluss noch richtig Schiss vor mir bekommen. Klasse! Der kann in Zukunft sein scheiß Unkraut alleine zupfen. Sein Sohn bin ich nicht mehr, dass ich nicht lache ..., der weiß doch gar nicht, was Sohn bedeutet, der alte Arsch! Nur weg hier, dann muss ich auch nie wieder hören, was für 'n Versager ich bin! Ich nehme mir Montag ein Schiff, scheißegal, ob ich in der Messe fahren muss oder nicht ...!’ Diese und ähnliche Gedanken fortführend, schlafe ich irgendwann sehr spät ein.

Am anderen Tag ist Samstag. Den Tag verbringe ich überwiegend mit Cora im Freien. Begegnungen mit meinen Eltern oder Geschwistern vermeide ich, so gut es geht.

Der folgende Sonntag verläuft genauso. Ich beschäftige mich wieder mit meiner geliebten Hündin und verabschiede mich mit sehr viel Schmerzen von ihr. Schließlich bin ich überzeugt davon, dass ich sie nie wiedersehen werde, weil ich für immer von zu Hause wegbleiben werde. Wir sitzen dabei in einer Waldlichtung dicht nebeneinander und ich weine in das Fell des Tieres hinein. Abends nehme ich sie mit auf

mein Zimmer. Ich bin voll der schmerzhaften Überzeugung, dass dies die letzte Zeit ist, die ich mit Cora verbringe.
Am Montagmorgen bin ich sehr früh wach und horche, welche Geräusche im Haus zu vernehmen sind. Ich höre meinen so genannten Vater, wie er in der Küche und im Bad hantiert. Als ich registriere, dass die Haustür ins Schloss fällt, weiß ich, dass er jetzt fort ist und zum Dienst fährt. Meine Geschwister verlassen etwas später das Haus, um zur Schule zu gehen. Gegen 9.00 Uhr geht meine Mutter. Von ihr weiß ich, dass sie heute in die Stadt muss, um einen Arzttermin wahrzunehmen.
Also bin ich jetzt für eine Weile allein zu Hause. Ich frühstücke und schmuse noch einmal ausgiebig mit Cora. Danach packe ich meinen Seesack. Auf ein DIN A 4 - Blatt schreibe ich mit großen Buchstaben: „Hallo, Mutti! Damit deine Ehe nicht von mir zerstört wird, gehe ich von hier weg, nehme mein Leben in meine eigene Hand und erziehe mich selbst. Sollte ich damit Erfolg haben, lasse ich mich vielleicht irgendwann mal sehen. Sollte mir das misslingen, wirst du bestimmt demnächst in der Zeitung etwas Schlimmes über mich als Verbrecher lesen. Mach 's gut, dein ehemaliger Sohn! PS: Grüße bitte Heidemarie, Britta und Angelika von mir!“
Diesen Brief lege ich offen mitten auf den Stubentisch, schmuse noch einmal traurig mit Cora, schultere meinen Seesack und verlasse das Haus.

Frachtschiff „Inge R. Christoffersen“

Nachdem ich meinem ehemaligen Zuhause den Rücken gekehrt habe, lasse ich mich mit Bus und Bahn nach Kiel-Holtenau zur Heuerstelle bringen.

Zur Erläuterung: Auf einer Heuerstelle werden Seeleute, die ein Schiff suchen, an ein solches vermittelt. Sie ist sozusagen die Filiale des Arbeitsamtes für Seeleute. Im Szene-Jargon sagt man Heuerstall, und der Vermittlungsbeamte wird Heuerbaas oder Heuerboss genannt.

Als ich nun beim Heuerboss ankomme, lege ich ihm mein Seefahrtsbuch vor und informiere ihn darüber, dass ich ein Schiff suche. Er blättert in dem Buch und meint:

„Na Moses, soll es wieder losgehen? Wie ich sehe, hast du erst ein Schiff gehabt und darauf auch nur eine Reise gemacht. Na ja, jeder fängt mal an und hat auch Anfangsschwierigkeiten. Brauchst du sofort 'nen Dampfer oder hat es etwas Zeit?“

„Wenn's geht, brauch' ich sofort einen“, erwidere ich.

„Das passt gut“, meint er, „die „Inge R. Christoffersen“ braucht 'nen Messemoses und sie liegt hier gleich in der Nähe. Komm' mal mit vor die Tür, ich zeig' dir, wo sie liegt.“

Nachdem wir vor die Tür getreten sind, zeigt er in Richtung Holtenauer Hochbrücke und sagt:

„Siehst du die Getreideanlage unter der Hochbrücke mit den hohen Speichern da auf der linken Seite? Genau davor liegt dein neuer Dampfer, die Inge R. Da geh' man jetzt gleich hin, das sind zu Fuß höchstens zehn Minuten. Dann hast du, was du brauchst, nämlich sofort ein Schiff. Ein anderes kann ich dir heute und wahrscheinlich auch in den nächsten Tagen nicht bieten.“

Ich bedanke mich bei ihm und mache mich auf den Weg. Von weitem erkenne ich, dass an der Pier der Getreideanlage ein sehr großes, modernes Schiff mit blauem Rumpf, gelben Masten und weißen Aufbauten liegt. Es ist viel größer und bestimmt auch viel moderner als die „Catarine Sartori“. Mich erfüllt eine gewisse Vorfreude.

‚Oh, Mann, auf solch einem stolzen Schwan darfst du jetzt zur See fahren! Wenn das Pit wüsste..., das wird ja was', freue ich mich im Stillen. Als ich mich diesem Prachtexemplar von einem Schiff immer mehr nähere, sehe ich, dass auf seinem Steven, an der Stelle, wo der Schiffsname geschrieben steht, kyrillische Schriftzeichen zu erkennen sind und dass die Schornsteinmarke rot gestrichen und mit Hammer und Sichel versehen ist. Apropos „versehen": Es ist ein solches, ein Versehen nämlich. Hier liegt ein bildschönes russisches Schiff und nicht meine „Inge R. Christoffersen", auf der ich anmustern soll! Diese hat hinter dem sowjetischen Prachtstück, sozusagen etwas versteckt festgemacht. Sie ist wesentlich kleiner, deutlich älter und präsentiert einen schwarzen, mit vielen Rostflecken übersäten Rumpf. Total enttäuscht bleibe ich stehen und will zum Heuerstall zurück, um mir ein attraktiveres Fahrzeug zu besorgen... Gleichzeitig fallen mir allerdings die Worte vom Heuerboss ein:
„...da hast du, was du brauchst, sofort ein Schiff. Ein anderes kann ich dir heute und wohl auch in den nächsten Tagen nicht bieten..."
Ich muss da also wohl oder übel anmustern, weil ich nicht weiß, wo ich während der nächsten Nächte schlafen soll. Nach Hause kriegen mich keine zehn Pferde mehr, beschließe ich im Stillen und begebe mich also missmutig an Bord. Dort arbeiten ein paar Männer an Deck. Einen davon spreche ich an und frage ihn, wo ich mich zur Anmusterung melden muss. Der Mann guckt mich freundlich, aber auch etwas geringschätzig an und sagt:
„Ach, du bist wohl der neue Messbüdel. Wenn du anmustern willst, musst du dich mittschiffs beim ersten Offizier melden. Der erledigt das. Aber sag mal, bist du nicht noch'n büschen jung für die Seefahrt? Oder werden hier jetzt schon Vorkonfirmanten zugelassen?"
Dann lacht er über seinen Scherz und setzt kopfschüttelnd seine Arbeit fort.
Mit dieser Bemerkung trifft er eine sehr empfindliche Stelle von mir: Ich bin zwar „schon" 17 Jahre alt, sehe jedoch aus, als wäre ich erst 13 oder 14. Es geschieht sehr oft, dass ich auf Grund dessen in den „Männerkreisen", in denen ich verkehre, nicht ganz ernst genommen

werde. Unter Alkoholeinfluss habe ich deswegen die meisten meiner Prügeleien angezettelt, um den jeweiligen Spöttern mehr oder weniger erfolgreich zu beweisen, wie ernst sie mich als Mann zu nehmen haben. Oft genug geschieht es allerdings, dass ich dabei den Kürzeren ziehe und verprügelt werde. Aber ebenso oft gewinne ich diese Gefechte...Ohne Alkohol im Blut schlucke ich solche Demütigungen wortlos und bitter lächelnd hinunter. Aber ich verspüre jedes Mal einen Stich in meinem Inneren, genau wie jetzt an Deck dieses Schiffes, als der Mann so mit mir spricht. Ein „Danke für den Hinweis“ murmelnd, schultere ich meinen Seesack und begebe mich zu den Mittschiffsaufbauten, wo ich mich beim ersten Offizier zur Musterung melde. Nachdem er diesen Verwaltungsakt vollzogen hat, sagt er zu mir:
„So, Kleiner, jetzt gehst du nach achtern zum Mannschaftslogis und lässt dir deine Kammer zeigen. Bestimmt findest du dafür jemanden in der Mannschaftsmesse. Dort sitzt immer jemand 'rum Und morgen früh beginnt deine Arbeit.“
Ich antworte: "Ja, mach' ich", und denke:
‚Wenn mich hier noch irgendein Arschloch 'Kleiner' oder so ähnlich nennt, dann hau ich gleich wieder ab!’
In der Mannschaftsmesse angekommen, treffe ich auf einen ungefähr 50-jährigen Mann, der dort vor einer Flasche Bier am Tisch sitzt. Er wirkt auf mich, als wäre er nicht mehr ganz nüchtern. Ich begrüße ihn mit den Worten:
„Guten Tag, ich bin der neue Moses und bin17 Jahre alt.“
„Gut, dass du das gleich sagst“, antwortet der Angesprochene, „dann bist du ja schon ziemlich alt, aber das sieht man dir gar nicht an. Ich finde dich noch ziemlich rüstig für dein Alter, mein Junge.“
Er lacht dröhnend über seinen Scherz, nimmt danach ein paar tiefe Züge aus seiner Bierflasche und entsendet unmittelbar darauf einen langen, lauten Rülpser in den Raum. Anschließend fixiert er mich mit leicht verschleiertem, aber ernsthaftem Blick, und fragt:
„Hat dir schon jemand deine Kammer gezeigt?“
Ich verneine.

„Okay, dann mach' ich das."
Er erhebt sich etwas wackelig, hält mir seine schmutzige, schwielige Pranke hin und sagt von einem leichten Schluckauf begleitet:
„Ich heiße Hannes und bin Matrose und auch schon ziemlich alt, nämlich 52! Aber rüstig! Sehr rüstig, verlass' dich drauf!" Und dann lacht er wieder. Trotzdem er ziemlich betrunken ist, finde ich ihn sympathisch. Allerdings wundere ich mich, dass er in dem Alter noch als Matrose fährt und nicht als nautischer Offizier oder zumindest als Bootsmann.
„Ich heiße Eberhard", antworte ich.
„Nee, heißt du nicht", kontert mein Gesprächspartner, "Moses heißt du und nicht anders! Hast du das kapiert, Moses? Und nu geh'n wir nach unten und ich zeig' dir dein Domizil, mein Moses!"
Wieder lacht er. Er freut sich anscheinend darüber, wie er mir meine neue „Bezeichnung" beibringt. Dann zeigt er mir meine Kammer und weist mir die dortige Oberkoje zu.
„Die Unterkoje gehört Werner, den wirst du später kennen lernen. Er ist Leichtmatrose und ein ganz fauler und dämlicher Sack, sage ich dir, aber das ist jetzt nicht so wichtig. Räume jetzt deine Sachen in den Spind da. Wenn du damit fertig bist, komm' zu mir 'rauf in die Messe, dann trinken wir 'ne Flasche Bier zusammen, okay?"
Ziemlich geschmeichelt, von einem solch erfahrenen und vermutlich auch befahrenen Seebären zum Bier eingeladen zu werden, beeile ich mich, meine Kleidung und alle anderen Sachen, die ich mitführe, in Spind und Backskiste zu verstauen. Danach begebe ich mich wieder zu Hannes in die Mannschaftsmesse. Der reicht mir sofort eine von ihm höchstpersönlich geöffnete Bierflasche und lässt mich wissen:
„Zu meiner Zeit, als ich Moses war, hätte es das nie gegeben, dass ein Matrose einem Schiffsjungen ein Bier ausgibt. Wenn die uns damals beim Rauchen, Saufen oder Wichsen erwischt hätten, dann hätte man uns mit 'nem Tauende versohlt, sage ich dir...! Heute ist ja alles viel freier und die Jugend kann machen was sie will, selbst die Mädchen rauchen schon auf offener Straße! Das gab's früher nicht! Aber weißt

du was? Mir ist das eigentlich scheißegal. Prost, Moses! Willkommen an Bord!"
Und dann erzählt Hannes mir einige Geschichten aus seinem bewegten Seemannsleben und dass er eigentlich Bootsmann sei.
„Die Stelle des Scheichs (Spitzname für Bootsmann) war schon besetzt, als ich hier einstieg. Ich brauchte aber unbedingt 'n Schiff, weil ich keine Kohle mehr hatte, alles verhurt und versoffen, ja so ist das manchmal...", sinniert er.
Bescheuert findet er, dass Schiffsjungen neuerdings zur Schule müssen, bevor sie die Deckslaufbahn antreten dürfen.
„Das ist eins von den neuen blöden Gesetzen", schimpft er, ohne zu wissen, dass er damit genau die gleiche Einstellung wie ich zu dieser Vorschrift vertritt. Und er fährt fort:
„Früher hat sich während der Arbeit herausgestellt, wer seemännisch auf Zack war. Wer sich an Deck zu blöde anstellte oder zu faul war, der musste in der Messe und der Pantry arbeiten und die Kammern putzen."
Nach diesem Statement stiert Hannes mich eindringlich und fragend an und stößt gegen seinen Schluckauf ankämpfend hervor:
„Und du? Bist du auch ein Opfer dieses bescheuerten Gesetzes oder fährst du etwa freiwillig und vielleicht sogar auch gerne in der Messe?"
„Ich würde lieber an Deck fahren", entgegne ich wahrheitsgetreu, „aber mein Vater will mir die Mosesfabrik nicht bezahlen, und deswegen muss ich leider als Messemoses fahren." Irgendetwas hindert mich daran, mit ihm über meine Schauspielschulpläne zu sprechen...
„Liebst du deinen Vater?", fragt mich Hannes.
„Nein, ich will von dem Arschloch nichts mehr wissen. Er kann mich mal sonst wo...!"
„Gut so", bestätigt Hannes mich, „wenn der dir nicht mal die Mosesfabrik bezahlen will, dann muss der ziemlich geizig und bekloppt sein. Aber wir gucken mal was für dich, mein Junge, so drin ist, mit deinem Wusch an Deck zu arbeiten. Dies ist zwar ein hässliches, altes Schiff, aber wir arbeiten und leben hier an Bord immer noch nach guten alten Gesetzen. Morgen reden wir weiter über das Thema.

Natürlich auch mit dem Scheich, der ist ein guter Kumpel von mir. Also, dann sehen wir, was sich machen lässt. Möchtest du noch'n Bier?"
Im Verlauf dieser Unterhaltung ist dieses Bier, welches mir Hannes schon wieder anbietet, mein fünftes, und ich bin inzwischen auch ziemlich angeheitert.
Irgendwann gesellen sich auch die Kollegen zu uns, die jetzt Feierabend haben und essen Abendbrot. Einige machen sich danach landfein, um in die Stadt zu gehen, andere setzen sich zu uns und trinken auch ein paar Flaschen Bier oder Schnäpse. Und so rinnt geistiges Getränk durch unsere Kehlen und der Abend dahin... Und der Messebüdel Eberhard, alias Lümmel, alias Moses, hat irgendwann keinen Durchblick mehr und auch keine Erinnerung daran, wie er in seiner neuen Koje gelandet ist...
Am anderen Tag verlässt das Schiff Kiel in Richtung Kopenhagen. Mein Kammerkollege Werner, jener Werner, von dem Hannes behauptet, dass er ein fauler und dämlicher Sack sei, weist mich in meine Arbeit ein. Er ist zwei Jahre älter als ich und hat in Ermangelung eines Schiffsjungen auf der „Inge R. Christoffersen" die Moses-Pflichten zusätzlich zu seiner Decksarbeit verrichten müssen. Während dieser Einweisung spielt er mir gegenüber den sehr Überlegenen, insbesondere, als er erfährt, dass ich erst insgesamt zwei Monate Seefahrtspraxis nachzuweisen habe.
„Lächerlich", kommentiert er meine Fahrpraxis, „ich bin schon zweieinhalb Jahre dabei und bin gleich an Deck angefangen. Nicht so wie du, in der Messe. Aber du hast ja auch nichts in den Armen, siehst noch ziemlich mickerig aus. Deswegen kannst du wohl nicht an Deck arbeiten. Übrigens hat der Bootsmann mir gesagt, dass ich dich bei deiner Arbeit etwas überwachen soll. Also, mach' deinen Kram vernünftig, sonst muss ich dir zwischendurch vielleicht mal die Ohren lang ziehen."
Daraufhin lacht er und haut mir eins auf die Schulter und sagt:
„Wir werden schon klar kommen, Kleiner- solang' du deinen Job gut machst und unsere Kammer sauber hältst, werde ich dir nichts tun."

Ich merke, wie ein heißer Zorn ihm gegenüber in mir aufsteigt, sage aber nichts. Seine Einweisung in meine Arbeit, sowie das, was er sonst noch zu mir sagt, nehme ich äußerlich gelassen hin, koche aber innerlich vor Wut und schwöre mir im Stillen:
‚Warte ab, irgendwann kriege ich dich Großmaul zu fassen...!'
Werner ist zwar einen Kopf größer als ich, auch kräftiger gebaut, aber es ist zu merken, dass er ein ziemliches Großmaul und ein Schaumschläger ist. Außerdem wirken seine Bewegungen sehr plump, steif und unelastisch. Von den anderen Matrosen wird er nicht sehr ernst genommen und oft ausgelacht, weil ihm immer wieder dilettantische Arbeitsfehler unterlaufen.
Mein stilles Bedürfnis ihn irgendwann „zu fassen zu kriegen", wird bereits einige Tage nach dieser Einweisung gestillt. Und zwar folgendermaßen: Wir sitzen nach Feierabend auf dem Achterdeck und trinken Bier. Hin und wieder macht eine Doppelkornflasche auch die Runde. Das machen wir fast jeden Abend, wenn wir auf See sind und das Wetter es erlaubt. Heute haben sich Werner, Hannes, der Bootsmann, noch drei andere Matrosen und ich dort versammelt. Jeder von uns hat bereits 3 bis 4 Flaschen Bier und 1 bis 2 Schnäpse „verkosemantuckelt", wie es in der Bier- und Korntrinkerfachsprache heißt... Irgendwann muss ich auf's Klo. Die Toilette befindet sich auf diesem alten Schiff direkt auf dem Achterdeck. Ich begebe mich also hinein, ziehe meine Hosen herunter und setze mich hin, um meinen Verdauungsprozess zum erfolgreichen Abschluss zu bringen. Nach sehr kurzer Zeit klopft jemand von außen an die Toilettentür, rüttelt daran und ruft:
„Moses, komm' 'runter vom Bello, ich muss mal und zwar sofort!"
An der Stimme erkenne ich, dass es Werner ist, der da draußen 'rumtönt.
Ich erwidere:
„Spinnst du? Lass mich in Ruhe scheißen!"
Dann höre ich die Stimme von Hannes:
„Ey Werner, du Spinner, lass den Moses in Ruhe kacken! Bist du bekloppt?"

Werner lässt sich jedoch nicht umstimmen. Sein Alkoholkonsum scheint ihm Mut zu machen. Auch gegenüber Hannes. Also tönt Werner weiter:
„Nee, Hannes, ich bin nicht bescheuert! Der Moses soll vom Scheißhaus verschwinden, weil ich mal nötig muss! Also Moses, runter vom Topf, sonst gibt's was auf die Fresse!"
Auch mein Mutpegel ist durch meinen Bierkonsum erhöht...Ich antworte:
„Okay, ich ziehe mir die Hosen hoch und komme raus."
Dabei lasse ich meine Antwort etwas ängstlich klingen, denn ich habe einen Plan. Jetzt ertönt die Stimme von Hannes wieder:
„Werner, ich warne dich, wenn du dem Moses was tust, lernst du mich kennen!"
Stille. -
Ich beende mein „schmutziges Geschäft", ziehe meine Hosen hoch und entriegle ganz leise und vorsichtig von innen die Tür, so dass Werner es nicht hören oder merken kann.
Dann warte ich.
„Komm' jetzt endlich da runter, du Wichser", keift Werner von außen.
In dem Moment trete ich von innen die Tür auf. Werner kann ihr zwar ausweichen, aber nicht mehr meinem Faustschlag, der ihn voll auf seinem linken Auge erwischt. Mit meiner anderen Faust bringe ich seine Oberlippe zum Platzen und dann nehme ich ihn in den Schwitzkasten und brülle:
„Lässt du mich jetzt zufrieden, du großmäulige Arschkrampe? Oder soll ich dir deinen hässlichen Schädel gegen die Scheißhaustür rammen? Antworte!"
Werner keucht eingeschüchtert, blutend und mit einem zuschwellenden Auge aus meiner Umklammerung hervor:
„Ich hab' doch nur Spaß gemacht, ich wollte dir nichts tun!"
Ich löse meinen Griff und schubse ihn so, dass er an Deck stürzt, knie mich auf ihn und brülle weiter:
„Spaß? Dann wirst du ab heute auch Spaß daran haben, unsere Kammer mit sauber zu machen, sonst muss ich dir

höchstwahrscheinlich deine ungewaschenen Ohren lang ziehen, Kleiner!“
Voller Genugtuung lasse ich daraufhin von ihm ab. Hannes kommt auf mich zu, hebt meinen Arm, wie es ein Ringrichter mit einem siegreichen Boxer macht und jubelt:
„Ich bin ja so was von stolz auf dich, mein Junge! Wo hast du bloß diese Schnelligkeit her?“
Und der Bootsmann, er heißt Harald, tätschelt mir väterlich liebevoll den Nacken und stellt fest:
„Oh je, dich darf man auf keinen Fall unterschätzen. Toll, wie du den Spinner abgewackelt hast! Hier mein Sohn, trink' noch ein Bier.“
Werner macht inzwischen einen sehr jämmerlichen Eindruck. Sein Auge ist dick und blau, die Oberlippe blutverkrustet, und er will sich von Deck stehlen. Da donnert die Stimme vom Bootsmann:
„Nix da, Werner! Du bleibst hier und entschuldigst dich beim Moses und trinkst weiter mit uns, sonst kriegst du von mir auch noch Senge. Los, entschuldige dich!“
Werner reicht mir die Hand, murmelt ein „es tut mir leid“ daher, wir versöhnen uns und er bleibt folgsam an Deck, weil er sich nicht mehr traut, dem Befehl des Bootsmannes entgegenzuhandeln. Ich nutze die Gunst der Stunde und frage Hannes:
„Sag' mal, wie ernst hast du es an meinem ersten Tag hier gemeint, als du sagtest ich könnte vielleicht mit an Deck arbeiten?“
„Oh ja, das habe ich ernst gemeint“, bestätigt er und wendet sich an Harald:
„Sag' mal, könntest du dir vorstellen, dass der Moses mit an Deck arbeitet? Er hat nämlich keine Lust nur den Putzbüdel zu spielen. Sein Vater ist aber zu geizig ihm die Mosesfabrik zu bezahlen. Deswegen darf er offiziell nicht an Deck fahren. Aber wir können doch ein Auge zudrücken. Und - dass er ein richtiger Kerl ist, das hat er ja jetzt bewiesen, oder?“
Harald wiegt bedächtig sein Haupt und meint:
„Ja, das stimmt, das hat er bewiesen. Von mir aus kann er auch ein wenig mit an Deck helfen. Bring' ihm doch das Steuern bei, Hannes,

dann habt ihr eine Vertretung, wenn ihr Pause machen wollt. Ja gut, wenn er dann seine Messearbeiten fertig hat, kann er ja noch ein wenig an Deck helfen, wenn er Lust hat. Willst du das denn, Moses?"
Begeistert stimme ich zu und freue mich sehr darauf, bald in der Lage zu sein, ein Schiff zu steuern! Und wieder verrinnt ein Abend in meinem jungen Leben, von dem ich am Ende nicht mehr weiß, wie ich ins Bett gekommen bin. Berauscht von Triumphgefühlen, der Bewunderung und dem Wohlwollen meiner väterlichen Freunde, sowie etlicher Biere und „Doppelkörner" entschwindet mir auch an jenem Abend wieder einmal noch vor dem Schlafen gehen mein Bewusstsein.
Am anderen Morgen weckt Hannes mich mit dem Hinweis:
„Moses, du musst heute eine halbe Stunde früher aufstehen und deine Koje reinigen. Du liegst nämlich in deiner Kotze. Du solltest nicht so viel Doppelkorn zum Bier saufen. Dazu bist du wohl doch noch etwas zu jung. Ist aber nicht schlimm. Mach's sauber, geh' duschen und dann an die Arbeit!"
Benommen, mit schmerzendem Schädel und trockenem Mund rapple ich mich hoch und sehe die ekelige Bescherung. Das Erbrochene liegt auf meiner Bettdecke. Ich würge, als ich das sehe und reinige alles so schnell, wie ich kann. Danach dusche ich. Dabei verschwinden langsam meine Kopfschmerzen, und ich erinnere mich an die Szene, wie Hannes mich geweckt hat und überlege:
‚Erstaunlich, wie ruhig er mir das gesagt hat. Überhaupt nicht böse oder verächtlich. Eher fast ein bisschen anerkennend. So wie:
„Bist'n toller Kerl, hast nur mal'n bisschen Pech gehabt, mit der Kotzerei, kann passieren, ist nicht schlimm."
‚Wenn das meine Eltern mit mir erlebt hätten, dann hätte es aber gekracht', denke ich so für mich.
Tja, und nach diesem etwas delikaten Erlebnis lerne ich noch am selben Tag, wie man ein Schiff „nach Kompass" steuert, wie man herumliegende Drahtseile richtig „aufschießt" und innerhalb der nächsten Tagen noch einiges mehr, was auf einem Schiff an Decksarbeit noch alles gekonnt werden muss!

Die ersten vier Wochen meiner Bordzugehörigkeit gefallen mir im Hinblick auf meine bis hierher geschilderten Erlebnisse sehr gut.
Im Laufe der folgenden Zeit wird das Leben an Bord dieses Schiffes jedoch immer unangenehmer und irgendwann sogar unerträglich. Da alle sehr oft und sehr viel Alkohol konsumieren, kommt es immer wieder zu Streitereien, auch zu Schlägereien, die von schlimmeren Kalibern sind als das kleine Scharmützel zwischen Werner und mir. Das gute Verhältnis von Harald und Hannes mir gegenüber kühlt mehr und mehr ab, weil meine Arbeit unter Deck immer wieder Anlass zu Kritik gibt und sie mich deswegen bald nicht mehr an Deck arbeiten lassen. Außerdem scheint es jemanden an Bord zu geben, der stiehlt. Dem Koch wird sein Radio aus der Kammer gestohlen, mir meine Armbanduhr, die ich im Waschraum auf der Konsole vergesse. Meinem ehemaligen Kontrahenten Werner klaut irgendjemand sogar 200 DM aus seinem Kleiderspind. Vandalen scheint es auch zu geben, denn als ich eines Morgens die Mannschaftsmesse betrete, um meine Arbeit zu beginnen, liegt diese voller Scherben. Wer auch immer hat zwanzig flache Teller und einige Tassen gegen die Wand und auf den Boden geknallt. Außerdem gibt es einen Heizer, der unter Alkoholeinfluss die Kollegen und manchmal auch mich mit einem großen Brotmesser bedroht...
Das Betriebsklima an Bord wird immer schlechter und hinzu kommt, dass wir Ungeziefer im Mannschaftslogis entdecken - Ungeziefer in Form von Wanzen.
Nachdem die Offiziere, die mittschiffs wohnen, wiederholt davon in Kenntnis gesetzt werden, aber nichts dagegen unternehmen, sammle ich ein paar dieser Exemplare in eine kleine Schachtel, bringe sie nach mittschiffs und zeige sie dem Kapitän. Ich verspreche mir von dieser Maßnahme, dass er jetzt etwas zur Vernichtung dieser unangenehmen Geschöpfe veranlasst. Der Alte reagiert lediglich empört, als ich ihm die Wanzen zeige:
„Was soll ich denn damit?! Schmeiß die Viecher sofort außenbords! Die wollen wir hier mittschiffs gar nicht haben! Weg damit!"

Ihm ist völlig klar, dass er sein Schiff im nächsten Hafen eigentlich von Kammerjägern gründlich reinigen lassen müsste. Aber das wäre mit Zeit- und somit auch mit Geldverlust verbunden und deswegen verschließt er seine Augen vor diesem Ungeziefer.
„Achtern wollen wir auch keine Wanzen haben, Herr Kapitän", halte ich ihm mutig entgegen. Der zuckt aber nur mit den Schultern, nimmt mir die Schachtel mit den Schädlingen aus der Hand und wirft sie in die Ostsee, die wir gerade mal wieder durchpflügen...
Mittlerweile schippern wir nämlich schon drei Monate auf dieser Ostsee herum, ohne einen westdeutschen Hafen anzulaufen. Wir kreuzen zwischen Dänemark, Schweden, Russland, Polen und der DDR hin und her, kommen aber nicht nach Westdeutschland, wo man abmustern könnte. Die meisten Kollegen an Bord würden dieses Schiff gerne verlassen. Aber nach dem damaligen Heuergesetz ist es nicht erlaubt in ausländischen Häfen zu kündigen. Die DDR-Häfen gelten auch als Ausland. Also sind wir Kündigungswilligen dazu verurteilt auf der „Inge R. Christoffersen" so lange zu bleiben, bis sie die Bundesrepublik anläuft! Und auch dort müsste das Schiff mindestens 48 Stunden liegen, denn solange dauert die Kündigungsfrist, und die muss eingehalten werden.
Irgendwann im November 1960, ich befinde mich bereits vier Monate auf der „Inge R.", verlassen wir Kopenhagen in Richtung Wismar, DDR. Kurz bevor wir deren Hoheitsgewässer erreichen, bekommt unser Schiff einen Maschinenschaden. Dadurch sind wir gezwungen den nächstmöglichen Hafen anzulaufen, um eine Werft aufzusuchen. Und der nächstgelegene Hafen heißt Lübeck! Lübeck in Westdeutschland! Anfangs herrscht Freude über diese Nachricht im Mannschaftslogis, denn endlich können alle abmustern, die dieses Schiff verlassen wollen. Aber dann lässt der leitende Ingenieur verkünden, dass die Reparatur höchsten zehn Stunden in Anspruch nehmen wird und wir dann sofort weiterfahren können... So ein Mist! Kündigung ade! 10 Stunden reichen nicht, wir benötigen derer 48! Also müssen wir mit diesem beschissenen Bordklima und den Wanzen

weiter zur See fahren... Resignation macht sich unter uns Kündigungskandidaten breit...
‚Kann man denn gar nichts machen?', sinniere ich, ‚vielleicht einfach abhauen und nicht wieder mitfahren? Das ist keine gute Idee, denn das ist strafbar..., hm..., Mist! Was kann man nur machen?'
Und plötzlich ist sie da, die große Erleuchtung! Na klar! Die Wanzen! Nachdem sie uns lange gepiesackt haben, werden sie heute unsere Rettung sein! Ha!
Vormittags um 10.00 Uhr macht die „Inge R." in Lübeck fest. Und kaum dass über die Gangway eine Landverbindung hergestellt ist, schleicht sich der amtierende Messejunge jenes Schiffes mit 20 Pfennig Bargeld in der Tasche von Bord und steuert die nächstliegende Telefonzelle an. Er sucht die Anwahlnummer der Seeberufsgenossenschaft heraus, wählt diese und erzählt seinem sehr interessierten Gesprächspartner am anderen Ende der Leitung von den Wanzen, die es auf dem Schiff gibt, welches just im Hafen von Lübeck festgemacht hat. Eine halbe Stunde später sind die Kammerjäger der oben genannten Institution an Bord und ordnen an, dass das Schiff solange an der Pier von Lübeck liegen bleiben muss, bis die Wanzen nachweislich vernichtet sind.
„Das wird drei Tage dauern", sagt der Leiter der Insektenvernichter.
Daraufhin kündigen siebzehn Kollegen. Selbstverständlich auch ich! Als ich mir vom ersten Offizier mein Seefahrtsbuch und meine Entlassungspapiere aushändigen lasse, begegne ich dem Kapitän auf dem Gang und er fragt mich:
„Na, Moses? Habe ich dir diesen Auftritt der Kammerjäger zu verdanken? Na ja, ist auch nicht schlimm. Dann sind diese Mistviecher endlich verschwunden und ein paar Personalprobleme gleich mit. Ich verzeih' dir das Moses, alles Gute!"
Tja, und dann stehe ich mit meinem Seesack in Lübeck an der Pier und überlege, wo ich hin will. Lange denke ich nicht nach. Ich will wieder nach Hause und sehen, ob es möglich ist, sich wieder mit meinen Eltern zu versöhnen.

Am gleichen Abend stehe ich um 21.00 Uhr vor unserem Haus. Ich stelle meinen Seesack vor die Eingangstür, drücke auf die Klingel und verstecke mich so im Vorgarten, dass ich den Eingang beobachten kann. Kurz nach meinem Klingelsignal geht das Außenlicht an, die Tür wird geöffnet und meine Mutter tritt heraus. Sie sieht und erkennt meinen Seesack, der dort steht, klatscht laut aufjubelnd in die Hände und beginnt, mich zu suchen. Ich stelle mich ihr in den Weg, und wir umarmen uns voller Freude. Auch mein Vater und meine Geschwister begrüßen mich liebevoll. Niemand von uns erwähnt den großen Trennungskrach vor meinem Einstieg auf die „Inge R. Christoffersen".
In den folgenden Tagen und Wochen, als das Alltagsgrau wieder einkehrt, merke ich allerdings, dass mir meine Eltern wesentlich gleichgültiger sind als vor diesen einschneidenden Streitereignissen, nämlich der „Amputation" und meiner Prügelandrohung gegenüber meinem Vater. Manchmal glaube ich sogar, dass sie mir völlig egal sind und ich sie nicht mehr liebe. Wenn es für mich zu Hause unbequem wird, bleibe ich einfach ein paar Tage weg und wohne bei Pit und dessen Familie, ohne meine Eltern darüber zu informieren. Denen scheint das auch egal zu sein, ob ich weg bin oder nicht. Wahrscheinlich ist zwischen uns etwas zerrissen.
Kurz nach Weihnachten, welches ich im Kreise meiner Familie verbringe, erhalte ich Post vom Kreiswehrersatzamt. In dem Schreiben wird mir mitgeteilt, dass ich zu der noch ausstehenden Nachuntersuchung kommen soll. Nachdem ich dieser Aufforderung nachgekommen bin, teilt man mir mit, dass ich jetzt für den Wehrdienst tauglich sei. Außerdem werde ich darüber informiert, dass ich mit einer Wartezeit von mindestens neun Monaten zu rechnen habe, wenn ich meiner Absicht treu bleibe Marinesoldat zu werden. Weiter heißt es, dass ich bereits im April, also in drei Monaten, bei den Panzergrenadieren im Heer meinen Dienst als Zeitsoldat in Hamburg-Neugraben antreten könnte, wenn mir die neun Monate Wartezeit zu lange wären. Am Ende des Briefes bittet man mich um eine zügige diesbezügliche Entscheidung und Nachricht. Auf dieses Schreiben reagiere ich erst einmal mit etwas Stolz, weil ich jetzt endlich so viel

Männlichkeit verkörpere, dass man mich als wehrtauglich einstuft. Enttäuscht bin ich darüber, dass es so lange dauern soll bis ich bei der Marine anfangen kann.
‚Will ich zum Heer?', frage ich mich. ‚Eigentlich nicht so gerne...oder doch? Wenn ich überlege, was für einen Scheiß ich vorher auf der „Inge R." und auch auf der „Catarine" erlebt habe, dann war das, was ich bisher in Bezug auf Seefahrt mitgemacht habe, wirklich nicht das Gelbe vom Ei...Decksarbeit hin, Decksarbeit her, egal ob Marine oder Handelsschifffahrt, wer weiß, mit was für welchen charakterlichen Krücken ich bei der Marine zusammenkomme... Tja, und wenn du auf See bist, hängst du mit denen auf engstem Raum zusammen und kannst nicht abhauen...', sinniere ich hin und her und argumentiere mir dann doch ziemlich schnell die Marine von meiner beruflichen Wunschliste weg. Maßgeblich für meinen Entschluss letztlich doch lieber zum Heer zu gehen, ist diese Überlegung:
‚Wenn ich mir jetzt ein Schiff nehmen würde, wüsste ich nicht, ob ich pünktlich im Oktober zum Dienstantritt bei der Marine wieder hier bin. Das ist ein Risiko. Also müsste ich bis dahin an Land arbeiten und hier zu Hause wohnen. Und wenn ich mir betrachte, wie nervig das jetzt schon wieder ist, bin ich froh, wenn ich ab April meine Zelte hier wieder abbrechen kann... Also, scheiß auf die Marine! Ich geh' zum Heer! Die Zeit bis dahin werde ich hier schon irgendwie 'rumkriegen!'
Diese Entscheidung teile ich dem Kreiswehrersatzamt mit und bekomme meine Zeit bis April zu Hause, wie in meinen Überlegungen vermutet, auch „irgendwie 'rum"...

Bundeswehrepisoden

GELDSEGEN:
Kaum dass ich Panzergrenadier des deutschen Bundesheeres geworden bin, ist auch schon Zahltag! Der Bund zahlt nämlich monatlich im Voraus. Und an diesem Zahltag habe ich, sage und schreibe 350 DM auf meinem Konto, welches ich mir kurz zuvor bei der Hamburger Sparkasse eingerichtet habe. 350 DM scheinen mir ein Vermögen zu sein. Ich habe noch nie so viel Geld auf einmal für mich zur Verfügung gehabt!
Als erstes kaufe ich mir einen grauen Anzug, ein blaues Oberhemd, eine dazu passende Krawatte und ein paar Schuhe sowie einen Übergangsmantel. Zick auf zack sind somit 220 DM ausgegeben!
‚Na ja', denke ich, ‚hast aber noch 130 DM bis zum Ende des Monats, das müsste eigentlich reichen. Verpflegung und Miete finanziert der Bund.- Die 130 DM sind quasi Taschengeld, und soviel hattest du noch nie- Mannomann!'
Aber auch dieses Geld rinnt mir innerhalb sehr kurzer Zeit durch die Finger, wie Strandsand im Sommerwind..., nämlich täglich rauchen und (nicht wenig) Bier trinken und ab und zu auch mal 'ne Runde ausgeben, lässt mein Kapital sehr schnell zusammen schrumpfen, mit dem Erfolg, dass ich am zwölften des Monats pleite bin. Aus dieser Erfahrung lerne ich jedoch nichts, sondern praktiziere diese Schnellverschwendung anlässlich jeden Zahltags. Wenn mein Gewissen sich meldet, beschwichtige ich mich:
‚Ach das schaff' ich schon irgendwie.'
Bald bin ich deswegen regelmäßig nach der ersten Woche im neuen Monat pleite und fange an, mir von meinen Kameraden Geld zu leihen. In der Folge muss ich also am ersten jedes Monats einen beträchtlichen Teil meines Gehalts als Schuldbegleichung an die Jungs zurückzahlen. Es geschieht auch, dass ich versuche, meine Schulden nicht zurückzuzahlen und Lügengeschichten erfinde, warum ich zahlungsunfähig bin...

Jetzt, da ich endlich Geld für mich zur Verfügung habe, fehlt mir die Fähigkeit damit vorausplanend umzugehen. Die sinnvollen Angewohnheiten wie „sparen“ oder „wirtschaften“ oder „vorausschauend einteilen“ haben bei mir keine Chance, sind mir auch fremd. Im Gegenteil: Ich bekomme richtige Verlustängste, wenn ich mir vorstelle, einen Teil meines Geldes auf irgendeine so genannte „hohe Kante“ zu legen. Ich bilde mir nämlich ein, dass es dann für mich verschwunden ist und das macht mir oben erwähnte Angst.

DER „FELDHERRENHÜGEL“:

Neben dem Gelände der Kaserne werden während der Zeit, in der ich meinen Dienst beim Bund antrete, neue Kasernenblocks gebaut. Eines Tages findet ein Richtfest für eine dieser Soldatenunterkünfte statt. Ich sehe dieser Veranstaltung zu und stehe mit meinem Dienstanzug bekleidet auf einem kleinen Areal, welches mit Bauschutt übersät ist. Ungefähr 10 Meter entfernt links von mir türmt sich ein hoher heller Sandhaufen. Er ist ungefähr 5 bis 7 Meter hoch. Auf ihm stehen zwei junge Leutnants, also Offiziere. Sie sind dort hinaufgeklettert, um von diesem Standpunkt aus dem Richtfesttreiben besser zusehen zu können. Ich blicke zu ihnen empor und beginne plötzlich, mich entsetzlich zu schämen, weil mir ein paar niederschmetternde Gedanken durch den Kopf kreisen. Ich gehe mit mir gedanklich folgendermaßen ins Gericht:

‚Müsstest du nicht eigentlich auch als Leutnant da oben stehen? Ja, in der Tat, das müsstest du, wenn du in der Schule nicht solch ein stinkfauler Versager gewesen wärst! Guck sie dir an, die haben's geschafft, die smarten Bengels! Und nun guck dich an, du Nulpe, wie du hier unten zwischen Schotter und Geröll stehst! Wie symbolisch: Du stehst unten im Schutt und in der Asche, sozusagen! Und du wirst nie nach oben auf den hellen Hügel kommen, weil du ein Scheiß-Versager bist...!’

In diese Gedanken versunken, sehe ich noch einmal hinauf zu den jungen Offizieren und registriere neidvoll, wie das Sonnenlicht in den silbernen Dienstgradpickeln auf ihren Jacken glitzert und bewundere das leuchtende Weißgrau ihrer Uniform. Außerdem beneide ich sie um ihren selbstbewussten Gesichtsausdruck. Dann sehe ich an mir herunter und empfinde das dunklere Grau meiner Uniformjacke als ausgesprochen hässlich. Weiterhin hasse ich diesen „Bolero-Affenjäckchen-Schnitt“ dieses Kleidungsstücks. Es betont nämlich zusätzlich die Schlabberigkeit der Gesäßpartie meiner Diensthose, weil diese zu groß ist. Die kleinste Hosengröße beim Bund ist für mich leider immer noch zu groß! Diese Gedanken und mein Vergleich mit den jungen Offizieren deprimieren mich entsetzlich und ich bin in jenem Moment felsenfest davon überzeugt, dass ich nie aus meinem Taugenichtsschlamassel herauskommen werde... Ich schleiche mich still und leise vom Ort des Geschehens, begebe mich in die Kantine und ertränke meine Minderwertigkeitsempfindungen in einigen Halblitergläsern barmherzigen Bieres.

DER FÜHRERSCHEIN:

Ich bin 18 Jahre alt und habe noch nie in meinem Leben auf dem Fahrersitz eines Autos gesessen um dieses selber zu chauffieren. Inzwischen bin ich vier Monate beim Bund und sitze heute an einem der ersten Augusttage des Jahres 1961 hinter dem Steuer eines sich in Fahrt befindlichen Bundeswehr-LKW's. Den kutschiere ich ziemlich aufgeregt, aber innerlich stolz und frohlockend durch die Fischbeker Heide in Hamburg-Neugraben. Man hat mich den Führerschein-Anwärtern zugeteilt und ich absolviere meine erste Fahrstunde.

Am darauf folgenden 30. September 1961 bestehe ich mit „Ach und Krach“ meine Fahrprüfung und erhalte als 18-jähriger den Führerschein der „Klasse 2“! Im Zivilleben muss man 21 Jahre alt sein um diesen zu erlangen. Beim Bund ist das schon im Alter von 18 Jahren möglich. In der Folge sage ich sehr oft und noch sehr lange:

„Beim Bund habe ich zwei Dinge gelernt, nämlich: LKW fahren und saufen...“

DAS GELÖBNIS:

„In einem Polenstädtchen
da wohnte einst ein Mädchen,
sie war so schön!
Sie war das allerschönste Kind,
das man in Polen find',
'Aber nein, aber nein', sprach sie,
'ich küsse nie."

Dieses alte Soldatenlied dröhnt aus ungefähr zwanzig Männerkehlen durch den Gastraum der Kasernen-Kantine. Einer dieser Chorknaben bin ich. Es ist Samstagabend, ich habe Bereitschaftsdienst und darf das Kasernengelände nicht verlassen. Die Kantine bleibt mir aber nicht verwehrt und so sitze ich mit den anderen Kasernenpflichtigen hier in der Kantine, und wir sind alle offensichtlich sowie gut vernehmbar in fröhlicher Stimmung. Gerade habe ich mir meinen fünften frisch gezapften Halben geholt und betrachte ihn. Ich genieße den Anblick der klaren, goldgelben Flüssigkeit und der oben aufgesetzten, über den Glasrand ragenden, weißen Schaumkrone. An der Außenwand des Glases glitzern flüssige Perlen, von denen zwischendurch einige an der Glaswand hinuntergleiten. Ein Gefühl der Gemütlichkeit und inneren Wärme durchströmen mich bei diesem Anblick und ich begebe mich mit meinem Bier nach draußen vor das Kantinengebäude und setze mich auf die dortige Steintreppe. Meinen Halben halte ich regelrecht ehrfürchtig fest und sage mit festem Blick auf das gefüllte Glas:

„Solange ich bestimmen kann, was ich will, werde ich dich, liebes Bier, zu meinem Lebenselixier machen, denn von dir bekomme ich das, was ich brauche: Nämlich eine gute Stimmung, innere Ruhe, Mut und Kraft. Du bist der Helfer, der es mir ermöglicht, mich so zu fühlen, wie ich mich fühlen möchte und der beschissene Stimmungen von mir fern hält. Dafür danke ich dir und gelobe dir ewige Partnerschaft und Freundschaft! Prost!"

Dann erhebe ich mich von den Steinstufen, proste der untergehenden Sonne zu und sage feierlich:

„Dieses ist ein Gelöbnis!“ Danach trinke ich den Halben in einem Zug leer und verspüre ein unbeschreibliches Gefühl der Freiheit und Erleichterung...

AUTOKAUF:
Während meiner Freizeit fahre ich manchmal in die Hamburger Innenstadt, um dort zu flanieren und zu bummeln. Eines Tages werde ich dabei auf ein Auto aufmerksam, welches zum Verkauf steht. Es handelt sich um ein Fahrzeug der Marke „Lloyd“. Der Wagen ist sieben Jahre alt, also Baujahr 54 und soll 500 DM kosten. Er wäre in Bezug auf Größe und Preis genau das Richtige für mich. Zu Hause in Kiel berichte ich meiner Mutter von diesem Schnäppchen.
Inzwischen oder genauer gesagt, seitdem ich beim Bund bin, haben meine Eltern und ich wieder ein besseres Verhältnis zueinander und ich besuche sie fast an jedem Wochenende, wenn ich frei habe. Sie meinen, dass ich jetzt gefestigter wirke und glauben, dass es mir bei der Bundeswehr gut gefällt. Aber sie irren sich darin, denn auch bei der Bundeswehr gibt es viele Dinge, die mir nicht behagen, auf die ich aber erst einmal nicht näher eingehen möchte. Meinen Eltern gaukle ich jedoch vor, dass es mir dort gefällt, weil ich keine Lust mehr auf deren Mäkelei habe.
Also, ich erzähle meiner Mutter von dem kleinen Auto, welches es in Hamburg für nur 500 DM zu kaufen gibt und versuche sie dafür zu gewinnen, mir beim Erwerb dieses Fahrzeugs irgendwie behilflich zu sein:
„Ich würde es deswegen gerne haben, weil ich dann wesentlich schneller nach Hause kommen könnte, als bisher. Denn bis ich von Hamburg-Neugraben über Harburg und Hamburg mit dem Zug am Wochenende hier nach Kiel komme, vergeht kostbare Zeit. Außerdem wäre ich insgesamt beweglicher“, erkläre ich. „Aber wo soll ich jetzt 500 DM hernehmen“, füge ich ratlos hinzu. Interessanterweise stellt meine Mutter meine Idee überhaupt nicht in Frage, sondern nickt zwischendurch zu meinen Worten und sagt, als ich meinen Vortrag beendet habe:

„Das stimmt, was du da sagst, ein Auto wäre ganz gut für dich. Pass mal auf: Ich werde mit Vati darüber reden. Aber nicht du, sondern ich. Du sagst erst 'mal gar nichts zu ihm. Hörst du?“
Am nächsten Nachmittag frohlockt meine Mutter:
„Bedanke dich bei deinem Vater! Du bekommst das Auto! Vati ist bereit, für dich bei der Bank einen Kredit von 1000 DM aufzunehmen, den du dann monatlich mit 40 DM zurückzahlen musst.“
Ich stoße einen Freudenjauchzer aus, wundere mich allerdings darüber, dass ich 1000 DM genehmigt bekomme, sage aber lieber nichts. Ich bedanke mich bei meiner Mutter und auch bei meinem Vater. Dieser besorgt am anderen Tag das Geld von der Bank, gibt es an meine Mutter weiter, die es an mich übergeben soll. Sie überreicht mir allerdings keine 1000 DM, sondern lediglich 500 DM und sagt verschwörerisch zu mir:
„Wir teilen uns den Betrag. Ich brauche auch unbedingt 500 DM. Du wirst Vati davon nichts erzählen, hörst du? Ich habe dir schon so oft heimlich geholfen. Jetzt musst du mir auch mal helfen. Denk' daran, dein Vater hätte dir nie und nimmer den Kredit besorgt, wenn ich mich nicht dafür eingesetzt hätte. Und dann wäre es nix geworden mit deinem tollen Auto, oder?“
„Ja, ist in Ordnung“, stimme ich ihr zu, „und ab wann übernimmst du die Raten, Mutti?“
„Ab wann ich die Raten übernehme? Bist du nicht ganz bei Trost? Wie soll ich das denn machen? Außer meinem bisschen Haushaltsgeld bekomme ich nichts. Davon kann ich gar nichts außer der Reihe kaufen oder bezahlen! Du musst mir den Gefallen ganz und gar tun. Das kann ich von dir verlangen, so wie ich mich immer für dich eingesetzt habe... Du verdienst doch schließlich eigenes Geld! Da wirst du doch eine gewisse Zeit lang 40 DM für deine Mutter im Monat überhaben, oder?“
Ich nicke betreten, fühle mich zwar von ihr hinters Licht geführt, frohlocke aber andrerseits, weil ich mir jetzt dieses Auto kaufen kann. Damit habe ich genauso wenig gerechnet, wie damit, dass meine Mutter mich auf diese Art austrickst...

Und das kleine Auto? Ich kaufe es also und habe viel Spaß. Nach zwei Monaten jedoch, kommt es zu einem Auffahrunfall und nach einem halben Jahr zu einem maschinellen Totalschaden, weil ich aus Dummheit und Vergesslichkeit nie Öl nachfülle. Entgegen meinem Wissen aus der Fahrschule glaube ich nämlich, dass ein Zweitaktmotor kein Maschinenöl benötigt, weil sich 25 Prozent Öl im Treibstoff befinden. Mein Auto stirbt somit nach monatelangem Schmierstoffmangel an einem Kolbenfresser und einem Lagerschaden!
Zu dem Zeitpunkt ist der Kredit noch längst nicht abgelöst. Die Raten muss ich weiterzahlen. Für nichts und wieder nichts, denn ein Fahrzeug besitze ich nicht mehr. Selbstverständlich erfahren meine Eltern nie von mir, dass das Auto durch meine Dusseligkeit und Schlamperei einen Totalschaden erlitt...

VERGATTERUNG UND „FLECKENWASSER“:

Von „Vergatterung“ spricht man beim Bund, wenn Soldaten von ihren Vorgesetzten etwas mit besonders eindringlicher, dienstlicher und vor allen Dingen wichtiger Intensität und auch offiziell mitgeteilt bekommen. Das kann eine routinemäßige Vergatterung zur Bewachung der Kaserne sein, aber auch die offizielle Mitteilung einer Disziplinarstrafe. Der betroffene Soldat muss zu einer solchen Aktion im dienstlichen Sinne vorschriftsmäßig gekleidet und ausstaffiert sein: Dienstanzug, Stahlhelm und Gewehr zieren ihn und er steht im „Stillgestanden“, schaut durch Wände und Türen hindurch in irgendeine imaginäre Ferne, während sein Vorgesetzter die Worte an ihn richtet.
Die Vergatterung, von der ich berichte und die mich betrifft, erhalte ich nach neun Monaten Dienstzeit im Januar 1962 von meinem Kompaniechef, Hauptmann Zäcker. In meinem Fall geht es weder um Kasernenwache oder Disziplinarstrafe, im gewissen Sinne zwar auch um meine Beförderung, aber überwiegend um meine schlampigen dienstlichen Leistungen, von denen meine Vorgesetzten die Nase voll haben. Ich stehe also, mich nicht bewegend, den Blick ins Leere gerichtet, in vorher beschriebener Aufmachung vor dem

Kompaniechef. Dieser sitzt an seinem Schreibtisch, funkelt mich mit seinen schwarzen, stechenden Augen an und zischelt anfangs leise, dann aber immer lauter werdend folgende Worte in meine Richtung:
„Ich habe Sie hierher befohlen, weil ich Ihnen sagen muss, dass ich mit Ihren dienstlichen Leistungen total unzufrieden bin! Sie sind freiwilliger Zeitsoldat, seit neun Monaten in dieser Einheit und es gibt keinen einzigen Grund, Sie zum Gefreiten zu befördern, was in der Regel nach sechs Monaten der Fall ist! Sie fallen unangenehm auf durch morgendliches Verschlafen, immer wieder schlampiges Auftreten und dummfreche Kommentare gegenüber ihren Vorgesetzten. Mit dem Unimog, den wir Ihnen als Kraftfahrer zugeteilt haben, gehen Sie auch schlampig und nachlässig um. Er sieht immer am schmutzigsten von allen aus! Außerdem melden Sie sich mindestens einmal in der Woche krank. Meistens montags nach Kantinenbesäufnissen, wie mir Ihr Gruppenführer sagt! Und so weiter! Wenn jemand nach einem halben Jahr nicht zum Gefreiten befördert wird, liegt das in der Regel daran, dass er eine Disziplinarstrafe und somit Beförderungssperre bekommen hat. Bei Ihnen ist das nicht der Fall. Sie sind lediglich in jeder Hinsicht schlampig, frech und aufsässig, disziplinlos und somit nicht beförderbar! Und das als freiwilliger Zeitsoldat! Es ist eine Schande! Und jetzt sage ich Ihnen mit aller Schärfe folgendes: Wenn sich das nicht innerhalb der nächsten vier Wochen zum Positiven verändert, werden Sie in die einsamste Ecke dieses Landes versetzt! Und da lass' ich Sie Panzerplatten schleppen, bis Sie kotzen, Sie Tagedieb!! Und jetzt will ich Sie hier nicht mehr sehen! Wegtreten!!"
Die letzten Sätze brüllt er laut hervor und ich fühle mich an die vernichtenden und verächtlichen Schimpfkanonaden meines Vaters erinnert und spüre plötzlich wieder diese altbekannte Angst. Ich beginne in meiner „Männer- und Kämpfermontur" in dem Moment zu weinen, als er das Wort „Tagedieb" hinausbrüllt. Und als er sieht, dass ich weinend meine Kehrtwendung zum „Wegtreten" vollziehe, brüllt er mir hinterher:
„Ach du Schande, jetzt heult diese Memme auch noch! Was soll ich mit solch einem Waschlappen bloß anfangen?!"

Abends entferne ich die Scham, die Angst und die Wut, die sich durch die verächtliche Vergatterung meines Kompaniechefs in mir angesammelt hat, mit Bier in der Kantine. In etwa so, als würde ich meine Seele mit Fleckenwasser reinigen...Und als meine Kameraden mich dort in geselliger Rund fragen, ob meine Vergatterung beim Hauptmann schlimm gewesen sei, antworte ich spöttisch:
„Ach was, der alte Spinner hat nur blödsinnig 'rumgebrüllt und ich hab' beide Ohren auf Durchzug gestellt. Der kann mich doch gar nicht meinen, der alte Komisskopp! Prost Leute...!"

DIE FLUTKATASTROPHE:

Einige Tage nach dieser Vergatterung wird im großen Mannschaftsspeisesaal der Kaserne ein Wettbewerb ausgeschrieben. Es sollen Plakate von uns entworfen werden, die uns Kameraden dazu animieren, die Plätze, an denen wir unsere Mahlzeiten einnehmen, sauberer zu hinterlassen und auch unsere Essenstabletts und Aschenbecher gründlicher zu entsorgen. Die besten Plakatkreationen dieses Wettbewerbs sollen folgendermaßen prämiert werden: Für den Gewinner des ersten Preises gibt es drei Tage, für den zweiten zwei Tage und wenn man den dritten Rang belegt, erhält man einen Tag Sonderurlaub. Ich beteilige mich an dem Wettbewerb und entwerfe zwei Plakate. Das eine gestalte ich so, dass es an die „HDV", die Heeresdienstvorschrift angelehnt ist, nämlich mit aufgezeichneten Falsch-richtig-Beispielen und einem ironischen Text über das penetrante Bedürfnis von Speiseresten, sich liebend gerne außerhalb von Tellern und Essenstabletts niederzulassen. Das zweite Plakat, welches ich anfertige, versehe ich ebenfalls mit einer Zeichnung und beschrifte es mit der Aufforderung: „Verlasse Deinen Platz so, wie Du ihn vorfinden möchtest." Diesen, vor Alltagsweisheit strotzenden Satz kenne ich aus meiner Stammkneipe. Er ist dort in die Toilettenwand eingeritzt...
Und siehe da! Bei der Siegerprämierung bin ich dabei und lande mit dem zuletzt beschriebenen Plakat auf Platz 3! Hauptmann Räcker

überreicht die Gewinnerurkunden. Er lächelt ziemlich säuerlich, als er mir die meine aushändigt und raunt mir dabei zu:
„Es wäre schön, wenn Sie auch mein drittbester Zeitsoldat wären. Dann wäre ich schon sehr zufrieden, mein Lieber.“
Mit dieser Bemerkung kann er jedoch meinen Gewinnerstolz und meine Freude nicht trüben. Also plane ich meinen gewonnenen Sonderurlaubstag für Montag nach dem Wochenende ein, an dem ich Geburtstag habe. Dieser fällt auf Sonntag, den 18.02.1962. An dem Tag werde ich 19 Jahre alt. Als ich am Freitag, den17.02.1962 nach Dienstschluss die Kaserne verlassen will, um mein ersehntes Geburtstagwochenende anzutreten, lässt man mich nicht aus der Kaserne. Und nicht nur mich, sondern auch alle anderen Kameraden, die ins "Frei" wollen. Es herrscht „Alarmsituation“, und zwar mit einem sehr ernsten Hintergrund: Die Hansestadt Hamburg erwartet eine Flutkatastrophe in einem sehr hohen und gefährlichen Ausmaß. Das Gleiche gilt für die gesamte Westküste Schleswig-Holsteins und Niedersachsens! Also muss ich an meinem neunzehnten Geburtstag in der Kaserne bleiben. Unser Bataillon wird damit beauftragt, Menschen in dem bedrohten Gebiet aus ihren Häusern und Wohnungen zu evakuieren. Ich bin bei diesem Einsatz als Beifahrer auf einem „Evakuierungs-LKW“ eingeteilt. Ich akzeptiere, dass man mich nicht mit meinem Unimog zum Einsatz lässt. Mir ist klar, dass ich als LKW-Fahrer noch viel zu unerfahren für eine solche Rettungsaktion im Hochwasser bin. Jenes reicht nämlich durch die Überschwemmung manchmal bis über die Kotflügel, zudem können die Fahrer keine Straßenmarkierung sehen. Man kann nur im Schritttempo fahren, weil man sich immer wieder neu orientieren muss. Fahrer und Beifahrer müssen also höllisch aufpassen und so manches Fahrzeug kommt von der Straße ab und bleibt liegen.
Mein mir zugeteilter Fahrer und ich durchfahren die Dörfer im „Alten Land“, wo sich die großen Obstplantagen befinden und nehmen evakuierungswillige Menschen auf unsere Ladefläche. Wenn diese voll besetzt ist, bringen wir die Leute in unsere Kaserne oder in andere Notunterkünfte, die nicht vom Hochwasser bedroht sind.

Irgendwann gelangen wir mit unserem Fahrzeug an ein scheinbar leer stehendes Einfamilienhaus. Bei näherem Hinsehen jedoch merke ich, dass sich hinter der Gardine im ersten Stock etwas bewegt. Auch Klaus, der Fahrer, hat das bemerkt und hält an.
„Ich gehe da mal 'rein“, sage ich zu ihm, „und guck mal nach, was sich da bewegt hat.“ Vorsichtig steige ich aus dem Fahrzeug und stehe bis zum Oberschenkel im kalten Wasser. Die Lufttemperatur beträgt an diesem Februartag für die Jahreszeit milde 13 Grad Celsius, und das Wasser ist ähnlich temperiert. Das empfinde ich natürlich als eisig... Nach dem ersten Nass-kalt-Schock „reiße ich mich zusammen“, wie mein Vater immer sagt und wate ins Haus. Die Tür steht offen und das Erdgeschoss ist überschwemmt, das Wasser reicht bis unter die Stuhlsitzflächen in der Küche. Ich gehe die Treppe hoch und treffe auf einen alten zierlichen Mann. Er sitzt hinter der vorher erwähnten Gardine, hält eine angetrunkene Rumflasche in der Hand und ruft mir zu:
„Hallo, mein Junge, willst du mich retten? Erst wollte ich ja hier bleiben. Aber jetzt sehe ich ein, dass es besser ist, wenn ich mitkomme. Das Wasser steigt immer höher... Ich hab' zwar nichts dagegen zu sterben. Aber ich habe keine Lust, hier zu ertrinken oder zu erfrieren. Dann hol' mich man hier 'raus. - Möchtest du'n Schluck Rum? Der hilft gegen die Kälte!“
„Na klar“, antworte ich, nehme einen tiefen „Zug“ aus der Flasche, schüttle mich und trinke gleich noch einmal eine ähnliche Menge hinterher. Nach kürzester Zeit wirkt das wie eine innere Heizung.
Der alte Mann sagt:
„Gut, steck die Flasche ein und lass uns runter gehen. Wir müssen aber noch mal in die Küche.“
Als wir die erreichen, stelle ich fest, dass das Wasser wieder etwas gestiegen ist, denn die hölzernen Küchenstühle schwimmen jetzt. Der Mann öffnet den Küchenschrank, holt einen Zuckertopf hervor und entnimmt diesem ein paar Geldscheine. Mir gibt er einen „Zwanziger“ und meint:

„Hier, nimm! Dafür, dass du mir mein altes Leben rettest, mein Junge. Aber mehr als zwanzig Mark ist es nicht mehr wert“, lacht er. Ich ziere mich ein wenig, das Geld anzunehmen, stecke es dann aber doch ein.
„Gut, danke“, sage ich, „können wir das Haus auch durch die Küche verlassen?“
„Ja, hier durch die Verandatür und dann durch den Garten.“
Ich gehe in die Hocke und schultere den alten Mann. Er ist ziemlich leicht. Im Garten reicht mir das Wasser bis zum Bauch. Es ist furchtbar kalt und ich freue mich auf den nächsten Schluck Rum. Auf dem Weg zur Pforte muss ich feststellen, dass der Boden des Geländes einem Gefälle unterliegt. Mit jedem Schritt, den ich in Richtung Ausgang mache, wird es tiefer!
„Dann liegt der Garten wohl tiefer als der direkte Weg von der Pforte zum Hauseingang“, überlege ich folgerichtig, „aber das war wegen des Hochwassers nicht zu erkennen. So'n Mist!“
Und auf meinen Schultern höre ich den Alten rufen:
„Mein Gott, das wird ja immer tiefer! Ist dein Kopf noch über Wasser, mein Junge?“
„Nicht mehr lange, wenn das so weiter geht!“, stoße ich hervor, denn das Wasser reicht mir inzwischen bis zur Brusttasche meiner Jacke, und es ist bitterkalt.
„Wenn es jetzt noch tiefer wird, brauche ich ‘nen Schnorchel“, rufe ich meinem „Reiter“ zu.
Aber weil der Rum gut wirkt, ist die kalte Nässe einigermaßen zu ertragen und in Panik gerate ich auch nicht. Vorsichtig setze ich mein rechtes Bein vor, um zu prüfen, ob der Grund noch weiter abfällt. Aber ich habe Glück! Mein rechter Fuß tritt auf eine Steinstufe, die zur Gartenpforte hochführt. Erleichtert registriere ich, dass es wieder aufwärts geht und erreiche kurz darauf unseren LKW. Klaus und ich verfrachten den alten Herren auf die Ladefläche, helfen ihm beim Entkleiden seiner nassen Hosen und hüllen ihn in warme Decken. Ich begebe mich danach ins geheizte Führerhaus und ziehe mir dort meinen mitgebrachten, trockenen Trainingsanzug an und hülle mich auch in Decken ein. Den evakuierten Herren bringen wir schnell zur

Sammelstelle. Während der Fahrt widme ich mich noch einmal intensiv der Rumflasche...

Am anderen Tag werde ich zu der vierköpfigen Besatzung eines großen Schlauchbootes eingeteilt. Damit sollen wir das überschwemmte Kleingartengebiet von Hamburg-Wilhelmsburg durchkämmen und nach Menschen Ausschau halten, die eventuell auf ihren Parzellen vom Hochwasser eingeschlossen sind. Dieses hat inzwischen einen Pegel erreicht, der nur ein wenig über der allgemeinen Höhe der Gartenzäune liegt. Deshalb müssen wir mit dem Schlauchboot sehr vorsichtig manövrieren und aufpassen, dass kein Stacheldraht oder irgendeine Eisenzaunspitze unser Schlauchboot beschädigt. Das würde für uns einen unfreiwilligen Einstieg ins eiskalte Wasser bedeuten. Diesbezüglich bin insbesondere ich noch von gestern „bedient"...

Wir vier halten also einerseits Ausschau nach Lebewesen, die gerettet werden müssen und andrerseits nach gefährlichen Gegenständen unter der Wasseroberfläche, die unser Boot beschädigen könnten. Während wir so auf dem Wasser dahingleiten, ruft plötzlich jemand von unserer Besatzung:

„Guck doch mal! Dahinten auf dem Flachdach von der Gartenbude! Da stehen doch tatsächlich ein Schwein und ein Hund auf dem Dach!"

Wir fahren vorsichtig näher heran. Und tatsächlich: Wir sehen ein schwarz-weißes Schwein und einen bildschönen Schäferhund.

„Was wollen wir machen?", fragt jemand.

„Die retten wir!", rufe ich.

„Und wenn der Hund beißt?", gibt jemand zu bedenken.

„Der beißt nicht", beschwichtige ich, „ der hat Angst und ist harmlos. So was erkenne ich. Ich bin unter Hunden groß geworden! Ja mehr noch: Ich bin eigentlich selbst'n Hund, in den Augen meines Vaters sogar ein echter Windhund…, allerdings ohne Stammbaum… Los! Hin da! Wir können ja immer noch abhauen, wenn's wirklich gefährlich wird!"

Ich bin schon wieder ziemlich laut und mutig, denn ich verberge ein mittelgroßes Fläschlein mit geistigem Getränk in der Seitentasche meiner Kampfanzughose und habe daraus bereits einiges „konsumiert".

Na ja, schließlich ist heute mein neunzehnter Geburtstag und den kann ich ja zumindest heimlich etwas begießen, oder?
Meine Schlauchbootkollegen sind nach meiner Aufforderung jetzt auch bereit, die beiden Tiere zu retten und wir fahren langsam an das Gartenhaus heran. Ich klettere vorsichtig auf das Flachdach, knie nieder und halte dem Hund meine ausgestreckte Hand entgegen. Der legt die Ohren an, winselt ein wenig und kommt zu mir, um zu schmusen. Ich streichle und tröste ihn und bugsiere ihn ins Boot. Daraufhin widmen meine Kameraden und ich uns dem schwierigeren Fall, nämlich dem verängstigt quiekenden Schwein zu. Mühsam gelingt es uns nach einigen Minuten, auch dieses Tier ins Boot zu bekommen. Als das geschafft ist, nehmen wir Kurs auf Hamburg -Harburg zu den Phönix-Gummiwerken, wo an dem Tag alle Evakuierten hingebracht werden sollen. Es tut mir in der Seele weh, als ich den schönen und sehr schmusigen Schäferhund dort abgeben muss. Die Trennung von dem Schwein fällt mir etwas leichter...
Am nächsten Tag fahre ich wieder bei Klaus auf dem LKW mit und am Tag danach ist unser Flutkatastropheneinsatz beendet. Es geschieht nichts Aufregendes mehr. Nachdem alles vorbei ist bekommen alle beteiligten Soldaten einen Orden, den so genannten „Flutorden" von 1962. Er ist die erste offizielle militärische Auszeichnung für deutsche Soldaten nach dem zweiten Weltkrieg. Und ich, der überaus schlampige und undisziplinierte, nicht beförderbare „Unsoldat" bekomme diesen Orden auch....
Übrigens: „Verleihen" muss ihn mir wer? Natürlich: Hauptmann Räcker!

LÜDENSCHEID:

Ein paar Wochen nach diesen für mich sehr aufregenden Ereignissen macht mein Kompaniechef die Drohung, die er mir anlässlich meiner „Vergatterung" ausgesprochen hat, wahr: Er versetzt mich nach Lüdenscheid in ein Versorgungsbataillon, weil ich nach wie vor im normalen Dienstalltag immer wieder unangenehm auffalle und er andrerseits auch wahrscheinlich keine Lust mehr hat, mir im

Widerspruch dazu, irgendwelche Orden oder andere Auszeichnungen „verleihen“ zu müssen... Ich selbst finde es mittlerweile auch in Ordnung von dieser Einheit wegzumüssen. Hinzu kommt, dass es mir völlig egal ist, wohin ich versetzt werde. Ich bin bereit Deutschland kennen zu lernen, an welcher Ecke auch immer! Hauptsache weit weg von zu Hause!

In Lüdenscheid angekommen, stelle ich fest, dass der größte Teil der Kameraden, mit denen ich dort in der Kaserne zusammen lebe, offensichtlich ähnlich wie ich strafversetzt ist. Das Gleiche scheint auch für einige Unteroffiziere zuzutreffen. Denn Letztere nehmen ihren Gruppenführerdienst nur sehr lasch war, und so mancher von ihnen ist auch, wie ich, sehr oft in der Kantine vor einem Bierglas anzutreffen...

Meinen Dienst verrichte ich hier noch nachlässiger als zuvor in Hamburg. Morgens trete ich zwar zur Befehlsausgabe der Kompanie an, schleiche mich aber unmittelbar danach fast jedes Mal in die große Parkhalle, wo die LKW's stehen, klettere auf die Ladefläche eines der Fahrzeuge, mach' es mir auf dem dort liegenden Tarnnetz gemütlich und schlafe noch ein bis zwei Stunden. Danach stehe ich auf und mische mich unauffällig unter die Kameraden, die irgendwo auf dem Kasernengelände mit irgendetwas beschäftigt sind. Ich werde bei meinem heimlichen „Ausschlaf“ nie ertappt, und mein Fehlen fällt nie auf. Meine abendlichen „Kantinen-Exzesse“ finden immer öfter statt und deshalb benötige ich am anderen Morgen den „Zusatzschlaf“. Mitunter passieren mir durch meine Zechereien inzwischen auch peinliche Dinge: Nachts pinkle ich manchmal ins Bett oder lege mich volltrunken, ohne mich auszuziehen, in das Bett eines anderen, weil ich zu betrunken bin mein eigenes wiederzufinden!

Meistens geht es mir nach einem „Saufabend“ am anderen Tag sehr schlecht. Ich muss mich dann mehrfach übergeben und esse ein oder zwei Tage nichts. Auch hier melde ich mich, wie bereits in Hamburg, sehr oft „innendienstkrank“. Außerdem bemerke ich, dass am Morgen „danach“ mein Hände und Finger stark zittern. Hierüber lerne ich den so genannten „Klapperschluck“ kennen und nach anfänglichen Schwierigkeiten auch schätzen.

„Wenn dir nach'm Saufen die Hände zittern, musst du gleich damit wieder anfangen, womit du abends aufgehört hast!", rät mir einer der trinkfesteren Kameraden.
Und so beginne ich schon morgens mein Händezittern mit Bier zu behandeln. Anfangs will es mir nicht recht gelingen, weil ich mich bis dahin vor Bier auf nüchternen Magen ekle, aber nach einigen Versuchen gewöhne ich mich daran, und es hilft gegen Übelkeit und „Mandolinenfieber" (So nennt man in gewissen Kreisen jenes Zittern der Hände.).
Oft verspotten mich meine Kameraden, wenn ich mal wieder ins Bett gepinkelt habe oder wenn meine Hände zittern. Außerdem nehmen sie mich sowieso nicht sehr ernst, weil ich noch so kindlich aussehe. Das ändert sich jedoch im wahrsten Sinne des Wortes schlagartig, als ich einen mir körperlich überlegenen Spötter abends in der Kantine schlicht und schnell verhaue. Danach versöhnen wir uns jedoch bald und werden gute Freunde. Oft gehen wir zusammen nach Dienstschluss in die Stadt und besuchen das „Croci-Eiscafe", wo es so viele hübsche junge Damen zu bewundern gibt. Am liebsten jedoch gehe ich mit Jens, so heißt mein neuer Freund, in eine Kneipe, die sich „D-Zug" nennt. Dort arbeitet nämlich eine junge, attraktive Kellnerin namens Jana, für die ich mich sehr interessiere. Und -- oh Wunder - sie erwidert dieses Interesse und bald schon darf ich sie abends, wenn sie Feierabend hat, nach Hause bringen. Wenn wir beide dort angekommen sind, knutschen wir noch ein wenig im Hausflur herum, aber dann schiebt sie mich immer sanft zurück und verschwindet im Haus. Wir praktizieren das ein paar Wochen lang so. Obwohl ich mir mehr wünsche und diesbezüglich auch sehr drängele, lässt Jana nicht mehr zu. Unter anderem drängele ich auch deswegen so stark, weil ich keine Lust mehr auf die bekloppten „Ehe- und Schutzideologien" meiner Mutter habe und diesen dann wieder zum Opfer falle, wenn ich mich wieder nach ihnen richte... Nein! Ich möchte recht bald Sex mit Jana haben! Egal, ob wir mal heiraten oder nicht! Und siehe: Meine Drängelei wird von Erfolg gekrönt! Eines Samstags, nachdem Jana Feierabend hat, geleite ich sie wie gewohnt nach Hause. Obwohl ich

ziemlich betrunken bin und sie mich manchmal stützen muss, weil ich sehr unsicher auf den Beinen bin, flüstert sie mir ins Ohr:
„Heute bleiben wir nicht im Hausflur stehen, heute gehen wir beide in mein Bett! Wie findest du das?“
Ich lalle ihr meine diesbezügliche Begeisterung entgegen.
„Wir müssen aber leise sein, weil meine Eltern nebenan schlafen“, teilt sie mir einerseits eindringlich, andrerseits aber auch ziemlich unbekümmert mit. So, als sei es ganz selbstverständlich, dass ihre Eltern nebenan schlafen, während sie sich in ihrem Zimmer mit einem Bundeswehrsoldaten vergnügt. An das, was nach diesem Gespräch zwischen uns stattfindet, kann ich mich nicht mehr erinnern. Mein Erinnerungsvermögen setzt erst in dem Moment wieder ein, da ich registriere, dass wir uns im Bett befinden und ich über sie gebeugt bin und sie begatte. Ich merke, wie sie unter mir zappelt und stöhnt und denke:
„Jetzt kommt's ihr wohl, dann kann ich ja aufhören...“
Bei mir geschieht nämlich an diesem Abend, außer dass ich eine Erektion habe, gar nichts. Ja, ich langweile mich sogar und übe meine „Begattungsstöße“ eigentlich nur noch für Janas Freude aus. Nachdem ich deren Orgasmus bemerkt habe, erlischt mein Erinnerungsvermögen aufs Neue.
Das Nächste, woran ich mich wieder erinnern kann, ist ein furchtbarer Schmerz an meinem Penis. Inzwischen bin ich offensichtlich betrunken in die Kaserne und in mein Bett zurückgelangt, werde langsam nüchterner und erwache durch diesen wahnsinnigen Schmerz. Ich schlage meine Zudecke zurück, inspiziere mein Geschlechtsteil und sehe, was geschehen ist: Meine zu enge Vorhaut ist offensichtlich während des Geschlechtsaktes mit Jana über den erregierten Peniskopf gestreift worden, und ich habe das in meinem betrunkenen Zustand nicht gemerkt. Unmittelbar danach und auch jetzt rutscht die Vorhaut nicht wieder zurück. Sie verursacht durch ihre Enge einen Stau und dieser sorgt für eine schmerzhafte Schwellung. Mein Penis sieht aus, als hätte er zwei gleich große Köpfe!

Ich begebe mich sofort ins Krankenrevier der Kaserne und werde von dort aus notfallmäßig ins Lüdenscheider Krankenhaus eingewiesen. Dort wird meine Vorhaut operativ entfernt. Die „Zipfelmütze“ ist endlich ab! Was meine Mutter wohl sagen wird, wenn sie das erfährt? Trotzdem bin ich etwas traurig und denke:
„Das ‘erste Mal’ hätte ich mir schöner gewünscht, aber was solls...“
Während der Visite am Tag nach meiner Vorhautoperation fragt mich der Arzt:
„Trinken Sie eigentlich viel Alkohol?“
Ich werde verlegen und antworte:
„Na ja, ganz normal, denke ich, wie man beim Bund halt so trinkt...oder?“
„Ich frage deswegen“, sagt der Chirurg, „weil wir für Ihre Narkose überdurchschnittlich viel Äther verwenden mussten. Und zwar so viel, wie eigentlich nur richtige Trinker benötigen...“ Dann sieht er mich etwas nachdenklich an und fügt hinzu:
„Für einen Trinker, also einen Alkoholiker, sind Sie doch wohl noch viel zu jung, oder?“
Ich stottere ein:
„Ja, bin ich, äh, ich meine, nein bin ich nicht, äh...,“ und schäme mich entsetzlich, dass der Arzt mich mit einem Alkoholiker vergleicht.
Im Rahmen meiner ausschweifenden Alkoholexzesse und meines auch dadurch bedingten verschwenderischen Umgangs mit meinem Sold, befinde ich mich, wie auch zuvor in Hamburg, in chronischer Geldnot. Nach längerem Grübeln, wie ich meine Geldausgaben etwas einschränken kann, entscheide ich mich, die Ratenzahlungen für den Kredit, den mein Vater mir für den Autokauf bewilligt hat, einzustellen. Ich stelle diesbezüglich folgende Überlegung an:
„Ich habe jetzt lange genug für nichts und wieder nichts bezahlt. Den Rest kann die Alte bezahlen. Schließlich hat mein tolles Mütterlein sich die Hälfte von dem Geld unter den Nagel gerissen. Soll sie zusehen, woher sie die Kohle für die Raten bekommt...!“ Durch meine Versetzung nach Lüdenscheid ist auch mein Kontakt nach Hause abgebrochen. Je länger ich daraufhin von zu Hause weg bin, umso

mehr kriecht in mir der Ärger gegen meine Mutter hoch, dass sie mich mit dem Kredit so ausgetrickst hat. Und darüber schwinden meine Skrupel, sie mit der Ratenzahlung auflaufen zu lassen. Also stelle ich diese ein, indem ich den Dauerauftrag bei meiner Bank storniere.
Zwei Monate nach diesem Auftragstop erhalte ich von meinem Vater einen bitterbösen Brief. Er schreibt mir, dass er sowieso nicht daran geglaubt habe, dass ich meinen finanziellen Verpflichtungen verantwortungsvoll und bis zum Ende nachgekommen wäre, weil ich gar nicht die Charakterstärke besäße. Weiterhin teilt er mir mit, dass er mich nie wieder sehen will. Es sei denn, ich würde ihm zuvor die schuldigen 650DM übergeben. Aber weil er sich sicher ist, dass ich zu charakterschwach bin, so viel Geld zusammen zu sparen, wird es mit Sicherheit nie zu einem Wiedersehen kommen. Nachdem er in dem Schreiben noch einige der üblichen Beschimpfungen gegen mich zu Papier lässt, beendet er den Brief mit dieser Mitteilung:
„Übrigens: Deine Mutter ist schwanger. Sie wird im Januar ein Kind bekommen. Hoffentlich wird es ein Sohn. Ich bin mir jetzt schon sicher, dass der uns mehr Freude bringen wird als du! Und in dem Zusammenhang sollst du auch gleich wissen: Deine Mutter will dich auch nicht mehr sehen!“
Nachdem ich diesen Brief zu Ende gelesen habe, besaufe ich mich erst einmal, weil ich wütend und traurig zugleich bin und brüte auf diesen und ähnlichen Gedanken herum:
‚Kein Wunder, dass die Alte mich nicht mehr sehen will! Die hat wohl Schiss, dass ich sie beim Alten in die Pfanne haue... Und das mit dem „neuen Sohn“..., das find’ ich auch toll: Den alten schmeißen sie weg, weil er nichts mehr taugt, und dann machen sie sich ‘nen neuen, wirklich toll!’
Am 2.Januar 1963 gebärt meine Mutter einen Sohn, sie nennen ihn „Michael“. Ich lerne ihn jedoch erst einige Jahre später kennen
Zur Information: Ich verrate meinem Vater nie, dass meine Mutter sich die Hälfte der Kreditsumme „ertrickst“ hat. Und ich bringe auch nie den Mut auf sie deswegen zur Rede zu stellen.
Sie selbst schweigt diesbezüglich beharrlich...

FRISTLOSE ENTLASSUNG:

Im November 1962 wird in unserer Kaserne ein 80-km-Wettmarsch ausgeschrieben. Die Teilnahme geschieht auf freiwilliger Basis und ich melde mich zur Teilnahme an. Um es kurz zu machen: Ich benötige für diese Distanz eine Zeit von 10 Stunden und 50 Minuten und belege den dritten Platz. Von 40 Teilnehmern erreichen 18 Soldaten das Ziel und ich werde, wie gesagt, dritter!

In jenen Tagen wird unsere Kompanie von einem Stellvertreter geleitet. Unser gestrenger und cholerischer Kompaniechef Hauptmann Müller ist krank und wird von Hauptmann Kahlke, einem etwas freundlicheren Herren, vertreten. Letzterer zelebriert die Siegerehrung anlässlich des 80-km-Wettmarsches. Jeder Teilnehmer, der das Ziel erreicht hat, bekommt eine Urkunde. Diejenigen, die den ersten, zweiten und dritten Platz belegt haben, werden mit Sonderurlaub bedacht. Ich erhalte als Drittplatzierter einen Tag. Wieder einmal. Wie in Hamburg. Als Hauptmann Kahlke mir die Gewinnerurkunde überreicht, sagt er anerkennend:

„Ich freue mich ganz besonders, dass Sie diese Platzierung erreicht haben. Übrigens würde ich mich gerne einmal mit Ihnen persönlich unterhalten. Kommen Sie morgen vormittags um 10.00 Uhr in mein Büro."

Am anderen Tag bin ich pünktlich bei ihm. Ich werde nicht „vergattert", sondern ich darf mich setzen und der stellvertretende Kompaniechef fragt mich unverblümt:

„Was ist eigentlich mit Ihnen los? Ich höre überwiegend Nachteiliges von Ihnen...Dann veranstalten wir hier einen 80-km-Wettmarsch, also eine hoch anzusiedelnde Leistungsanforderung und plötzlich erbringen Sie eine Spitzenleistung! Nochmals: große Anerkennung meinerseits! Tja, und wenn ich Sie so betrachte, sehe ich einen sympathischen, vielleicht noch etwas kindlich wirkenden jungen Mann vor mir und frage mich und jetzt auch Sie: Warum sind Ihre dienstlichen Leistungen so schlecht? Sie dürfen offen zu mir sprechen. -- Also! Ich höre!"

Der Mann wirkt irgendwie väterlich auf mich. Nicht so, wie ich das „väterlich“ überwiegend kenne. Nein, es fühlt sich angenehm an. In etwa so, wie damals bei meinem Lehrer, Herrn Flechner. Also fasse ich Mut und antworte:
„Gut, wenn ich also offen reden darf, dann möchte ich sagen, dass ich im Grunde keine Lust habe, Soldat zu sein. Die Bundeswehr mag ja in Ordnung und auch wichtig sein. Aber für mich ist das Militär nichts. Ich glaube, dass ich hier falsch bin...“
„Den Eindruck habe ich und einige anderen Kameraden, die hier etwas zu sagen haben, auch“, antwortet mein Gegenüber; aber in einem freundlichen und annehmenden Ton.
Ich werde dadurch noch etwas mutiger und fahre fort:
„Wie Sie wissen, bin ich Zeitsoldat. Verpflichtet für vier Jahre und habe davon fast zwei davon hinter mich gebracht. Gibt es irgendeine Möglichkeit mich schon jetzt zu entlassen? Ich möchte nämlich am liebsten so schnell wie möglich weg vom Bund.“
Plötzlich duzt er mich und fragt:
„Ist dein Vater selbständig und braucht dich in seiner Firma?“
Ich antworte: „Nein.“ Und denke:
„Lass bloß meinen Alten aus dem Spiel. Aber das kannst du ja nicht wissen.“
Er fragt weiter:
„Ist dein Vater im Krieg gefallen?“
„Nein, ist er nicht.“ antworte ich und denke: „Schade.“ und schäme mich nicht dafür.
Nach einer kurzen Denkpause, während der er mich nachdenklich ansieht, fährt er fort:
„Hör gut zu, ich werde dir jetzt etwas sagen. Und du wirst niemandem erzählen, dass ich es dir gesagt habe. Versprichst du mir das?“
Ich nicke eindringlich. Er spricht weiter:
„Du brauchst Disziplinarstrafen! Guck mich nicht so doof an! Das ist so. Einen anderen Weg, hier ‘raus zu kommen, gibt es für dich nicht, mein Junge! Also: mindestens vier, maximal sieben „Diszis“ innerhalb von zwei bis drei Monaten können dir eine fristlose Kündigung

einbringen. Dann wirst du fristlos- nicht unehrenhaft - entlassen. „Unehrenhaft" tritt ein, wenn du dabei mit dem Zivilgesetz beziehungsweise Strafrecht in Konflikt gerätst, nämlich bei Befehlsverweigerung, Diebstahl, betrunken Auto fahren und so weiter. Nimm dich vor solchen Untaten in Acht, denn dann giltst du als vorbestraft und wirst unehrenhaft entlassen. Ist das klar? Sieh also zu, dass du innerhalb kurzer Zeit vier bis sieben ganz normale „Diszis" bekommst: Zum Beispiel Zapfenstreich übertreten, Ausgangsbeschränkung überschreiten und so weiter. Du weißt, was ich meine?"

Ich nicke.

„Natürlich ist im Falle der fristlosen Entlassung deine Abfindung futsch. Das ist doch klar, oder?"

„Ist mir egal", antworte ich, „wenn ich bloß schnell wegkomme und nicht noch zwei Jahre hier sein muss!"

„Gut, dann haben wir uns verstanden. Ich wünsche dir viel Erfolg mit deinen Diszis und dass du im Zivilleben wieder auf die Beine und nicht unter die Räder kommst! Und noch mal in aller Deutlichkeit: Von mir weißt du das alles nicht! Dieses Gespräch hat in dieser Form hier nie stattgefunden! Es gibt keine Zeugen. Oder siehst du welche? Wegtreten!"

Ich trete weg und murmle dabei ein „Dankeschön", obwohl ich weiß, dass ein Soldat sich nie bedankt... Vierzehn Tage später löst der genesene Hauptmann Müller seinen Stellvertreter wieder ab.

Anfang Dezember 1962 erhalte ich meine erste Disziplinarstrafe, weil ich den „Zapfenstreich" übertrete und mich dabei erwischen lasse.

Ein paar Wochen später ist mein Disziplinarstrafenregister auf „fünf" angestiegen. Es sind zwar einmal acht Tage und einmal zehn Tage „Bau" dabei, aber keine dieser Diszis hat etwas mit dem Strafrecht zu tun. Ich gelte nach wie vor als „nicht vorbestraft"...

Ende Januar 1963 feiern wir mit einigen Kameraden auf der Stube, die auch ich bewohne, eine feuchtfröhliche Feier mit viel Gesang und noch mehr Bier und Schnaps. Am anderen Morgen weckt der U.v.D. (Unteroffizier vom Dienst) die Kompanie. Ich ignoriere das und schlafe

weiter. Alle anderen Kameraden in meinem Zimmer stehen auf. Etwas später weckt der U.v.D. noch einmal. Ich bleibe liegen. Als er zur Kontrolle, ob alle aufgestanden sind, durch die Zimmer geht, findet er mich in meinem Bett liegend und schüttelt mich. Ich reagiere nicht. Nach geraumer Weile erscheint sein Wachvorgesetzter, der O.v.K.(Offizier vom Kasernendienst) an meinem Bett und versucht mich zu wecken. Ohne Erfolg. Natürlich bin ich wach, stelle mich aber schlafend. Ich bin von dem Alkoholkonsum am Abend zuvor noch nicht ganz nüchtern und amüsiere mich insgeheim über die Weckbemühungen meiner Vorgesetzten. Der O.v.K. kommt noch einmal an mein Bett, zieht mir die Bettdecke vom Leib und wirft sie auf den Fußboden.
„Sie stehen jetzt sofort auf", brüllt er mich wutentbrannt an.
Dieser Aufforderung komme ich sofort nach, gehe zu meiner auf dem Fußboden liegenden Bettdecke, sammle sie auf, begebe mich damit sofort wieder ins Bett, lege mich hin und decke mich zu. Wutschnaubend verlässt der O.v.K. das Zimmer. Eine Weile herrscht Ruhe. Plötzlich höre ich mehrfüßiges Schrittegetrippel auf dem Flur. Meine Stubentür wird aufgestoßen. Hauptmann Müller, der Spieß, der immer noch wütend wirkende O.v.K. und der U.v.D. stürmen in den Raum. Hauptmann Müller zischelt:
„Wo isser? Wo isser?" Als er mich entdeckt, brüllt er:
„Warum stehen Sie nicht auf? Stehen Sie sofort auf!"
„Na gut", entgegne ich freundlich, „jetzt, da Sie mir das sogar selber sagen, stehe ich selbstverständlich auf."
Durch die immer noch vorhandene Wirkung des Alkohols bin ich nach wie vor belustigt über meine wütenden Vorgesetzten und frei von jeglichen Angstgefühlen. Ich stehe neben meinem Kompaniechef und lächle ihn freundlich und überaus provokativ an. Dieser legt mir seine Hand auf meine Schulter und brüllt mit hochrotem Kopf:
„Sie sind vorläufig festgenommen! Stabsunteroffizier Kühn, Sie bringen dieses renitente Subjekt hier sofort in eine Arrestzelle! Aber vorher", er wendet sich wieder mir zu, „vorher werden Sie sich waschen, rasieren und anziehen!"

„Ich rasiere mich nicht", antworte ich aufreizend charmant und genieße es, so ruhig zu bleiben und zu beobachten, wie sehr dieser Mensch durch mein Verhalten vor Wut fast auseinander fliegt...
„Hä? Warum rasieren Sie sich nicht?" fragt er etwas leiser und ein wenig verunsichert.
Lächelnd halte ich ihm mein Kinn hin und sage:
„Mein Hormonhaushalt ist genau so müde wie ich und deswegen habe ich noch keinen Bart."
Hauptmann Müller zuckt zusammen und flüstert plötzlich:
„Der ist verrückt. Der muss verrückt sein!"
Daraufhin befiehlt er, offensichtlich etwas ruhiger und auch nachdenklich geworden:
„Vorläufige Festnahme zurückgenommen! Stabsunteroffizier Kühn, wenn Lempelius angezogen ist, fahren Sie mit ihm zu einem Psychiater. Ich rufe dort sofort an und mache einen Termin!"
Zwei Tage lang werde ich von diesem „Seelenklempner" untersucht...
Vier Tage nach dem „Weckdrama" werde ich ins Kompaniedienstzimmer befohlen. Dort treffe ich auf den Kompaniechef, den Spieß, meinen Bewacher Stabsunteroffizier Kühn und einen Obergefreiten, der Sekretärsarbeiten verrichtet. Hauptmann Müller wendet sich kühl an mich und teilt mir mit:
„Ich eröffne Ihnen jetzt, zu welcher Beurteilung Ihr Psychiater gekommen ist, der Sie
untersucht hat. Unter anderem lese ich in seinem Bericht folgendes: Dem Patienten Lempelius ist ein verschlagener, undurchsichtiger Charakter zu attestieren. Trotz dieser negativen Eigenschaften muss ihm ein „gewisses Intellekt" (Originalausdruck!) bescheinigt werden. Für sein Tun und Handeln ist er somit voll verantwortlich..."
Der Kompaniechef macht eine Pause und sieht mich über seinen Brillenrand strafend an und spricht danach mit unverhohlenem Triumph in der Stimme weiter:
„Und weil Sie für das, was Sie tun und wie Sie sich benehmen, voll verantwortlich sind, werden wir Sie fristlos aus der Bundeswehr entlassen!"

Auch ich triumphiere, aber nur für mich im Stillen, freue mich, dass ich endlich meine Entlassung aus der Bundeswehr erreicht habe und frage den Hauptmann:
„Wo soll ich unterschreiben?"
Nachdem ich die Unterschrift zu meiner fristlosen Kündigung geleistet habe, dauert es allerdings noch sechs Wochen, bis ich dann wirklich entlassen werde.
„Die haben aber beim Bund zu „fristlos" eine eigenartige Einstellung",
denke ich spöttisch.
Ich bekomme am letzten Tag außer meinen Papieren auch ein Abschlusszeugnis ausgehändigt. In dem lese ich unter anderem:
„Seine dienstlichen Leistungen waren mangelhaft. Bei innerer Bereitschaft war er jedoch zu beachtlichen Spitzenleistungen fähig..."
„Ob Hauptmann Kahlke bei dieser Beurteilung noch mitgewirkt hat?",
frage ich mich im Stillen...

Hinein in die Gosse

Als ich am späten Nachmittag meines Entlassungstages von der Bundeswehr mit dem Zug auf dem Kieler Hauptbahnhof einrolle, steht dort mein guter, alter Freund Pit um mich abzuholen. Unser Kontakt ist während meiner Bundeswehrzeit nie abgebrochen. Weil ich nicht mehr bei mir zu Hause wohnen darf und auch nicht will, haben Pit und seine Eltern beschlossen mich bei sich aufzunehmen.
Also wohne ich dort und arbeite als Kraftfahrer. Während der ersten sechs Monate bringe ich mich gut in das Miteinander der Familie ein, helfe ein wenig im Haushalt und unterstütze Pits Mutter beim morgendlichen Austragen der Tageszeitung. In der Folgezeit jedoch geht mir das familiäre Alltagsgrau auf die Nerven und ich beginne meine übernommenen Pflichten zu vernachlässigen, betrinke mich öfter nach Feierabend alleine ohne Pit und störe somit die Familienharmonie. Pit und ich streiten uns oft deswegen. Und weil sich mein Verhalten eher verschlimmert als verbessert, kündigt er mir eines Tages die Freundschaft und teilt mir mit:
„Weißt du was, Lümmel? Ich habe jetzt die Schnauze gestrichen voll von dir! Wir bieten dir hier ein gutes Zuhause und du benimmst dich inzwischen zum Dank dafür wie ein Stück Dreck. Ich möchte dich auch im Namen der Familie bitten, dir schnell ein Zimmer zu suchen und hier auszuziehen. Und dann will ich nichts mehr mit dir zu tun haben. Für mich bist du nicht mehr der kameradschaftliche Freund von damals. Du bist ziemlich egoistisch und unangenehm zu ertragen geworden. Außerdem habe ich keine Lust mehr dazu, mich an jedem Wochenende mit dir zusammen zu besaufen und mit irgendwelchen Spinnern rumzuprügeln. Ich möchte meine Wochenenden bewusst und nicht bewusstlos erleben. Und noch was: Wenn du voll bist, gehst du mir mit deinem selbstmitleiderischen Gejammer ziemlich auf den Geist! Ich kann's nicht mehr hören, dass du so beschissene Eltern hast und dass die dein Leben verpfuscht haben... Nimm dein Leben doch selbst in die Hand! Na ja, das geht natürlich nicht, wenn du dich ständig besäufst... Ich will das jedenfalls nicht mehr. Mal 'nen Kleinen trinken,

das ist o.k. Aber jedes Wochenende? Nee, mit mir nicht mehr. So und nun sag' ich's dir noch einmal ganz deutlich: Für mich ist unsere Freundschaft beendet!"

Auf diesen Vortrag von Pit reagiere ich beleidigt und antworte maulend:

„Na gut, wenn du meinst, dass du inzwischen 'was Besseres geworden bist, dann hau' ich eben ab. Ist mir klar: ich tauge ja sowieso nichts, da habe ich bei euch tollen Menschen natürlich nichts mehr zu suchen..."

Drei Tage später wohne ich bei einem Saufkumpan, dessen Eltern verreist sind. Am Tag vor deren Rückkehr lebe ich plötzlich ohne festen Wohnsitz auf der Straße. Das ist mir aber ziemlich egal und meinen Kraftfahrerjob lasse ich auch einfach sausen...

Ab jetzt sieht mein Tagesablauf folgendermaßen aus: Morgens um 10.00 Uhr begebe ich mich in meine Kneipe. Diese heißt „Hansa-Bierstuben". Dort verkehrt ein illustres Publikum. Menschen aus vielen Gesellschaftsschichten geben sich hier ein Stelldichein: Studentinnen und Studenten sitzen an einem Tisch mit Handwerkern, Zuhältern, Kriminellen und Beamten. Weiterhin verkehren dort Marinesoldaten, Fischdampfermaaten und Prostituierte sowie Verkäuferrinnen und Verkäufer aus den umliegenden Warenhäusern und so weiter...Dort ist immer etwas los und ich bin täglich dabei. Da zu dieser Kneipe im Kellergeschoss auch ein Barbetrieb gehört, findet die „Polizeistunde", also der Ladenschluss nicht wie in anderen Kneipen nachts um 1.00 Uhr, sondern erst um 3.00 Uhr statt. Somit bin ich sehr oft 17 Stunden „am Stück" in meiner Kneipe! Wenn ich kein Geld habe, schnorre ich mir mein Bier zusammen, verdiene mir über ein paar Botengänge für den Wirt der Gaststätte mein Essen und verdinge mich ein bis zwei Mal in der Woche irgendwo als Gelegenheitsarbeiter, um ein paar Mark zur Verfügung zu haben. Selbstverständlich setzte ich diese überwiegend in flüssige Nahrung um. Mit Vergnügen lasse ich mich sehr oft in Schlägereien verwickeln und bekomme dadurch mit der Zeit einen zweifelhaften, für mich jedoch schmeichelhaften „Straßenköterruf". Allerdings hat mein Kampfstil nichts mehr mit sauberer Boxtechnik zu tun. Inzwischen attackiere ich meine Gegner mit hinterhältigen

Überraschungsangriffen, stoße mit dem Kopf, trete mit den Füßen und benutze im Nahkampf Knie und Ellenbogen. Und wenn jemand bereits am Boden liegt, trete ich zur Sicherheit und mit sehr viel Vernichtungswillen gerne noch mal nach. Egal, wohin..... Dabei bin ich mir sicher, dass diejenigen, die mir dabei zusehen, mich sehr bewundern. Insbesondere die weiblichen Zuschauer. Allerdings stelle ich bei solchen Gelegenheiten beschämt für mich fest, dass ich manchmal sehr feige bin. Nämlich dann, wenn „der Andere“ meinen Überraschungsattacken widersteht und sich energisch zur Wehr setzt. Dann bekomme ich Angst. Die fühlt sich ungefähr so an, wie die Angst vor meinem mich prügelnden Vater. Meistens fühle ich mich in den Momenten, da der andere sich wehrt, wie gelähmt und beziehe daraufhin entsetzliche Prügel. Auch das kommt sehr oft vor. Mindestens so oft, wie ich eine Schlägerei gewinne. Nicht selten laufe ich mit so genannten „Veilchen“, dicken Lippen und geschwollener Nase umher. Letztere erleidet dadurch einige Nasenbeinbrüche, wodurch sie schief wird und bleibt.
Darüber freue ich mich, denn jetzt sehe ich gefährlich und kampferprobt aus und nicht mehr so „klein-bubihaft“.
Die beschämende Erkenntnis, dass ich auch Angst und Feigheit in mir spüre, lasse ich nie lange zu, sondern spüle sie schnell wieder weg und triumphiere nach dem nächsten gewonnenen Kampf wieder. Ich genieße es, als Schläger bezeichnet zu werden. Wenn ich es zu schlimm treibe, bekomme ich manchmal vom Wirt der „Hansa-Bierstuben“ Lokalverbot. Dann verbringe ich meine Zeit im zwei Kilometer entfernten Lokal „Fischerdeel“. Dort herrscht ungefähr die gleiche Atmosphäre. Meistens pendle ich sowieso zwischen diesen beiden Kneipen hin und her. Das vorher erwähnte gelegentliche Lokalverbot ist nie besonders ernst gemeint und wird nach zwei bis drei Tagen meistens wieder aufgehoben. Es kommt, im Gegensatz dazu, sogar oft vor, dass die Gastwirte von beiden Kneipen mich bei sich kellnern lassen. Das ist für die beiden Herren kein schlechtes Geschäft: Ich arbeite für sie und führe das verdiente Geld in ihren „Betrieben“ auch

gleich wieder ihrem Umsatz zu, indem ich es an Ort und Stelle wieder vertrinke.
Und wie sieht mein Leben außerhalb meiner beiden Kampf- und Heimstätten aus? Wenn diese nachts geschlossen werden, gehe ich meistens als letzter Gast hinaus und stehe auf der Straße. Manchmal übernachte ich bei einem Saufkumpan, manchmal in irgendwelchen Heizungskellern, in denen mich die Kumpels pennen lassen. Oft schlafe ich im Freien; zum Beispiel in Gebüschen der Parkanlagen in der Umgebung. Zusätzlich zu den Kleidungsstücken, die ich am Leibe trage, besitze ich einen Wintermantel und einen Bundeswehrschlafsack, in dem ich, wo auch immer, meine Nächte verbringe. Meine Kleidung wasche ich gelegentlich bei meinen Kumpels, wenn diese mich beherbergen. Wenn ich bei diesen keine Unterkunft bekomme und das Wetter zu schlecht ist, prüfe ich an parkenden Autos, ob deren Türen verschlossen sind. Erstaunlicherweise vergessen sehr viele Autofahrer, ihr Fahrzeug abzuschließen. Wenn ich ein offenes Auto gefunden habe, steige ich ein und schlafe auf dessen Rückbank für zwei bis drei Stunden. Hierbei kommt es manchmal vor, dass ich auf dem gemütlichen Autosofa so tief schlafe, dass ich meinen Harndrang nicht spüre und in die Hose und somit auch auf die Rückbank pinkle... Nach „Kneipenschluss“ geschieht es auch ziemlich oft, dass ich ziellos durch die nächtlichen Straßen von Kiel irre und mich dabei eine tiefe Traurigkeit befällt. Dann trotte ich weinend durch meine Heimatstadt, lasse meinen Tränen freien Lauf und weiß nie genau, warum ich so traurig bin und sehr lange nicht mit dem Weinen aufhören kann...
Ich lebe als Stadtstreicher. Nicht als zugehöriger einer „Berber-Clique“, sondern als Einzelgänger, sozusagen als „Autodidakt“, als „einsamer Wolf“, jederzeit bereit zuzubeißen, sobald mir einer zu nahe kommt.
Auf diese Art lebe ich vom Spätsommer 1963 bis zum September 1964. Im Winter von ‘63 auf ‘64 nächtige ich öfter bei Kumpels als während der wärmeren Jahreszeiten.
Bei einer Frau übernachte ich während dieser Zeit allerdings nie. Es gibt durchaus solche, die sich für mich interessieren. Ich lasse mich jedoch aus Scham wegen meiner unzureichend hygienischen

Verhältnisse nicht auf sie ein. Außerdem befürchte ich, dass sie mich Dinge fragen, die mir sehr peinlich sind. Obwohl ich meinen „Straßenköterruf" genieße, schäme ich mich „tief drinnen" doch, dass ich als Akademikersohn nicht mehr als ein gesellschaftliches Nichts geworden bin. Ich stelle es mir als sehr deprimierend und schamerzeugend vor, einer Frau, die in mich verliebt ist, dieses erzählen zu müssen. Also lasse ich, wie man so schön sagt, die Finger von den Frauen.

Nicht nur nachts auf den Straßen bin ich, wie zuvor erwähnt, manchmal in depressiver Stimmung. Auch tagsüber oder abends in den Kneipen befinde ich mich nicht ständig in fröhlicher Cocktail-Party-Laune, sondern verfalle auch dort oft in Stimmungstiefs. Dann sitze ich am Tresen und starre manchmal sehr lange stoisch auf einen Fleck und frage mich nach dem Sinn meines beschissenen Lebens. Meinen Kumpels, die dabei sitzen, jammere ich dann meistens vor, dass ich mein erst seit zwanzig Jahren bestehendes Dasein für total verpfuscht und inzwischen für nur noch sinnlos halte:

„Hört mal, ich bin zwanzig Jahre alt und habe nichts - aber auch gar nichts - geschafft! Und es ist jetzt schon sicher, dass ich nie etwas schaffen werde! Was denn auch? Ist doch sowieso schon alles zu spät. Am liebsten würde ich bald verrecken!"

So und ähnlich klingt mein Gejammer dann gegen mich selbst. Diese Niedergeschlagenheit kann aber unmittelbar darauf urplötzlich in Großmauligkeit oder aggressives Geknurre gegenüber Fremde umschlagen, die gerade die Kneipe betreten.

Im September 1964 ändert sich meine Lebensweise. Das geschieht folgendermaßen:

Inzwischen arbeitet in den „Hansa-Bierstuben" ein fest eingestellter Kellner. Er heißt Erni. Mit ihm freunde ich mich an. Ihm ist zwar meine Arbeitsscheue ein Dorn im Auge, aber ansonsten ist er mir sehr wohlgesonnen. Insbesondere deswegen, weil ich bei Prügeleien immer wieder gute Leistungen zeige, wie er das nennt. Er selbst leistet auf dem Gebiet auch eindrucksvolle (Un-)Taten. Eines Tages nimmt er mich zur Seite und teilt mir mit:

„Mein lieber Lümmel, so geht das hier nicht mehr weiter mit dir. Du musst mal für einige Zeit von der Bildfläche verschwinden. In letzter Zeit waren schon zwei- oder dreimal die Bullen hier und haben sich nach dir erkundigt. Selbstverständlich wegen deiner Schlägereien. Dauert nicht mehr lange, und dann sitzt du im Knast. Du musst mal weg von der Straße und mal wieder arbeiten, aber für länger, nicht nur ein oder zwei Tage! Außerdem brauchst du ‘ne Bleibe. Klar, ich weiß, du hast keine Kohle, um dir ‘ne Hütte zu mieten. Aber ich hab’ mal nachgedacht und da ist mir ‘ne Idee gekommen. Willst du sie hören oder nicht?“

Für mich ist Erni, außer dass er mein Kumpel ist, auch so etwas wie ein großer Bruder. Ich höre oft auf seine Ratschläge. Also antworte ich:

„Erzähl’ mir deine Idee, Ernesto, du weiser Korn- und Gerstensaft-Kredenzer. Willst du mich ins Arbeitslager oder zur Erntehilfe in die DDR schicken?“

„Oh ja, das würde ich am liebsten tun“, lacht er, „aber ich weiß etwas Besseres: Wie du, mein’ klein’ Lümmel, ja weißt, sind sehr viele Gäste in diesem Laden Fischdampfermaaten, verdienen gutes Geld und sind auf ihrem Schiff zu Hause. Ich schlage dir vor, dich erst einmal auf einen Fischdampfer zu verpissen. Das ist zwar ein harter Job, aber du bist ja auch ‘ne harte Nummer. Was hältst du davon?“

Ich fühle mich sehr geschmeichelt, dass Erni mich für ‘ne harte Nummer hält und gebe ihm darin Recht, dass ich hier erst einmal verschwinden muss. Außerdem habe ich im Stillen schon oft darüber nachgedacht, ob ich auf einem Fischdampfer anmustern sollte. Aber auch dafür ist ein gewisses Startkapital erforderlich, sinniere ich und antworte Erni:

„Tja, im Grunde genommen ist das eine gute Idee. Aber wie soll ich das denn machen? Gut, das Seefahrtsbuch besitze ich noch, das ist o.k. Aber dann geht es schon los: Ich muss mir die Gesundheitskarte besorgen. Die kostet 12 DM, und die Kohle habe ich nicht. Außerdem brauch’ich ‘ne Menge Arbeitsklamotten. Die kosten noch mehr Geld. Wo soll ich das denn hernehmen, Erni? Sag’ mir, Erni, woher?“

„Angenommen“, erwidert er, „das mit der Kohle wäre kein Problem... Würdest du dann auf einem Fischdampfer anheuern?“
„Na klar!“ töne ich.
„Wirklich?“, bohrt Erni nach.
„Frag’ nicht so bescheuert! Natürlich würde ich das tun“, mache ich deutlich.
„O.k.“, antwortet mein Kumpel, „wenn das so ist, dann steht deiner Anmusterung bei der Kieler Hochseefischerei eigentlich nichts mehr im Wege. Ich habe mich bei einem der Maaten, die hier in der Kneipe ‘rumsitzen, nämlich schon mal schlau gemacht und ich weiß daher, das es gar nicht so kompliziert ist mit dem Geld. Da gibt’s keine Probleme. Die Arbeitsklamotten bekommst du komplett von der Schiffsausrüsterfirma, die sich im gleichen Gebäude wie die Reederei befindet. Wenn diese dich mustert, kriegst du ein Bestätigungsschreiben von denen. Das legst du beim Ausrüster vor und der gibt dir alles, was du an Arbeitsklamotten und anderen Utensilien brauchst. Sozusagen ‚auf Kreide’. Die Kosten für den ganzen Kram zieht der Reeder dir später von deiner Heuer ab und überweist sie an die Ausrüster-Firma. - Kapiert? - So! - Bleiben also noch 12 DM für deine Gesundheitskarte. Die bezahle ich. Um dich dafür zu revanchieren, kannst du mich nach deiner ersten Reise zum Essen einladen und mich danach besoffen machen. Könntest du dir das alles, so wie ich dir das jetzt gerade verklugfidelt habe, vorstellen?“
„Ja, das könnte ich.“
„Und? - Wirst du das auch so tun?“
„Ja.“
„Wirklich?“
Ja, Mann, glaub’ mir das doch“, bringe ich fast beleidigt hervor.
„O.k., dann gib mir deine Hand drauf.“
Ich gebe ihm meine Hand.
Erni spricht weiter:
„Und damit du nicht doch noch auf krumme Gedanken kommst, schläfst du nachts bei mir zu Hause auf dem Sofa- und zwar solange, bis du angemustert hast. Ich schätze, dass wir das alles innerhalb der

nächsten sieben Tage hinter uns gebracht haben. Im Fischereihafen liegen nämlich drei Dampfer, die garantiert Leute brauchen. Tja, was ist, möchtest du ein Bier, Lümmel?"
„Aber hallo", entgegne ich fröhlich.
Erni kredenzt mir das Bier und kellnert weiter. Ich gehe mit meinem Getränk an einen Tisch, an dem drei Fischdampfermaaten sitzen. Ich kenne sie schon länger, bis jetzt aber nur flüchtig und frage die drei:
„Ist es o.k., dass ich mich zu euch setze? Vielleicht gehöre ich nämlich bald zu eurer Gilde..."
Selbstverständlich wollen die erst einmal eine Einstandsrunde von mir haben. Erni finanziert mir auch diese vor. Und innerhalb der nächsten sieben Tage geschieht alles so, wie vorher besprochen.
Am 05. September 1964, ich bin mittlerweile 21 Jahre und fünf Monate alt, mustere ich als Leichtmatrose auf dem Fischdampfer „Wiking", einem Seitenfänger der Kieler Hochseefischerei, an.

Härtetest „Große Hochseefischerei“

Die erste Reise mit diesem Trawler geht in die irische See zum Heringsfang. Auf dem Fangplatz erwartet mich ein knüppelharter Job. Es gibt wenig Schlaf, aber sehr viel harte Arbeit: Aussetzen des Fanggeschirrs und Einholen desselben ist eine Kräfte zehrende Tätigkeit. Zwischendurch, wenn das Netz während des Hols vom Schiff über den Grund geschleppt wird, müssen die zuvor gefangenen Fische verarbeitet werden. Danach gibt es für kurze Zeit etwas Schlaf, aber dann tönt bald schon wieder der Arbeitsbefehl: „Hiev op, hiev op!“ durch das Logis, und das Netz mit dem neuen Fang muss wieder eingeholt werden. Oft, viel zu oft, ist es auf dem Grund des Meeres durch Hindernisse, die im Weg liegen, zerrissen. Dann wird es vom Fanggeschirr abgeschnitten und ein neues angeschlagen. Wenn Letzteres zum nächsten Hol wieder ausgesetzt ist, kommt zur Fischverarbeitung auch noch die Netzreparatur hinzu und an Schlaf ist nicht zu denken. Auf Grund der ungewohnten Arbeit schmerzen mir meine Gelenke, die neuerdings hohen Belastungen ausgesetzt sind.

Meine Hände und Finger tun mir auch ständig weh. Sie sind trotz der Schutzhandschuhe, die ich trage, mit kleinen Schrammen von den „Fleischhaken“ der Drahtseile und anderen Verletzungen übersäht. Sobald meine Hände auch nur mit der geringsten Menge Salzwasser in Berührung kommen, brennen sie heftig. Am schlimmsten zu ertragen ist für mich allerdings der ständige Schlafmangel. Mein Hauptproblem heißt plötzlich nicht mehr: Wo bekomme ich das nächste Bier her?

Sondern: Wann gibt es ausreichend Schlaf?!

Auf Bier oder Schnaps habe ich überhaupt keinen Appetit in dieser Arbeitshölle! Eine solche Fischdampfer-Frischfisch-Reise dauert ungefähr drei Wochen: fünf Tage Ausreise, fünf Tage Heimreise, und dazwischen zwölf Tage Fischerei. Während der Fischereitage gibt es keine geregelte Arbeitszeit. Wenn viel Fisch zu verarbeiten ist, zusätzlich noch Netzflickereien und Geschirrreparaturen zu erledigen sind, dann kommen 24 Stunden Arbeitszeit an einem Stück nicht selten vor.

Mein persönlicher Rekord an „Durcharbeitszeit" auf einem Fischdampfer beträgt 54 Stunden. Diese Angabe fällt nicht unter die Ruprik „Seemannsgarn"!
Zusätzlich zu den oben erwähnten Strapazen spielt das Wetter auch oft eine erschwerende Rolle. Der Wind bläst meistens mit fünf bis sechs Windstärken und sehr oft mit noch viel mehr. Das wühlt die See auf, und das verhältnismäßig kleine Schiff schlingert dadurch stark, was die Arbeit zusätzlich erschwert.
Als meine ersten zwölf Tage „Hochseefischerei" in der irischen See beendet sind, bin ich total erschöpft. Den Ausdruck erschöpft benutzt man als Fischdampfermaat aber nicht. In der Kütwagensprache (Fischdampfersprache) heißt es nicht „erschöpft", sondern „abgefischt".
Also bin ich abgefischt und wenn das Gesetz der Serie auch in diesem Fall Gültigkeit hat, dann ist nur diese Folgerung logisch:
Eberhard, alias Lümmel hat seine erste und letzte Reise auf einem Seitenfänger der Hochseefischerei absolviert, weil er nicht belastbar ist. Denn diese Arbeit ist wirklich eine besonders strapaziöse Zumutung.
Und entsprechend dem Gesetz der Serie folgend denkt auch Lümmels „großer Freund" Erni...
Als ich nämlich nach drei Wochen vom Heringsfang aus der irischen See zurückkehre und mich mein erster Landgang danach zu ihm in die „Hansa-Bierstuben" führt, stellt mir dieser hochgradig gespannt, mit besorgtem Blick auf meine zerschundenen Hände und mit zweifelndem Unterton die Frage:
„Na, Lümmel, das war wohl doch 'ne Nummer zu hart für dich oder fährst du trotzdem wieder mit?"
Ich erkläre ihm voller Stolz:
„Nee, Erni, ich mustere nicht ab. Das ist mein neuer Job. Dort bleibe ich! Ist zwar verdammt hart, war auch in den ersten Tagen kaum auszuhalten, aber jetzt ist's gut so. Das ist genau das, was ich brauche: gute Kumpels, ziemlich harte Arbeit, die mir aber liegt und es ist wirklich viel besser, als nur immer hier rumzulungern. Und das tollste, mein lieber Erni ist dieses:

Ich bin echt hart genug für die Fischerei. Darüber freue ich mich am meisten!“
Erni atmet erleichtert durch, haut mir eins auf die Schulter und meint: „Mein lieber Lümmel, das sage ich dir allen Ernstes: Für uns ist nichts zu hart! Uns haut nichts so schnell um. Lass da kommen, was will...!“
Im Stillen staune ich, dass er „uns“ und „wir“ sagt, denn eigentlich bin ich doch derjenige, der diesen Knochenjob macht... Aber ich sage nichts, sondern komme unserer Abmachung nach: Ich lade Erni zum Essen ins Steakhouse ein und mache ihn danach in einer anderen Kneipe besoffen. Weil mein frisch verdientes Geld dafür ausreicht, betrinke ich mich selbstverständlich gleich mit. Das wird für mich nämlich auch mal wieder Zeit, denn auf See gibt es keinen Alkohol. Allenfalls auf der Heimreise, zugeteilt vom Kapitän, und da gibt's nicht viel...
Und so bleibe ich auf dem Fischdampfer „Wiking“. Nach den dreiwöchigen Reisen liegt das Schiff meistens drei bis vier Tage im Hafen, um dann nicht mehr in die irische See zu fahren , sondern in Richtung Island zu den Fangplätzen mit den eigenartigen Namen wie zum Beispiel „Gammelloch“, „südlich oder westlich Mehlsack“ oder „Rosengarten“, „zum Blinden“, „Rennbahn“ und so weiter. Dort jagen wir dann Rotbarsch, Kabeljau, Seelachs, Schellfisch & Co.
Nach der dritten Reise werde ich zum Matrosen befördert. Dafür muss ich vor den Augen des Kapitäns einen Tauspleiß und einen Drahtspleiß fehlerfrei anfertigen. Außerdem muss ich bei dieser Prüfung einen kleinen Riss im Fangnetz fachgerecht ausschneiden und dann flicken. Die Aufgaben erledige ich einwandfrei und werde umgemustert zum Matrosen. Diesen Titel darf ich aber lediglich auf Fischereifahrzeugen führen, nicht in der Frachtschifffahrt. Dort müsste ich den „richtigen“ Matrosenbrief nachweisen. Trotzdem bin ich stolz und glücklich, dass ich jetzt (Fischerei-) Matrose bin!
Nach der bestandenen Prüfung blicke ich etwas spöttisch auf meine jüngste Vergangenheit zurück und bin auch darauf stolz und darüber froh, dass ich nicht mehr Keller, Gebüsche oder Autos suchen muss, um für die Nacht einen Schlafplatz zu finden. Der Fischdampfer

„Wiking" mit dem amtlichen Kennzeichen „SK 123" und dem internationalen Funkrufzeichen „DEPE" ist jetzt mein Zuhause und zugleich ein sehr abenteuerlicher Arbeitsplatz.
Die Hafentage nach jeder Reise genieße ich sehr. Ich gestalte sie nicht nur so, dass ich mich vom Einlauf- bis zum Auslauftag nur betrinke und herumprügele. Das geschieht zwar auch, aber überwiegend suche ich am ersten Liegetag die großen Kaufhäuser auf und lege mir neue Kleidungsstücke zu. Manchmal miete ich mir sogar für einen Tag ein Auto und fahre damit durch die Gegend. Sehr oft besuche ich dann die Orte meiner Kindheit an der Schlei, nämlich Kiusweg, Gunneby und das Grab meiner Großeltern in Ulsnis. Ich fahre sehr gerne Auto. Und abends, wenn ich das Fahrzeug wieder abgegeben habe, begebe ich mich dann aufgepeppt mit meinen neuen Kleidungsstücken in die „Hansa-Bierstuben" oder ins „Fischerdeel" und feiere „Hochseefischers Erntedankfest" mit Erni und all den anderen Kumpels und Fischereikollegen.
Nun gut, da kann es durchaus geschehen, dass meine just neu erworbenen Kleidungsstücke zerreißen oder durch Fremd- und oder Eigenblutflecken unansehnlich werden, weil es zu später Stunde durch die grundsätzlich überhöhte Einfuhr von Alkoholika nicht mehr möglich ist, Meinungsverschiedenheiten zu vermeiden oder sie verbal zu bereinigen, sondern nur mit körperlicher Gewalt seinen Argumenten Nachdruck zu verleihen...Tja, es ist, wie es ist! Wo gehobelt wird, fallen auch Späne...
Auf alle Fälle bin ich froh einen Weg aus meinem Pennerdasein gefunden zu haben!

Auf's Neue verliebt. Wieder versiebt?

Eines Tages, unmittelbar nach Rückkehr einer Fangreise und Erledigung meiner Textileinkäufe, stehe ich bekleidet mit einer neuen Jeans-Hose und einem figurbetonten T-shirt gegen 13.00 Uhr am Tresen der „Hansa-Bierstuben“ und bestelle mir für diesen Tag mein erstes Bier. Meine Haare sind frisch geschnitten und bieten den Anblick einer gemäßigten Beatle-Frisur. Wenn mich jetzt jemand fragen würde: „Ey, wie siehst du denn aus?“ Dann würde ich meine Nase heben und antworten:

„Ich sehe gut aus, mein Lieber! Ich sehe sogar verdammt gut aus!“

Aber das fragt mich niemand und meine eigene Aufmerksamkeit ist plötzlich nicht mehr so sehr auf mich konzentriert, als ich da stehe und mein frisch gezapftes Bier in der Hand halte. Nein, mein Blick und alle meine Sinne konzentrieren sich jetzt auf eine weibliche Gestalt, die etwa drei Meter von mir entfernt am Tresen steht und eine Cola trinkt. Ich registriere aufmerksam und hochgradig interessiert blonde Haare, große hellblaue Augen und einen hübschen Mund mit einem spitzbübischen Lächeln. Außerdem entdecke ich bei weiterer Betrachtung, dass die Dame mit reizvollen Rundungen ausgestattet ist - und zwar genau an den Stellen, wo solche Rundungen hingehören. Während ich sie genießerisch betrachte, stellt sie ihr Cola-Glas auf den Tresen und steckt sich eine Zigarette in den Mund. Mit der Geschwindigkeit einer zustoßenden Kobra gleite ich neben sie und halte ihr die Flamme meines blitzschnell gezückten und entfachten „Rowenta-Feuerzeugs“ unter die Spitze ihrer Zigarette. Sie sieht mich mit ihren schönen, blauen Augen an und sagt:

„Danke, so schnell hat mir noch nie jemand Feuer gegeben.“

Ich antworte etwas verlegen:

„Gott sei Dank war jetzt keiner schneller. Darf ich dir noch 'ne Cola oder ein Bier ausgeben?“

„Nein, danke, ich muss gleich wieder weg. Ich habe Mittagspause und muss um zwei Uhr wieder im Kaufhaus sein. Ich bin Verkäuferin.“

„Oh, schade, dass du gleich wieder weg musst. Können wir uns denn treffen, wenn du Feierabend hast?“
Nach dieser Frage von mir wirkt sie verlegen und sagt:
„Na gut, um sieben Uhr hier in den „Hansa-Bierstuben“.
Während dieser Worte errötet sie ein wenig.
„Hm, ist die süß“, denke ich, als ich das sehe und stelle mich endlich vor:
„Ich heiße Eberhard, aber alle nennen mich hier Lümmel.“
„Das weiß ich“, antwortet sie, „ich habe dich schon öfter gesehen, weil ich hier meistens meine Mittagspause verbringe. Ich heiße Bärbel.“
„Waas?? Und ich Trantüte habe dich nie bemerkt?? Dann muss ich aber ziemlich blind gewesen sein“, bringe ich mich selbst anklagend hervor. Einerseits fühle ich mich geschmeichelt, dass ich ihr schon vorher aufgefallen bin, andrerseits hoffe ich, dass sich das auf ihre Mittagspausen beschränkt und dass sie mich nicht spät abends total betrunken und in Schlägereien verwickelt erlebt hat. Wohlmöglich bei einer von denen, wo ich den Kürzeren ziehe... Mann, wäre das jetzt blamabel! Ich überspiele meine Befürchtungen jedoch mit einem charmanten Lächeln und frage sie, ob ich sie jetzt schon zu ihrem Kaufhaus begleiten darf.
Ich darf!
Und ich darf sie dort am Abend auch wieder abholen, weil wir plötzlich keine Lust mehr verspüren, den Abend unter vielen lauten Menschen in der hektischen Atmosphäre einer Kneipe zu verbringen...
Als Bärbel nach dem Ende ihrer Mittagspause in dem großen Kaufhaus untertaucht, begebe ich mich schnurstracks zu „meiner“ Autovermietung und leihe mir dort einen Ford „12-m-Coupe’ für den Zeitraum meiner gesamten vor mir liegenden Hafenzeit. Das sind noch drei Tage. Drei Tage, auf die ich mich so freue, wie auf noch keinen meiner Hafentörns! Kurz nach 18.oo Uhr stehe ich aufgeregt mit „meinem“ Mietwagen am Personalausgang des Kaufhauses und lasse Bärbel, die endlich Feierabend hat, in das Auto steigen.

„Ich habe mir, oder besser gesagt, uns ein Auto gemietet", erkläre ich ihr, damit sie nicht dem Irrtum unterliegt, dass ich der Besitzer dieses schnittigen Gefährts bin. Protzen ist nämlich nicht so sehr meine Sache. „Das ist aber nett von dir", freut sie sich und macht es sich auf dem Beifahrersitz bequem. Ich starte das Fahrzeug. Es ist ein warmer Augustabend im Jahr 1965 und Bärbel und ich fahren stillvergnügt lächelnd, aber auch etwas aufgeregt, unserem ersten und in der Folge des Abends auch ungefähr zwanzigsten Kuss am Strand von Kiel-Schönberg entgegen....

Als ich sie gegen 23.00 Uhr unversehrt vor der Wohnung ihrer Eltern abliefere, küssen wir uns noch einmal und beschließen von nun an miteinander „zusammen zu sein".

Als meine Liegezeit beendet ist, fällt es mir das erste Mal schwer, mit hinaus zu fahren seitdem ich Besatzungsmitglied auf der „Wiking" bin. Trotzdem bleibe ich diesbezüglich am Ball. Auch in der Zukunft. Aber es ändert sich einiges! Da ich eine feste Freundin habe, gehöre ich jetzt zu den Männern an Bord, auf die am Einlauftag an der Heimatpier jemand wartet. Auch ich werde abgeholt! Und an Land lebe ich neuerdings etwas „anständiger". Bärbel, die zu der Zeit erst 18 Jahre alt ist, muss jeden Abend um 23.00 Uhr zu Hause sein. Danach begebe ich mich zwar in die „Bierstuben", aber ich betrinke mich nicht mehr so sinnlos und provoziere wegen meiner verliebten und daher friedlichen Grundstimmung nur noch sehr selten eine Schlägerei. Meistens begebe ich mich schon gegen 1.00 Uhr zur Nachtruhe auf mein Schiff. Ich bin wesentlich ruhiger und ausgeglichener und fühle mich für längere Zeit ganz gut mit mir, mit „meiner" Bärbel und „meiner" Wiking.

Dieses harmonische Verhältnis zu meinem schwimmenden „Zuhause" beginnt jedoch langsam, aber stetig abzunehmen. Ich merke, dass ich immer mehr darauf erpicht bin auf einen der modernen Heckfänger umzusteigen. Wenn wir uns in der Fischerei auf dem Fangplatz befinden, trawlen wir mit sehr vielen anderen Fischdampfern zusammen. Mitunter schleppen bunt gemischt 30 bis 50 Seiten- und Heckfänger aus vielen Staaten Europas in Abständen von nur ein paar hundert Metern ihre Netze über den Grund. Wenn dann die Wetter-

und Arbeitsbedingungen besonders schwer sind, wandert mein Blick sehnsuchtsvoll zu den Heckfängern hinüber, weil ich weiß, dass meine dortigen Kollegen die langwierige Fischverarbeitung wind- und wettergeschützt unter Deck verrichten. Außerdem sind die Mannschaftsunterkünfte auf jenen Schiffen wesentlich komfortabler. Dort lebt man zu zweit auf einer Kammer und nicht wie hier zu viert oder gar zu sechst!

Im Oktober teile ich unserem Reederei- Heuerboss mit, dass ich die „Wiking“ bald verlassen möchte um auf einen der neuen „Frischfisch-Jäger“ einzusteigen. Die Heckfänger werden so genannt, weil sie schneller und wendiger als die Seitentrawler sind. Der Heuerboss verspricht mir, bis zum Ende des Jahres dafür zu sorgen, dass ich einen Platz als Matrose auf einem dieser Schiffe bekomme. Er müsse das jedoch personaltechnisch durchdenken und organisieren.

Mitte Dezember ist es dann endlich soweit: Nach 15 Monaten Fahrzeit auf der „Wiking“ darf ich direkt umsteigen auf den Frischfisch-Jäger und Heckfänger „Glückstadt“. Für dieses Schiff steht die Weihnachtsreise an. Dadurch, dass einige Besatzungsmitglieder zu Weihnachten zu Hause sein wollen und deswegen abmustern, habe ich die Chance, endlich den Arbeitsplatz zu wechseln. Bärbel und ich sind zwar traurig, dass wir die Feiertage nicht zusammen verbringen können, sehen aber keine Möglichkeit, dieses zu organisieren. Meine Integration in ihre Familie ist noch nicht so weit fortgeschritten und intim, dass ich Weihnachten bei ihren Leuten zu Gast sein könnte. Ich selbst habe kein anderes Zuhause als das jeweilige Schiff, auf dem ich fahre.

Apropos Zuhause... Inzwischen nehme ich manchmal Kontakt zu meinem Elternhaus, insbesondere zu meiner Mutter auf. Ich besuche sie kurz, wenn ich sicher bin, dass der Alte in der Schule ist. Bei diesen Besuchen, die allerdings sehr selten stattfinden, stelle ich zwei Dinge fest:

Zum Einen, dass ich einen sehr niedlichen kleinen Bruder habe, den ich irgendwann gerne einmal näher kennen lernen möchte und zum Anderen merke ich bei diesen Kurzbesuchen, dass meine Mutter offensichtlich dem Alkohol verfallen ist. Sie wirkt aufgedunsen, hat

meistens eine „Fahne“ oder zittert stark mit den Fingern. Die sonst so picobello aufgeräumte und peinlich gesäuberte Wohnung wirkt ziemlich schmuddelig und unordentlich. Wenn ich vorsichtig versuche das leidige Kreditthema anzusprechen, blockt sie sofort ab und schimpft:
„Hör' auf damit! Ich will nichts mehr davon wissen! Ich habe so viel für dich getan. Das warst du mir schuldig, mein lieber Sohn! Außerdem hat Vati sich wieder beruhigt. Er fragt mich manchmal besorgt, was du wohl machst. Dann sage ich ihm, dass ich von dir nicht mehr weiß, als dass du zur See fährst. Das scheint ihn zu beruhigen. Dass du mich manchmal besuchst, erzähle ich ihm nicht. Noch nicht... Vielleicht wünscht er sich im Stillen, dich 'mal wieder zu sehen. Das könnte ich mir vorstellen, aber ich weiß es nicht...“
Wenn ich meine Mutter nach diesen seltenen Kurzbesuchen wieder verlasse und mich zu Bärbel oder in meine Stammkneipe begebe, frage ich mich:
‚Wäre es nicht eine gute Lösung sich wieder mit dem Alten zu versöhnen und die Liegezeiten auch mal in meinem alten Zuhause zu verbringen?'
Wenn ich das gedanklich durchspiele, verspüre ich ganz kurz so etwas wie eine „alte Sehnsucht“, aber auch viel spürbarer und deutlich länger eine unwillige Ablehnung. Ich frage mich dann: ‚Will ich das wirklich? Ich weiß nicht..., ich glaube, das will ich nicht! Dann geht die gleiche Scheiße doch nur wieder von vorne los! Nee, nee, lass man...'
Sicher bin ich mir jedoch in jenen Tagen, dass ich eine andere „Zuhause-Idee“ verwirklichen will. Und das fühlt sich warm und hoffnungsfroh an, wenn ich daran denke! Bärbel und ich sind nämlich so gut wie verlobt. Allerdings nur heimlich! Wir sind uns nämlich schon seit ein paar Wochen einig, dass wir heiraten werden, sobald sie volljährig ist. Ihre Großmutter, die das Sorgerecht für sie hat, ist zwar gegen eine Ehe mit mir, aber wenn Bärbel in drei Jahren 21 Jahre alt ist, werden wir uns gegen deren Willen eine Wohnung nehmen und heiraten! Jawohl!
Aber zurzeit, im Dezember 1965, habe ich noch kein anderes Zuhause als meinen neuen Fischdampfer „Glückstadt“. Und dieser wird sich, mit

anderen sowie mit mir an Bord, während der Weihnachtstage südwestlich von Grönland im eiskalten Meer herumtreiben, um bundesdeutsche Küchen mit Seelachs, Kabeljau, Schellfisch & Co zu versorgen.
Der Abschied vor dieser Reise fällt Bärbel und mir besonders schwer. Vier Monate sind wir bereits zusammen und hätten gerne das Weihnachtsfest gemeinsam verbracht. Bärbel weint bittere Tränen und ich „hartgesottener Fischdampferlöwe“ kann meine auch nicht zurückhalten. Weil ich meiner Freundin in dieser Situation etwas Trost- und Hilfreiches sagen möchte, leiste ich ihr gegenüber einen Eid:
„Liebe Bärbel, ich schwöre dir, dass wir nächstes Jahr zusammen an Land Weihnachten feiern werden.“
Sie lächelt unter Tränen und antwortet:
„Das wäre wirklich sehr, sehr schön...“
Ich kann in jenem Moment allerdings nicht wissen, dass mich äußere Umstände dazu zwingen, diesem Eid gehorsam zu sein.

Einlaufen in den Hafen der Ehe.

Nachdem meine erste Fangreise auf der „Glückstadt“ gut verlaufen ist und meine Erwartungen in Bezug auf Arbeitsverbesserung und Unterkunft-Komfort erfüllt sind, befinde ich mich während meiner zweiten Reise auf diesem Schiff mitten in der Fischerei in folgender Situation:

Das Fanggeschirr soll ausgesetzt werden. Mein Job dabei ist es, das Steuerbord-Scherbrett klarzumachen, dass es mit dem Fanggeschirr zusammen weggefiert werden kann. Das Schiff schlingert etwas und auf der kleinen Stufe, die ich während meiner Tätigkeit betreten muss, liegt eine Eisschicht. Es ist also glatt und rutschig unter meinen Füßen. Deswegen suche ich mir mit meiner linken Hand einen Halt. Dazu benutze ich den Haltebügel des Scherbrettes. Um dessen Aufhängekette zu lösen, gebe ich dem Mann an der Winde mit der rechten Hand das Zeichen, dass er das Scherbrett jetzt anhieven soll. Meine Linke liegt immer noch auf dem Bügel, wird mit hoch gehievt und gerät etwas weiter oben an eine Eisenquerstrebe, wo sie eingequetscht wird. Ich brülle vor Schmerzen laut auf, woraufhin der Maat an der Winde das Brett sofort wieder fiert, und ich kann meine Hand wegziehen. Ich reiße mir meinen Arbeitshandschuh von der Hand und sehe die Bescherung:

Mein linker kleiner Finger und der linke Ringfinger sind zerquetscht. Ihre Knochen liegen frei und sind zersplittert. Der Schmerz ist furchtbar.

„Die sind ab! Die sind ab!“, brülle ich immer wieder und renne in Richtung Logis. Zwei Kollegen wollen mich stützen, mein Kumpel „Wanze“ will mich sogar tragen. Ich schubse ihn zur Seite und sage:

„Komm, lass uns schnell laufen, nicht mich tragen!“

Als ich endlich von meinen Arbeitsklamotten befreit bin und in meiner Koje liege, legt mir der zweite Steuermann einen Notverband an und verabreicht mir eine Morphiumspritze. Der „Alte“ lässt das Fanggeschirr einholen und bringt das Schiff in den Hafen von Godthaab auf Grönland. Dort werde ich abgesetzt und ins

Krankenhaus gebracht. Die „Glückstadt“ fährt mit meinen Kumpels an Bord wieder hinaus zum Fischfang. Als ich von Bord gebracht werde, sagt einer von den Jungs:
„Schade, es trifft immer die Besten... Den Arschlöchern passiert nie etwas!“
Dieser Spruch tut mir fast so gut wie die Morphiumspritze, aber meine Hochseefischer-Karriere ist erst einmal für unbestimmt lange Zeit unterbrochen, weil mir die beiden zerquetschten Finger amputiert werden und weil...(!): Bärbel „Tacheles“ mit mir redet!
Bis ich nach meinem Unfall wieder in Kiel bin, vergehen ungefähr drei Wochen. Zehn Tage davon verbringe ich in dem Krankenhaus auf Grönland. Danach holt mich das deutsche Fischereischutzboot „Poseidon“ ab und fährt mit mir an Bord zu dem nahegelegenen Fangplatz, auf dem sich deutsche Fischdampfer befinden. Ich bleibe solange an Bord des Schutzbootes, bis ein deutsches Schiff die Heimreise antritt. Von der „Poseidon“ nehme ich telefonisch Kontakt zu meinen Eltern auf. Im Hinblick auf meinen tragischen Unfall zeigt sich mein Vater versöhnlich und bietet mir an so lange zu Hause zu wohnen, bis ich wieder gesund bin. Dann soll ich mir ein Zimmer suchen. Von dem Geld, welches ich ihm seiner Meinung nach schulde, erwähnt er keine Silbe. Ich auch nicht!
Nach fünf Tagen Aufenthalt auf dem Fischereischutzboot werde ich auf ein „heimgehendes“ Schiff übergesetzt und bin einen Tag vor meinem 23ten Geburtstag, also am 17. Februar 1966 um zwei Finger meiner linken Hand erleichtert, wieder in Kiel. Während der nächsten Wochen wohne ich also doch einmal wieder bei meinen Eltern. Meine Begrüßung mit meinem Vater verläuft freundlich, aber auch ein wenig kühl...
Kommen wir nun zur vorher erwähnten „Tacheles-Ansprache“ meiner Freundin Bärbel. Nachdem wir uns anlässlich meiner Heimkehr liebevoll begrüßen, höre ich dieses von ihr:
„Es tut mir für dich wahnsinnig leid, dass du dir deine Finger abgequetscht hast. Aber ich möchte dir auch sagen, dass ich mich freue, dass du jetzt erst einmal an Land bleiben musst. Ja, das ist so. Auch

wenn der Anlass dafür traurig ist. Ich bin nach langem Überlegen zu der Überzeugung gekommen, dass ich nicht die Frau eines Seemannes werden möchte. Ich hasse dieses ständige Alleinsein und Abschiednehmen. Am Schlimmsten war es für mich, dass du Weihnachten weg musstest. Wenn du wieder gesund bist und wieder zur See fährst, werde ich das bestimmt nicht mehr lange aushalten. Ich glaube, dann geht unsere Beziehung kaputt..." Weiter spricht sie nicht, weil sie den Tränen nahe ist.

Und ich? Mich berührt ihr Appell sehr stark. Auch ich denke schon längere Zeit über dieses Thema nach und treffe, noch während sie so eindringlich und rührend mit mir spricht, endgültig eine Entscheidung und eröffne ihr:

„Bärbel, ob du es glaubst oder nicht: Ich bleibe an Land! Es wird mir zwar schwer fallen von der Fischerei Abschied zu nehmen, aber ich fahre nicht wieder hinaus. Wir werden heiraten, und ich werde als Kraftfahrer arbeiten. Schließlich besitze ich den Führerschein „Klasse 2". Ich fahre nämlich sehr gerne Auto und noch lieber 'n dicken LKW. Das verspreche ich dir!"

Und so geschieht es: Ab April 1966 bin ich wieder arbeitsfähig und beginne eine Tätigkeit als LKW-Fahrer in einer Maschinenfabrik. Außerdem miete ich mir ein Zimmer, in dem Bärbel mich sehr oft besucht.

Tja, und am 09. Dezember 1966 heiraten wir, obwohl meine junge Frau noch nicht volljährig ist. Bärbels Großmutter erlaubt es nun doch!

„Ich habe nichts gegen Eberhard. Aber ich wollte nicht zulassen, dass Bärbel einen Seemann heiratet und dann eine Seemannsehe führen muss", argumentiert sie.

In einer Anwandlung von sentimentalem Familiensinn informiere ich auch meine Eltern über unsere Heiratspläne und lade sie zur Hochzeit ein. Obwohl wir zuletzt wieder im Streit auseinander gingen und lange nichts mehr voneinander hörten, zeigen sie sich sofort versöhnlich und sagen erfreut zu, denn sie glauben und sprechen diese Vermutung auch aus, dass durch meine Eheschließung für mich endlich ein „anständiger und seriöser" Lebenswandel beginnt. Auch ich bin davon überzeugt...

Der Polterabend und unsere Hochzeit finden (traditionsgemäß) in dem Elternhaus der Braut statt. Irgendwann am Hochzeitsabend erhebt mein Vater vor allen anwesenden Gästen sein Glas, bittet um Gehör, prostet meiner mir frisch angetrauten Gemahlin zu und verkündet laut:
„So, Bärbel, mein Kleines, hiermit bist du in unseren Kreisen aufgenommen. Herzlich willkommen!"
Ich weiß, wie standesdünkelhaft er das meint, und es ist mir sehr peinlich...
Obwohl ich mich auf unsere Hochzeit sehr freue, bin ich während der standesamtlichen und kirchlichen Trauung sehr missmutig. Ich fühle mich ziemlich unbehaglich und leide unter einer unbeschreibbaren Zukunftsangst.
„Hoffentlich schaffe ich das alles", schießt es mir immer wieder durch den Kopf, kann aber nicht konkret benennen, was ich meine...
Erst als die Feier beendet ist und Bärbel und ich in unsere neu angemietete 1,5-Zimmer-Wohnung entfliehen können und miteinander alleine sind, geht es mir wieder etwas besser.

Szenen (m)einer Ehe

Während der ersten Monate unserer ehelichen Lebensgemeinschaft „läuft alles ganz gut“, wie es so schön heißt.
Bärbel arbeitet weiterhin als Verkäuferin und ich als LKW-Fahrer. Inzwischen fahre ich für eine Spedition und kann durch das Verrichten von Überstunden mehr Geld verdienen als bei der Maschinenfabrik. Wir haben beide einen sehr langen Arbeitstag und sehen uns abends selten vor 19.00 oder 20.00 Uhr. Dann machen wir uns es trotz der Müdigkeit und verhältnismäßig später Stunde meistens gemütlich und sind recht glücklich miteinander. Die Wochenenden verbringen wir oft mit den Freunden aus unserer Clique: Da gibt es Dieter den Maurer, der sehr humorvoll und ein zuverlässiger Kumpel ist. Da ist Jochen, der Intellektuelle und etwas Melancholische, da gibt es Ute, deren Eltern ein Pelzgeschäft besitzen, Uwe den Rechtsanwalt und Lady, den wir deswegen so nennen, weil er gerne den Cocktail „White Lady“ trinkt. Außerdem gehört auch noch Hascher dazu. Er ist der Gastwirt unserer anderen Stammkneipe. Diese liegt in der unmittelbaren Nachbarschaft der „Hansa-Bierstuben“ und heißt „Zum Anker“. Dort geht es etwas gemäßigter und bürgerlicher zu als in den „Bierstuben“ oder im „Fischerdeel“.
Obwohl wir in diesen Lokalen oft in geselliger Runde sitzen, habe ich meinen Alkoholkonsum und insbesondere mein Straßenköterverhalten auf ein erträgliches Maß reduziert. Geschieht es jedoch, dass irgendein Kerl „meine“ Bärbel schief ansieht oder sogar provokativ anlabert und ich unter ausreichend Alkoholeinfluss stehe, dann kracht’s! Hier ein Beispiel:
Eines Abends sind wir mit unserer Clique wieder einmal in den “Bierstuben“ zu Gast. Bärbel trägt eine Hose, die ihr attraktives Hinterteil sehr betont. Tja, und irgend so ein anwesender Maat von der Bundesmarine schafft es nicht, ihr gegenüber folgende Bemerkung für sich zu behalten:
„Mensch Daisy, du hast aber’n geilen Achtersteven!“

Das bringt mich ziemlich in Rage, und mit den Worten „Weißt du was, du Operettenmatrose? Meine Alte ist kein Schiff!", ramme ich ihm meine Faust ins Gesicht, prügle ihn aus dem Lokal hinaus und bin dann sehr stolz auf mich.
Solch Ereignisse finden aber wirklich nur noch sehr selten statt.
Eines Tages geschieht etwas sehr Aufregendes:
Drei Monate nach unserer Hochzeit, Anfang März 1967 erzählt Bärbel mir sehr aufgeregt:
„Ich bin schwanger! Ich bin mir sogar sicher, dass ich schwanger bin! ... Wie findest du das?"
Ich reagiere hoch erfreut:
„Wahnsinn! Das ist doch toll! Dann sind wir bald eine richtige kleine Familie!"
Obwohl wir beide unseren gemeinsamen Kinderwunsch eigentlich in die spätere Zukunft verplant haben, freuen wir uns dennoch, dass jetzt schon ein Kind unterwegs ist. Aber durch dieses im kommenden November anstehende Ereignis entstehen auch einige Probleme: Erstens benötigen wir eine größere Wohnung, die mehr Miete kosten wird. Zweitens wird Bärbels Gehalt irgendwann wegfallen. Infolgedessen werde ich mehr Geld verdienen müssen!
Mit der Beschaffung einer neuen Wohnung sind wir sehr schnell erfolgreich. Wir mieten eine mit zweieinhalb Zimmern in der dritten Etage eines Altbaus für einen erschwinglichen Preis. Die Miete dieser Wohnung ist deswegen so günstig, weil sich die Toilette im Keller des Hauses befindet. Den Umzug dorthin bewerkstelligen wir im Mai. Bei der Beschaffung fehlender Möbel unterstützt uns Bärbels Vater finanziell. Meinen Speditionsfahrerjob hänge ich an den Nagel und beginne eine Tätigkeit als Minicarfahrer. Dadurch, dass ich mich als Alleinfahrer einsetzen lasse, verdiene ich monatlich ungefähr 150 DM mehr als bei der Spedition.
Meine Alleinfahrerschichten sind zeitlich allerdings sehr aufwändig. Mittags gegen 14.00 Uhr besteige ich mein Auto und fahre alltags bis nachts um 2.00 Uhr oder bei Bedarf und Geschäftslage etwas länger. Da kommen 12 bis13 Stunden pro Schicht zusammen. An

Wochenenden ist erst gegen Morgen um 6.00 oder 7.00 Uhr Schichtende. Meistens fahre ich 6 Tage in der Woche und nehme lediglich einmal pro Monat ein Wochenende frei. Nicht öfter. Das würde zu finanziellen Einbußen führen, die ich nicht riskieren will. Da ich meinen Fahrgästen gegenüber ein sehr freundlicher und auch humorvoll unterhaltsamer Fahrer bin, bekomme ich viel Trinkgeld und habe bald sehr viele Stammkunden, die mich immer wieder anfordern. Unter den Kollegen der Minicar-Zentrale genieße ich den Ruf des „Spitzen-Kutschers". Den erwerbe ich mir dadurch, dass ich während meiner Schichten viel Geld einfahre und wie schon gesagt, von den Fahrgästen oft angefordert werde. Mir gefällt diese Arbeit sehr gut. Aber wie lange werde ich sie im Hinblick meiner langen Arbeitsschichten gesundheitlich durchhalten? Bärbel und ich stellen uns diese Frage, nachdem ich vier Wochen als Minicarfahrer beschäftigt bin. Wir trösten uns aber schnell mit etwas Zweckoptimismus darüber hinweg, indem wir gemeinsam hoffen:
„Ach, vielleicht ist es nur für kurze Zeit, bis es irgendwie oder irgendwoher einen besseren Job gibt..." Bärbel gießt dann auch noch etwas mehr Öl in die Flamme der Hoffnung, indem sie sagt:
„Wenn unser Kind auf der Welt ist, wird es für mich auch bald wieder möglich sein, irgendwie nebenher Geld zu verdienen! Das schaffen wir schon..."
Nach einer unproblematischen Schwangerschaft, aber einer komplizierten Geburt, während der es bei meiner Frau fast zu einem Nierenversagen kommt, wird am 20.November 1967 unsere Tochter Esther geboren.
Als ich die Nachricht aus der Klinik erhalte und nachdem mir versichert wird, dass Mutter und Kind trotz aller Komplikationen wohlauf sind, durchströmt mich ein Glücksgefühl, wie ich es noch nie zuvor in meinem Leben gespürt habe. Als Erstes rufe ich meinen Boss an und teile ihm mit, dass ich eine Woche Urlaub nehmen werde, weil ich ab heute stolzer Vater bin und das feiern will und muss. Der Boss akzeptiert das wohlwollend. Dann begebe ich mich in die Klinik, um meine Tochter und meine Frau zu besuchen. Letztere sieht noch etwas

elend aus und meine Tochter wahrhaftig schrecklich! Esthers Kopf ist total deformiert! So, als würde sich ein großes Ei unter der Schädelplatte des Hinterkopfes befinden. Jemand vom Klinikpersonal tröstet und beruhigt mich aber sofort:
„Wir mussten Ihre Tochter mit der Saugglocke holen. Deswegen sieht sie so aus. Diese hässliche Deformierung verschwindet innerhalb der nächsten drei Tage wieder. Dann sieht Ihr Kind völlig normal und bestimmt auch sehr hübsch aus."
Als ich die Klink verlasse, ist dieses Glücksgefühl noch stärker fühlbar als zuvor und ich bin auch ziemlich „durcheinander". Vor lauter Aufregung vergesse ich, Bärbels Großmutter sowie ihren Vater und meine Verwandten über dieses großartige Ereignis zu informieren. Mir fällt nichts Besseres ein als sofort nach dem Klinikbesuch in eine Kneipe zu gehen und danach vier Tage lang, lediglich von kurzen Schlafpausen unterbrochen, einen „Zug durch die Gemeinde" zu machen und durchzusaufen. Mein starkes Glücksgefühl bleibt mir während der ganzen Zeit treu. Am dritten Tag dieser „Tour post natal" sucht jemand in einer Kneipe Streit mit mir und will sich mit mir prügeln. Ich tätschle ihm freundlich die Wange und verweigere mich mit den Worten:
„Lass man, Macker, auf 'ne Hauerei hab' ich keine Böcke. Vielleicht später mal. Heute bin ich zu fröhlich für so'n Blödsinn."
Nach diesen Worten gebe ich ihm ein Bier aus, wechsle das Lokal und denke:
„Mannomann, kann Glück friedlich machen...!"
Am fünften Tag jedoch werde ich morgens total verkatert wach. Ich habe starke Kopfschmerzen, mir ist entsetzlich schlecht und ich leide unter einer sehr miesen Stimmung. Plötzlich beginnt mein Gewissen mich zu strapazieren, weil mir mit Schrecken einfällt, dass ich meine Verwandten nicht über die Geburt von Esther informiert habe. Ich setze mich also ans Telefon und rufe alle an und hole mir von ihnen wegen meines Versäumnisses Schelte ab. Selbstverständlich weiß inzwischen jeder, den es etwas angeht, von Esthers Geburt!

Einige Tage später werden die frischgebackene Mutter und die neu entstandene Erdenbürgerin nach Hause entlassen. Erst einmal beginnt das gemeinsame Leben unserer kleinen Familie in Harmonie, Liebe und Freude...
Bald jedoch merke ich, dass ein großer Teil der Aufmerksamkeit meiner Frau nicht mehr mir gilt, sondern dem Kind. Nach außen hin akzeptiere ich das zwar, innerlich macht es mir allerdings zu schaffen. Während meiner ohnehin schon sehr knapp bemessenen Freizeit gehe ich bald ohne Bärbel in die Kneipe und lasse sie mit dem Kind oft alleine. Zwangsläufig bin ich auch öfter wieder betrunken. Auf diesbezügliche Vorwürfe von Seiten meiner Ehefrau reagiere ich mit klischeehaften Sprüchen, wie:
„Ich will außer meiner Arbeit auch noch ein bisschen Spaß haben."
Oder:
„Lass mir doch meine Kneipe. Was hab' ich denn sonst noch?"
Nach meiner Heimkehr von meinen Kneipenbesuchen geschieht es sehr oft, dass ich zu später Stunde betrunken an das Kinderbett von Esther trete, sie herausnehme und beginne mit ihr zu schmusen oder sogar noch zu spielen. Das bringt Bärbel zur Weißglut. Hat sie doch gerade mühsam dafür gesorgt, dass das Kind einschläft, da kommt der besoffene Vater nach Hause und macht es wieder wach! Meine Frau brüllt mir dann wütend ihren Unmut entgegen, und ich schreie zurück:
„Das ist auch mein Kind! Ich will auch mal mit ihm spielen und schmusen!"
„Ja klar! Aber nicht mitten in der Nacht und auch nicht besoffen! Komm nach der Arbeit nüchtern nach Hause, wie andere Väter!" bekomme ich dann meistens zu hören. Na ja, und durch dieses unfriedliche Gebrülle ihrer Eltern beginnt dann auch Esther zu schreien, und ich gehe schmollend und beleidigt ins Bett. Am anderen Tag tue ich dann so, als sei nichts gewesen.
Unser Sexualleben wird auch immer problematischer. Ich stelle fest, dass Bärbel sich mehr und mehr zurückzieht. Nachdem ich sie in einem vertraulichen Gespräch einmal frage, ob ihr der Sex mit mir keinen Spaß macht, antwortet sie:

„Doch, doch, Spaß macht es schon. Nur wenn es dir kommt und ich noch nicht so weit bin, dann schnaufst du immer so laut in mein Ohr. Das stört mich."
Und nach einer kleinen Verlegenheitspause fügt sie hinzu:
„Schade, dass es immer so schnell zu Ende ist..."
„Dafür kann ich nichts", antworte ich, „das kommt, weil du mich so geil machst. Selbst Schuld. Ich könnte jeden Tag mit dir..."
In diesem Zusammenhang geschieht eines Abends Folgendes:
Bärbel und ich gehen ins Kino, um uns einen der neuen Aufklärungsfilme von Oswald Kolle anzusehen. Für mich tut sich beim Betrachten dieses Films eine völlig neue Welt auf: Ich erfahre das erste Mal in meinem Leben, auf welche Art und Weise ein Mann zu einem liebevollen, zärtlichen Liebhaber werden kann und was das bei Frauen bewirkt... „Meine" Bärbel und ich rücken auf den Kinosesseln dicht zusammen, legen unsere Arme umeinander und nehmen Teil an der prickelig-zärtlich-erotischen Atmosphäre, die dieser Film ausstrahlt. Turtelnd und angefüllt mit erotischer Spannung fahren wir nach der Vorstellung mit der Straßenbahn zurück. Auf dem Weg von der Haltestelle nach Hause liegt unsere Stammkneipe „Zum Anker". Anstatt vorbei zu gehen und sich mit dieser prickeligen Stimmung im Bauch ins eheliche Kuschelbett zu begeben, überrede ich Bärbel mit mir einzukehren und noch ein Bier zu trinken. Sie lässt sich darauf ein und trinkt wie verabredet ein Bier. Ich konsumiere jedoch innerhalb kürzester Zeit mit den anwesenden Kumpels mindestens sechs oder sieben und spüle mir mit diesem Gerstensaft die schönste Erotik-Stimmung aus dem Bauch, die mir je widerfahren ist. Zusätzlich kippe ich mir noch ein paar Doppelkorn hinein.
Als wir einige Zeit später in unserem Bett liegen, ist Bärbel frustriert, hat zu nichts mehr Lust, und ich bin außer zu lallender „Laberei" zu nichts mehr imstande...
Am anderen Tag denke ich darüber nach und weiß, dass ich's versaut habe. Zu Bärbel sage ich nichts. Sie zu mir auch nicht. Es ist das erste und letzte Mal, dass wir gemeinsam eine solche erotische Hochstimmung erleben.

Nach zwölf Wochen Minicar-Fahrerei und meinem trinkfreudigen Lebenswandel bin ich, wie man so schön sagt, „fertig mit Jack und Büx“! Ich wiege mittlerweile zehn Kilo weniger als zu Beginn meiner Minicar-Karriere. Bisweilen kommt es sogar vor, dass ich meinem Grundsatz, nicht alkoholisiert Auto zu fahren, untreu werde - und das im Personalverkehr mit Fahrgästen an Bord! Wenn ein Fahrgast meine Alkoholfahne im Auto bemerkt, schnuppert und mich daraufhin misstrauisch ansieht, nehme ich ihm mit einer cleveren Antwort den Wind aus den Segeln:
„Ja, ja, schnuppern Sie nur. Dort, wo Sie sitzen hockte eben einer, der stinkbesoffen war. Dem ist dann noch zu allem Überfluss seine offene Schnapsflasche auf meine Fußmatte gefallen. Bin mal gespannt, ob und wann dieser Fuselgestank hier rausgeht!“
Und weil ich solch ein offenes, freundliches und sehr jugendliches Nichttrinkergesicht habe, glaubt man mir diese Lüge immer...
Und alsbald beende ich meine Minicarfahrerkarriere. Aber nicht, weil ich manchmal unter Alkoholeinfluss fahre, sondern weil ich innerhalb von vier Wochen fünf Auffahrunfälle verursache, ohne etwas zu trinken. Ich bin, wie bereits erwähnt, nervlich und körperlich am Ende und kann mich nicht mehr richtig konzentrieren. Mein Boss ist trotz des Schadens, den ich durch die Unfälle verursache, nicht böse. Er sagt: „Ich habe schon längere Zeit den Eindruck, dass du „fertig“ bist. Du warst’n Spitzenkutscher. Aber jetzt hör’ man lieber auf mit der Fahrerei. Jemand wie du findet doch schnell wieder etwas Neues. Oder? Wenn dein nächster Boss etwas über dich wissen will, soll der mich ruhig anrufen. Ich weiß nur Gutes über dich zu erzählen!“
Zu jener Zeit ist es sehr leicht Arbeit zu finden. Ich beginne ein paar Tage nach diesem Gespräch als LKW-Fahrer bei einer Gerüstbaufirma. Das ist ein sehr harter „Knochenjob“. Die Arbeitszeit beginnt morgens um 6.00 Uhr und dauert oft bis in den späten Abend hinein.
Aber ich verdiene dort sehr viel Geld. Manchmal bis zu 1700 DM netto im Monat. Im Jahr 1968 kann man sich für diesen Betrag sehr viel kaufen...

Und: Es kommt für mich noch etwas Ideologisches hinzu: Die härtesten Männer im Norden Deutschlands sind Fischdampferlöwen oder Gerüstbauer, und ich bin jetzt beides! Apropos Fischdampferlöwe. Immer wenn ich in letzter Zeit betrunken bin, was sehr oft der Fall ist, jammere ich meiner Frau und auch meinen Freunden vor, dass ich am liebsten wieder zur See fahren möchte. Die Jobs an Land sind Mist, behaupte ich und beteuere, dass ich mich auf See und insbesondere in der Fischerei am besten fühle, weil ich dort ein guter Mann bin. Manchmal gehe ich sogar so weit Bärbel vorzuwerfen:
„Du bist Schuld, dass ich beruflich unzufrieden bin, denn du hast mich erpresst! Ich musste mich zwischen dir und der Seefahrt entscheiden!"
Bei den Gerüstbauern halte ich es ein halbes Jahr aus. Dann werde ich entlassen, weil ich montags zu oft fehle... In meiner Ehe kriselt es immer mehr...
Eine verrückte Idee bringt mich dazu mich selbstständig zu machen, und zwar als Blumenhändler auf dem Wochenmarkt. Bärbel jobbt nebenher in der Gaststätte „zum Anker". Unser gemeinsames Eheleben wird immer unerträglicher...
Nach vier Wochen Unternehmertum als Blumenhändler lasse ich wegen schlechter Ertragslage alles sausen und fahre wieder Minicar, aber nur aushilfsweise! Keiner der zehn oder zwölf Unternehmer, die der Zentrale angeschlossen sind, will den ehemaligen „Star-Fahrer" wieder einstellen. Zu viele negative Gerüchte umschwirren meine Person.
Zuhause zeige ich mich schlechtlaunig, aufbrausend und regelmäßig betrunken. Letzteres ist das Einzige, was ich regelmäßig und somit zuverlässig anzubieten habe. Ich bin für meine kleine Familie kaum mehr zu ertragen. Das einzig Schlimme, was ich nicht mache, ist, dass ich meine Frau und mein Kind schlage oder ihnen anderen körperlichen Schaden zufüge. Zu Bärbel sage ich deswegen gerne:
„Andere Männer schlagen ihre Frauen. Sei froh, dass ich das nicht tue...!"
Ich sehe das als eine gute Charaktereigenschaft von mir an und brüste mich damit auch vor meinen Freunden. Diese distanzieren sich

allerdings auch immer mehr von mir, weil ich wegen meiner Trinkerei und den damit verbundenen Aggressionen schlecht zu ertragen bin. Denn Schlägereien zettle ich wieder vermehrt an. Deswegen sagt mein Freund Dieter eines Tages zu mir:

„Lümmel, ich hab' eigentlich keine Lust mehr mit dir wegzugehen. Mit dir zusammen sitzt man immer irgendwie auf einem Pulverfass. Das ist nervig... Kann man nicht auch mal ohne Zoff und in gemütlicher Ruhe sein Bier trinken? Was ist bloß mit dir los, dass du dich ständig 'rumprügeln musst?"

Das Ende meiner Ehe

„Hast du schon das Neueste über deine gute, alte „Wiking“ gehört?“, fragt mich Benno Bracke, in der Fischereiszene auch „Bagger“ genannt. Er sitzt als Fahrgast in meinem Minicar, welches ich mal wieder aushilfsweise fahre. Bagger lässt sich oft von mir chauffieren, wenn er Landurlaub nach einer Fangreise hat. So auch heute wieder.
„Nee, hab’ nix gehört. Was ist mit der „Wiking“, frage ich ihn.
„Na ja, sie liegt gerade im Fischereihafen und wird für ihre letzte Reise ausgerüstet. Danach wird sie abgewrackt und zu Rasierklingen verarbeitet. Und der „Alte“, Hein Gruhlmann macht auch die letzte Reise seines Lebens als Kapitän. Anschließend geht er nämlich in Rente und benutzt dann wohl morgens die Rasierklingen, die man aus seiner „Wiking“ hergestellt hat. - Ha ha ha ha - ich dachte, das würde dich interessieren, weil du lange Zeit auf der „Wiking“ warst und mit dem Alten doch immer gut ausgekommen bist.“
„Na klar interessiert mich das. Schade, dass Hein Gruhlmann und seine „Wiking“ dann bald aus der Fischdampferwelt verschwunden sind. Am liebsten würde ich beide auf ihrem letzten Trip begleiten“, sinniere ich.
„Ich bin dabei“, sagt Bagger, „ich gehöre nämlich zur Besatzung. Und nach einer kurzen Pause fügt er hinzu:
„Ich fänd’s auch klasse, wenn du dabei wärst. Morgen früh um 9.00 Uhr geht’s los!“
Nach diesem Dialog setze ich Benno an seinem Fahrtziel, einer Kneipe im Kieler Rotlichtgebiet, ab. Diese Gegend heißt im Szenejargon „Küste“ oder auch „Kiez“.
„Wann hast du Feierabend?“, fragt mich mein Kumpel, nachdem er den Fahrpreis zuzüglich Trinkgelds beglichen hat.
„Gleich. Du warst mein letzter Fahrgast.“
„Dann bring’ doch deine Minikarre weg und komm’ gleich wieder her. Dann saufen wir ordentlich einen. Ich halt’ dich frei“, fordert Arno mich auf.
„Spitze“, freue ich mich. „In einer halben Stunde sehen wir uns. Ich komme hierher in die „Pfeffermühle“. O.k.?“

„Jo, bis denne..."
Gut gelaunt liefere ich mein Fahrzeug in der Zentrale ab, erledige meine Tourenabrechnung, stecke meine Provision und mein Trinkgeld ein und begebe mich gegen 18.30 Uhr zu Bagger in die Küsten-Gaststätte „Pfeffermühle".
Ich verschwende keinen Gedanken daran, kurz zuvor nach Hause zu gehen und Bärbel darüber zu informieren, dass es heute Abend spät werden könnte.
Mein Kumpel und ich klappern in der Folge fast alle Kneipen der Kieler Küste ab und trinken artig alle Gläser leer, die uns die jeweiligen Gastwirte zum Verzehr anbieten. Zwischen 3.00 und 4.00 Uhr in der Nacht bestellen wir uns ein Taxi.
„Weißt du was, Baggimaus?" lalle ich meinen Kumpel an, „heute Nacht werde ich nicht nach Hause fahren, sondern das letzte Mal auf der guten, alten Wiking schlafen. Und zwar in meiner alten Koje. Ist die frei?"
„Superaffengeil", lallt Bagger nicht minder, „die Koje ist frei. Das weiß ich genau. Am besten du machst dann auch gleich die ganze Reise mit!"
„Dolle Idee, wetten, dass ich das tue? Das darf aber beim Auslaufen keiner merken..."
„Merkt auch keiner, wenn du deinen Arsch ohne laut zu furzen in der Koje versteckst. Da guckt nämlich niemand 'rein und die Kojenschotten machen wir dicht. Und wenn wir auf See sind, bring' ich dir immer was zu futtern... Ha ha ha, geile Idee! Das machen wir! Oder bist du zu feige dazu, Lümmel?"
„Ich und feige? bist du bescheuert? Wie lange kennst du mich eigentlich schon, du Blödbagger, he?"
Wir verlassen das Taxi am Liegeplatz der „Wiking". Ich betrachte sie liebevoll und weine beinahe, als ich sie anspreche: „Du guter, alter, rostiger Schrotthaufen, hier ist dein lieber, kleiner Lümmel, der in deinem Bauch versteckt dich auf deiner letzten Fahrt begleiten wird. Wenn ich ein eigenes Hafenbecken hätte, würde ich dir dort einen Liegeplatz mit Gnadenbrot geben, bis du von alleine auseinander fällst..."

„Ja,ja", mahnt Bagger, „hör auf so laut 'rumzusülzen, sonst wirst du noch bemerkt und dann wird nichts aus der Reise! Komm' jetzt!"
Dann wanken wir ins Mannschaftslogis, ich klettere in „meine" alte Koje, schiebe von innen die Holzschotten zu und schlafe ein.
Als ich erwache, ist es um mich herum stockfinster. Mein Schädel schmerzt und mir ist speiübel. Mein Bett schwankt und ich vernehme ein monotones Geräusch - es klingt wie eine Schiffsmaschine. - Mich durchfährt ein eisiger Schreck! Plötzlich fallen mir die Geschehnisse vom gestrigen Abend ein.
„Oh Gott, sag' bloß, ich hab's getan...?!" murmle ich und ertaste mit meiner linken Hand den Griff vom Kojenschott und öffne es.
„Ja, du blöder Hund hast es getan", bestätige ich mir und bin entsetzt über meine Situation. Ich sehe auf meine Armbanduhr. Sie zeigt auf 14.30 Uhr. Nach kurzer Recherche komme ich zu dem Ergebnis, dass ich mich seit etwa 4.00 Uhr morgens auf diesem Schiff befinde. ‚Wenn die „Wiking" um 9.00 Uhr ausgelaufen ist, müsste sie jetzt mitten auf der Ostsee sein... Da ist nichts mehr zu machen... Am besten ich melde mich gleich beim Alten...'
Während ich diese Überlegungen anstelle, poltert jemand den Niedergang herunter. Es ist Dieter Block, den ich auch aus meinen „alten" Wiking-Zeiten kenne. Er lacht mich fröhlich an:
„Hallo Lümmel, altes Haus! Na, willst du noch ein letztes Mal auf deinem alten Seitenklatscher fahren? Find ich gut! Aber erstmal sollst du zum Alten raufkommen. Der weiß inzwischen, dass du hier bist. Brauchst aber kein' Schiss zu haben."
Also begebe ich mich wie befohlen zum Alten auf die Brücke. Als der mich sieht, lacht er laut auf und röhrt mit seiner mächtigen Stimme:
„Na Lümmel? Wie ich höre, bist du mit Bagger versackt und keiner hat bemerkt, dass du hier an Bord schläfst. Benno hat es mir vor einer Stunde gebeichtet. Was mich betrifft, ich will nur eines wissen:
Willst du diese Reise mitmachen und arbeiten oder willst du nicht arbeiten? Erzähl!"
„Klar, Kaptein, natürlich will ich das! Was soll ich denn sonst machen?"

„Wenn du 'Nein' gesagt hättest, müsste ich dich für teures Geld absetzen, Hafen anlaufen u.s.w., für dein teures Geld, übrigens... Nu' hast du aber gesagt, dass du arbeiten willst. Das teile ich der Reederei mit und du kriegst die Reise bezahlt und wirst nachträglich gemustert. Das mauscheln wir schon hin... Sieh zu, dass du dir ein paar Arbeitsklamotten zusammensuchst. Da liegt ja immer irgendwo was Verwaistes 'rum. Du gehst dann mit deinem Busenfreund Bagger die 8-12-Wache. Alles klar? Ja? Dann hau jetzt ab. Ach noch was: Früher hätte man dich als „blinden Passagier" über die Reling ins Meer geschmissen und dann hätte dich die Schiffsschraube zerstückelt. Das weißt du doch oder?" Dann lacht er dröhnend über seinen Scherz, haut mir eins auf die Schulter und entlässt mich.
Erst am nächsten Tag traue ich mich, Bärbel über das Funktelefon des Schiffes anzurufen und ihr mitzuteilen, wo ich mich befinde. Zu diesem Zeitpunkt weiß sie seit drei Tagen nicht, wo ihr Ehemann steckt! Kleinlaut berichte ich ihr von den Ereignissen... Sie reagiert sehr reserviert. Ich frage sie, ob ich nach der Reise wieder nach Hause kommen darf. Als Antwort höre ich dieses:
„Das kann ich dir nicht verwehren. Mach' dir aber in Bezug auf deinen Empfang keine große Hoffnung. So, und jetzt will ich nichts mehr von dir hören. Ich muss mich um Esther kümmern."
Noch während ich „Grüß' sie bitte von mir!" in die Sprechmuschel rufe, knackt es in der Leitung. Das Gespräch ist beendet...
Nach dem Ende dieser Reise sind die anstehende Verschrottung des Schiffes und die Pensionierung meines Kapitäns für mich kein Thema mehr. Mit schlechtem Gewissen und dumpfem Angstgefühl besteige ich ein Taxi, fahre damit nach Hause und klingle an unserer Wohnungstür. Bärbel öffnet. Sie ist aber nicht alleine. Ihre Freundin Ute ist auch anwesend. Als wäre nichts geschehen, gehe ich auf Bärbel zu um sie zu umarmen. Sie weist mich jedoch schroff zurück und sagt in barschem Ton:
„Lass mich zufrieden und fass mich nicht an! Du darfst in die Stube gehen und die linke Schranktür öffnen. Da liegt Post für dich."

Ich entnehme dem Schrankfach einen dicken, blauen, amtlichen Brief. Dieser beinhaltet Bärbels Scheidungsklage gegen mich. Sie ist verfasst von unserem gemeinsamen Freund Uwe, dem Rechtsanwalt aus unserer Clique. In diesem Schreiben äußern sich auch unsere anderen Freunde als Zeugen gegen mich und für Bärbel. Ich lese einen Text, der mir schonungslos mitteilt, wie verantwortungslos und nur meinen Saufbedürfnissen nachgehend ich mich während der letzten Monate meiner Frau und meinem Kind gegenüber verhalten haben soll...!
„Alles Lüge!“, begehre ich mit lauter Stimme auf. „Alles Lüge! Ihr wollt mich fertig machen! Das ist alles! Aber bitte, dann lassen wir uns eben scheiden! Ist mir doch egal...! Wo ist meine Tochter? Ich will zumindest sie begrüßen. Wo ist sie?“, lamentiere ich.
„Die ist nicht hier. Sie ist bei Ute zu Hause“, erwidert Bärbel, “und dahin fahren Ute und ich jetzt auch. Dir würde ich empfehlen jetzt keinen Terz zu machen, sonst rufe ich sofort die Polizei an. Du kannst mir glauben, dass ich das tue.“
Bärbel wirkt bei dieser Aussage sehr ruhig, entschlossen und glaubhaft. Ich ziehe es vor mich nicht aufzulehnen oder in irgendeiner Form Lärm zu machen. Tief drinnen sehe ich nämlich ein, dass Bärbel „irgendwie“ Recht hat.
Um es kurz zu machen: Ein paar Wochen später findet der Gerichtstermin für unsere Scheidung statt. Unsere Ehe wird am 19. Juli 1969 auf Grund meines Fehlverhaltens und meiner alkoholbedingten Missetaten rechtskräftig geschieden. Ein paar Jahre später heiratet Bärbel wieder. Ihr neuer Ehemann adoptiert meine Tochter Esther. Ich akzeptiere das. Einerseits bin ich erleichtert, weil die Unterhaltszahlungen wegfallen, andrerseits bin ich froh, dass meine Tochter in „vernünftigen“ Familienverhältnissen aufgezogen wird und dass der neue Vater kein saufender „Heiopei“ (Mittlerweile betrachte ich mich nämlich als einen solchen in Bezug auf mein Verhalten als Familienvater.) ist.
Obwohl ich berechtigt bin, mein Kind nach Voranmeldung zu besuchen, breche ich den Kontakt ab, weil ich voller Schamgefühle gegenüber Esther und Bärbel stecke, aber auch, weil ich keine Lust auf

regelmäßige Verpflichtungen habe. Außerdem würde ich mich von meiner ehemaligen Frau und ihrem neuen Ehemann in Bezug auf meine Freizeitgestaltung und Lebensweise beobachtet und kritisch gesehen fühlen. Auch dazu habe ich keine Lust!

Erneuter Abstieg

Unmittelbar nach meiner Scheidung mustere ich wieder auf einem Schiff an. Dieses Mal nicht in Kiel, sondern in Hamburg . Der Name dieses Schiffes ist „Julius Pickenpack", kurz „Jupi" genannt. Bei ihm handelt es sich nicht um einen Frischfisch-Jäger, der nach dreiwöchiger Reise wieder den Heimathafen anläuft, sondern um ein so genanntes Fabrikschiff. Auf Fahrzeugen dieses Typs wird der gefangene Fisch sofort zu Filet verarbeitet, gefrostet und in einem riesigen Laderaum gelagert, in dem eine Temperatur von minus 30 Grad herrscht. Theoretisch braucht solch ein Schiff erst dann die Heimreise anzutreten, wenn es seiner Ladekapazität entsprechend vollgeladen ist. Denn der tiefgekühlte Fisch verdirbt nicht. Deshalb kann es bei schlechter Fanglage durchaus geschehen, dass ein „Froster", wie er im Fachjargon heißt, manchmal monatelang auf See bleibt. Meine persönliche längste Zeitspanne mit der „Jupi" auf See, ohne einen Hafen anzulaufen, dauert vier Monate und drei Wochen. Und das im eisigen Nordatlantik zwischen Neufundland und Grönland. Selbstverständlich ist es während solchen und ähnlichen zeitaufwendigen Reisen nicht möglich, bei Bedarf „rund um die Uhr" zu arbeiten. Deshalb gibt es auf diesen Frostern geregelte Arbeitszeiten: Man leistet 12 Stunden Schicht und hat danach 6 Stunden frei. Selbstverständlich ist auch das auf Dauer sehr erschöpfend und strapaziös, wenn man diesen Rhythmus wochen- und monatelang hintereinander ableistet.

Übrigens: Auf der „Jupi" gibt es während der langen Fischereiphase nur sehr selten Alkohol in Form von maximal 6 Dosen Bier pro Person. Nicht mehr, und die müssen vom „Alten" über ein entsprechendes „Ticket" genehmigt sein!

Meine erste Reise mit der „Julius Pickenpack" dauert ungefähr drei Monate. Als ich mich am Einlauftag in das Lohnbüro der Reederei begebe und mich darauf freue einen dicken Geldbatzen für drei Monate Fahrzeit in Empfang zu nehmen, bekomme ich lediglich 80 DM ausgehändigt.

„Mehr kann ich Ihnen heute nicht auszahlen“, teilt mir der Lohnbuchhalter in kühlem Tonfall mit. Ich reagiere wütend und enttäuscht und brülle:
„Wieso denn nicht? Wird man hier in diesem Mistladen etwa um sein sauer verdientes Geld beschissen? Wieso kriege ich so wenig Kohle für so viel Arbeit, he?“
Der Lohnbuchhalter, der sich aus Sicherheitsgründen hinter einer Panzerglasscheibe mit einer kleinen Sprechklappe befindet, faucht zurück:
„Herr Lempelius, hören Sie auf, hier so ‘rumzubrüllen, sonst rufe ich die Polizei! Ich kann nichts dafür, dass Sie nur einen geringen Teil Ihres Lohns ausbezahlt bekommen. Gegen Sie liegt eine satte Lohnpfändung vor. Hier, ich gebe Ihnen jetzt die Ausfertigung, die an Sie gerichtet ist. - Und noch mal: Heute gebe ich Ihnen 80 DM Einlaufgeld und für die weitere Zeit Ihres Hafentörns stehen Ihnen wahrscheinlich noch 250 DM zu. Das muss aber noch errechnet werden. Kommen sie morgen wieder. Dann können Sie sich das Geld abholen. Mehr werden Sie garantiert nicht bekommen!“
Still, kleinlaut und durch seine Worte ziemlich verunsichert, lasse ich mir das amtliche Schreiben geben. Es enthält einen dreifachen Pfändungsbeschluss.
Erstens: Für die Gerichtskosten meiner Scheidung.
Zweitens: Für die entstandenen Rechtsanwaltkosten meines ehemaligen Freundes Uwe Targe.
Und Drittens: Pfändung des Unterhalts, den ich für meine Tochter Esther zu leisten habe.
‚Scheiße’, denke ich, ‚dass die das alles gleich pfänden..., na ja, was heißt hier „gleich“? Immerhin hast du drei Monate auf keine Rechnung geantwortet und nichts bezahlt. Na ja, das konnte ich ja auch nicht. Auf See gibt’s nun mal keine Post... Aber die haben dir wohl gleich von vorneherein misstraut und sind wohl sofort mit ‘ner Pfändung zur Sache gegangen. - Mannomann, wie lange es wohl dauern wird?’, grüble ich.

„Es", damit ist die Pfändung gemeint, ist erst nach zwei Jahren und neun Monaten im Februar 1971 vorbei. Zu dem Zeitpunkt sind die Gerichts- und Rechtsanwaltkosten sowie die hinzukommenden Zinsen getilgt. Für Esther brauche ich auch keinen Unterhalt mehr zu zahlen, weil sie von ihrem „neuen" Vater adoptiert wird.
Ich fahre also unter schwersten Arbeitsbedingungen zur See und bekomme fast drei Jahre lang lediglich lächerliche Almosen dafür ausgezahlt! Während meine Kumpels pro Hafentörn 1000 bis 1500 DM zu „verballern" haben, muss ich mich mit höchstens 350 DM zufrieden geben. Aber oben erwähnte Kumpels lassen mich nicht im Stich! Sie „schleppen" mich mit durch die Hafenzeit, und ich bin mit deren Hilfe genau so oft betrunken, wie ich es wäre, wenn ich mehr Geld zur Verfügung hätte. Auf der „Jupi" sind viele Maaten aus Kiel gemustert. Wenn wir nach langer Fangreise in Hamburg einlaufen, mieten wir meistens ein Taxi und fahren damit gemeinsam nach Kiel an die „Küste", um dort unsere Heuer zu verprassen. Die Hamburger Reeperbahn interessiert uns nicht besonders. Die durchstreifen wir allenfalls mal „alternativ". Wir lieben unsere kleine Kieler Küste, weil dort fast jeder jeden kennt und der Nepp sich dadurch in Grenzen hält. Na gut, wenn man zu später Stunde am Tresen überzecht einschläft, geschieht es auch in Kieler Kiez-Kneipen, dass der Wirt einen dreimal hintereinander mit den Worten:
„Nu' werd' mal wach, du musst noch bezahlen!", weckt und somit auch dreimal kassiert...
Aber wie schon gesagt, wir glauben, dass der Nepp in Hamburg wesentlich schlimmer vonstatten geht!
Und wo schlafen wir nach hartem Zechgelage? Na klar! In Ignaz' Hotel. Es heißt „Hotel Aviv". Dort kostet ein Einzelzimmer pro Nacht nur 16 DM und das ist sogar für mich erschwinglich, wenn ich dort pro Hafentörn fünf- oder sechsmal übernachte.
Meine erste schwere Rauschmittelvergiftung ziehe ich mir während dieser Zeit zu. Folgendes geschieht:
Unser Schiff läuft eines Tages gegen 12.00 Uhr mittags in Hamburg ein und macht im Fischereihafen fest. Nachdem wir uns landfein gemacht

haben, gehen wir zur Reedereikasse und holen unser Geld ab. Wir - das sind fünf landgeile Fischdampfermaaten, die sofort nachdem sie ihre Heuer erhalten haben, mit einem Taxi nach Kiel fahren wollen. Wir hören auf interessante Namen: Der eine heißt „Hering“, weil er sehr schmal ist, ein anderer heißt Tarzan, weil er sehr breit ist. Weiterhin sind noch „Rübe“ und „Schellfisch“ dabei. Der fünfte im Bunde wird „Lümmel“ genannt. Das bin ich.
Es gibt nur sehr wenige Mitarbeiter der deutschen Hochseefischerei, die keinen Spitznamen haben.
Als wir endlich in dem Taxi sitzen, welches uns nach Kiel ringen soll, holt Rübe eine unverzollte Whiskyflasche hervor, öffnet sie und reicht sie herum.
„Zum Antörnen“, sagt er bedeutungsvoll und verschwörerisch grinsend. Jeder von uns nimmt ein paar Schlücke und der Whisky macht wiederholt die Runde. Als wir mit dem Taxi Bad Bramstedt hinter uns lassen, lassen wir die die mittlerweile geleerte Flasche auch hinter uns. Hering wirft sie aus dem fahrenden Auto in den Straßengraben, ohne dass der Fahrer es bemerkt. Plötzlich sagt Tarzan:
„Wisst ihr was? Wir machen am Kieler Kiez drei Tage durch! Und zwar wirklich durch! Ohne zu pennen!“
„Haha, wie willst du das denn machen? Du bist doch jetzt schon besoffen und liegst spätestens heute Abend flach“, bekommt er zur Antwort.
„Nee, nee, ich schaff' die drei Tage“, klingt es von ihm geheimnisvoll und er zieht eine kleine Medikamentenschachtel aus seiner Jackentasche hervor.
„Captagon“ steht darauf geschrieben.
„Was ist das denn?“, will jemand wissen.
„Das sind Cappis. Damit kann man drei Tage lang durchsaufen, durchvögeln, durcharbeiten und was sonst noch alles…!“
„Und wo hast du die her?“
„Die hab' ich im letzten Hafentörn 'ner Nutte aus ihrer Handtasche gezogen. Die Alte war total stramm und pennte am Tresen. Ist noch voll, die Packung. - Wollt ihr?“

Nach diesem „Wollt ihr?“ herrscht erst einmal Schweigen im Taxi. Dann beginne ich laut zu überlegen:
„Heute ist Mittwoch, dann Donnerstag, dann Freitag, und Sonnabend geht es erst wieder ins Bett. Und wenn man darüber nachdenkt, was man bisher im Schlaf alles versäumt hat..., oh, oh, ich mag gar nicht daran denken... Na gut! Komm, Tarzan, gib mir die Pille!“
„Genau“, pflichten die anderen mir bei, „Lümmel hat Recht! Lass ‘rüberwachsen, Tarzan!“
Und so wirft sich jeder von uns eine Captagon ein. In Kiel lassen wir uns vor dem Hotel Aviv absetzen und buchen jeder für sich ein Zimmer. Wir wollen zwar drei Nächte nicht schlafen, aber es kann ja möglich sein, dass uns wildfremde, attraktive Frauen ansprechen und fragen ob wir für die Nacht eine Bleibe für sie hätten. Wer weiß...
Nachdem jeder von uns sein Zimmer gebucht hat, stürmen wir das in unmittelbarer Nähe gelegene „Fischerdeel“. Der Wirt Waldemar begrüßt uns voller finanzieller Vorfreude. Er kennt uns alle und weiß, dass seine Kasse oft und besonders laut klingelt, wenn die „Jupi-Maaten“ zu Gast bei ihm sind. Wir setzen uns an einen freien Tisch und bestellen jeder für sich ein großes Bier.
„Wollt ihr einen Weinbrand dazu?“, fragt Waldemar, „den gebe ich aus.“
„Na klar, Waldemar! Her damit! Und Prost!“
Nach einer Stunde aktiver Feuchtfröhlichkeit sind wir fünf ganz schön „knülle“, aber topfit.
Dank „Cappi“!
Am Nebentisch sitzen drei langhaarige Hippie-Typen und rauchen Joints. Schellfisch stößt mich an und fragt mich im Flüsterton:
„Soll ich die mal fragen, ob sie uns ‘n Joint verscheuern?“
Ich raune zurück:
„Meinst du? Ich habe mir noch nie sowas ‘reingezogen.“
Hering, Tarzan und Rübe bemerken unser Geflüster. Als sie von uns erfahren, worum es geht, wendet Hering sich an die die Hippies und fragt:
„Könnt ihr uns’n Joint verticken?“

„Ja", kommt zögernd die Antwort, „warum nicht?"
Tarzan reicht den Hippies seine Roth-Händle- Zigarettenschachtel hinüber und röhrt mit seiner tiefen Ofenrohr-Stimme:
„Passt auf, ihr Flauschbubis, ihr dreht jetzt jedem von uns einen gut durchwirkten Joint aus meinem Roth-Händle-Tabak. Gut durchwirkt mit Gras, meine ich. Ihr bekommt pro Joint von uns einen Heiermann. Wenn ihr uns bescheißt, bekommt ihr von jedem von uns eins auf die Fresse. Klar?"
Die so angesprochenen Softboys nicken verschüchtert und fertigen die Joints für uns so an, wie sie glauben, dass Tarzan sie für gut befinden wird. Danach lassen wir uns von den Jungs instruieren wie man die Dinger raucht. Wir lernen: „Tüte" anzünden, den Rauch inhalieren, ihn eine Weile in der Lunge behalten und wieder ausatmen.
„Das ist ganz einfach", sagt einer der Hippies, „wie beim Röntgen: Einatmen, Luft etwas länger anhalten und wieder ausatmen. Das kennst du doch. Oder?"
Ich tue, wie mir geheißen und warte auf die Wirkung. Durch meine Adern kreisen jetzt außer meinem Blut folgende Substanzen:
Erstens: der Wirkstoff des Weckamins Captagon.
Zweitens: Alkohol aus verschiedenen hochprozentigen Getränken und Bier.
Drittens: Cannabis mit Roth-Händle-Tabak.
Die Haschisch-Wirkung, auf die ich warte, tritt folgendermaßen ein: Meine bis zum Genuss der Joints euphorische Stimmung schlägt danach in eine absolute Gleichgültigkeit, in eine „Leck mich am Stiefel"-Haltug um. Ich rücke mich in meinem Stuhl zurecht, verschränke meine Arme auf der Tischplatte und bette meinen Kopf darauf. Es scheint von außen so, als würde ich schlafen. Aber das täuscht. Ich bin hellwach, aber in mir herrscht eine total phlegmatische Stimmung. Rübe erzählt einen tollen Witz, woraufhin am Tisch laut gelacht wird. Ich denke:
‚Toll, der Witz. Ich könnte jetzt auch lachen. Aber warum?'
Irgendjemand meiner Kumpels spricht mich an:
„Lümmel, was ist mit dir los?"

‚Ich könnte jetzt antworten, aber warum?', sinniere ich für mich.
Hering meint:
„Lümmel schläft. Lass ihn doch."
Ich denke:
‚Ich könnte jetzt sagen: ich bin wach. Aber warum?'
Also registriere ich alles um mich herum, habe aber keine Lust in irgendeiner Form zu reagieren. Plötzlich, wie aus heiterem Himmel, wird mir hundeelend. Ich springe auf, stürme aus dem Lokal und übergebe mich auf dem Bürgersteig. Danach taumle ich die Straße hinunter ins Hotel und begebe mich auf mein Zimmer. Dort lasse ich mich auf mein Bett fallen. Ich blicke auf meine Uhr und registriere, dass es 22.15 Uhr ist. Als ich einige Zeit im Bett liege, überfallen mich intervallartig folgende Zustände:
Mir ist plötzlich nicht mehr übel. An Stelle dessen erleide ich wahnsinniges Herzrasen. Auch das geht vorüber und wird von einer panischen, unbenennbaren Angst mit starken Schweißausbrüchen abgelöst. Danach liege ich auf einmal total ruhig und angstfrei im Bett und denke: Jetzt stirbst du, macht aber nichts. Dann setzt die Übelkeit wieder ein und alle vorher beschriebenen Zustände erscheinen wieder und lösen einander ab. Nach geraumer Weile merke ich, dass sich nichts mehr wiederholt. Inzwischen ist es 3.00 Uhr und die Attacken sind vorbei. Ich fühle mich erstaunlicherweise total fit und bin bester Stimmung und voller Tatendrang. Ich erhebe mich von meinem durchschwitzten Lager, ziehe mich aus, dusche und mache mich abermals „landfein". Mit meiner offensichtlich und spürbar übrig gebliebenen Captagon-Stimmung verlasse ich das Hotel, überquere die Straße und begebe mich in die Edel-Disco „Marquise". Wie ich richtig vermute, finde ich dort meine Kumpels wieder.
„Wo bis du denn plötzlich abgeblieben?", fragt mich Schellfisch.
„Hab was zum Vögeln aufgerissen", behaupte ich.
„Soll der kleine Lümmel lügen?", röhrt Tarzan, und wir sumpfen weiter. Tatsächlich bis spät in den Samstag hinein. Als ich dann endlich in meinem Hotelbett liege, denke ich kurz bevor ich einschlafe:
„Dieses Captagon ist'n heißer Stoff. Den muss ich mir merken!"

Überraschungsbesuche

Als ich einige Monate zuvor das Ende meiner Ehe mit Bärbel auf unrühmliche Art verursache, beende ich wieder einmal im Hinblick auf mein damit verbundenes schlechtes Gewissen den Kontakt zu „unseren Kreisen“, nämlich meinem Elternhaus.
Während einer der „Jupi“-Hafentörns entschließe ich mich jedoch aus heiterem Himmel, meine Mutter zu besuchen. Selbstverständlich suche ich mir hierfür wieder eine Tageszeit aus, während der mein Alter sich in der Schule befindet. Nach meinem Klingeln an der elterlichen Haustür dauert es sehr lange bis diese von meiner Mutter geöffnet wird.
„Ach, du bist's“, sagt sie müde wirkend, „auch mal wieder hier?“
Das klingt nicht vorwurfsvoll, sondern eher so, als wäre es ihr eigentlich egal. Sie wirkt auf mich sehr bedrückt, riecht nach Alkohol und sieht sehr aufgedunsen aus. Sie kann nur mühsam und sichtbar unter Schmerzen leidend gehen. Außerdem bietet sie einen sehr ungepflegten Anblick. Die Wohnung wirkt schmuddelig und riecht muffig. Meine Mutter schleppt sich humpelnd mit leichten Gleichgewichtsstörungen zurück ins Wohnzimmer und legt sich dort auf das Sofa. Ich nehme mir einen Stuhl, setze mich zu ihr und frage sie:
„Was ist los? Bist du krank?“
Sie beantwortet meine Frage nicht, sondern stellt eine Gegenfrage:
„Wenn du Alkohol trinkst, kannst du dann irgendwann aufhören oder musst du weiter trinken, obwohl du es nicht willst?“
„Na klar kann ich aufhören! Jederzeit! Warum fragst du?“
„Ich kann es nicht mehr...,“ gesteht sie und wirkt resigniert.
Mir ist das Thema etwas peinlich, will es wechseln und frage mit gespielter Fröhlichkeit:
„Wo ist eigentlich mein kleiner Bruder, unser Michael?“
Mit dumpfer Stimme antwortet meine Mutter:
„Der ist bei Heidemarie. Schon seit ein paar Wochen. - Und Britta und Angelika sind auch bei ihr..., ich habe keine Kraft und keine Nerven mehr, mich mit diesen Kindern zu beschäftigen.“

Es entsteht ein peinliches Schweigen zwischen uns. Mir ist klar, dass ihre Trinkerei der Grund dafür sein muss, dass meine jüngeren Geschwister inzwischen bei meiner älteren Schwester wohnen.
„Hast du nicht manchmal Heimweh, mein Junge?", fragt sie mich die peinliche Stille plötzlich unterbrechend.
Durch diese Frage wird es für mich schlagartig noch peinlicher.
„Äh, nö -, äh nee, hab' ich nicht, kein Heimweh -, wie denn? Ich hab so viel um die Ohren, da komme ich gar nicht auf so was", stammle ich verlegen und füge nicht wahrheitsgemäß hinzu:
„So, Mutti, ich muss jetzt los. Ich bin mit Freunden verabredet. Ich komm' dich bald wieder besuchen, o.k.?"
„Ja, geh' man. Aber bitte, tu' mir noch einen Gefallen. Magst du mir schnell noch etwas zu trinken holen? Bitte, bitte, - eine Flasche Bier und einen Underberg...," fleht sie mich an
„Ja, mach ich, Mutti."
Ich gehe also zu dem kleinen Hausladen, der sich in der Nachbarschaft befindet und kaufe für meine Mutter drei Flaschen Bier, ein Päckchen Underberg und bringe ihr das Gewünschte. Sie bedankt sich auf einmal sehr fröhlich wirkend und wir verabschieden uns voneinander.
‚Die hängt aber ganz schön am Suff', resümiere ich als ich wieder draußen bin und spüre bei diesem Gedanken nicht mehr als ein wenig Mitleid. Dieses wird jedoch sehr schnell von einer gehörigen Portion Wut abgelöst, als ich noch einmal an ihre „Heimwehfrage" denke.
‚Wie kommt die nur darauf, dass ich Heimweh haben könnte? Wonach denn? Nach Prügel und Verachtung? Die spinnt doch! Heimweh – ich, dass ich nicht lache!!'
Meine Mutter sehe ich nie wieder...

Während einer jener Hafentörns entscheide ich mich zusätzlich für einen anderen Besuch.
Anlässlich eines Telefonats mit meiner Schwester Heidemarie teilt diese mir mit, dass sie inzwischen unseren leiblichen Vater, diesen vermeintlichen Bösewicht Molli kennen gelernt hat.
„Er ist ein ganz lieber Kerl", klärt Heidemarie mich auf.

Weiterhin informiert sie mich, dass er bei einer Kieler Privatbank als Sachbearbeiter in der Kreditabteilung beschäftigt ist und sein Büro sich in der ersten Etage des Bankgebäudes befindet.
„Falls du ihn besuchen möchtest“, ermuntert sie mich, „oder du musst nach Bordesholm fahren. Da wohnt er.“
Da ich keine Lust habe dorthin zu fahren, entschließe ich mich, ihn auf seinem Arbeitsplatz aufzusuchen. Unmittelbar bevor ich zu ihm gehe, bringe ich meine diesbezügliche, nicht unerhebliche Aufregung mit dem Verzehr von drei Flaschen Bier und zwei Gläschen Weinbrand unter Kontrolle. Ich merke, dass es mir eine diebische Freude bereitet das eherne Familiengesetz zu durchbrechen, nämlich jenes, welches lautet:
„Du darfst nie im Leben zu Molli Kontakt aufnehmen!“
Ich erinnere mich an mein Versprechen gegenüber meiner Mutter:
„Wenn ich den sehe, werde ich ihn verprügeln, weil er dir so viel Leid zugefügt hat.“
Jetzt aber denke ich:
„Wer weiß. was bei denen wirklich passiert ist... und wer wem Leid zugefügt hat......
Von wegen: verhauen! Wenn ich jemand verprügeln möchte, dann ist es mein Adoptivvater Günter Lempelius, weil der mich so beschissen behandelt hat und nicht Molli! Der hat mir nie etwas angetan! Ich bin richtig gespannt auf ihn...“
Immer noch etwas aufgeregt, aber durch den Alkoholkonsum auch mit Mut und Fröhlichkeit ausgerüstet, begebe ich mich zu seinem Büro in dem Bankgebäude. Die Tür seines Dienstraumes steht offen und ich gehe hinein. Vor einem kleinen Tresen stehen einige Leute in einer Warteschlange. Sie werden von einem drahtigen, mittelgroßen Mann mit dunkelbraunen Augen, hervorstehenden Backenknochen und grauschwarzem Haar bedient.
„Das ist also dein leiblicher Vater“, denke ich, „er sieht aus wie ein Indianer.“
Diesen Eindruck gewinne ich spontan, als ich ihn das erste Mal in meinem Leben sehe.

Ich stelle mich in die Warteschlange und beobachte ihn interessiert bis ich an die Reihe komme. Er sieht mich freundlich an und fragt:
„Was, bitte, wünschen Sie?“
„Ach“, antworte ich fröhlich, „eigentlich nichts weiter. Ich wollte nur ‘mal meinen leiblichen Vater kennen lernen.“
Ihm klappt die Kinnlade herunter, seine Hände klammern sich an der Tresenkante fest und er stammelt:
„Wa-as?? Sie sind - äh, du bist? Ich fass’ es nicht! Ich weiß nicht, was ich sagen soll...! Willst du, dass ich hier auf der Stelle einen Herzschlag kriege??“
Und dann lacht er, und ich auch. Abends treffen wir uns in einer nahe gelegenen Gaststätte, trinken zwei oder drei Bier miteinander und geloben uns, in Zukunft Kontakt zueinander zu halten. Ich verspreche ihm, ihn während jedes zukünftigen Hafentörns zu besuchen. Aber dieses Versprechen halte ich nicht. Erst viele Jahre später nehme ich wieder Verbindung zu ihm auf.

Hafentörns

Während meiner fast drei Jahre andauernden Fahrzeit auf der „Julius Pickenpack“ leide ich wegen meiner Lohnpfändungen, mit denen ich die gesamte Fahrzeit über zu tun habe, unter chronischem Geldmangel. Nicht immer finde ich Kumpels, die mich „durchschleppen“ und mich finanziell unterstützen, wenn es darum geht meinen Hafendurst zu stillen. Manche Hafentörns dauern länger als sieben Tage und oft bin ich schon am dritten Hafentag pleite. Dann hänge ich im „Fischerdeel“ oder in der „Pfeffermühle“ herum. Waldemar, der Besitzer von beiden Kneipen weiß, dass mein Lohn gepfändet wird und schlägt mir, nachdem er meine „Durchhängerei“ nicht mehr ansehen mag, vor:
„Lümmel, was hältst du davon, bei mir zu kellnern, wenn du keine Kohle mehr hast. Du bist doch ein cleveres Bürschchen, kannst gut hinlangen, wenn es mal Ärger gibt und kennst hier viele Leute. Dann brauchst du nicht mehr tagelang so ‘rumzugammeln, bis dein Dampfer wieder ausläuft. Na, was meinst du?“
Ich nehme seinen Vorschlag dankend an und werde somit nebenberuflich und aushilfsweise Kiez-Kellner und „Tresenschlampe“. So nennen wir liebevoll jene Damen und Herren, die in den Kneipen der Kieler Küste jenseits des Tresens arbeiten. Die Gäste-Klientel des Fischerdeels ist durch meine Schilderungen bereits bekannt. In der „Pfeffermühle“ verkehren hauptsächlich Prostituierte, Zuhälter, andere Scene-Typen und Kiez-Touristen.
In meinem neuen Nebenjob verdiene ich einigermaßen gut, erhalte viel Trinkgeld und komme somit gut über die Runden. Außerdem lerne ich dabei von den anderen Kollegen ein paar Tricks, wie man bei der Herausgabe des Wechselgeldes den Gast, vornehmlich den „Kiez-Touristen“, beschummelt. Waldemar instruiert mich diesbezüglich folgendermaßen:
„Drei „K“s darfst du nie betrügen: Nämlich Kinder, Kumpels und die Kasse, also die Kneipenkasse. Wenn du das beherzigst, beweist du Charakter und kannst hier bestehen. Alles andere geht auf die Dauer

schief. Dann bekommst du einen schlechten Ruf, verlierst hier dein Gesicht und wirst gemieden. Dann kannst du einpacken, sage ich dir!"
Ich beherzige das und gehöre somit auch bald zu den Kieler Kiez-Insidern. Ich werde akzeptiert. Auch von den Zuhältern und den „Nutten". Ich hasse diesen Ausdruck! Auch Hure ist ein Begriff, den ich nicht gerne benutze. In irgendeinem Buch lese ich, dass ein Pfarrer diese Frauen liebevoll ironisch „Töchter der Sünde" nennt. Fortan benutze ich diesen Ausdruck auch. Genauso liebevoll und ironisch. Ich bringe es außerdem nicht fertig sie so zu verachten, wie es einige Spießer tun. Mir ist nämlich völlig klar: Wenn ich kein Mann, sondern eine Frau wäre, dann wäre ich bei meinem Werdegang mit Sicherheit eine Tochter der Sünde geworden! Von jenen Damen, die ich in der „Pfeffermühle" kennen lerne, werden einige sehr gute „Kumpelinnen" von mir. Tja, und eine von ihnen will mich sogar zu ihrem Zuhälter machen! Das geschieht so:
Als ich irgendwann wieder einmal aushilfsweise arbeite, kommen in die „Pfeffermühle" fünf ca. 30-jährige norwegische Gäste. Kiel ist der Anlaufhafen für skandinavische Fährschiffe. Deshalb kommen viele Skandinavier hier an Land und veranstalten ein so genanntes „Komatrinken", weil alkoholische Getränke in Deutschland um ein vielfaches billiger sind als in ihrer Heimat. Die fünf Herren sind bereits ziemlich angetrunken und zeigen sich auch etwas streitbar. Einer von ihnen versucht die Prostituierte Rita zu betätscheln, die gerade einen „Dienstpausen-Imbiss" verzehrt. Ein anderer von ihnen belästigt Uwe und Holger, die gerade Billard spielen. Mit Holger bin ich gut befreundet. Er ist Waldemars Stiefsohn. Nach kurzer Zeit ist Streit entfacht und wir werfen die Norweger hinaus. Wir, das sind Uwe, Holger, ich, Jean, ein französischer Zuhälter und Hein, ein Netzmacher von einem Kieler Fischdampfer. Draußen vor der Tür geht das Kampfgetümmel richtig los und die fünf Provokateure beziehen fürchterliche Prügel von uns. Als alles vorbei ist und wir wieder in der Kneipe sitzen und unseren Sieg feiern, setzt Rita sich sehr dicht neben mich und gurrt mich an:

„Mann, Lümmel, du kannst ja toll hinlangen. Mannoman und so verdammt schnell. Ich muss sagen, ich hab' dich da vorhin ganz schön bewundert!"
„Na ja", druckse ich verlegen herum, „man tut, was man muss, oder wie das heißt..."
Rita drängelt sich noch dichter an mich heran und flüstert:
„Möchtest du heute Nacht bei mir schlafen?"
„Ich kann dich doch gar nicht bezahlen", halte ich ihr entgegen und hoffe, dass sie sagen wird: 'Brauchst du nicht, das mach' ich für dich umsonst.'
Sie antwortet, ähnlich wie von mir gewünscht, aber mit deutlicheren Worten:
„Ich rede vom richtigen Vögeln und nicht vom Nuttenfick! Was ist, willst du oder nicht?"
Ich will. Und als wir in ihrem Bett liegen und unsere erste Leidenschaft aneinander ausgetobt haben, sagt sie zu mir:
„Bleib' doch an Land, Lümmel. Ich gehe für dich anschaffen und du wirst mein Lude. Ich hatte schon lange keinen mehr, möchte gern' 'mal wieder'n Kerl für fest haben. Und zwar dich!"
Geschmeichelt antworte ich:
„Danke, für das Angebot. Aber das muss ich erstmal richtig durchdenken..."
Nach langer Überlegung teile ich Rita am anderen Abend meinen Entschluss mit:
„Also, Rita: Es würde mir nichts ausmachen, wenn du mit fremden Freiern vögelst. Auch nicht, dass du dann meine Geldquelle bist und mich „aushältst". Aber jeder Lude muss dann und wann seine Alte zur Arbeit antreiben und sie auch mal schlagen, wenn sie keine Lust zum Kohle machen hat. Und genau das könnte ich nicht. Da würde ich mich bei den anderen Luden auf die Dauer lächerlich machen. Lass mich lieber bei meiner Seefahrt bleiben. Da blamiere ich mich nicht. Für's Ludengeschäft tauge ich meiner Meinung nach nichts. Wenn ich an Land bin, kannst du mir ja ab und zu mal 'ne gute Herbergsmutter sein. So, wie letzte Nacht..., oder?"

Den wahren Grund für meine Absage behalte ich für mich und verheimliche Rita, dass ich hauptsächlich moralische Skrupel habe. Und zwar diese: Ich kann mir nicht vorstellen, dass ich aus unseren „(Akademiker-) Kreisen“ in kriminelle Zuhälter-Kreise absteigen will. Das ist mir doch etwas zu heikel! Obwohl ich doch inzwischen auf die zuerst genannten Kreise spucke... Irgendwie kann ich ihnen aber wohl doch nicht entrinnen.
Rita seufzt etwas wehmütig, als ich mit meiner Absage zu Ende bin. Sie lacht dann aber sofort darauf und meint:
„Schade, macht aber nichts. War ja nur so'ne Idee von mir. Es stimmt aber, was du sagst: Für einen harten Luden bist du viel zu gutherzig. Das hab' ich auch schon gemerkt; obwohl du ein ziemlicher Rabauke bist, mein Lieber!“
Und so bleibe ich in der Fischerei und nähre mich redlich. - Bis zum Februar 1971. - Zu diesem Zeitpunkt verlasse ich die „Julius Pickenpack“ und auch die Hochseefischerei. Schon länger beabsichtige ich diesen Schritt zu tun. Das liegt daran, dass die Fänge immer geringer werden und somit die Fahrzeiten der Reisen immer länger dauern. Außerdem habe ich keine Lust mehr ständig das kalte und stürmische Wetter im Nordatlantik zu ertragen. Am liebsten würde ich auf ein Frachtschiff umsteigen und mir die große, weite Welt ansehen!
Während meiner letzten Reise auf der „Jupi“ fährt ein Matrose mit, der von der Handelsschifffahrt kommt. Als er von mir erfährt, dass ich die Fischerei am liebsten an einen rostigen Nagel hängen würde, macht er mir einen interessanten Vorschlag:
„Wenn du hier aufhören möchtest, dann bewerbe dich doch bei der Esso-Tankschiff- Reederei.“
„Würde ich gerne machen“, entgegne ich, „ aber ich bin kein richtiger Matrose. Ich habe keinen Brief. Die werden mich so nicht einstellen.“
„Doch, mein Junge, das werden sie! Man wird dich genau so mustern, wie du es eben gesagt hast. Als Matrose ohne Brief!“
„Echt?“ frage ich ungläubig, aber mit Hoffnung im Herzen.
„Echt!“, bestätigt er, „...musst nur anrufen. Die brauchen Leute. Das weiß ich!“

Als wir Wochen später in Hamburg einlaufen und ich erfahre, dass mein Lohn nicht mehr gepfändet wird, weil alles bezahlt ist, steht meine Entscheidung fest. Ich kündige und bekomme neben meinem Urlaubsgeld noch eine volle Heuer ausbezahlt. Mit diesem Geld und meinem gesamten Hab' und Gut im Seesack verpackt, fahre ich nach Kiel und niste mich bei Ignaz im „Hotel Aviv“ ein.
Rita hat inzwischen wieder einen richtigen Luden. Trotzdem schlafen wir, wenn auch sehr selten, in ihrem „Tochter-der-Sünde-Dienstzimmer“ miteinander. Für „umsonst“!
Fast zwei Monate lebe ich am Kiez. Mein Geld ist zwar nach vier Wochen verbraucht, aber ich arbeite dann sofort wieder als Kellner oder zuverlässige „Tresenschlampe“ und bin mir dabei jederzeit bewusst, dass ich die drei „K“s nicht belümmeln darf. Als mir das einige Wochen später zu langweilig wird, traue ich mich ans Telefon und rufe die „Esso-Tankschiff-Reederei“ an und frage:
„Stellen Sie Matrosen ohne Matrosenbrief ein?“
„Ja, das tun wir“, bekomme ich vom Heuerboss zu hören.
„Brauchen Sie im Moment so jemanden?“, frage ich weiter.
„Ja, wenn Sie wollen, kommen Sie her und stellen sich vor...“, schlägt der Heuerboss vor.
Und so steige ich im April 1971 an der Ölpier von Wilhelmshaven auf der „Esso Deutschland“ ein, welches für damalige Verhältnisse ein sehr großes Tankschiff ist. Fischerei, ade'!
In der Folge verläuft bis 1973 eine unspektakuläre Zeit. Ich fahre auf mehreren Esso-Tankern zur See. Die jeweilige Fahrzeit pro Schiff ist reedereiseitig für jedes Bordmitglied mit vier Monaten festgelegt. Dann wird man abgelöst. Egal, wo man sich gerade auf diesem Erdball befindet. Nach vier Monaten Fahrzeit besteigt man ein Flugzeug und wird auf Kosten der Reederei nach Hause geflogen (ausgenommen das Schiff läuft einen deutschen Hafen an). Dann hat man Urlaub. Wenn dieser vorüber ist, ruft man das Esso-Büro an und bekommt ein anderes Schiff zugewiesen. Und wenn es außerhalb von Deutschland liegt, wird man dort per Flugzeug hingebracht. Auch auf Reedereikosten... Manchmal geschieht es, dass der Tanker den Hafen

noch gar nicht erreicht hat, zu dem man zwecks Anmusterung geflogen wird. In dem Fall wird man im Hotel untergebracht und wartet bis das Schiff einläuft. Das dauert manchmal ein paar Tage. In einem solchen Fall verbringe ich sieben Tage in einem Hotel in Tampa, Florida und ein anderes Mal in Jacksonville fünf Tage. Das gestaltet sich dann wie ein kleiner Zusatzurlaub, in dem man nichts anderes zu tun hat, als sich die Gegend anzusehen und auf sein Schiff zu warten. - Auf Reedereikosten, versteht sich! –

Unter Anderem bin ich auch deswegen sehr gerne bei dieser Reederei. Mein persönlicher Ruf ist bei den Mitarbeitern, die mich mittlerweile kennen, sehr umstritten. Viele mögen mich wegen meiner offenen und lustigen und manchmal ziemlich deftigen Art. Andere wären froh, wenn ich endlich wegen meiner Auffälligkeiten durch meine Trinkerei „den Sack bekäme".

Aber ich bleibe bei der Reederei und lerne auf einem dieser „Esso-Tanker" im Sommer des Jahres 1973 Rebecca kennen...

Rebecca und ich

Zum Ende der 60er und zu Beginn der 70er Jahre wird in der westdeutschen Schifffahrt eine „heilige Kuh“ geschlachtet: Nicht nur Männer haben fortan das Privileg von Berufs wegen zur See zu fahren, sondern auch Frauen können jetzt Berufsseeleute werden. Was in der Passagierschifffahrt schon länger üblich ist, geht auch in die Frachtschifffahrt über: Es werden Frauen als Stewardessen gemustert. So auch bei der „Esso-Tankschiff-Reederei“.

Als ich im Sommer 1973 in Tampa (Florida) auf der „Esso München“ als Matrose „ohne Brief“ einsteige, begegnet mir an Bord Rebecca. Sie ist auf diesem Schiff als Stewardess gemustert. Etwas später lernen wir uns näher kennen und auch lieben. Bald wohne ich mittschiffs bei ihr in ihrem Logis und benutze meine eigene Kammer im Achterschiff nur noch als Lagerraum für wenig benutzte Kleidungsstücke. Wir verlieben uns ineinander und beginnen sehr schnell eine gemeinsame Zukunft zu planen. Nach ungefähr acht Wochen gemeinsamer „Balzzeit“ an Bord der „München“ sind wir sicher, dass wir heiraten wollen und dass ich mich im Hinblick darauf beruflich weiterentwickeln werde. Dazu beabsichtige ich sobald wie möglich meinen Matrosenbrief, also meinen Gesellenbrief zu machen. Auf Grund einer Bestimmung der Seeberufsgenossenschaft ist dieses nämlich alternativ zu drei Jahren Lehrzeit möglich, wenn man fünf Jahre anderweitige Decksfahrzeit nachweisen kann. Diese Bedingung erfülle ich mittlerweile auf Grund meiner Fischerei- und Tankschifffahrtzeiten.

Weiterhin plane ich an der Seefahrtsschule in Cuxhaven das BG-Patent zu erwerben. Jenes ist das Befähigungszeugnis für den „Kapitän in der großen Hochseefischerei“. Mit diesem Patent würde ich dann als Wachoffizier in der Handelsschifffahrt fahren wollen und es nach zweijähriger Fahrzeit in das AM-Patent umschreiben lassen. Das ist das Befähigungszeugnis für den „Kapitän auf mittlerer Fahrt“. Diese Zukunftsplanung ist formal gesehen durchaus realistisch. Schon länger weiß ich, dass mir dieser Weg in der Form offen steht. Ich traue mich jedoch nie ihn zu beschreiten. Ich wusste bisher auch

nicht für wen. Jetzt aber, mit Rebecca an meiner Seite, fühle ich mich zu dieser Karriere motiviert. Voller Optimismus sprechen wir sehr oft über unsere Zukunftspläne:
„Wenn du als Wachoffizier oder als Kapitän fährst, fahre ich als Stewardess mit. Dann verdienen wir zusammen verdammt viel Geld und hören im zarten Alter von 50 Jahren auf zu arbeiten", sagt Rebecca oft und gerne und es fühlt sich gut an, sich das alles so vorzustellen.
Manchmal gibt es aber auch schon Streit zwischen uns. Überwiegend wegen meiner Trinkerei. Es beginnt die Zeit, dass ich Versprechen abgebe oder Wetten abschließe, eine gewisse Zeit gar nichts oder sogar nie wieder Alkohol zu trinken. Keines dieser Versprechen kann ich halten und die diesbezüglichen Wetten verliere ich auch alle. Als ich eines Tages beginne, Abstinenz zu praktizieren nachdem ich mal wieder drei Tage durchgebechert, aber auch gearbeitet habe, jammere ich Rebecca vor:
„Scheiß-Sauferei! Danach kann ich meistens nachts nicht pennen. Ich glaube, ich gehe ins Achterschiff, um dort in meiner Kammer zu schlafen. Dann störe ich dich jedenfalls nicht."
„Das ist nicht nötig, bleib' du man hier bei mir. Ich hab' da was für dich", bremst sie mein Vorhaben, öffnet ihren Spind, kramt dort ein wenig herum, findet, was sie sucht und hält mir eine kleine, blaue Tablette unter die Nase. „Das ist 'ne Valium", erklärt sie, „die hat mir mein Hausarzt gegen meine Flugangst verschrieben. Von zehn Stunden Flugzeit schlafe ich damit mindestens acht Stunden durch und zwar so ruhig, als würde ich mich in Abrahams oder sogar deinem Schoß befinden. Und das Tolle ist, so sagt mein Arzt, dass es nicht süchtig macht! Dieses Valium ist ziemlich neu auf dem Markt. Nimm sie, mein Schatz, und du wirst heute Nacht Ruhe finden."
Ohne zu zögern nehme ich ihr die Tablette aus der Hand, stecke sie mir in den Mund und spüle sie mit einem Schluck Wasser hinunter. Nach ungefähr zwanzig Minuten befällt mich eine Entspanntheit und wohlige Müdigkeit wie ich sie bisher noch nicht kenne.
Kurz bevor ich einschlafe, denke ich ähnlich wie geraume Zeit zuvor, als ich das Captagon kennen lerne:

„Dieses Valium ist'n geiler Stoff, den muss ich mir merken..."
Gegen Ende des Jahres 1973 mustern Rebecca und ich von der „Esso München" ab. Sie stellt mich ihren Eltern vor, und wir berichten ihnen von unseren Zukunftsplänen. Mutter und Vater zeigen sich denen gegenüber wohlwollend und aufgeschlossen. Ihren Fragen nach meinem Elternhaus weiche ich geschickt aus, indem ich angebe:
„Ach, lass uns nicht darüber reden. Im Moment verstehen wir uns nicht besonders. Aber das wird irgendwann wieder..."
Ich finde in Rebeccas elterlicher Wohnung übergangsweise Unterschlupf. Wir versprechen denen, dass wir uns so schnell wie möglich in Cuxhaven eine Wohnung suchen werden.
Zuvor jedoch beschließen meine neue Freundin und ich, uns nach der langen Seereise ein wenig zu amüsieren und fahren dafür unter anderem auch nach Kiel an die Küste. Selbstverständlich führt uns unser Weg zuerst in meine gute, alte „Pfeffermühle", wo wir Holger treffen. Wir begrüßen uns fröhlich, ich stelle ihm Rebecca vor und gebe eine Begrüßungsrunde aus. Nach geraumer Weile wird Holger etwas ernsthafter, sieht mich eindringlich an und fragt mich:
„Sag mal, Lümmel, ist deine Mutter tot?"
„Weiß ich nicht", antworte ich ungerührt, „wie kommst du darauf?"
„Ich meine, ich hätte es vor einigen Monaten in der Zeitung gelesen."
„Hm", knurre ich, „dann hat sie es wohl endlich geschafft sich tot zu saufen. Wisst ihr was? Mir ist das scheißegal!"
Als ich das so sage, lüge ich nicht. Ich empfinde wirklich nichts. Aber Rebecca reagiert. Mit weit aufgerissenen Augen starrt sie mich an und sagt ungläubig:
„Waas?? Hier erzählt dir so ganz nebenbei jemand, dass deine Mutter tot ist und du sagst es sei dir egal? Das glaube ich dir nicht. Nee nee, mein Lieber, du stehst unter Schock nach dieser Nachricht, sonst kann das doch wohl nicht angehen!! Mannomann, wenn ich das von meiner Mutter hören müsste - ich glaube, ich würde verrückt werden!"
Ganz ruhig frage ich Rebecca:
„Liebst du deine Mutter?"
„Na klar, was glaubst du denn?"

„Siehst du?“, antworte ich weiterhin ruhig, „hier liegt der Unterschied. Ich liebe meine Mutter nicht. Schon lange nicht mehr. Seit meinem17. Lebensjahr. Damals hat sie mich mit den Worten: ‘Ich lasse mir von dir meine Ehe nicht kaputt machen’ eiskalt von sich gewiesen. Und es war ihr scheißegal, was aus mir wird oder wie ich zurechtkomme. Tja, und etwas später hat sie mich dann noch um ‘ne Menge Geld beschissen. Ich empfinde wirklich nichts mehr für sie. Andernfalls würde ich nämlich jetzt weinen. Aber in mir ist nichts zum Weinen! Und noch ‘was: Wenn mir morgen jemand erzählt, dass mein Adoptivvater tot ist, dann führe ich ‘nen Freudentanz auf. Den hasse ich nämlich! So, und nun weißt du, wie es bei mir aussieht, was meine Eltern betrifft. Ich stehe nicht unter Schock. Glaub’ mir bitte einfach, dass es so ist. Mehr möchte ich im Moment nicht von dir.“

„Das fällt mir schwer“, murmelt Rebecca nachdenklich, „aber ich werde mir Mühe geben.“

Weil ich aber selbst wissen will, ob Holgers Nachricht stimmt, erhebe ich mich, gehe ans Telefon und rufe meine Schwester Heidemarie an.

„Ich höre soeben, dass Mutti tot ist. Stimmt das?“, frage ich sie.

„Ja, das stimmt“, antwortet sie und zeigt sich überrascht, dass ich es bin, der anruft. Sie spricht weiter: „Mutti ist vor fast einem Jahr gestorben. Wir haben versucht herauszufinden, wo du bist, weil wir dich benachrichtigen wollten. Aber man weiß ja nie, wo du dich gerade herumtreibst.....“

Und dann erzählt Heidemarie mir über die letzte Zeit meiner Mutter:

„ In den letzten Monaten ihres Lebens lag sie nur noch auf dem Sofa. Sie stand nur auf, um sich mit Alkohol zu versorgen. Dann kam es durch die Initiative des Hausarztes zu einer Zwangseinweisung mit Polizeibegleitung in eine Trinkerheilanstalt. Darüber wurde sie so wütend, dass sie einen Stuhl durch das geschlossene Fenster warf. Sie randalierte so heftig, dass einer der anwesenden Polizisten seine Waffe zog, um sie damit einzuschüchtern. Als man sie dann endlich überwältigen konnte und sie in die Klinik geschafft hatte, ist sie dort ein paar Wochen später an den Folgen ihrer wahnsinnigen Trinkerei gestorben. Das war am 19. Dezember 1972.“

Ziemlich beeindruckt, jedoch nach wie vor ohne Trauergefühle, kehre ich an den Tisch zurück, an dem Rebecca und Holger sitzen und erzähle ihnen dieses soeben gehörte Drama. Die beiden sind ebenfalls sehr beeindruckt. Rebecca schüttelt den Kopf und meint:
„Vielleicht ist es der Alkohol gewesen, der die Liebe zwischen euch zerstört hat."
„Mag sein", antworte ich, „aber als sie mich abwies, hat sie noch gar nicht so stark gesoffen."
Daraufhin schweigt Rebecca und schüttelt nachdenklich den Kopf...

Startversuch in Cuxhaven

Unmittelbar nach dem Weihnachtsfest 1973, welches ich im Kreise von Rebeccas Familie verbringe, beginnen meine Lebensgefährtin und ich unsere Pläne in Angriff zu nehmen.

Übrigens: Während meines Telefonats mit meiner Schwester in der „Pfeffermühle“ informiere ich diese nicht über die geplante Hochzeit mit Rebecca und auch nicht über meine neuen beruflichen Ambitionen. Ich befürchte nämlich, dass Heidemarie kritische Bemerkungen in Bezug auf meine bisherige Unbeständigkeit und Unzuverlässigkeit machen würde...

Ziemlich schnell gelingt es uns, eine Zwei-Zimmer-Wohnung im Obergeschoss eines Einfamilienhauses in Cuxhaven-Altenbruch anzumieten. Anfang des Jahres 1974 ziehen wir dort ein und heiraten, im selben Jahr, am 29. Januar. Danach bewerbe ich mich für einen Platz an der „Nautischen Hochschule zu Cuxhaven“, um mein BG-Patent-Studium zu belegen. Den Platz bekomme ich ohne Schwierigkeiten für den kommenden 1. Juni zugesagt, weil es einen hohen Bedarf an nautischem Nachwuchs für die Hochseefischerei gibt. Deswegen wird in meinem Fall auch nicht besonders darauf geachtet, dass ich gar keinen Hauptschulabschluss besitze. Außerdem beantrage ich für die Patentmaßnahme „Bafög“, bekomme es auch zugesagt, ahne aber nicht, dass es auch nach meinem Schulantritt am 1.Juni noch sehr lange dauern wird, bis ich dieses Geld das erste Mal ausgezahlt bekomme. Mit Erleichterung höre ich, dass ich den Matrosenbrief gar nicht machen muss, bevor ich das Fischereipatent erwerben kann.

Um die Zeit bis zum Antritt an meiner Schule finanziell zu überbrücken, steige ich noch einmal auf einem „Frischfisch-Jäger“ ein. Rebecca bleibt vorerst zu Hause, um dann im April als Stewardess auf der „Alten Liebe“, einem Seebäderschiff, anzumustern. Dieses fährt täglich von Cuxhaven nach Helgoland und zurück. Während unserer gemeinsamen Freizeit versuchen wir es uns miteinander gemütlich zu machen. Als Störfaktor erweist sich dabei jedoch immer wieder meine

Trinkerei. Meine Ehefrau geht diesbezüglich ziemlich konfrontativ mit mir um. Eines Tages kauft sie sich die Zeitschrift „Stern“ und liest mir einen Bericht vor, in dem es um Alkoholismus geht. Die Illustrierte informiert dabei auch über einen Fragebogen, den der ungarische Mediziner Jelinek entwickelt hat.
„Das sind zwanzig Fragen über das Trinkverhalten der befragten Person“, erklärt Rebecca, „wenn man fünf davon mit „Ja“ beantworten kann, ist man als Alkoholiker einzustufen. Soll ich dir die Fragen mal stellen? Du musst aber ehrlich antworten.“
„Ja, mach“, fordere ich sie auf, woraufhin sie beginnt.
Ich kann aus meiner Sicht lediglich zweimal mit „Ja“ antworten. Erstens: Ich stecke wegen meines Trinkens am Arbeitsplatz oft in Schwierigkeiten. Zweitens: Ich habe nach dem Trinken oft ein schlechtes Gewissen.
Rebecca lacht spöttisch, als ich diese Angaben mache und meint:
„Aus meiner Sicht hättest du mindestens zehn Fragen mit „Ja“ zu beantworten. Aber hier steht auch geschrieben, dass der Betreffende seine Schwierigkeiten selbst erkennen muss, sonst bringt es ihm gar nichts. Am besten ist, dass du dir den Fragebogen aufbewahrst und ihn später noch einmal durcharbeitest. Ich glaube, dass für dich mehr zutrifft, als nur der Arbeitsplatz und das schlechte Gewissen...“
Apropos: Schlechtes Gewissen! Es gibt in jüngster Vergangenheit zwei sehr peinliche Vorfälle, die letzteres ziemlich stark belasten:
Einmal nehme ich im Vollrausch Rebeccas Handtasche mit auf die Toilette und pinkle in diese hinein. Meine Frau erwischt mich dabei, weil sie in dem Moment an der offen stehenden Toilettentür vorbeigeht und das sieht.
Der zweite Vorfall: Weil sie mein besoffenes Gequatsche eines Abends nicht mehr hören will, schließt Rebecca sich im Wohnzimmer ein. Das geht mir gegen den Strich und ich trete die Tür ein, wobei diese irreparabel zerstört wird. Die Vermieter, die im Erdgeschoss wohnen, hören alles mit an. - Peinlich, peinlich! - Die Tür muss ich selbstverständlich ersetzen!
Zurück zur Fragebogen-Diskussion. Rebecca teilt mir mit:

„Aus meiner Sicht bist du ein Alkoholiker, mein Lieber, aber trotzdem habe ich dich lieb, denn du säufst ja nicht immer."
Aufbrausend kontere ich:
„Ich werde dir den Beweis liefern, dass das nicht so ist! Sobald ich auf der Seefahrtschule bin werde ich keinen Tropfen mehr anrühren. Verlass dich drauf!"
„Dann hör' doch jetzt schon auf", spöttelt sie ironisch.

Meine letzte Reise auf einem Fischdampfer beende ich im Mai 1974 kurz vor meinem Schulbeginn. Rebecca holt mich von der Pier ab. Wir begrüßen uns liebevoll und sie sagt dabei:
„Ich muss dir ein Geständnis machen."
„Ach, hast `n neuen Macker? Etwa `n Kapitän?", frozzle ich.
„Nee, wirklich nicht. Aber ich habe mir von einem Weingut für 500 DM Wein anliefern lassen, so wie meine Eltern es auch immer gerne tun. Findest du das schlimm?"
„Nö, warum?", beruhige ich sie, „das ist doch ein kultivierter und sehr schöner Brauch, tolle Weine im Keller zu lagern und bei entsprechender Gelegenheit sie dann gepflegt zu servieren. Na ja, 500 DM sind viel Geld. Aber genau das ist das Thema, über welches ich mit dir reden muss. Aber erst, wenn wir zu Hause sind."
Dort angekommen, beginne ich sofort zu sprechen:
„Also, in 14 Tagen beginnt mein Seefahrtsstudium. Inzwischen weiß ich, dass die Bafög-Zahlungen erst Mitte Juli oder sogar erst Anfang August erfolgen. Mir ist schleierhaft, wie wir die vier oder sogar sechs Wochen finanziell überbrücken wollen. Unsre jetzigen Verdienste reichen immer nur für den Augenblick. Da lässt sich nichts zurücklegen. Ich schlage vor, dass wir einen Kleinkredit aufnehmen, und zwar 3000 DM. Damit lassen sich zwei Monate ganz gut überbrücken. Was hältst du davon?"
„Ja", antwortet sie, „ ich habe mir auch schon ähnliche Gedanken gemacht. Lass uns morgen zur Bank gehen. Aber auch ich habe eine Idee, ich werde von der „alten Liebe" abmustern und mich um einen Tanker bei der „Esso-Reederei" bemühen. Dort verdiene ich viel mehr

Geld als jetzt und verursache hier außerdem keine Lebensunterhaltungskosten. Wenn ich weg bin, kannst du dich voll und ganz auf deine Schule konzentrieren und ich störe dich nicht dabei. Nach vier Monaten komme ich zurück und dann sieht die Welt wieder viel freundlicher und entspannter aus. Kannst du dir das auch alles so vorstellen?"

„Oh ja, das kann ich", antworte ich erleichtert.

Wir befinden also beide Ideen für gut, gehen am nächsten Tag zur Bank und erhalten prolemlos den Kleinkredit. Ich werde Kreditnehmer und Rebecca übernimmt die Bürgschaft dafür. Kurz nachdem ich mit dem Besuch der Seefahrtschule beginne, mustert Rebecca auf einem Esso-Tanker an. Unser Abschied ist zwar schmerzhaft, aber wir sind voller Zuversicht, dass alles so funktionieren wird, wie wir es planen.

Todestanz

Obwohl Rebecca es nicht mehr kontrollieren kann, weil sie sich auf hoher See befindet, halte ich mein Versprechen und rühre keinen Schluck mehr an, während ich die Hochschule für Nautik besuche.
Dort besetzt mich jedoch nach einigen Tagen der Unterrichtsteilnahme eine bedrückende Angst. Und zwar deswegen, weil ich erfahre, welches Lernprogramm mir bevorsteht. Dieses ist aus meiner Sicht überladen mit mathematischen Lehrfächern, und ich erinnere mich an meine schlechten Mathematik-Leistungen während meiner Schulzeit. Auch jetzt auf der Seefahrtschule senkt sich spürbar ein dumpfer Nebel über mein Gehirn, sobald ich eine Rechenaufgabe lösen soll! Nach dem Ablauf der ersten drei Wochen schreiben wir eine kleine Klausurarbeit. Die meine wird selbstverständlich, wie ich es nicht anders erwarte und zugleich stark befürchte, mit einer „Fünf" zensiert. Nach der vierten Woche meiner Schulzugehörigkeit verbringe ich ein schlafloses Wochenende. Von Ängsten und Scham gepeinigt „es wieder einmal nicht zu schaffen", bleibe ich die ganze Nacht wach. Als ich am nächsten Abend ins Bett gehe, findet das gleiche „Kopfkino" statt und ich schlafe wieder nicht. Spät in der Nacht fasse ich einen Entschluss:
„Ich beende die Schule und gebe dort an, dass mir das Geld ausgegangen ist. Dann mach' ich meinen Matrosenbrief und fahr' wieder bei Esso! Jawoll, das mach' ich! Den ganzen Mathe-Scheiß schaff' ich nicht. Den schmeiß ich hin!"
Am anderen Morgen bitte ich meinen Klassenlehrer um ein Gespräch und teile ihm meinen kurz zuvor gefassten Entschluss mit. Meine angeblich plötzlich eingetretene finanzielle Not schildere ich ihm in hochdramatischen Bildern und beende meinen Vortrag mit der Lüge:
„Sobald sich meine Lage gebessert hat, werde ich mich hier wieder melden und mein Patent-Vorhaben neu in Angriff nehmen. Schließlich will ich doch mal als Kapitän fahren!"
Mein Lehrer bedauert meinen Entschluss und sagt:
„Schade, dass gerade Sie gehen müssen. Ihnen hätte ich trotz der unwichtigen ‚Fünf' in der Probeklausur eine Menge zugetraut. Aber

wenn es keine Möglichkeit gibt Ihre finanziellen Probleme zu lösen, dann müssen Sie wohl oder übel die Schule verlassen. Schade...“
Am darauf folgenden Montag sitze ich mittags alleine bei mir zu Hause im Wohnzimmer mit gemischten Gefühlen. Einerseits verspüre ich eine starke Erleichterung, dass ich nicht mehr in die Schule muss, andrerseits schäme ich mich, dass ich „es mal wieder nicht gepackt habe“ und fürchte mich vor dem Moment, an dem Rebecca wieder nach Hause kommt und alles erfährt.
‚Jetzt brauche ich erstmal ein Bier’, denke ich, ‚scheißegal, das ist ja nicht mehr verboten, denn ich bin ja nicht mehr „Studiosus“ der nautischen Hochschule...’.
Ich trinke das ersehnte Bier und starte danach einen Trinkexzess, der von Montagnachmittag bis Sonntagabend dauert. Also fast eine ganze Woche!
Am Montagmorgen nach dieser Sauftour liege ich schwitzend und zitternd, von einem heftigen Entzug geplagt im Bett und erhebe mich nur, wenn ich auf die Toilette muss, um mich zu übergeben oder einen flüssigen Durchfall abzusetzen. Zusätzlich zu diesen körperlichen habe ich einige seelische Probleme. Mich plagt eine fürchterliche, diffuse Angst und ich schäme mich entsetzlich. Im Stillen beschimpfe ich mich als totalen Versager und sage mir:
‚Rebecca hat Recht, du bist wirklich ein Säufer oder das, was man heutzutage einen Alkoholiker nennt. Genau! Das bist du! Oh Mann, ich muss unbedingt mit der Sauferei aufhören. Aber das schaff’ ich nicht alleine! Mir muss ein Arzt helfen...Dem werd’ ich alles über mein Saufen erzählen. - Ja, das werd’ ich wohl müssen -.’
Mittags bin ich endlich dazu in der Lage mich ans Telefon zu schleppen, um den Arzt anzurufen. Mein Wunsch, dass er mich hier bei mir zu Hause aufsucht, wird nicht erfüllt. Ich soll am nächsten Tag vormittags in die Praxis kommen.
Immer noch stark unter meinem Entzug leidend schleppe ich mich am Dienstag gegen 11.00 Uhr mühsam zu Fuß in die Sprechstunde. Nach einer Wartezeit, die mir endlos vorkommt, werde ich endlich zu dem

Arzt hereingebeten. Er begrüßt mich freundlich mit einem festen Händedruck und fragt:
„Was führt Sie zu mir, junger Mann? Sie wirken etwas klapperig auf mich, was ist los?“
„Ich trinke zuviel, Her Doktor.“
„Ach, was! Und was soll ich jetzt machen?“
„Ich möchte, dass Sie mir helfen von diesem verdammten Alkohol loszukommen. Alleine schaff' ich das nicht:“
„Wollen Sie das wirklich Herr..., wie heißen Sie noch mal? Ach ja, Lempelius.“
„Ja, natürlich will ich das, sonst wäre ich doch gar nicht hier, Herr Doktor!“
Eindringlich führe ich weiter aus:
„Ich habe nur Ärger durch die Sauferei! Meine Frau ist ständig sauer auf mich, und ich musste deswegen sogar die Seefahrtsschule aufgeben. Ich saufe immer tagelang durch und das will ich nicht mehr!“
Ich halte es für angebracht, die Tatsachen etwas übertrieben darzustellen, damit meine Situation „richtig dramatisch“ erscheint und den Arzt beeindruckt. Das scheint mir zu gelingen, denn er fragt besorgt:
„Oha, so schlimm ist es schon?“
Dann fragt er mich nach meinem Trinkverhalten, in welchen Schwierigkeiten ich außerdem dadurch stecke und ob mir bewusst ist, dass ich mich entschließen muss in Zukunft ganz und gar auf Alkohol zu verzichten, wenn ich nicht wieder abstürzen will. Auf seine Fragen antworte ich so gut ich kann, offen und ehrlich. Lieber übertreibe ich dabei etwas zu meinen Ungunsten als die Dinge zu bagatellisieren. Irgendwann sage ich:
„Ich weiß, dass ich nie wieder Alkohol trinken darf und das will ich auch nicht! Können Sie mir dabei helfen, Herr Doktor?“
„Gut. Ich glaube Ihnen, dass sie aufhören wollen. Ich kann und will Ihnen auch dabei helfen“, beruhigt er mich und fährt fort: „Es gibt ein neues Medikament auf dem Markt, welches gut über den Entzug hinweg hilft und danach für eine weitere Stabilisierung sorgt. Das werde

ich Ihnen jetzt verschreiben. Es heißt ‚Distraneurin'. Sie nehmen morgens, mittags und abends je zwei Kapseln und stellen sich Freitagmorgen hier wieder vor. Okay?"
Ich bedanke mich bei ihm, lasse mir das Rezept aushändigen und hole mir das Medikament aus der Apotheke. Es wirkt hervorragend! Nachts schlafe ich sehr gut und am Mittwoch fühle ich mich so normal, als hätte ich nie mit einem Entzug zu tun gehabt! Am Abend kommt mir eine gute Idee:
„Vielleicht kann ich noch schneller ein- und tiefer durchschlafen, wenn ich die Dosis erhöhe..."
Also nehme ich zur Nacht vier Kapseln und genieße kurz vor dem Einschlafen die Wirkung des Medikaments:
‚Mann, ist das toll! Ich fühle mich noch angenehmer ermüdet als hätte ich sechs halbe Liter Bier getrunken. Hab' ich aber nicht! Ich bin nüchtern!.. Wahnsinnsgefühl! Den Alkohol brauche ich bestimmt nicht mehr!'
Während ich selig einschlafe, denke ich noch:
‚Dieses Distraneurin ist 'n geiler Stoff, den muss ich mir merken!'
Am Freitag während der Sprechstunde berichte ich meinem Arzt, wie gut es mir geht und frage ihn, wie lange ich die „Distrakapseln" noch nehmen muss.
„Noch mindestens 14 Tage", antwortet er, „wenn Sie bis dahin stabilisiert sind. Für diesen Zeitraum bekommen Sie eine Krankschreibung von mir. Kommen Sie Dienstag bitte wieder in die Praxis."
Bis dahin erhole ich mich immer mehr und beginne mich bei mir zu Hause ein wenig zu langweilen.
‚Am liebsten würde ich mal wieder nach Kiel fahren und Holger besuchen', überlege ich, ‚was der wohl sagen wird, wenn er hört, dass ich nicht mehr trinke...'
Am Dienstag gehe ich wie verabredet in die Sprechstunde und teile meinem Arzt folgende Idee mit:
„Herr Doktor, ich bin Ihnen richtig dankbar, dass Sie mir so toll geholfen haben. Jetzt bin ich ja für länger krank geschrieben und wissen

Sie welche Idee mir gekommen ist? Ich möchte zu meinem Freund Holger nach Kiel fahren und ihm erzählen, dass ich nicht mehr trinke und ihm vielleicht raten, es ebenfalls nicht mehr zu tun. Denn der hängt auch ganz schön an der Flasche!"

„Dagegen ist nichts einzuwenden", antwortet der Mediziner, „nehmen sie aber Ihre Kapseln mit. Und hier gebe ich Ihnen noch ein Medikament mit. Das nehmen Sie ein, falls Sie trotz allem ein starkes Trinkverlangen verspüren sollten."

Er überreicht mir eine Medikamentenschachtel, in der sich kleine rotbraune Pillen befinden, an deren Namen ich mich nicht mehr erinnern kann.

Mittwochmorgen sitze ich um 8.00 Uhr in einem Zug und fahre nach Kiel. Einen Koffer mit Kleidung führe ich nicht mit, weil ich gegen Abend wieder nach Cuxhaven zurückfahren will. Die Fahrt in meine Heimatstadt soll lediglich ein Tagesausflug mit spätabendlicher Heimkehr werden. In meiner Jackentasche befinden sich zehn Distraneurin-Kapseln und fünf von den kleinen rotbraunen Pillen.

Um 11.00 Uhr öffne ich die Tür des „Fischerdeel". Ich liege mit meiner Vermutung richtig, dass Holger dort heute kellnert. Nach einer männlich-deftigen Begrüßung fragt er mich:

„Was willst du denn hier? Hat deine neue Tussi dich 'rausgeschmissen?"

„Nee", antworte ich und werde ernsthaft, „ich bin heute hier, um dir zu erzählen, dass ich nie wieder Alkohol trinken werde. - Und du sollst es mir nachmachen, mein Lieber!"

Nach dieser Einleitung berichte ich ihm von meinen jüngsten Pannen und meiner Erkenntnis, dass mir der Alkohol nur Schaden zufügt. Holgers Antwort klingt so:

„Lümmel, bist du bescheuert? Stell' dir mal vor: Nie wieder im Leben besoffen sein! Bist du bekloppt? Das geht doch gar nicht! Was sagst du? Du bist ein Alkoholiker? Du doch nicht! Mann, trink' einfach 'n büschen weniger und gut ist's. Komm, ich geb' dir'n Bier aus!"

„Nee, ich will nicht", beharre ich. Nach kurzem Zögern sage ich allerdings:

„Okay, damit wir zur Begrüßung anstoßen können, gib mir ein kleines Alsterwasser.“
„Na bitte“, frozzelt Holger, „das ist doch schon mal ein Anfang.“
Irgendwie bringen mich seine Sticheleien und die Atmosphäre in der Kneipe dazu meinen bis jetzt so festen Vorsatz ins Wanken geraten zu lassen.
‚Weniger trinken’, denke ich, ‚eigentlich ist das die Lösung. Nie wieder trinken? Das wäre ‘ne harte Nummer, wenn man sich das genau betrachtet, - oha! Wie will ich das eigentlich schaffen? Vielleicht lebe ich noch vierzig oder fünfzig Jahre - und dann völlig ohne Sprit? Das wird nix, das weiß ich. Ich werde in Zukunft nur noch ganz wenig trinken. Das ist die Lösung! Jawoll!!’
Ich teile Holger den Inhalt meiner Gedanken mit. Daraufhin sieht er mich sehr ernst an und sagt:
„Na bitte, Lümmel, sag’ ich doch! Ich habe vorhin ganz kurz, aber sehr fest daran geglaubt, dass du verrückt geworden bist und es wohl auch bleibst. Aber nun scheinst du wieder normal zu werden. Möchtest du ‘nen Halben?“
„Ja, Holgi, her damit. Aber erstmal nur einen!“, rufe ich und fühle mich dabei sehr erleichtert und froh. ‚Wenn ich heute nur drei Halbe trinke, dann wäre das ja ein vernünftiger Rahmen’, überlege ich.
Gegen 15.00 Uhr konsumieren Holger und ich bereits den achten Halben und meine guten Vorsätze scheinen weggeschäumt zu sein. Ich denke nicht mehr an sie. Um diese Zeit betritt Acki das Lokal. Er ist total betrunken, gesellt sich zu uns und jammert Holger und mir vor, dass sein Leben total beschissen verläuft und dass er sich deswegen heute noch umbringen will und muss! Während dieses selbstmitleidigen Gewimmers greift er wiederholt in seine Jackentasche und steckt sich gleich darauf eine Pille in den Mund. Holger und mir geht er mit seinem Klagelied entsetzlich auf die Nerven.
„Hör auf, so rumzujammern. Erzähl’ lieber was du dir da dauernd reinpfeifst, du Winselwurm!“, motze ich Acki an.
„Das sind Valium-Pillen. Die werde ich heute so lange in mich reinfressen, bis ich tot umfalle“, greint Acki.

„Halt ihn mal fest", sage ich zu Holger, der ein sehr kräftiger Kerl ist. Er umschlingt wie geheißen den wimmernden Acki mit seinen Armen und ich durchstöbere dessen Jackentaschen. Zwölf blaue Valium a 10 mg finde ich dort.
„Die teilen wir uns gleich", verspreche ich meinem Freund, „aber erst schmeißen wir diese Heulboje raus."
Gesagt, getan. Wir schleppen Acki vor die Tür. Er empfängt einen Tritt in seinen Allerwertesten und bekommt noch von uns zu hören:
„Wir wünschen dir einen schönen Tod! Komm' ja nicht wieder herein, dann gibt's was auf's Maul, und dann bist du wirklich tot! Verpiss dich!"
Als wir wieder im Lokal sind, teilen wir uns die Tabletten. Jeder bekommt sechs Stück. Bis ca. 23.00 Uhr bleiben Holger und ich im „Fischerdeel" und konsumieren weiterhin eine erhebliche Menge Bier und zwischendurch auch den einen und den anderen Weinbrand.
„Kannst heute Nacht bei mir pennen", bietet mein Freund mir an, „ich bin alleine zu Hause. Schon länger. Meine Alte ist mit meinem Lütten ausgezogen. Sie will sich scheiden lassen. Ich weiß zwar nicht warum..., aber des Menschen Wille ist ja bekanntlich sein Himmelreich...! Sie meint, ich sauf' zu viel. Aber die spinnt doch!"
Wir fahren mit einem Taxi zu ihm nach Hause. In seiner Wohnung stehen nur noch wenige Möbel. Holger weist mir zum Schlafen eine Couch mit zwei Kissen und einer Wolldecke zu. Er nächtigt im Nebenzimmer auf einer Matratze.
„Schlaf gut, bis morgen", verabschiedet er sich.
Ich lege mich auf die Couch, decke mich zu und erwarte den Schlaf. Plötzlich bin ich hellwach!
‚Du verdammter Versager!', schimpfe ich gedanklich mit mir, ‚du beschissene Null! Du wolltest nicht mehr trinken und jetzt bist du doch wieder besoffen! Du schaffst es nicht einmal weniger zu trinken! Bring' dich doch bloß um, du Niete, du schaffst nie irgendetwas! Nie! Nie! Bring' dich um, du Arschloch, das ist das Beste für dich!'
Voller Wut richte ich mich auf, gehe in die Küche, schlucke unterwegs meinen gesamten Tablettenvorrat hinunter und trinke ein Glas Wasser hinterher. In meinem Magen befinden sich somit zehn Distra-Kapseln,

sechs Valium 10 mg und fünf kleine rotbraune Pillen. Mein Blut hat zusätzllich einen sehr hohen Alkoholspiegel...
‚Das wird dich verrecken lassen, du Niete', beschimpfe ich mich noch einmal abschließend und lege mich auf Holgers Couch, um zu sterben...
Am anderen Tag weckt Holger mich gegen 11.00 Uhr. Ich muss mich erst einmal orientieren, um mir klar zu werden, wo ich mich befinde. Langsam werden die Erinnerungen an den gestrigen Tag in mir wach. Auch mein Selbstmordversuch fällt mir wieder ein. Ziemlich ungerührt registriere ich jedoch, dass ich noch lebe.
‚Na ja, hat wohl nicht geklappt, da haben sich die vielen verschiedenen Stoffe wohl gegenseitig neutralisiert', überlege ich, ‚dann leb' ich eben weiter...'
Und wütend auf mich, dass ich wieder trinke, bin ich auch nicht mehr. Mir scheint alles egal zu sein.
Holger und ich beschließen uns wieder ins „Fischerdeel“ zu begeben, um von dort aus bei einem Bier zu überlegen, wie ich wieder zurück nach Cuxhaven komme. Mein Geld ist nämlich so gut wie alle. Wir besteigen eine Straßenbahn um in unsre Kneipe zu gelangen. Während der Fahrt merke ich plötzlich, dass mein Kopf sich nach links dreht, ohne dass ich diese Bewegung beeinflussen kann. Dann ist es vorbei und beginnt wieder aufs Neue. Zusätzlich habe ich das Gefühl, dass mir meine Beine nicht mehr richtig gehorchen wollen. Als wir die Straßenbahn verlassen, kann ich Holger nur mit schleppender Gangart folgen. Mühsam erreiche ich mit ihm die Kneipe und bestelle mir sofort einen Weinbrand. Ich bin mir sicher, dass dieser meinem Leid ein Ende bereiten wird. Tut er aber nicht. Im Gegenteil. Es wird immer schlimmer! Mein ganzer Körper verkrampft und verdreht sich. Ich bekomme eine panische Angst und stöhne:
„Holger, ich hau' hier ab. Ich brauche einen Arzt. Ich weiß nicht, was mit mir los ist!“
Ohne seine Reaktion abzuwarten verlasse ich das Lokal und schleppe mich in total verdrehter Haltung, nur auf einem Bein hinkend, dann wieder kriechend, in die nahe gelegene Polizeiwache. Ich habe fast keinen Einfluss mehr auf meinen Körper. Er dreht, windet und

verkrampft sich, ohne dass ich die Kontrolle darüber gewinnen kann. Mein Kopf biegt sich nach hinten in den Nacken und ich kann diesen Bewegungsdrang nicht beeinflussen.

„Bitte rufen Sie mir einen Krankenwagen!", flehe ich den Dienst habenden Polizisten an, als ich in sein Dienstzimmer hinke.

Kriechen, hinken und klar sprechen sind die einzigen Dinge, die ich zu dem Zeitpunkt noch kann, scheint mir.

„Was ist denn mit Ihnen los?", fragt mich der Polizist.

„Ich glaube, dass ich eine Medikamentenvergiftung habe", bringe ich hervor und berichte ihm von meinem gestrigen selbstmörderischen Tablettencocktail.

Der von mir gewünschte Krankenwagen erscheint sehr schnell und bringt mich in eine Klinik. In dieser und in zwei weiteren Kliniken, in die man mich danach fährt, werde ich jedoch nicht behandelt, da die dortigen Ärzte sich für meine seltsame Symptomatik nicht zuständig fühlen. Währenddessen verschlimmert sich mein Zustand zusehends und ich leide inzwischen auch unter starken Gliederschmerzen. Irgendwann fährt der Krankenwagen mich in die Kieler Nervenklinik. Dort werde ich aufgenommen und in einen Behandlungsraum gebracht. Ein Arzt setzt sich zu mir und lässt sich von mir berichten, welche Stoffe sich in mir befinden.

„Aha", meint er, „das ist ja ein toller Cocktail, den Sie sich da 'reingezogen haben. - Und dazu noch den Alkohol! -Mannomann! Mal sehen, was ich tun kann. - So, ich injiziere Ihnen gleich ganz langsam ein Medikament in Ihre Vene. Es heißt „Akineton". Achten Sie während der Injektion genau darauf, ob Ihnen schlecht wird. Sobald Sie nur einen leichten Anflug von Übelkeit spüren, sagen Sie Bescheid, dann muss ich aufhören zu spritzen, klar?"

Ich nicke und er sticht die Nadel in meine Vene und beginnt sehr langsam das Medikament in meine Ader zu drücken. Dabei wird mir nicht übel. Im Gegenteil! Urplötzlich entspannen sich meine Verkrampfungen, die Schmerzen verschwinden gleichzeitig und ich gerate in eine hochgradig euphorische Stimmung. Plötzlich bin ich richtig „high". Den Arzt versuche ich vor lauter Dankbarkeit zu umarmen und der attraktiven Krankenschwester, die als dessen Assistenz fungiert, schlage ich ein Rendezvous bei Kerzenschein und Lachsfilet vor. Noch bevor ich weitere Rauschimpulse zum Besten geben kann, werde ich auf eine psychiatrische Station gebracht, bekomme dort ein Bett zugewiesen und noch ein Medikament in Form einer Tablette gereicht. Diese sorgt dafür, dass ich in Verbindung mit dem Akineton bis in den nächsten Tag hinein schlafe...

Als ich wieder klar und auch Herr meiner Sinne bin, kommt man meinem Wunsch entlassen zu werden, bedingungslos nach. Per Anhalter fahre ich zurück nach Cuxhaven. Ich suche meinen Hausarzt auf und beichte ihm schuldbewusst die ganze Geschichte. Er kritisiert oder verurteilt mich nicht. Er zeigt sich eher tolerant, als er meine „Kieler Geschichte“ hört. Am Ende meines Berichtes frage ich ihn:

„Was wäre mit mir geschehen, wenn ich diese erlösende Spritze nicht bekommen hätte?“

„Ich weiß nicht genau“, antwortet er, „aber es könnte sein, dass Sie durch die Verstärkung dieser Drehkrämpfe sich mit eigener Kraft Ihre Wirbelsäule hätten brechen oder schwer verletzen können. Ich glaube, dass Sie sich in hoher Lebensgefahr befanden. Dessen bin ich mir sicher.“

Nach einer kurzen Denkpause spricht er weiter:

„Herr Lempelius, ich glaube, Sie benötigen für die nächste Zeit zu Ihrer seelischen Stabilisierung mal ein vernünftiges Medikament! Wir setzen jetzt Distraneurin und alles andere ab. An Stelle dessen verschreibe ich Ihnen „Limbatril-Tabs“ und die nehmen Sie ab heute regelmäßig ein.“

Er erklärt mir, wie und in welcher Dosierung ich diese vierteiligen Tabletten zu mir nehmen muss.

Sie erweisen sich für mich als sehr hilfreich. Mein seelisches Befinden wird in der nächsten Zeit von diesen „Tabs“ sehr angenehm beeinflusst. Und es hilft mir zusätzlich dabei meinen Pleiten und Pannen der letzten Wochen nicht mehr so viel Bedeutung beizumessen. Die Angst vor Rebeccas Heimkehr und vor dem, was ich ihr dann alles beichten muss, verschwindet , dank „Limbatril“ fast ganz aus meinen Gedanken.

Zum Ende des Monats Juni melde ich mich mutig zu einem einwöchigen Kurs an, der mich endlich auf meine Matrosenprüfung vorbereiten soll. Angstfrei durchlaufe ich diesen Kurs und schließe die Matrosenprüfung am 3. Juli 1974 als Drittbester ab.
„Limbatril" bringt mein Leben endlich wieder in die richtige Bahn und ich habe außerdem überhaupt kein Verlangen nach Alkohol!

Ende einer Hoffnung

Kurz nach meiner bestandenen Matrosenprüfung kommt Rebecca früher als geplant zurück. Da ihr Tanker im Hamburger Hafen einlaufen wird, vereinbare ich mit ihren Eltern sie gemeinsam vom Schiff abzuholen. Weiterhin verabreden wir, dass Rebecca, ihre Eltern und ich von dort aus zu ihnen nach Hause fahren und gemeinsam zwei Tage in deren Wohnung verbringen. Mutter und Vater wohnen mittlerweile nicht mehr in Hamburg, sondern in einem kleinen Ort in der Lüneburger Nordheide. Der erste dieser beiden Tage verläuft in fröhlicher Wiedersehensstimmung. Meine problematischen Geheimnisse kann ich gut für mich behalten und diesbezügliche Fragen abwehren. Dank meines tollen Medikaments, welches ich regelmäßig nehme, gelingt es mir, alles Negative zu verdrängen und die gute Stimmung ohne Gewissensbisse zu genießen.

Am anderen Morgen, während des gemeinsamen Frühstücks, fragt mich meine Ehefrau:

„Na, mein schöner, zukünftiger Kapitän, wie gefällt es dir auf deiner Schule? Bist du inzwischen der Beste in deiner Klasse und wirst wegen hervorragender Leistungen zwei Semester überspringen? Erzähl' doch mal, mein Schatz."

So direkt angesprochen durchfährt mich trotz meines Medikamentenpegels ein eisiger Schreck, und ich murmel kleinlaut und verschämt:

„Da ist nichts mehr mit Kapitän..."

„Spinn' nicht 'rum" sagt Rebecca.

„"Jetzt sei endlich mal ernst", fordert ihre Mutter mich auf.

Mein Schwiegervater schüttelt sarkastisch den Kopf und meint:

„Der Kerl muss doch immer irgendwelchen Blödsinn erzählen und Witze machen. Hör doch mal auf, damit! Jetzt reden wir ernsthaft!"

„Ich mache keinen Witz", erkläre ich bedrückt und fülle die nächsten zehn Minuten damit aus, meiner Familie zu schildern, wie es mir auf der Schule erging und warum ich sie verlassen habe. Ich berichte auch über meine Versuche, mit dem Trinken aufzuhören und erzähle von

meiner „Kieler Episode“. Ich beende meinen Vortrag, indem ich von meiner bestandenen Matrosenprüfung berichte und wende mich anschließend an Rebecca:
„Vielleicht wäre es besser gewesen, wenn du bei mir geblieben wärst. Dann wäre ich wohl auf der Schule geblieben und hätte nicht so viel gesoffen.“
Nach diesen Worten von mir herrscht für kurze Zeit eisiges Schweigen am Frühstückstisch.
Schwiegermutter durchbricht die Stille:
„Aha, meine Tochter soll also das Kindermädchen für ein labiles und haltloses Bengelchen spielen. Habe ich das richtig gehört?“
Schwiegervater schüttelt seinen Kopf und murmelt vor sich hin:
„Ich fass es nicht, ich fass es nicht...“
Rebecca sitzt auf ihrem Stuhl und weint. Plötzlich haut sie mit der Faust auf den Tisch und brüllt mich wütend an:
„Verflucht noch mal, immer stehst du unter Strom!! Immer wenn es drauf ankommt!! Das ist zum kotzen!! Musst du denn alles mit deiner elendigen Sauferei zerstören?? Alles??“
Nach einigem verbalen hin und her ist ein schwerer Familienkrach in Gange. Meine Ehefrau und ihre Eltern überhäufen mich mit Vorwürfen und ich versuche mich zu rechtfertigen und äußere Umstände für meine Pannen verantwortlich zu machen. Ich gehe sogar soweit, zu behaupten, dass meine Frau und ihre Familie auch Mitschuld daran hätten, dass ich so viel trinken würde. Als ich dieses von mir gebe, ist das Maß offensichtlich überschritten. Rebeccas Mutter faucht mich an:
„Das ist ja wohl der Gipfel an Unverschämtheit! Pack’ sofort deine Reisetasche und verlasse dieses Haus! Sofort, sage ich dir!!“
Rebecca schreit mich unter Tränen an:
„Verschwinde! Ich lass mich von dir scheiden! Hau ab nach Cuxhaven, schnapp dir’n Schiff und lass dich nie wieder blicken! - Mindestens eine Woche bleibe ich jetzt hier bei meinen Eltern, dann fahre ich in unsere Wohnung und will dich dort nicht mehr sehen! Ich hasse dich!!“
Mit den Worten:

„Dann hau ich eben ab, ist mir doch egal! - Ihr seht mich wirklich nie wieder!“, schnappe ich mir meine Reisetasche, packe meine Utensilien und begebe mich erst einmal auf die Toilette. Dort werfe ich mir zur Beruhigung noch schnell eine ganze Limbatril-Tablette ein und verlasse daraufhin, die Tür laut hinter mir zuknallend, das Haus. Mit dem Zug fahre ich nach Cuxhaven. Zu Hause angekommen, setze ich mich ins Wohnzimmer und verspüre Rachegelüste.
‚Wenn die mich loswerden wollen, dann können sie das haben! Aber ich werde Spuren hinterlassen. Jawohl, das werde ich! Ha, Spuren, die schmerzhaft sein werden und für lange Zeit spürbar sind...! Erst einmal saufe ich ihr den teuren Wein aus. Dafür werde ich wohl drei Tage brauchen, wenn ich es etwas ruhiger und nicht so hastig angehe...’
Und während ich beginne ihren wertvollen Wein, ohne ein Glas zu benutzen, aus der ersten von sehr vielen Flaschen zu trinken, kommt mir eine zweite, sehr teuflische Idee:
‚Ich zahle die Kreditraten ganz einfach nicht mehr. Die kann die Alte erstmal selbst abdrücken. Ich denke mal, so für zwölf Monate? Ja genau, das ist’n angemessener Zeitraum. Danach zahle ich dann wieder. Geile Idee!’
Und so trinke ich innerhalb der nächsten drei Tage Rebeccas wertvollen Wein aus, storniere eiskalt meinen Ratendauerauftrag bei der Bank und verlasse mit meinen Habseligkeiten die Wohnung, um auf der „Esso Bayern“ einzusteigen.
Rebecca stoße ich gedanklich aus meinem Leben. Die hoffnungsfrohen Träume aus unseren Anfangstagen vergesse ich ganz schnell.
„Limbatril“ unterstützt mich und hilft mir dabei!

Inhaftiert

Lediglich zwei Wochen werde ich auf der „Esso Bayern“ eingesetzt. Dann beordert mich die Reederei auf die „Esso Köln“. Nachdem ich mich ungefähr zwei Monate an Bord befinde, laufen wir den sizilianischen Hafen Augusta an um unsere Ölladung dort zu löschen. Wir haben einen 14-tägigen Seetörn hinter uns, und einige Besatzungsmitglieder sind ziemlich „landgeil“. Insbesondere ich.

Als kurze Zwischenbemerkung ist zu erwähnen: Mein Limbatril ist inzwischen verbraucht und ich benutze wieder den Alkohol, um bei Bedarf meine Stimmungen zu beeinflussen.

Und nun zurück zum Stichwort „landgeil“. Obwohl uns im Hafen von Augusta eine Liegezeit von höchstens zwölf Stunden erwartet, entschließen sich außer mir noch drei Kollegen an Land zu gehen. Wir bestellen ein Taxi und fahren damit ins Stadtzentrum. Dort machen wir es uns in einer Kneipe gemütlich und ordern bei der Bedienung eine Flasche Wodka. Wir sind fröhlicher Stimmung und scherzen und blödeln um die Wette. Nachdem wir die dritte Flasche mit diesem Stoff serviert bekommen und deren Inhalt gemeinsam verzehren, erlischt mein Erinnerungsvermögen.

Es setzt wieder ein, als ich aus einem komatösen Schlaf erwache und Folgendes registriere: Meine Hand- und Fußgelenke sind in Handschellen gelegt. Ich liege auf dem Fußboden. Offensichtlich in einer Garage, denn in meiner unmittelbaren Nähe stehen zwei italienische Polizei-Autos. Es ist halbdunkel. Plötzlich höre ich lautes Gebrüll. Ich drehe meinen Kopf in die Richtung, aus der der Lärm kommt und registriere, dass der Verursacher dieses Lärms mein Kumpel Jochen ist. Zwei Polizisten traktieren ihn mit Gummiknüppeln. Er ist auch an Händen und Füßen gefesselt. Nachdem die beiden Beamten von ihm ablassen, wenden sie sich mir zu.

‚Oha', befürchte ich, ‚jetzt bekomme ich wohl auch 'was mit der Lakritzstange übergezogen...'

Ich lächle die beiden verlegen an und blicke dann ängstlich auf die Gummiknüppel, die sie in ihren Händen halten. Zwangsläufig erinnere

ich mich an meinen Vater mit seinem dünnen Bambusstock...Überraschenderweise werde ich jedoch nicht geschlagen. Einer der beiden Herren trägt seinen linken Arm in einem Gipsverband. Mit Hilfe von Zeichensprache und schlechtem Englisch machen die beide mir deutlich, dass ich für diesen Gipsverband verantwortlich bin. Ich soll seinem Besitzer den Arm gebrochen haben. Während sie mich in dieser radebrechenden Form darüber informieren, wird das Garagentor von außen geöffnet und ein dritter Polizist betritt den Raum. Er trägt eine feinere Uniform als die anderen und scheint Offizier zu sein. Er wendet sich an mich, beugt sich zu mir herunter und fragt in gutem Deutsch:
„Wissen Sie, warum Sie hier in Handschellen liegen?"
Ich schüttle verneinend den Kopf und sage:
„Ich weiß gar nichts. Ich erinnere mich lediglich, dass wir in einer Kneipe Wodka getrunken haben. Viel Wodka!"
„Genau", bestätigt der Offizier, „ und dann haben Sie mit Ihrem Amigo, der da hinten liegt, in der Kneipe randaliert. Ihre anderen Kollegen waren friedlich. Sie beide mussten wir mit vier Polizisten bändigen und Sie haben dabei dem Sergeanten den Arm gebrochen."
Während er den letzten Satz spricht, zeigt er auf den Herrn, der den Gipsverband trägt.
„Wir bringen Sie jetzt in unser Untersuchungsgefängnis. Ob oder wie Sie verurteilt werden, hängt unter anderem davon ab, wie Sie sich von jetzt an verhalten. Übrigens: Ihr Schiff hat unseren Hafen bereits wieder verlassen. Ihre Kollegen haben Ihre Sachen eingepackt. Ihre Koffer stehen in unserem Büro. Die erhalten Sie später. Und? Was ist? Werden Sie friedlich bleiben?"
„Ich bleibe friedlich", verspreche ich und komme mir plötzlich heimatlos vor, weil ich kein Schiff mehr habe.
Auch Jochen verkündet:
„Ich mach' auch keinen Scheiß mehr."
Daraufhin werden wir von der Polizeigarage in das Untersuchungsgefängnis von Augusta „überführt" und dort in einem großen Saal untergebracht, in dem sich mindestens zwanzig weitere U-

Häftlinge befinden. Am anderen Tag kommt einer von denen zu mir und zeigt mir einen Zeitungsartikel Als ehemaliger Gastarbeiter in Deutschland beherrscht er unsere Sprache einigermaßen und sagt:
„Hier, ich glaube, das ist deine Bericht. Bist du Eberhard Lempelius? Si? Dann hast du eine von unsere Scheißbullen die Arm kaputt gemacht. Hast du gut gemacht...“, lobt er mich.
Anderthalb Spalten widmet die Tagespresse meiner Randale in ihrer Zeitung. Jochen wird lediglich nebenher erwähnt. Er habe „nur“ die Fensterscheibe des Lokals mit einem Stuhl zertrümmert, steht in dem Artikel geschrieben. Der ehemalige Gastarbeiter schenkt mir den Zeitungsausschnitt mit den Worten:
„Kannst du diese behalten. Als - äh, wie sagt man in Deutsch? Ah ja, als Tropfähe...“
Und so lebe ich im sizilianischen Knast als kleiner Held. Vier Tage lang. Dann lässt man Jochen und mich plötzlich frei. Niemand erklärt uns, warum. Wir wollen es auch gar nicht wissen. Ein Reederei-Agent der „Esso“ holt uns aus dem Gefängnis ab und organisiert noch am selben Tag unseren Heimflug nach Hamburg. Die Kosten dafür werden uns von der Heuer abgezogen. Am nächsten Tag melde ich mich bei der Reederei und werde ins Büro zitiert. Dort sitzen drei Angestellte und ich muss den Herren genau erklären, was geschehen ist. Nach Abschluss meines Berichtes sagt der Heuerboss zu mir:
„Herr Lempelius, Sie sind jetzt mit kurzen Unterbrechungen seit 1971 bei uns beschäftigt. Sie sind sehr oft wegen Ihres fragwürdigen Trinkverhaltens unangenehm aufgefallen. Und dieser letzte Vorfall in Augusta schädigt nicht nur Ihren, sondern auch unseren Ruf. Deswegen möchten wir uns von Ihnen trennen. Ich mache Ihnen diesbezüglich folgenden Vorschlag: Wir kündigen Ihnen nicht, sondern wir trennen uns gütlich in gegenseitigem Einvernehmen. Was halten Sie davon?“
Weil ich merke, dass ich keine andere Wahl habe, stimme ich dem zu, und der formale Trennungsakt wird beschlossen und vollzogen.

Als ich das Reedereigebäude nach diesem Gespräch verlasse und im doppelten Sinne des Wortes auf der Straße stehe, befällt mich ein wenig Trauer und Wehmut und ich denke:
‚Schade, ich war eigentlich ganz gerne Esso-Matrose. Irgendwie war das für mich so etwas wie ein berufliches Zuhause mit sehr schönen Zeiten. Mist, dass das jetzt vorbei ist...'
Mit diesen Trauergefühlen in meinem Herzen begebe ich mich in das Hamburger Steindamm-Viertel, setze mich dort in eine Kneipe und ertränke meinen Abschiedsschmerz.

Der Kreis schließt sich

Einige Tage lebe ich in einer billigen Pension im oben genannten Viertel. Auf Grund meiner reduzierten Vermögensverhältnisse, die ursächlich mit dem teuren Heimflug von Sizilien zu tun haben, entscheide ich mich, mir sehr bald ein anderes Schiff zu suchen.
‚Hoffentlich gelingt mir das', überlege ich voller Pessimismus. Letzterer ist durchaus begründet, denn mein Seefahrtsbuch enthält durch zwischenzeitliche Gastspiele auf anderen Schiffen während meiner „Esso-Zeit" abenteuerlich schlechte Fahrzeiten. Wenn ich das Buch bei einer Reederei vorzeige, wird man mich höchstwahrscheinlich nicht einstellen, befürchte ich zu Recht.
Zur Erläuterung: Zwölf Monate Bordzugehörigkeit auf einem Schiff kann als gute Fahrzeit betrachtet werden. In diesem, meinem zur Zeit gültigen Seefahrtsbuch, welches als Fahrtnachweis gilt, bin ich zeitlich gesehen am längsten vier Monate und am kürzesten vierzehn Tage an Bord eines Schiffes. Das beweist, dass ich inzwischen nicht mehr zu den „Guten" der deutschen Handelsflotte gehöre. Somit biete ich denkbar schlechte Voraussetzungen bei einer seriösen deutschen Reederei einen Arbeitsplatz zu finden... Als ich darüber nachdenke, kommt mir eine gute Idee:
‚Wenn ich mich demnächst bei einer Reederei bewerbe, erzähle ich dort einfach, dass mein Seefahrtsbuch noch bei der „alten" Firma liegt und demnächst nachgeliefert wird. Bei den „Neuen" lege ich als Nachweis, dass ich gelernter Matrose bin, meinen Matrosenrief und das dazugehörige Prüfungszeugnis vor. In dem sind tolle Zensuren nachzulesen. Insbesondere in dem Fach „Seemännische Fertigkeiten". Selbiges ist mit „sehr gut" zensiert! Ich vermute, dass das die Leute so beeindrucken wird, dass sie mich trotz des derzeit nicht vorhandenen Seefahrtsbuches einstellen werden! Ob meine Gesundheitskarte noch gültig ist, können die ja mit Hilfe eines Telefonats beim Hafenarzt erfahren.'
Ich bin stolz auf mich, dass ich so tolle Ideen entwickeln kann! Um das einfach mal auszuprobieren, bewerbe ich mich spaßeshalber bei einer

der renommiertesten Reedereien, die es in Deutschland gibt, nämlich bei „Hapag-Lloyd“. Und siehst du wohl, es klappt auf Anhieb!
Am 18. Oktober 1974 mustere ich auf deren Frachtschiff „Fiesenstein“ an.
Dass ich an Bord dieses Schiffes während der Weihnachtszeit desselben Jahres versuche mich mit Weinbrand, Whisky und 30 Tabletten Valium umzubringen, habe ich bereits erzählt.
Der Kreis meines Berichts schließt sich erst einmal an dieser Stelle. Aber weil sich mein Selbstmordversuch als erfolglos herausstellt und ich weiter lebe, schauen wir mal, wie es weiter geht...

Schluss jetzt? Noch längst nicht!

Am dritten Tag nach meinem Selbstmordversuch erscheine ich mittags in der Mannschaftsmesse und beginne einen Streit mit dem Kochsmaaten. Daran erinnere ich mich jedoch nicht. Ich erfahre von dem Streit, nachdem die Whisky-, Weinbrand- und Valiumnebelschwaden aus meinem Gehirn verschwunden sind, als ich wieder klar denken kann und mit einigen von den wenigen Leuten spreche, die noch bereit sind sich mit mir zu unterhalten.
Am 3.Januar 1975 läuft die „Friesenstein" gegen 19.00 Uhr in den Hafen von Bremen ein und macht dort fest. Auf Grund meiner fristlosen Kündigung habe ich das Schiff sofort zu verlassen. Das mache ich sehr gerne! Ich habe nämlich keine Lust mehr, der Feindseligkeit oder der frostigen Stimmung meiner Kollegen und Vorgesetzten mir gegenüber ausgesetzt zu sein. Obwohl ich einsehe, dass ich der Verursacher dieses Klimas bin. Ich lasse mir 300 DM Vorschuss auszahlen, schultere meinen Seesack und verlasse erleichtert das Schiff. Mit Selbstmordabsichten belaste ich mich nicht mehr. Im Gegenteil: Als ich die Gangway des Schiffes betrete um die „Friesenstein" zu verlassen, springt mich meine altbekannte „Landgeilheit" förmlich an! Also fahre ich fröhlich und darauf gespannt, was heute noch alles geschieht, mit einem Taxi zum Hauptbahnhof von Bremen, deponiere dort in einem Schließfach meinen Seesack und schaue mich unternehmungslustig auf dem Bahnhofsvorplatz um.
‚Wohin jetzt?', frage ich mich, ‚was hat Bremen zu bieten?'
Von weitem sehe ich eine Reklamebeleuchtung, die ich auch aus Kiel kenne. Es handelt sich um die Lichtwerbung des „Edelweiß", eines Lokals, welches es in vielen deutschen Städten gibt.
‚In Kiel nennen wir den Laden „Bayerische Botschaft', denke ich belustigt, ‚ich werde mal `reingehen und erst `mal einen Halben verkosemantuckeln, bevor ich mich ins Nachtleben von Bremen stürze.'

Gedacht, getan! Ich setze mich an einen Einzeltisch und bestelle mir die ersehnte „Gerstenbrühe". Am Nachbartisch sitzen zwei Frauen. Die eine davon schätze ich altersmäßig auf ungefähr dreißig Jahre, die andere etwas älter ein. Ein etwa 20-jähriger Mann befindet sich auch in deren Gesellschaft. Sie sind ausgelassener Stimmung und lachen sehr viel. Nach kurzer Zeit prostet die ältere der beiden Frauen mir zu und scherzt:
„Na, junger Mann, hat deine Frau dir Ausgang erteilt oder warum sitzt du da so alleine?"
„Ach", scherze ich zurück, „mich mag kein Mensch, und deswegen sitze nur ich hier."
Nach diesen Worten denke ich belustigt:
‚Na ja, während der letzten Monate war das ja auch der Fall. - Aber das ist ja nun Gott sei Dank vorbei...'
„Komm' her, setz dich zu uns. Vielleicht mögen wir dich, wer weiß," fordert sie mich lachend auf. Ich nehme die Einladung an und setze mich zu den drei Personen an den Tisch. Wir stellen uns gegenseitig mit Namen vor, und ich gebe zum Einstand, aber auch aus Anstand, eine Runde Bier aus. Ich erfahre, dass die Ältere, die mich angesprochen hat, Margret heißt und der junge Mann ihr Sohn ist und Jürgen heißt. Die jüngere Frau stellt sich mir als Hannelore vor. Sie ist die Schwester von Margret.
„Seid ihr Stammgäste im Edelweiß?", frage ich.
„Nee, ganz gewiss nicht", bekomme ich zur Antwort, „unsere Mutter hat heute Geburtstag. Den haben wir ein wenig gefeiert. Tja, als Mutter dann müde wurde, sind wir noch etwas auf den „Swutsch" gegangen und hier gelandet."
Nach dieser Information erzähle ich auch ein wenig von mir und meiner Seefahrerei. Wir scherzen und zechen dann noch eine Weile und entscheiden uns irgendwann zu späterer Stunde eine Bar aufzusuchen. Weil dort die Getränkepreise jedoch ziemlich gepfeffert sind, macht Hannelore einen Vorschlag:
„Kommt, wir feiern bei mir zu Hause weiter. Dort steht noch eine einsame Flasche Gin herum. Die köpfen wir!"

Gesagt, getan! Nur Margret hat keine Lust mehr mitzukommen.
„Ich fahre zu Mutter und lege mich schlafen," informiert sie uns. Sie und ihr Sohn sind nur wegen des Geburtstags zu Besuch hier in Bremen. Sie wohnen in Westfalen. Und so fahren Hannelore, Jürgen und ich zu später Stunde mit einem Taxi in die Wohnung der jüngeren Frau, um dort die Ginflasche zu köpfen. Im Laufe der folgenden Stunden sind wir drei bald so betrunken, dass wir müde werden und einschlafen. Jürgen lässt sich im Bad auf dem Fußboden "irgendwie" vom Schlaf überraschen, ich auf dem Sofa im Wohnzimmer, und Hannelore schafft es offensichtlich noch, in ihr Schlafzimmer und dort in ihr Bett zu gelangen.
Am anderen Morgen, als wir drei sehr zerknittert erwachen und uns bei einem Katerfrühstück nur langsam erholen, erfahre ich von Hannelore, dass sie seit einem Jahr geschieden ist und eine Tochter hat, die eindreiviertel Jahre alt ist und Silke heißt. Diese hält sich im Moment bei der Oma, also der Geburtstagsjubilarin auf und soll heute noch von Hannelore dort abgeholt werden. Nach dem Frühstück verabschiedet Jürgen sich von seiner Tante und mir. Letztere und ich sind jetzt alleine in der Wohnung. Sie zeigt mir die Räume. Ich finde, dass diese gemütlich eingerichtet sind. Danach sitzen wir zusammen auf dem Sofa. Plötzlich küssen wir uns. Lange und intensiv. Etwas später geben wir uns wild und leidenschaftlich der körperlichen Liebe hin. Es ist für uns beide seit langer Zeit wieder das erste Mal. Als wir entspannt und erschöpft nebeneinander ausruhen, frage ich sie:
„Darf ich ein bisschen bei dir bleiben?"
„Ja, gerne," antwortet sie, „hoffentlich hat mein Töchterchen nichts dagegen..."
Nachmittags holt Hannelore diese von der Oma ab, und ich lerne sie kennen. Silke akzeptiert mich sofort. Man kann sogar so weit gehen zu behaupten, unsere Begegnung habe etwas mit „Liebe auf den ersten Blick" zu tun. Ich bin fasziniert von diesem kleinen Wonneproppen. Im Stillen denke ich:

'Sie hat sehr viel Ähnlichkeit mit Esther... Wie es der jetzt wohl geht...? Bestimmt gut... Na ja, wenn Hannelore und ich zusammen bleiben, hab' ich vielleicht wieder eine Tochter, wer weiß!'
Also setze ich mich im Januar 1975 regelrecht in ein gemachtes Nest...Zehn Tage zuvor will ich unbedingt sterben, und jetzt sieht es so aus als wäre ich sehr bald das Mitglied einer kleinen Familie!
Sie sind doch wirklich seltsam, die Wege des Herrn!
Zusätzlich zu den Personen, die sich in diesem kleinen gemachten Nest befinden, gibt es sogar einen sehr angenehmen Luxus! Hanni, wie ich sie nach kurzer Zeit nenne, ist im Besitz eines Autos! Und ich darf es auch benutzen!
Ein paar Wochen gestaltet sich unser neues und gemeinsames Familienleben harmonisch und schön. Ich lerne Hannis Mutter und ein paar andere Familienmitglieder kennen und werde von allen wohlwollend akzeptiert.
Nachdem der Rest meiner „Friesenstein-Heuer" verbraucht ist, muss ich mich um eine neue Geldquelle kümmern. Um nicht von meinem neuen Zuhause weg zu müssen, nehme ich eine Tätigkeit als Kraftfahrer an. Durch meine Berufstätigkeit und den damit verbundenen Verpflichtungen kehrt der graue Alltag ein und die „Honeymoon-Zeiten" zwischen Hanni und mir finden bald ein Ende. Es entstehen Probleme. Von meiner Seite her vornehmlich die, die mich schon sehr lange begleiten:
Es geschieht, dass ich wieder öfter betrunken bin. Wenn das meiner Freundin zuviel wird und sie mich deswegen kritisiert, beschwichtige ich sie und verspreche ihr nicht mehr zu trinken. Diese Gelöbnisse halte ich dann meistens für einige Tage, manchmal auch bis zu zwei Wochen ein, mache ihr dadurch Hoffnung, dass es mit mir besser wird, enttäusche sie dann aber schnell wieder, indem ich schon bald abends spät betrunken nach Hause komme...

Schlimme Zeiten

Es beginnt eine schlimme Zeit. Insbesondere für Hannelore. Alle Appelle an mich mit dem Trinken aufzuhören oder diesbezüglich auch auf Silke Rücksicht zu nehmen, finden zwar bei mir Gehör, aber ich schaffe es nicht meine Lebensweise zu ändern oder meinen Alkoholkonsum einzuschränken. Unter halbherzigen bis massiven Schuldgefühlen leidend, versuche ich das zwar manchmal, aber es gelingt mir nicht oder nur kurzfristig. Ich finde immer wieder Ausreden und Argumente, warum ich es nicht schaffe mit der Trinkerei aufzuhören oder sie auf ein „normales" Maß zu reduzieren.
Ungefähr nach einem halben Jahr unseres Zusammenlebens beginnt Hanni mir bei solchen Anlässen mit der Trennung zu drohen. Ich schaffe es jedoch immer wieder sie zu beschwichtigen und ihr neue Hoffnung zu machen, dass „es bald besser mit mir wird". Mit leeren, aber eindrucksvollen Versprechungen, fragwürdiger Dominanz und vielen faulen Tricks gelingt es mir immer wieder sie an mich zu binden.
Auch mein Berufsleben gestaltet sich sehr chaotisch. Mal bin ich als Kraftfahrer unterwegs, dann fahre ich wieder ein paar Wochen zur See, danach bin ich wieder als Kraftfahrer tätig, dann lebe ich ein paar Wochen in „Freiheit", usw. Zwischendurch gehöre ich einer Drückerkolonne an, verdinge mich bei einer Dachrinnenreinigungskolonne und „mache" zwischenzeitlich auch gerne für ein paar Wochen „krank".
Von einem der Schiffe, auf denen ich während der Zeit fahre, werde ich während der Reise nach kurzer Zeit aus einem afrikanischen Hafen nach Hause geschickt, weil ich wegen meiner Saufeskapaden an Bord nicht mehr zu ertragen bin, ähnlich, wie auf der „Friesenstein". Die Kosten für meinen Rückflug werden mir, wie einst bei der „Esso", von der Heuer abgezogen. Bei der Endabrechnung erhalte ich dann 0 DM ausbezahlt, weil Restlohn und Flugkosten sich gegeneinander aufheben.
Nach diesem Ereignis starte ich, zu Hause angekommen, einen sechs Tage anhaltenden Trinkexzess. Ich besitze zwar kein Geld; aber der Wirt meiner Stammkneipe, welche sich bei uns gleich nebenan befindet,

gewährt mir großzügig Kredit. Am siebenten Tag beende ich meine Sauftour. Nicht etwa, weil ich vernünftig werde, sondern weil ich nicht mehr kann und weil es meinem persönlichen Trinksystem entspricht. Ich bezeichne dieses System für mich als 6-Tage-Rennen. Während dieser Zeit saufe ich, schlafe, saufe wieder und nehme ab dem zweiten Tag keine feste Nahrung mehr zu mir, bis nach (meistens) sechs Tagen nichts mehr geht. Danach habe ich es immer mit fürchterlichen Entzugserscheinungen zu tun.

Eines Tages ist es besonders schlimm:

Außer der altbekannten Übelkeit, dem damit verbundenen Erbrechen und dem Durchfall sowie dem Zittern und dem Sodbrennen, schmerzt mir dieses Mal mein ganzer Körper. Insbesondere mein Brustraum. Das Atmen tut mir weh, ich kann nicht lange liegen und wenn ich meinen Oberkörper bewege, leide ich unter quälenden Schmerzen. Am dritten Tag meines Entzuges geht es mir zwar etwas besser, aber die stechenden Schmerzen im Brustraum bleiben mir erhalten. Mühsam gelingt es mir, meinen Hausarzt aufzusuchen. Auf dem Weg zu ihm denke ich:

‚Erzähl' dem bloß nicht, dass du so lange durchgesoffen hast. - Aber was könnte ich ihm sonst sagen...?'

Ganz schnell kommt mir wieder eine meiner tollen Ideen. Als ich bei meinem Arzt in der Sprechstunde sitze, dieser mich untersucht und ich ihm meine Symptome schildere, erkläre ich ihm:

„Herr Doktor, ich war mit meinem Schiff noch vor einigen Wochen an der afrikanischen Westküste. Dort grassierte ein Tropenfieber, welches selbst für die dortige Bevölkerung noch unbekannt war. Was meinen Sie? Kann es angehen, dass ich mich eventuell angesteckt habe?"

„Hm", brummt er vor sich hin, ignoriert meinen Tropenfieberhinweis und fragt: „Trinken Sie viel Alkohol? Sie wirken so zittrig..."

„Nee", beteuere ich sofort, „ich trinke ganz normal, wie andere auch. Das Zittern kommt wohl daher, weil ich ein wenig fröstle. Vielleicht hab' ich Fieber."

„Hm", brummt er wieder, „ich weiß nicht... Im Moment vermute ich, dass Sie es mit einer Lungenentzündung zu tun haben. Ein

Tropenfieber halte ich für unwahrscheinlich... Ich überweise Sie zur Sicherheit ins Krankenhaus. Dort wird man ganz genau herausfinden unter welcher Krankheit sie leiden."

Also werde ich Anfang Oktober 1975 in die innere Abteilung einer Bremer Klinik aufgenommen. In meinem Krankenzimmer liegen außer mir noch zwei weitere Patienten. Tagsüber ist meine Zeit dort mit Visiten, Untersuchungen, Diagnostik, Anwendungen usw. ausgefüllt. Die Verdachtsdiagnose meines Hausarztes stimmt. Es ist eine Lungenentzündung, die mir die Schmerzen im Brustraum beschert. Mir wird mitgeteilt, dass ich einige Wochen im Krankenhaus bleiben muss.

Nachdem es mir etwas besser geht und meine Schmerzen etwas abklingen, inspiziere ich die Klinik und entdecke, dass in der Eingangshalle dieses Hauses ein Automat steht. Jener ist mit kleinen Spirituosenfläschchen, so genannten Flachmännern gefüllt. Er enthält Weinbrand, Liköre, Magenbitter u. ä. Es überrascht mich sehr in einem Krankenhaus so etwas vorzufinden.

‚Aber es heißt ja auch, dass Alkohol in Maßen genossen Medizin sei', denke ich ironisch.

‚Na ja, dann will ich mir mal so'n Medikament zulegen', überlege ich, krame aus meiner Bademanteltasche ein 2 DM-Stück hervor und ziehe mir ein Weinbrandfläschchen heraus.

Im Laufe der nächsten Abende suche ich diesen Automaten öfter auf und werde ein sehr guter Kunde von ihm. Als mein Geld zur Neige geht, rufe ich Hannelore an und bitte sie, mir bei ihrem nächsten Besuch viel Klein- bzw. Silbergeld mitzubringen und erkläre ihr:

„Hanni, mein Schatz, wir spielen hier auf dem Zimmer jeden Abend Skat, und zwar um Geld, dafür brauche ich Silbermünzen. Du bekommst es nach meiner Entlassung zurück."

Brav tut Hanni wie ihr geheißen, und ich konsumiere pro Abend drei bis vier dieser Schnapsfläschchen...

Eines Abends, so gegen 22.00 Uhr, höre ich laute Gespräche auf dem Stationsflur und verlasse das Krankenzimmer um nachzusehen, woher der Lärm kommt. Ich bin guter Stimmung, weil meine Abendration Weinbrand in mir selbige bewirkt. Die Geräusche kommen aus einem

Zimmer am Ende des Flures. Dort ist die Nachtschwester damit beschäftigt, auf einen lamentierenden Patienten einzureden. Dieser ist offensichtlich betrunken und an Armen und Beinen ans Bett fixiert. Als die Schwester bemerkt, dass ich neugierig ins Zimmer schaue, schließt sie von innen die Tür. Daraufhin begebe ich mich auf dem Flur in die entgegengesetzte Richtung und gelange an die Tür des Stationsdienstzimmers, welche offen steht. Von Neugier und Entdeckerdrang getrieben begebe ich mich in das Zimmer. Gleich rechts vom Eingang steht ein Medikamentenschrank. Ich erkenne ihn sofort als solchen, da auch dessen Tür geöffnet ist und ich den Inhalt des Schrankes sehen kann. Unter anderem entdecke ich darin einen flachen, tellergroßen Korb, der mit kleinen, lose herumliegenden blauen und gelben Tabletten gefüllt ist. Sie liegen dort tatsächlich herum wie Smarties in einer Bonboniere...! Mein diesbezüglich gut geschultes Auge erkennt sofort, dass es sich bei dem Inhalt des Korbes um blaue Valium 10 mg-Tabletten sowie um gelbe Valium 5mg-Tabletten handelt! Um mich zu vergewissern, dass die Nachtschwester sich nicht nähert, inspiziere ich noch einmal den Flur. Niemand kommt. Sie ist immer noch mit dem besoffenen Kerl beschäftigt. Wieselflink gleite ich zum Medikamentenschrank zurück und greife zweimal zu. Ich „lade" mir ein Zwei-Hand-voll- Gemisch aus Valium 5 und Valium10 in meine Bademanteltasche. Dann streiche ich den Restinhalt des Korbes glatt und stelle fest: Es fällt optisch gar nicht auf, dass hier einige oder sogar viele davon fehlen. Schnell verlasse ich den Raum und freue mich über meine Beute. Ich gehe den Gang weiter hinunter und lese an einer anderen Tür:

„Personalküche. Betreten für Patienten verboten."

Dieses Verbot erlebe ich für mich als Aufforderung, die Küche auf jeden Fall zu betreten und den Kühlschrank zu öffnen, der darin steht. Nach dem Öffnen desselben traue ich meinen Augen wieder nicht! In ihm steht eine große Flasche Whisky! Sie ist noch halb gefüllt.

‚Das gibt es doch nicht', denke ich völlig überrascht, in der Personalküche eines Krankenhauses so etwas vorzufinden... Aber ich

packe die Gelegenheit beim Schopf und die Flasche an ihrem Hals, setze sie mir an den Mund und nehme zwei, drei tiefe Züge.
Nach diesem „Beutezug“ begebe ich mich auf mein Zimmer. Meine beiden Mitpatienten schlafen bereits. Die frisch geklauten Valium-Tabletten fülle ich in eine kleine Plastiktüte. Dabei zähle ich sie gleich. Es sind 52 Stück! Dreißig blaue und zweiundzwanzig gelbe!
‚Das sind erst mal genug kleine Helferlein', freue ich mich, ‚die reichen für 'ne Weile...'
Mein Gewissen scheint auf Urlaub oder genau wie ich betrunken zu sein.
Einige Tage später, es vergeht übrigens keiner, an dem ich nicht irgendwelchen Schnaps oder zwischendurch auch 'mal 'ne Valium konsumiere; also einige Tage später erwache ich in meinem Krankenbett. Links neben mir steht ein Metallständer mit einer Infusionsflasche, die durch einen Schlauch mit meinem linken Arm verbunden ist. Ich hänge also, wie man so schön sagt, am Tropf! Rechts neben meinem Bett sitzt Hannelore auf einem Stuhl und weint. Ich erfahre, dass ich gestern betrunken „zusammen gebrochen“ sein soll. Es ist der Stationsarzt, der kurz nach meinem Erwachen das Zimmer betritt und mir das mitteilt, noch bevor ich mich Hanni zuwenden kann. Weiterhin erklärt er mir:
„Wir haben uns entschlossen, Sie zu entlassen, sobald Sie sich von dieser Eskapade erholt haben. Sie wissen wovon ich rede. Ich möchte mich diesbezüglich nicht weiter auslassen. Ich bin nicht Ihr Erzieher! Übermorgen gehen Sie! Ich kann Ihnen nur einen Rat mit auf den Weg geben: Sehen Sie zu, dass Sie Ihr offensichtlich bestehendes Alkoholproblem in den Griff bekommen. Sonst sind Sie bald tot! Wir können Ihnen im Moment nicht mehr helfen...!“
Zwei Tage später, nach ungefähr fünf Wochen Krankenhausaufenthalt, werde ich auf sehr unrühmliche und beschämende Art entlassen - ja, man kann sagen: Ich werde 'rausgeschmissen!
Hannelore versichere ich:

„So, nun ist aber wirklich Schluss, mit der Sauferei! Du hast mir unheimlich leid getan, als du da an meinem Bett saßest und weintest und dich bestimmt auch wegen mir geschämt hast!“
„Das glaube ich dir auf's Wort“, kontert sie, „aber erst, wenn mindestens ein Jahr in der Form verstrichen ist. Bitte keine einzige von diesen blöden Versprechungen mehr. Ich kann sie schon mitsingen. Hör' einfach mit der Sauferei auf, dann brauchst du auch nichts mehr zu versprechen. Und was das Mitleid betrifft: Sorge einfach dafür, dass du es nicht mehr mit mir haben musst. Du weißt wie du das schaffen kannst, klar?“
Nach dieser Misstrauenskundgebung und Schelte von ihr schweige ich lieber und denke:
‚Lass sie quasseln, wir werden ja sehen...'
Zu Hause angekommen nehme ich die Plastiktüte mit den Valium-Tabletten schnell aus meiner Reisetasche und verstecke sie hinter der Schlafzimmer-Schrankwand.
Nach kurzer Erholungsphase zu Hause finde ich eine Anstellung als Kraftfahrer und trinke tatsächlich bis zum Jahreswechsel von 1975 auf 1976 keinen Alkohol mehr. Anlässlich der Sylvesterfeier gestatten Hannelore und ich mir „ausnahmsweise“ Alkohol zu trinken. Dieses gelingt mir in vernünftigen Maßen. Am 2. Januar begebe ich mich daher total nüchtern und ohne Katergefühle zur Arbeit.
Also! Es geht doch! Man muss sich nur beherrschen!! Und man muss es wollen!! Jawohl!!
Nach einer weiteren alkoholfreien Woche reizt es mich mal wieder in meine Stammkneipe zu gehen, um dort ein oder zwei Biere zu trinken. Nicht mehr. Es gelingt mir aber nicht nach diesen beiden Gläsern aufzuhören. Ich „versacke“ total und komme erst spät in der Nacht nach Hause. Danach bewege ich mich in altbekanntem Fahrwasser. Meine Arbeitsstelle gebe ich auf, weil ich nicht betrunken LKW fahren will und darf. Vierzehn Tage lang sumpfe ich und ernähre mich von Weinbrand, Bier, Valium und mittlerweile auch noch von Underberg.

Als ich während dieser Phase eines Nachts um 3.00 Uhr nach Hause komme, stehen meine Koffer vor der Haustür. Ich sehe mir die Dinger an und denke in meinem besoffenen Kopf:
‚Die spinnt wohl, die Alte! Jetzt will sie's wohl wissen. Der werd' ich's aber zeigen...'
Dann lege ich meinen Finger an den Klingelknopf, der zu unserer Wohnung gehört und drücke drauf: Dreimal kurz, dreimal lang und dreimal kurz. Es ist das Funknotrufsignal der Schifffahrt, „SOS". Ich wiederhole es ohne Pause und die Klingel schrillt laut durch die Wohnung. So lange, bis Hanni entnervt die Tür öffnet.
„Bist du verrückt geworden, solch einen Lärm zu machen?!", herrscht sie mich flüsternd an, um im nächtlichen Hausflur kein Aufsehen zu erregen.
Ich flüstere wütend zurück:
„Willst du mich auf die Straße werfen und dort verrecken lassen? Wenn du das tust, dann bringe ich mich sofort um!"
Das klingt anscheinend überzeugend. Denn sie lässt es zu, dass ich mich mit meinen Koffern in den Händen an ihr vorbei in die Wohnung dränge.
„Lass mich bloß zufrieden", maule ich sie noch an und lege mich ins Bett um meinen Rausch auszuschlafen.
Am anderen Tag veranstalte ich die „alte Leier": Entschuldigungen, Versprechungen, und und und ... Hanni winkt ab und meint:
„Bald fliegst du hier wirklich raus, das verspreche I-c-h dir!"
Aber auch sie hält ihr Versprechen nicht, und irgendwann nehme ich es nicht mehr ernst...
Inzwischen ist mein Valium-Vorrat verbraucht. Nach dieser letzten 14-tägigen Saufeskapade besitze ich keine Helferlein mehr, die mir meinen Entzug erleichtern könnten. Als danach das Zittern, die Magenschmerzen, die Übelkeit und die Gliederschmerzen unerträglich werden und ich nach einem „Klapperschluck" giere, durchsuche ich die Wohnung, in der Hoffnung irgendein hochprozentiges Getränk zu finden. Es ist aber nichts da! Ich könnte in den Supermarkt gehen, um mir dort etwas zu holen. Aber dafür fühle ich mich zu krank und zu

klapperig. Im Abstellraum finde ich eine Flasche mit Brennspiritus.- Und weil ich weiß, dass Brennspiritus eigentlich nichts anderes als Alkohol ist, greife ich in meiner Entzugsnot äußerlich zitternd und innerlich mich sehr schämend nach diesem Stoff, verdünne ihn mit Wasser, trinke so lange davon, bis ich aufhöre, es vor Ekel gleich wieder zu erbrechen und bis es in mir bleibt und die beruhigende Wirkung des Alkohols einsetzt. Während ich das mache, sage ich verächtlich zu mir:

'Jetzt bist du wohl ganz bestimmt ein Alkoholiker, denn so'n Scheiß saufen nur solche Typen...'

Im nächsten Moment beschwichtige ich mich allerdings wieder:

'Ach was, zurzeit kannst du nicht anders, aber nach zwei Tagen geht es dir wieder besser und dann trinkst du tagelang nichts! Manchmal sogar Wochen! Und hast auch überhaupt kein Verlangen danach! Dann kannst du gar kein Alkoholiker sein... Die sind ständig besoffen. Und das bist du doch nicht... Nee, mein Junge, ein Alkoholiker bist du noch lange nicht...!'

Bis zum Juni 1975 vegetiere ich auf diese Art und Weise dahin:

Arbeit finden, durch Trinkeskapaden sie wieder verlieren, entgiften, wieder Arbeit finden, ein paar Wochen „normal“ leben und arbeiten, dann wieder Saufen, Versprechen abliefern und und und... Und wenn während eines Entzugs der Brennspiritus verbraucht ist, trinke ich mein Rasierwasser leer. Inzwischen schäme ich mich deswegen gar nicht mehr. Hanni leidet, schafft es jedoch nicht, mich rauszuschmeißen. Wie es der kleinen Silke mit einem solchen Vater geht? Ich weiß es nicht genau. Aber eigentlich bin ich überzeugt, dass sie mich mag, weil ich immer lieb und nett zu ihr bin und sie immer gut behandle...

Eines Abends nach einer dieser Sauftouren, sage ich während meiner Entzugsphase zu Hanni:

„Schlafe du bitte mit Silke im Ehebett. Ich vermute, dass ich eine schlaflose Nacht haben werde. Ich werde sie im Kinderzimmer verbringen.“

Das Bett „unserer“ Tochter ist so groß, dass auch eine erwachsene Person darin schlafen kann. Als ich mich hinlege und das Licht lösche, fühle ich mich sehr unruhig und „aufgedreht“.
Plötzlich höre ich Stimmen und sehe, dass auf dem Regal über Silke`s Bett zwei Saufkumpanen aus meiner Stammkneipe sitzen. Sie streiten sich darüber, wer von ihnen der bessere Arbeiter sei. Gegenüber vom Bett steht ein Schreibtisch. Auf dem sitzt Silkes Oma und herrscht die beiden Streithähne an:
„Seid endlich still! Eberhard muss schlafen, denn er muss morgen sehr früh aufstehen und zur Arbeit...!“
Die beiden Streithähne ignorieren die alte Dame und zanken weiter. Plötzlich sehe ich Silke, wie sie neben dem Bett über den Fußboden krabbelt.
‚Das kann doch nicht angehen. Die liegt doch eigentlich bei Hanni im Ehebett’, denke ich und will das Kind berühren. Kurz bevor ich sie mit meiner Hand erreiche, löst sie sich plötzlich in Nichts auf. ‚Komisch’, rätsle ich, lasse mich aber gleichzeitig von dem Gequatsche der beiden Streithähne, die auf dem Bücherregal sitzen, ablenken.
„Haltet endlich das Maul! Ich will pennen“, fauche ich sie mit gedämpfter Tonlage an. Sie gehorchen nicht.
„Okay“, drohe ich, „dann stopf’ ich euch jetzt das Maul.“
Um das zu vollziehen, erhebe ich mich und greife nach einem von den beiden. Als ich zufasse, halte ich einen von Silkes Stoffteddys in der Hand, die auf dem Regal zwischen den Büchern sitzen. In dem Moment als ich den Teddy wieder an seine ursprüngliche Stelle zurücksetze, ist es wieder der Kumpel, der dann gleich wieder weiterquatscht!
‚Verflucht! Was ist hier los?’, überlege ich verzweifelt und schalte das Licht an. Als dieses den Raum erhellt, ist niemand außer mir anwesend und alle Dinge im Zimmer befinden sich da, wo sie sein sollen. Dann schalte ich das Licht wieder aus und alle „Gespenster“ sind wieder da! Licht an: wieder weg! Licht aus: wieder da!
‚Komisch’, rätsel ich, ‚lass das Licht bloß brennen. Was das wohl ist? Ob das ein Delirium ist?’

Weil im Hellen nichts mehr geschieht, lasse ich die Lampen brennen und falle etwas später in einen unruhigen Schlaf, in dem ich einen sich immer wiederholenden Albtraum träume:
Mich jagen darin Schäferhunde. Sie bekommen mich zu fassen und beißen mich. Den Schmerz verspüre ich als wäre er real! Der Traum wiederholt sich ständig. Als ich irgendwann erwache, bin ich klitschnass geschwitzt.
‚Mannomann', überlege ich, ‚was für eine Nacht! Was waren das nur für Phantasiebilder mit den Kerlen, Oma und Silke? War das wirklich ein Delirium?'
Mühsam erhebe ich mich und gehe ins Wohnzimmer. Dort hole ich mir ein Lexikon aus dem Bücherschrank, schlage es auf und lese: „Delirium: Auch Säuferwahn genannt. Kann zum Kreislauftod führen."
‚Oha', denke ich, ‚da hab' ich aber noch mal Glück gehabt...'
Trotz dieser Warnung ändere ich nichts...
Etwas später mustere ich auf der „Ingeborg", einem Binnenschiff an, auf dem ich tatsächlich einige Monate bleibe. Dort gestaltet sich mein Dienst regelmäßig so, dass ich drei Wochen an Bord arbeiten muss und eine Woche frei habe. Ich verdiene gutes Geld, wovon ich den meisten Teil zu Hause abgebe. Für Hanni entwickelt sich, zumindest in wirtschaftlicher Hinsicht, eine gewisse Stabilität. Während meiner Freiwochen bin ich natürlich meistens betrunken.
An einem dieser freien Tage habe ich eine für mich sehr peinliche Begegnung:
Um mir mal wieder eine Jeans zu kaufen, fahre ich in die Bremer Innenstadt und will mich bei Karstadt umsehen. Als ich in dem Kaufhaus mit der Rolltreppe fahre, werde ich oben von einem ungefähr gleichaltrigen Mann angesprochen, den ich sofort wieder erkenne. Es ist Jens Petersen, ein ehemaliger Mitschüler aus dem Max-Planck-Gymnasium in Kiel.
„Bist du nicht Eberhard Lempelius? Na klar bist du das! Was machst du denn hier in Bremen?", fragt er, sichtlich erfreut mich hier zu treffen. Neben ihm steht eine junge Frau, die mich freundlich anlächelt.

„Das gibt's doch gar nicht!", erwidere ich genauso fröhlich. „Du hier in Bremen? Haben sie dich in Kiel 'rausgeschmissen oder was?"
„Nee, das würden die sich nicht trauen", gibt Jens zurück, „aber nun mal ganz ernsthaft: Ich stelle dir erst einmal Brita vor. Wir sind frischgebackene Zahnärzte und wollen uns in Bremen umsehen, um hier eine Gemeinschaftspraxis zu eröffnen. Und was machst du hier? Und wie verbringst du deine Zeit?"
„Na ja, ich wohne schon seit zwei Jahren hier und arbeite als..." Weiter kann ich nicht sprechen. Ich verspüre einen dicken Kloß in meinem Hals. Schambesetzte Gedanken durchjagen meinen Kopf:
‚Was soll ich dem sagen? Der ist inzwischen Zahnarzt! Der hat's geschafft! Und du? Willst du ihm und seiner Dame erzählen, dass du Binnenschiffmatrose bist? Dass du eigentlich null und nichts geworden bist? Obwohl du genau wie er das Gymnasium besucht hast?'
Ich lächle Jens und seine Begleiterin verlegen an und sage errötend:
„Also ich fahre auf einem Binnenschiff, einem Tanker, äh - als Kapitän, äh - bald steige ich wieder auf einem Seeschiff ein..., ja, auch als Kapitän..."
„Ach, das ist ja toll! Vielleicht können wir mal bei dir als Passagiere mitfahren. - Oder geht das nicht?", schlägt Jens fröhlich vor.
„Doch, das lässt sich bestimmt organisieren", verspreche ich den beiden, „aber jetzt muss ich leider weg. Ich hab'n wichtigen Termin beim Schiffsmakler. Tschüss, macht's gut! Ich werde euch bestimmt im Telefonbuch finden und dann melde ich mich bei Euch!"
„Ja, tschüss, Eberhard, gute Reise, alles Gute! Es währe wirklich schön, wenn du dich meldest!"
Voller Scham und mit der mir nicht unbekannten Überzeugung ein totaler Versager und Taugenichts zu sein, verlasse ich sehr schnell das Kaufhaus, fahre mit der Straßenbahn in meine Wohngegend und begebe mich dort in meine Stammkneipe...

Konsequenzen einer Schnapsidee

Samstag, 04.12.1976 gegen 12.00 Uhr:
Was ist das bloß für ein Gepolter an Deck? Und wo bin ich überhaupt? Mir ist zwar klar, dass ich an Bord meines Binnenschiffs bin, aber: Was ist das für ein feudales Sofa, auf dem ich da liege? Gerade werde ich durch den Trittlärm auf den eisernen Decksplatten wach, mir brummt der Schädel und mir ist kotzübel! Langsam erwache ich, werde klarer und erinnere mich gedanklich an die gestrigen Geschehnisse und meine gegenwärtige Situation:
Ach ja, mein Schiff „Ingeborg“ liegt in Hannover an der Pier. Der Schiffsführer Willi und Jochen, der andere Matrose, der außer mir hier beschäftigt ist, sind ins Wochenendfrei nach Hause gefahren, und ich habe Bordwache. Gestern Abend, als die beiden endlich weg waren, bin ich noch schnell mit einer Taxe zu einem Kiosk gefahren und habe mich ein wenig "eingedeckt": Zehn 0,5 l-Flaschen Bier und eine Flasche Weinbrand. Außerdem orderte ich noch zwei Flachmänner, die ich zügig gleich hinter der Holzbude inhalierte, um meine schlechte Laune loszuwerden. Ich hatte nämlich gar keine Lust auf Bordwache am Wochenende ... So war es. Aber wieso liege ich auf diesem Sofa?!
Ach ja, als ich gestern mit dem Taxi vom Kiosk zurück an Bord kam, hatten die beiden Flachmänner, die ich mir einverleibt hatte, meine Laune schon gut aufgehellt, und ich stellte mir an Bord angekommen die Frage:
‘Wenn Du schon alleine auf diesem großen Binnentanker Wache gehst - warum sollst du dich nicht wie ein Kapitän fühlen und auch so benehmen? Also, verbringen wir doch das Wochenende im Kapitänssalon mit Fernseher und Stereoanlage, oder? Da brauchst du doch nicht in der Mannschaftsunterkunft 'rumzuhängen, in der du nach drei oder vier Schritten gegen eine Wand oder einen Schrank läufst... Nee, genieß man lieber etwas Luxus, zumal du sowieso demnächst selbst Kapitän sein wirst! Die Schule dafür schaff' ich diesmal bestimmt. - Ja, ja, ich muss mich bald mal wieder anmelden!’

Mit diesen Gedanken machte ich es mir gestern im Schiffsführersalon bequem. Ich verzichtete darauf Küche und Ruderhaus zu reinigen und aufzuräumen.
‚Das kann ich auch noch sonntagabends machen', vertröstete ich mich, indem ich mich auf Willis Sofa zurechträkelte. Dann schaltete ich den Fernseher an, trank ein paar Flaschen Bier und eine Hälfte aus der Weinbrandflasche und schlief irgendwann mit dem Gefühl ein guter Kapitän zu sein, tief und fest ein und fühlte mich dabei sauwohl... Genau, so war das gestern, erinnere ich die Zusammenhänge. Und jetzt sitze ich hier auf diesem komfortablen Polstermöbel, mir ist furchtbar schlecht, mein Schädel wird von klopfenden Schmerzen gepeinigt, und es lärmen Schritte über Deck.
‚Ich gehe gleich 'mal nachsehen, wer da ist', denke ich, richte mich auf und bekämpfe Gott sei Dank erfolgreich einen heftigen Würgereiz. Ich taste suchend über den Fußboden und stoße um, was ich gesucht habe: Die noch halb volle Weinbrandflasche. Selbstverständlich ist sie verschlossen. Ich verschließe meine Flaschen immer. Nach jedem Schluck! Denn sonst könnte der "Geist" entweichen. Und dieser Geist beträgt fast 40 Prozent! Den lässt man nicht entkommen! Ich nehme einen tiefen Schluck, um meinen Brummschädel und meine Übelkeit loszuwerden und höre nebenher, wie die Tür vom Ruderhaus geöffnet und geschlossen wird. Außerdem unterhalten sich zwei Männer.
‚Gleich bin ich bei euch und jage euch zum Teufel', denke ich und lasse noch ein "ordentliches" Quantum Weinbrand in mich hineingluckern...
‚Wartet ein wenig, bis ich mich besser fühle, dann hetze und prügle ich euch auf der Wasserseite und nicht auf der Landseite von Bord, ihr Penner...'
Während ich mit diesen Gedanken meine Wut und meinen Mut anheize und auf die schmerzlindernde Wirkung des Alkohols warte, öffnet sich die Salontür von außen und Willi, der Schiffsführer sieht mich entgeistert an.
"Sag 'mal, bist u jetzt völlig abgedreht?", fragt er, als er meinen Zustand und die verstreut herumliegenden Bierflaschen in seinem Wohnraum sieht.

"Langsam habe ich die Schnauze voll von dir und deinen Saufeskapaden. Wieso hast du das Ruderhaus und die Küche nicht aufgeräumt? Und wer hat dich aufgefordert dich in meiner Bude zu besaufen und hier diese Unordnung herzustellen? Pass auf: Ich habe jetzt keine Zeit. Ich habe meinem Kumpel die neue Ruderanlage gezeigt und muss gleich wieder nach Hause. - Aber am Montag ist hier alles wieder tiptop sauber. Und wir beide werden uns dann unterhalten... Meine Geduld mit dir ist nämlich ziemlich am Ende! Ich hab' anfangs gedacht, du seist'n feiner und zuverlässiger Kerl. Aber eigentlich bist du nur ein willensschwacher Saufkopp, der einen nur immer wieder enttäuscht! Und da müssen wir jetzt mal gucken, wie das weitergehen soll! Also: bis Montag. Und sieh zu, dass du den Rest der Zeit in deiner und nicht in meiner Unterkunft verbringst und vergiss nicht hier zu lüften!"
Er knallt wütend die Tür zu und verlässt mit seinem Freund das Schiff. Also kamen die Schritte an Deck von Willi und seinem Kumpel...Seine gegen mich gerichtete Strafpredigt lässt mich nicht kalt. Sie erschüttert mein Gemüt erheblich. Ich mag ihn nämlich sehr gerne, den Willi. Wir haben uns in der letzten Zeit ein wenig angefreundet und viel über Motorräder, Seefahrt, Frauen und vieles mehr geredet...Er sagt immer "Bootsmann" zu mir, weil ihn meine seemännischen Fähigkeiten beeindrucken... (Wenn ich nüchtern bin.) Er hat durchaus Recht mit seinem Gemecker, denn die ersten Tage nach meiner freien Woche sind mit mir meistens schwierig, weil ich nie nüchtern an Bord zurückkomme und danach einige Tage nicht voll einsatzfähig bin, weil ich mit meinem Entzug zu kämpfen habe. Es gibt also jedes Mal erhebliche Einstiegsschwierigkeiten mit mir. Darüber sieht Willi meistens milde hinweg. Jetzt aber scheint er die Nase voll zu haben. Ich sitze also auf seiner Couch, bin von seiner Strafpredigt ziemlich erschüttert und betrachte die Weinbrandflasche, die sich in meiner Hand befindet. Automatisch hebe ich sie an meinen Mund, nehme einen tiefen Schluck und verschließe sie wieder. Langsam stehe ich auf, gehe in die von mir nicht aufgeräumte Küche, betrachte schuldbewusst das schmutzige Geschirr in der Spüle und öffne den Kühlschrank. Dort

befinden sich noch drei 0,5 l-Flaschen Bier von meinem gestrigen Versorgungseinkauf. Ich stelle das Bier und den restlichen Weinbrand auf den Tisch, setze mich auf den Stuhl daneben und denke über mich nach:

‚Eigentlich ist alles Scheiße! Wieder einmal wirst du nach kurzer Zeit von einem Menschen verachtet, mit dem du drauf und dran warst eine Freundschaft zu gründen! Und wieder einmal deswegen, weil du ständig unter Strom stehst und die Menschen enttäuschst.'

Ich erinnere mich an meine Selbstmordepisode auf dem Frachtschiff von vor zwei Jahren, schüttle meinen Kopf und sinniere weiter:

‚Bring' dich um, mein Junge! Aber nicht so dilettantisch wie damals, dass du nach zwei Tagen wieder aufwachst. Nee - nee, du nimmst dir jetzt 'n schönen dicken Tampen, machst den Henkersknoten mit sieben Törns ums laufende Ende, gehst nach vorne ins Logis und hängst dich am Gestänge vom Oberlicht auf! Du bist nichts Besseres wert, du scheiß Säufer und Versager!'

Mir rinnen einige Tränen die Wangen herunter und ich öffne eine Bierflasche und genieße trotz meiner selbstzerstörerischen Gedanken das kalte, frische Bier. Plötzlich durchzuckt mich eine völlig andere Idee, und ich setze mich wie elektrisiert gerade und aufrecht hin:

‚T r i n k e r h e i l a n s t a l t', denke ich und beginne laut mit mir zu reden:

„Du gehst in eine Trinkerheilanstalt, machst dort eine Kur, trinkst nie wieder Alkohol, fährst ebenfalls nie wieder zur See und schulst um zum Sozialarbeiter. - Jawohl, mein Lieber, das machst du genau so und nicht anders! Und wenn du nach der Trinkerheilanstalt doch wieder trinken solltest, dann kannst du immer noch Selbstmord machen. Aber vorher - vorher versuchst du diesen Weg! Du fährst jetzt nach Hause, gehst Montag gleich morgens zu deinem Hausarzt und lässt dir eine Überweisung in die Trinkerheilanstalt ausstellen. Jawohl!"

Mein trunkener Zustand und diese neue Perspektive versetzen mich schlagartig von todessehnsüchtigen Depressionen in eine euphorische Hochstimmung. Ich greife nach dem Weinbrand, um auf meine affengeile Superidee einen zu trinken, bremse jedoch sofort ab:

‚Wenn du trocken werden willst, dann fang' man schon mal an mit dem Schnaps aufzuhören. Mit dem Bier höre ich morgen auf', sage ich mir und ergreife fröhlich die Weinbrandflasche, gehe mit ihr zur Spüle, drehe sie mit der offenen Seite nach unten und ergötze mich daran, wie der für mich ehemals so köstliche Stoff durch den Abfluss gluckert! Es macht mir nichts aus! Gar nichts! Ich bin sogar richtig stolz auf mich!
Danach werfe ich einen prüfenden Blick auf die Küche und sage mir:
„Spar dir die Aufräumarbeiten. Mach dich vom Acker! Dein Ruf ist hier sowieso im Arsch!"
Ich trinke mein Bier aus, nehme die restlichen zwei ungeöffneten Flaschen mit, schließe sämtliche Türen vom Achterschiff ab, hänge eine Nachtlaterne in Position, zünde sie an und gehe nach vorne ins Mannschaftslogis um meine Sachen zu packen. Was davon nicht mehr in die Reisetasche passt, lasse ich einfach zurück.
‚Es sind ja eh nur Arbeitsklamotten und die brauche ich sowieso nie wieder', denke ich, ‚oder hat man einen Sozialarbeiter schon mal in Seemannsklamotten gesehen?'
Die beiden Bierflaschen passen noch sehr gut in die Tasche... Ich überprüfe meine Finanzen: Ich besitze noch so viel Geld, dass ich mit einer Taxe zum Bahnhof und von dort aus mit dem Zug nach Bremen fahren kann. Darüber hinaus befinden sich noch etwas mehr als zehn Mark in meiner Geldbörse. Nachdem ich das Schiff verlassen habe und in Hannover auf dem Bahnhof die Fahrpläne studiere, stelle ich fest, dass ich noch eine Stunde warten muss bis mein Zug abfährt.
‚Trink' man solange 'n Bier', denke ich und suche eine der Bahnhofskneipen auf.
Als ich sie betrete, sehe ich am Tresen einen interessanten Typen sitzen. Er trägt eine Baskenmütze, hat einen sympathischen Gesichtsausdruck, und ich empfinde das Bedürfnis mich zu ihm zu setzen. Wir begrüßen uns etwas reserviert mit Kopfnicken und einem kurzen „Tach". Ich bestelle mir einen Halben und sage zu meinem Nebenmann:
„Macht es dir etwas aus, wenn ich dich anspreche und dir etwas von mir erzähle?"

„Nö, das macht mir nichts aus, erzähl' ruhig. Übrigens, ich heiße Rene und bin Kunstmaler. Aber einer von der ganz armen Sorte", sagt er und lacht dabei verschmitzt.
„Wirkst aber trotzdem zufrieden auf mich", antworte ich. „Mein Name ist Eberhard und ich glaube schon länger, aber ab heute ganz fest, dass ich Alkoholiker bin... Ich muss es ganz einfach irgendjemanden erzählen. Ich weiß nicht, warum. - Morgen lass ich mich in eine Trinkerheilanstalt einweisen, und dann werde ich nie wieder trinken. Vielleicht mach' ich danach sogar 'ne Umschulung. Was denkst du jetzt von mir?"
Ich gucke ihn fragend an und erwarte, dass er eine abfällige oder spöttische Bemerkung macht oder anderweitig ausweicht.
„Was soll ich von dir denken?", erwidert er, „ich finde es toll, wenn jemand feststellt, dass er mit dem Alkohol nicht umgehen kann und entsprechende Konsequenzen zieht. Allerdings fallen sehr viele nach kurzer Zeit um und trinken wieder..."
„Zu denen gehörte ich bis jetzt auch", murmel ich verschämt, „aber diesmal will ich eisern bleiben!"
Er antwortet darauf nicht, sondern fragt gleich weiter:
„Was möchtest du denn für eine Umschulung machen?"
„Ich weiß noch nicht. - Vielleicht zum Sozialarbeiter, aber das weiß ich wirklich noch nicht..."
„Aha, so'n bisschen vom Saulus zum Paulus?", sagt er, „ist aber trotzdem 'ne gute Idee......Darf ich dir 'mal 'nen ganz persönlichen Eindruck schildern?"
„Ja, mach'!"
„Ich glaube nicht, dass du ein Alkoholiker bist. Was sagst du nun?"
„Warum nicht?", frage ich.
„Ich kenne eine Menge echte Alkoholiker. Aber keiner von denen greift so ruhig und ohne zu zittern nach seinem Bier wie du. Und alle haben ziemlich - na, ich will mal sagen - entgleiste und aufgedunsene Gesichtszüge. Das, mein lieber Eberhard, fehlt dir alles."
„Ja, ich weiß, im Gesicht sieht man mir nichts an. Aber was meinst du wohl, wie viel ich intus habe?! Da brauch' ich nicht mehr zu zittern. Du

hättest mich heute kurz vor meinem ersten Schluck sehen sollen. - Da wäre mir vor lauter Zittern der Schnaps von alleine aus der Flasche gesprungen, die ich in der Hand oder besser gesagt, in den Händen hielt. Ich brauchte circa einen viertel Liter Weinbrand um einigermaßen ruhig zu werden, mein Lieber! Und alle Schwierigkeiten, in denen ich stecke, haben etwas mit meinem verdammten Saufen zu tun!", halte ich seinem gut gemeinten Bagatellisierungsversuch entgegen.

„Na ja, da magst du wohl recht haben. Allzu viel verstehe ich auch nicht von der so genannten Trunksucht. Aber ich finde deinen Entschluss gut und dich sehr mutig, dass du so offen darüber sprichst."

Seine Akzeptanz tut mir einerseits sehr gut, verschafft mir aber andrerseits etwas Unbehagen.

„Ich muss jetzt auf den Bahnsteig, mein Zug fährt gleich. Halt die Ohren steif und - danke, dass du mir zugehört hast", verabschiede ich mich etwas verlegen von Rene.

„Ist okay Eberhard, viel Erfolg für deine Absichten. Und wenn es doch nicht so klappt, wie du es dir wünschst, dann komm' wieder nach Hannover und melde dich bei mir. Hier, ich gebe dir meine Karte. Du kannst dich aber auch melden, wenn es gut läuft... Bis dann, tschüss und mach's gut!"

Wir drücken uns zum Abschied die Hände, ich stecke seine Visitenkarte ein, bezahle mein Bier und begebe mich auf den Bahnsteig, klettere in den richtigen Zug und fahre mit ihm nach Bremen.

Dort angekommen, besteige ich die Straßenbahn und fahre mit ihr „schwarz" nach Hause, schwarz deswegen, weil ich im Hinblick auf den Erhalt meines Alkoholpegels pleite bin.

Gegen 18 Uhr betrete ich unser Wohnzimmer, in dem meine Lebensgefährtin Hanni sitzt und mich überrascht und besorgt zugleich ansieht.

„Was ist los? Warum bist du schon wieder zurück?", fragt sie ahnungsvoll.

„Tja, nun hör' mir mal gut zu"; leite ich etwas verlegen und umständlich folgenden Vortrag ein:

„Also, es ist so: Ich glaube, dass ich eingesehen habe, dass ich Alkoholiker bin, und ich will in eine Trinkerheilanstalt. Morgen lass ich mir von Dr. Meyer eine Überweisung ausschreiben..."
„Und was ist mit deiner Arbeit?", fragt Hanni.
„Ja-a, die hab' ich gekündigt. Ich will nie wieder trinken und nie wieder zur See fahren. Auch nicht auf'm Binnenschiff. Mal sehen, was ich später mal mach'."
„Ja, spinnst du? Wie oft hast du schon versprochen nicht mehr zu trinken?! - Fünf Monate hattest du jetzt einen guten Job für gutes Geld! Und den schmeißt du einfach weg, weil du wieder mal ein 'Ich-trinke-nie-wieder-Gelöbnis' ablegen musst, um es dann nach spätestens drei Tagen zu brechen. Mannomann, wovon sollen wir denn demnächst leben?! Und außerdem ist morgen Sonntag, du kannst erst übermorgen zu Dr. Meyer... Du willst mir doch nicht erzählen, dass du morgen nichts trinkst!"
Unter Tränen, traurig und wütend zugleich, bringt sie mir diese Vorwürfe entgegen. In meinem betrunkenen Zustand antworte ich gedämpft beleidigt:
„Das mit dem Lebensunterhalt kriegen wir schon irgendwie hin. - Du solltest dich eigentlich freuen! Warum glaubst du mir nie etwas? Ich habe, glaube ich, immer nur deswegen wieder getrunken, weil du mir mit deinem ständigen Misstrauen den Elan genommen hast! Aber diesmal schaff' ich es, egal, ob du mir traust oder nicht. Morgen werde ich nichts trinken, nur Wasser! Gute Nacht!"
Ich lasse die verzweifelt weinende Frau sitzen und begebe mich mit einer meinem Alkoholkonsum entsprechenden Bettschwere zum Schlafen.

Sonntag, 05. 12. 1976:
Wie von Hanni befürchtet, trinke ich am anderen Tag heimlich Alkohol, den ich mir unter dem Vorwand, Zigaretten holen zu wollen in meiner Stammkneipe besorge. Ich sage zu mir selbst:
‚Ab morgen trinke ich nichts mehr. Heute kann ich sowieso noch nicht zum Arzt. Ich werde langsam ausschleichen.'

Damit meine ich meinen Entzug. Ich komme vom „Zigaretten holen" sehr schnell wieder, verstecke meine (diesmal) kleine , heimlich erworbene Schnapsflasche hinter der Kachelverkleidung unter der Badewanne, trinke offiziell Mineralwasser und sorge im Badezimmer gelegentlich dafür, dass ich gar nicht erst in Entzugsschwierigkeiten gerate. Dementsprechend gut schlafe ich in jenen Montag hinein, an dem ich mit dem Trinken aufhören will.

Montag, 06. 12. 1976:
Um 10 Uhr sitze ich an diesem Tag vor meinem Arzt in dessen Praxis und sage zu ihm:
„Herr Doktor, ich bitte Sie mir eine Überweisung ins Krankenhaus Bremen-Ost, Trinkerabteilung auszustellen. - Ich glaube, dass ich Alkoholiker bin. Entsinnen Sie sich, dass ich Ihnen vor einigen Monaten vorgaukelte, mir wahrscheinlich ein geheimnisvolles Tropenfieber in Afrika eingefangen zu haben? Nun, es war nichts anderes als ein ganz gewöhnlicher Alkoholentzug... Auch meine innere Unruhe oder die Gastritis, mit denen ich hier manchmal vorstellig wurde, hatten immer etwas mit meiner Sauferei zu tun. Und damit soll jetzt Schluss sein! Entschuldigen Sie bitte, dass ich Sie so oft angelogen habe. Gestern war mein letzter Sauftag, das verspreche ich auch Ihnen. Bekomme ich die Überweisung?"
Herr Dr. Meyer antwortet mir anfangs nicht. Er nickt lediglich und schreibt mir eine Einweisung aus. Danach sagt er:
„Den Verdacht auf chronischen Alkoholismus habe ich bei Ihnen schon länger. Also – allzu gut haben Sie nun doch nicht lügen oder schauspielern können... Aber es ist gut, dass Sie selbst darauf gekommen sind. Hier haben Sie den Schein und gehen Sie auch ganz bestimmt hin! ich wünsche Ihnen viel Erfolg."
Als ich wieder auf der Straße stehe, fällt mir mein Arbeitgeber ein und ich rufe ihn aus einer Telefonzelle an:
„Ich wollte mich melden und Ihnen mitteilen, dass ich freiwillig eine Kur für Alkoholiker mitmachen werde. - Bekomme ich eine Anzeige, weil ich Ihr Schiff unbewacht verlassen habe?"

„Nein“, lautet die Antwort, „wir haben Ihnen aber Ihre fristlose Kündigung zugestellt und hoffen, von Ihnen nichts mehr zu hören. Solche Leute wie Sie können wir nämlich nicht gebrauchen.“
Ich schäme mich zwar ein wenig, bin aber sehr erleichtert und hänge den Hörer auf, um mich zu Fuß auf den ungefähr 2 km langen Heimweg zu machen. Da ich fast gar keine Entzugserscheinungen habe, denke ich:
‚Das ist heute ein idealer Tag um für immer mit dem Trinken aufzuhören. Jetzt findet dein Säuferleben endlich sein Ende. Mein Gott, wie oft hast du das schon versucht, und heute ist es endlich so weit...’
Ich gehe ein paar Schritte und denke daran, wie alt ich bin:
‚33 Jahre, fast 34 Lenze zähle ich jetzt und werde für den Rest meines Lebens nie wieder Alkohol trinken. Das kann noch gut und gerne 50 Jahre sein... Vielleicht nur 40 oder 35, weil ich so ungesund gelebt habe. Mannomann - die ganze Zeit ohne Alkohol. Das ist verdammt lange...’
Bei diesen Gedanken bekomme ich eine ziemlich unangenehme Zukunftsangst...
‚Okay’, versuche ich mich umzustimmen, ‚dann musst du da eben durch, andere schaffen das doch auch!’
Es fällt mir jedoch schwer den rechten Mut zu fassen, und mir kommt eine Idee, die sich in diesem Moment für mich und meinen inneren Konflikt als guter Kompromiss darstellt:
‚Du gehst jetzt in den Supermarkt und kaufst dir eine „Trinkerdaseinsabschiedsflasche“. Und wenn du die ausgetrunken hast, dann hörst du für immer auf. Ja - genau, das ist es! Und ich werde sie mit Peter und Moni austrinken.’
Das sind unsere arbeitslosen Nachbarn, die eine Etage unter uns wohnen und mit denen Hanni und ich schon so manches „Fest unter acht Augen“ gefeiert haben.
Ziemlich erleichtert, weil ich nun doch noch einmal „einen Kleinen trinken darf“, kaufe ich eine Flasche Weinbrand und klingle mit dem Stoff unterm Arm an Nachbars Tür. Moni öffnet und fragt:
„Was ist los, möchtest du 'rein kommen?“

„Ja, gerne „„ antworte ich, „ich habe eine Buddel mitgebracht und möchte mit euch etwas feiern."
„Oh, das ist toll", findet Peter, der hinzukommt und mich auch begrüßt, „was möchtest du denn mit uns feiern?"
„Es wird ein Abschiedsfestchen sein", tue ich geheimnisvoll.
„Wie - wollt ihr ausziehen?", fragt Moni.
„Nee, das nicht. Ich habe erkannt, dass ich Alkoholiker bin und möchte mit euch und dieser meiner allerletzten Schnapsflasche das Ende meines Säuferdaseins begießen und dann nie wieder trinken. Was sagt ihr nun?", frage ich sie.
„Ja-a", kommt es gedehnt zurück, „das ist uns allerdings auch schon aufgefallen, dass mit deiner Art zu trinken irgend etwas nicht stimmt... Meinst du denn, dass du wirklich aufhörst, wenn wir die Flasche leer haben?"
„Jo", sage ich mit fester Stimme, „dann lege ich mich pennen, schlaf' den allerletzten Rausch meines Lebens aus und trinke nie wieder einen Schluck Alkohol."
„Na gut, dann hol' ich mal die Gläser", meint Moni.
Wir prosten uns zu und reden miteinander. Irgendwann bringt Peter auch noch eine Flasche auf den Tisch und eine kurze Zeit danach "reißt mein Film"...

„Eberhard! Nun werd' doch endlich mal wach!"
Es ist Hanni, die an meinem Bett steht und versucht mich wach zu bekommen.
„Ja, was ist denn los? Warum weckst du mich denn?", frage ich unwillig und noch nicht ganz nüchtern.
„Ich möchte jetzt von dir wissen, ob du wirklich mit dem Trinken aufhören willst oder nicht",
sagt Hanni und wirkt eigenartig ruhig dabei.
„Natürlich will ich das. Ich habe lediglich mit Moni und Peter gestern eine Trinkerdaseinsabschiedsflasche getrunken! Das wird man ja wohl noch dürfen, oder?!", motze ich sie an.

„Sagtest du 'gestern'? Deine Abschiedsfeier von den beiden war Montag! Und weißt du, welchen Tag wir heute haben?“, gibt sie zurück.
„Ja klar, frag' bloß nicht so blöde... Wenn gestern Montag war, ist heute logischerweise Dienstag!“, pöble ich sie an.
„Mein lieber Freund, seit Montag pendelst du total besoffen zwischen deiner Stammkneipe und diesem Bett hin und her! Und heute ist Freitag. Vor vier Tagen wolltest du nie wieder trinken. Dann hast du es tatsächlich geschafft dir eine Klinikeinweisung vom Arzt zu holen. Als ich die in der Stube auf dem Tisch liegen sah, warst du allerdings schon wieder ‚unter Strom’. Also, was ist jetzt? Gehst du in diese Klinik oder nicht? Wenn nicht, schmeiße ich dich endgültig 'raus! Und glaub' mir, dieses Mal stehe ich es durch! Zur Not mit Polizeihilfe!“ Sie wirkt sehr bestimmt und fest, während sie mir diesen Vortrag hält.
Ziemlich verunsichert dadurch, aber auch etwas misstrauisch, was ihre Aussage über das heutige Datum betrifft, begebe ich mich ins Wohnzimmer und sehe mir das Datum auf der Tageszeitung an: Freitag, 10. Dezember 1976 steht dort geschrieben. Ich habe keine Erinnerung an das, was zwischen dem Besuch bei Moni und Peter und diesem jetzigen Moment geschehen ist! Mir „fehlen“ viereinhalb Tage. Und trotz meiner guten Vorsätze habe ich wieder voll zugelangt!
Ich schaffe es offensichtlich nicht, meine Trinkmenge zu kontrollieren. Es sollte nur eine Flasche sein, aber es ist mir nicht möglich nach dieser Flasche mit dem Trinken aufzuhören...
Ich schaffe es einfach nicht, verdammt noch mal!!
Ziemlich kleinlaut und beschämt frage ich Hanni:
„Fährst du mich bitte in die Klinik?“
Eine Entschuldigung bringe ich nicht hervor...
„Gerne“, antwortet sie, „deine Tasche ist schon seit Mittwoch gepackt.“
„Okay“, sage ich, „ich wasch' mich und ziehe mich an und dann fahren wir los.“
Als ich mich im Schlafzimmer anziehe, suche und finde ich unter meinem Bett am Kopfende eine Weinbrandflasche, die noch ein viertel voll ist.

‚Damit ist jetzt Schluss', denke ich und nehme zwei tiefe Züge, ‚das brauche ich jetzt aber noch, damit ich in der Klinik sicher auftreten kann.'
Ich verstecke die Flasche mit dem restlichen Inhalt unter meinem Nachtschrank:
‚Den Rest vernichte ich später, wenn ich aus der Klinik entlassen worden bin... Hanni muss das jetzt nicht sehen', überlege ich.
Ich gehe zu ihr ins Wohnzimmer und sage:
„So, wir können jetzt los. Ich bin soweit fertig. - Wo ist eigentlich Silke?"
„Ich habe sie vorgestern zu Oma gebracht. Sie muss das mit ihren fast drei Jahren nicht alles mitkriegen. Sie hat sich in der letzten Zeit sowieso sehr von dir distanziert. Und das kann ich auch sehr gut verstehen... So voll, wie du immer warst !"
Ich bekomme ein schlechtes Gewissen, verdränge es jedoch mit Hilfe meines Zustandes sofort wieder und prophezeie vollmundig entgegen meiner jüngst gemachten Erfahrungen mit meinen Versprechungen:
„Na ja, das ist ja nun vorbei, jetzt wird alles besser, sie kann bald wieder Vertrauen zu mir haben!"
„Schön, wenn du es selbst glaubst und wenn es so einträfe. Ich kann nicht so fest daran glauben und habe aufgrund meiner Erfahrungen mit dir starke Zweifel."
Es klingt bitter, was sie da sagt. Inzwischen sitzen wir im Auto und fahren zur Klinik. Hanni fährt.
„Es ist toll, wie du mir den Mut nimmst", begehre ich auf, „anstatt mir Mut zu machen, nimmst du ihn mir. Vielen Dank!"
„Ich kann dir nicht das machen, was ich selbst nicht habe", entgegnet sie. „Was dich betrifft, sind mir Mut und Hoffnung ziemlich verloren gegangen, und eins verspreche ich dir: Solltest du nach deinem Klinikaufenthalt wieder trinken, dann ist unsere Beziehung beendet. Darauf kannst du Gift nehmen. Diesen Schritt bin ich schon seit längerem meiner Tochter schuldig. Sie muss nicht mit einem Vaterersatz aufwachsen, der fast jeden Tag besoffen ist."

„Ich werde wirklich nie wieder trinken", schmolle ich inzwischen ziemlich kleinlaut. Das „Silke-Thema" berührt mich trotz meines betrunkenen Zustandes ziemlich stark und verschafft mir Schuldgefühle. Bis zum Erreichen der Klinik sitzen wir schweigend im Auto...

Unser Abschied ist wie das Wetter: leicht frostig.

„Ich rufe dich an", sage ich, „grüß' bitte trotzdem Silke von mir. Tschüss denn."

„Ja, mach' ich. Ich hole sie Sonntag von Oma ab. Tschüss, mach's gut."

Die Tageszeit ist inzwischen auf 20 Uhr vorgerückt und ich stehe im ziemlich kalten Winterwetter mit meiner Reisetasche vor dem Aufnahmegebäude der Klinik und drücke auf die Klingel. Ein Mann in weißem Kittel öffnet mir. Ich zeige meinen Einweisungsschein vor, und er lässt mich herein.

„Nehmen Sie dort bitte Platz. Ich informiere den Dienst habenden Arzt", sagt er gar nicht unfreundlich, obwohl er die Diagnose „chronischer Alkoholismus" gelesen haben muss. Der Arzt erscheint nach ungefähr zehn Minuten und stellt sich vor:

„Guten Abend, mein Name ist Lohmann, ich bin Arzt auf der Station für Suchtkranke und habe Aufnahmedienst. Was führt Sie zu uns?"

Ich gebe ihm meinen Einweisungsschein und versuche gleich ein wenig Druck zu erzeugen:

„Ich bin Alkoholiker und muss unbedingt in die Klinik, damit ich mit dem Trinken aufhören kann!"

Er nimmt den Schein, wirft einen Blick drauf und erwidert:

„So 'unbedingt' scheint es ja gar nicht zu sein, denn Ihre Einweisung schleppen Sie ja schon seit Montag mit sich herum. - Es ist heute sehr kalt draußen, oder?"

„Dass ich am Montag nicht sofort gekommen bin, liegt daran, dass ich noch einige wichtige Dinge zu erledigen hatte. - Aber wie meinen Sie das: Es ist draußen kalt. Das wissen Sie doch, sie waren doch selbst draußen?!", entgegne ich etwas irritiert.

„Na ja", antwortet er, „bei diesem Wetter kommen hier sehr viele betrunken an und tun so als wollen sie eine Therapie gegen ihre

Suchterkrankung machen... In Wirklichkeit hegen sie nur die Absicht in einem warmen Bett zu überwintern... Und wenn ich mir jetzt Ihren Zustand betrachte und Ihre Fahne rieche, befürchte ich auch, dass Sie sich hier nur zum Überwintern abgeben wollen, weil Sie vielleicht obdachlos oder zu Hause 'rausgeflogen sind..."
Ich reagiere leicht empört mit einem:
„Also, das ist doch..." Dabei halte ich dem Arzt meine Hände entgegen, strenge mich an sie zittern zu lassen und klage:
„Meine Fahne ist von gestern. - Sehen Sie mal, ich zittere und bin im Entzug, außerdem ist mir hundeelend und ich habe Herzstiche und 'ne wahnsinnige Angst... wovor weiß ich nicht. Sie müssen mir helfen! Es ist auch nicht so, dass ich obdachlos bin. Ich habe ein intaktes Zuhause, meine Lebensgefährtin steht voll hinter mir. Ich will wirklich aufhören! Bitte nehmen Sie mich auf!"
Den letzten Satz bringe ich flehend, wehleidig und bettelnd hervor.
Herr Dr. Lohmann winkt ab:
„Herr Lempelius! Ihre schauspielerischen Fähigkeiten in Ehren... Aber ich denke, wir sollten jetzt zur Sache kommen. Ich habe nämlich noch mehr zu tun. Ich schlage Ihnen folgende Möglichkeiten vor: Die eine ist die, dass ich Sie in die geschlossene Abteilung aufnehme... Weil Sie unter so starken Entzugserscheinungen leiden, wie Sie sagen und ich Ihnen jedoch nicht so recht glauben kann. Eine andere und für mein Empfinden viel sinnvollere Möglichkeit ist die, dass Sie sich und uns beweisen, dass Sie tatsächlich mit dem Trinken aufhören wollen. Das kann folgendermaßen aussehen: Sie fahren jetzt in Ihr - wie Sie sagen - intaktes Zuhause und nüchtern dort übers Wochenende aus. Am Montag begeben Sie sich zur Suchtberatungsstelle. Hier haben Sie eine Karte, auf der die Adresse steht. Dort wird man mit Ihnen reden und Ihnen verschiedene Selbsthilfegruppen vorstellen, die Sie dann abends besuchen können, um zu lernen, wie Sie trocken werden und bleiben können. Und außerdem rufen Sie täglich auf der Station P 12 an - hier haben Sie die Telefonnummer - und teilen uns mit, ob Sie nach wie vor in die Klinik und aktiv an einer Therapie teilnehmen wollen. Die von

der Suchtberatungsstelle werden Ihnen, wenn Sie es wollen, bis zum Aufnahmetag Gesprächstermine geben.
Also, noch mal in der Zusammenfassung. Sie haben die Wahl zwischen folgenden Möglichkeiten:
Erstens: Aufnahme auf die „Geschlossene".
Zweitens: Sich und uns beweisen, dass Sie wirklich trocken werden wollen und dabei die Hilfestellung der Beratungsstelle und der Selbsthilfegruppen nutzen und sich hier täglich melden.
Drittens: Weitersaufen wie bisher und daran elendig zugrunde gehen...Na, wie lautet Ihre Antwort?"
Irgendwie erreicht mich dieser Mann und ich antworte mit einem kernigen, kräftigen Gefühl in meiner immer noch ziemlich betrunkenen Seele:
„Wenn es möglich ist, bestellen Sie mir bitte ein Taxi. Ich habe mich für die zweite Version, nämlich die Beweisführung entschlossen. Und deswegen möchte ich jetzt schnell nach Hause. - Zum Ausnüchtern!"
„Na denn", antwortet der Arzt, „viel Erfolg, wir hören also in der nächsten Woche vielleicht voneinander. Bewahren Sie Ihren Einweisungsschein gut auf. Auf Wiedersehen."
Kurz darauf sitze ich in einem Taxi und fahre zurück Richtung „intaktes Zuhause". Und wieder erscheine ich für Hanni völlig überraschend im Wohnzimmer. Selbstverständlich regt sie sich sofort auf:
„Was ist denn jetzt wieder los?! Wieso bist du nicht in der Klinik geblieben?! Das gibt es doch nicht...!"
Ich unterbreche sie und erzähle ihr, wie es mir mit meiner „Aufnahme" ergangen ist und welche Auflagen ich bekommen habe, um in der Klinik ein Bett zubekommen. Zum Schluss meiner Schilderung frage ich sie:
„Würdest du mich bitte Montag zur Suchtberatungsstelle bringen? Mit dem Auto?"
„Ja, das mach' ich", antwortet sie, „und ich werde mich dort auch beraten lassen. Ich bin nämlich mit meinem Latein sowie mit dir und deiner Sauferei gegenüber am Ende..."

„Okay. Danke. Ich geh' mal ins Schlafzimmer und ziehe mir etwas Leichteres an“, informiere ich sie. Dort bekleide ich mich mit einer Jogginghose und einem T-Shirt, krame meine Weinbrandflasche aus dem Versteck hervor und trinke den letzten kleinen Rest aus. Dann öffne ich schnell das Fenster und werfe die leere Flasche im weiten Bogen hinaus auf den großen Rasen, der sich vor unserem Wohnblock befindet.

Wieder im Wohnzimmer angekommen, frage ich Hanni:

„Haben wir noch Bier im Haus? Morgen werde ich es benötigen. Ich befürchte nämlich, dass ich ‚auf Entzug' komme. Und ich muss doch bis Montag durchhalten...“

„Wieso kommst du heute eigentlich nicht auf Entzug?“, fragt sie leicht sarkastisch.

„Das weiß ich doch nicht“, erwidere ich patzig, obwohl mir klar ist, dass sie weiß, dass ich heimlich irgendwo „nasche“.

„Na gut, ich bringe dir morgen vom Einkauf ein Päckchen Magenbitter und vier Flaschen Bier mit. Das muss bis Montag genügen. Ich hoffe, du entscheidest dich nicht in die Kneipe zu gehen.“

„Aber wieso denn?! Du kennst doch mein Vorhaben!“, entgegne ich entrüstet.

Samstag, 11. 12. 1976:

Ich leide unter einem leichten Entzug, kann ihn jedoch mit meiner oben erwähnten zugeteilten Ration einigermaßen ertragen. In meine Kneipe gehe ich nicht. In der Nacht schlafe ich sehr wenig. Wenn ich schlafe, habe ich Alpträume.

Sonntag, 12. 12. 1976:

Mittags um zwölf Uhr stehe ich auf und es geht mir sehr schlecht. Immer wieder knie ich vor dem Toilettenbecken, umarme es, weil ich mich nicht anders halten kann und erbreche gallenartige Flüssigkeit, bis ich irgendwann nur noch trocken würge. Mein Magen brennt, mein Brustkorb tut mir stechend weh und meine Beine kann ich nur unter starken Schmerzen bewegen. Ich leide unter furchtbaren diffusen

Angstgefühlen, habe Schweißausbrüche und kann vor lauter Zittern nichts halten. Ich frage Hanni, ob sie nicht irgendwo "etwas" stehen hat.
„Nein“, antwortet sie, „da musst du jetzt durch. - Und zwar alleine! - Ich fahre jetzt zu Oma und hole Silke ab. Ich komme aber nicht vor dem späten Abend wieder. - Wirst du in die Kneipe gehen?“
„Wie denn?“, jammere ich, „ich kann doch keine zehn Schritte hintereinander gehen! Ja, gut, hau' man ab. Ich muss da jetzt wirklich alleine durch... Aber so schlimm wie dieses Mal war es bestimmt noch nie!“
„Okay, wir sehen uns heute Abend“, sagt sie und verlässt die Wohnung. Ich stelle mir den Fernseher an, begreife wenig von dem, was ich mir angucke, lege mich zwischendurch ins Bett und umarme immer wieder das Toilettenbecken, weil ich das Wasser, welches ich mit brennendem Durst trinke, meistens sofort wieder erbreche. Ich erleide Höllenqualen. Im Verlauf der Zeit wird mein Zustand eher schlechter als besser. Am frühen Abend beginne ich nachzugrübeln, wo noch „etwas“ stehen könnte. Mir ist aber gleichzeitig klar, dass „da nichts mehr ist“. Ich erinnere mich daran, dass ich in ähnlichen Situationen vorher zum Brennspiritus oder auch zu meinem Rasierwasser gegriffen habe um es zu trinken... Also schleppe ich mich mühsam in unseren kleinen Abstellraum und suche die Brennspiritusflasche. Sie steht zwar an ihrem Platz, ist jedoch leer. Trotzdem öffne ich sie, setze sie an und sauge zitternd an ihrer Öffnung. Es kommt nichts 'raus. Aber der Geruch jagt in mir ein ekelhaftes Übelkeitsgefühl hoch, ich stolpere ins Bad, hänge mich ans Klo und würge laut, fast brüllend ins Becken. Nach dieser Attacke erhebe ich mich stöhnend und kontrolliere meine Rasierwasserflasche. Auch sie ist leer. Ich beginne zu verzweifeln! Ich beiße mir auf die Finger, meine Blicke hetzen panisch durch das Badezimmer und bleiben plötzlich fasziniert an dem Regal über der Badewanne hängen.
Dort steht die Rettung!! Hanni hat eine neue Avon-Sendung bekommen! Auf dem Regal stehen zwei Flaschen a' 200 ml Gesichtswasser und die Hersteller sind sogar so freundlich, den

Alkoholgehalt auf dem Etikett schriftlich zu erwähnen. 54 Volumenprozent Alkohol enthält in diesem Fall jedes Behältnis! Ich greife mir die beiden Retter und bringe sie in die Küche. Einen öffne ich und setze ihn grob zitternd an. Er ist nur mit einer kleinen Öffnung ausgestattet, und allenfalls kleine Tröpfchen benetzen meine gierig saugenden Lippen und die Zunge. Außerdem verletze ich mir mit dem Flaschenhals durch mein heftiges Zittern mein Zahnfleisch...
‚Ich brauche einen Kochtopf', denke ich und hole einen solchen aus dem Küchenschrank hervor. In ihn fülle ich eine kleine Portion Wasser zur Streckung der Menge und schütte mühsam und mit erheblichem von Ungeduld und Gier bestimmten Zeitaufwand die begehrte Flüssigkeit durch die viel zu kleine Öffnung in den Topf. Das zweite Gesichtswasserfläschchen lasse ich ungeöffnet für später stehen. Nach meiner Hochrechnung müssten sich jetzt in dem Kochtopf durch die Wasserzugabe ungefähr 20 Schnäpse a 2 cl befinden, die einen Alkoholgehalt von 27 Prozent haben müssten. Ich mache mir tatsächlich die Mühe das auszurechnen, weil ich im Entzug oft Angst habe, dass mein Geist versagt Deshalb teste ich ihn manchmal auf diese oder ähnliche Art.
‚Das genügt erst einmal um ruhig zu werden', befinde ich, ‚und falls mir der Topf mit dem Stoff 'runterfällt, habe ich noch eine Flasche in Reserve!'
Mit meinem „Entzugscocktail" begebe ich mich wackelnd ins Bad, setze mich vor dem Toilettenbecken auf den Fußboden, presse meine Ellenbogen fest an den Körper, um meine heftigen Schütteltremorbewegungen zu kontrollieren, greife mit beiden Händen die Topfhenkel und führe das Gefäß mit der "rettenden" Flüssigkeit zitternd, stoßend, mit dem ganzen Körper wackelnd, zum Mund. Auch dabei verletze ich mir leicht Lippen und Zahnfleisch. Ich nehme einen kleinen Schluck und erbreche ihn sofort wieder. Das habe ich einkalkuliert. - Deswegen sitze ich neben dem Toilettenbecken. -
Der fünfte kleine Schluck bleibt drinnen! Es ist geschafft!
Ich schlürfe eine größere Menge von meinem Elixier und erwarte die beruhigende Wirkung. -

Als sie eintritt, trinke ich noch etwas mehr, wodurch es mir bald wesentlich besser geht.
Irgendwann verzehre ich den restlichen Inhalt des Kochtopfes, mixe mir noch den Inhalt der zweiten Avon-Flasche zu einem Cocktail zurecht und fühle mich beim „Genuss“ davon schon wieder sehr wohl... Nachdem ich alles ausgetrunken habe und durch die Wirkung des Alkohols die nötige Bettschwere erreiche, vernichte ich die beiden leeren Flaschen, indem ich auch sie in weitem Bogen aus dem Fenster werfe, stelle den Kochtopf gereinigt in den Küchenschrank zurück und lege mich ins Bett. Unruhig, aber doch schlafend, gleite ich in einen neuen Tag hinüber...

...Hinüber in den 13. 12. 1976:
An diesem Tag erwache ich wieder mit starken Entzugserscheinungen. Aber trotzdem fahren Hanni, Silke und ich zur Suchtberatungsstelle und finden ungefähr einen Kilometer davon entfernt einen Parkplatz für das Auto. Mühsam und unter höllischen Entzugsqualen schleppe ich mich zu Fuß zur Beratungsstelle. Manchmal bleibe ich stehen, weil mir alles weh tut. Trotz dieser Tortour ist mir eines klar:
Ich werde heute nichts trinken um mir meinen Entzug zu erleichtern! Ich werde mich durchleiden! Das habe ich früher auch schon geschafft! Immer, wenn die Gier mich befällt, suggeriere ich mir Durchhalteparolen:
„Du willst aufhören! Du willst!“
Oder :
„Wenn du jetzt säufst, bist du ein Schlappschwanz!“
Oder :
„Wenn du das nicht durchhältst, bist du nur ein labiles, willensschwaches Großmaul!“
Nach zwanzig Minuten, für mich sehr beschwerlichem Fußmarsch, haben wir das Ziel erreicht und ich darf mich endlich hinsetzen. Es erscheinen zwei Frauen im Warteraum. Eine nimmt Hanni und Silke in ihr Sprechzimmer, die andere stellt sich mir vor und drückt mir einen Zettel in die Hand und sagt:

„Auf diesem Papier stehen 30 Fragen geschrieben. Bitte lesen Sie die erst einmal durch und dann beantworten sie die bitte, indem sie Ja oder Nein ankreuzen."
Während des Lesens stelle ich fest, dass mir die Fragen sehr bekannt vorkommen. Rebecca hat mir damals in Cuxhaven diesen Fragebogen schon einmal vorgelegt und ich habe nur zwei Fragen mit „Ja" beantwortet. Nachdem ich dieses Mal mit dem Bogen fertig bin, sind von mir 26 Fragen mit „Ja" beantwortet!

Als die Frau den ausgefüllten Fragebogen liest, sagt sie:
„Mann, das nenn' ich aber ehrlich, oha! 26mal „ja". Das ist beachtlich! Dann stehen Sie ja zu Ihrem Alkoholismus, oder?"
Und dann füttert sie mich mit einigen wichtigen Informationen.

Fragebogen: „Sind Sie Alkoholiker?"

1. Leiden Sie an starken Gedächtnislücken nach starkem Trinken?
2. Trinken Sie heimlich?
3. Denken Sie häufig an Alkohol?
4. Trinken Sie die ersten Gläser hastig?
5. Haben Sie wegen Ihres Trinkens Schuldgefühle?
6. Vermeiden Sie in Gesprächen Anspielungen auf Alkohol?
7. Haben Sie nach den ersten Gläsern ein unwiderstehliches Verlangen weiter zu trinken?
8. Gebrauchen Sie Ausreden warum Sie trinken?
9. Werden Sie durch das Trinken aggressiv?
10. Neigen Sie zu innerer Zerknirschung und Schulgefühlen wegen des Trinkens?
11. Versuchten Sie periodenweise völlig abstinent zu leben?
12. Haben Sie Trinksysteme versucht?
13. Haben Sie häufiger den Arbeitsplatz gewechselt?
14. Richten Sie Ihre Arbeit und Ihren Lebensstil auf Ihren Alkoholkonsum ein?
15. Haben Sie einen Interessenverlust an anderen Dingen als Alkohol bemerkt?
16. Zeigen Sie auffallendes Selbstmitleid?

17. Haben sich Veränderungen im Familienleben ergeben?
18. Neigen Sie dazu sich Alkoholvorräte zu sichern?
19. Vernachlässigen Sie Ihre Ernährung?
20. Wurden Sie wegen des Alkoholmissbrauchs in eine Klinik aufgenommen?
21. Trinken Sie regelmäßig am Morgen?
22. Haben Sie mitunter tagelang getrunken?
23. Beobachten Sie einen moralischen Abbau an sich selbst?
24. Wurde Ihr Denkvermögen beeinträchtigt?
25. Trinken Sie mit Personen, die unter Ihrem Niveau stehen?
26. Trinken Sie gelegentlich technische Alkoholprodukte (Brennspiritus, Haarwasser)
27. Wurde die Verträglichkeit für Alkohol geringer?
28. Beobachten Sie morgendliches Zittern?
29. Wurde das Trinken zum Zwang?
30. Hatten Sie bereits ein Alkoholdelir?

Wenn Sie bei ehrlicher Selbstprüfung mehr als fünf Fragen mit „Ja“ beantworten, so besteht die Wahrscheinlichkeit, das Sie Alkoholiker sind.

Mit meinem doch noch ziemlich umnebelten Gehirn begreife ich folgende Dinge:
Es gibt keine Trinkerheilanstalt, sondern eine spezielle psychiatrische Abteilung im Krankenhaus, in der Alkoholiker sich einer Therapie unterziehen können. Es hängt im Wesentlichen von ihnen ab, ob sie abstinent bleiben oder nicht. Es ist immer eine Frage der Entscheidung des oder der Betroffenen. Außerdem ist es wichtig sich einer Selbsthilfegruppe anzuschließen und diese regelmäßig zu besuchen, um dort offen und ehrlich über Schwierigkeiten, Saufdruck, Ängste usw. zu reden. Alkoholiker bleibt man, höre ich. Denn wer einmal süchtig getrunken hat, wird es nie wieder „normal“ können. Es gäbe zwar viele, die versuchen, wieder kontrolliert zu trinken. Es habe sich aber gezeigt, dass sie früher oder später wieder „voll einsteigen“ und am eigenen

Kontrollverlust scheitern. Es gäbe laut Forschungsstudien diesbezüglich nur einige wenige Ausnahmen.
‚Stimmt', denke ich, ‚ich habe auch schon mehrfach versucht meine Trinkmenge auf ein „normales" Maß zu reduzieren... Aber es gelang mir nicht... Auf dem Sektor werde ich wohl keine Ausnahme bilden...'
Weiterhin erfahre ich, dass Alkoholismus kein Charakterfehler, sondern eine seit 1968 anerkannte Krankheit ist.
‚Na ja', überlege ich, ‚diese Krankheit m a c h t aber einen ziemlich schlechten Charakter.'
Meine Beraterin kommt auf das Selbsthilfegruppen-Thema zurück und stellt mir an Hand von Broschüren und Info-Material einige vor und erläutert in kurzen Stichworten deren spezielle Konzepte. Mir ist jedoch schon ziemlich klar, zu welcher Vereinigung ich will und erzähle der Frau:
„Vor einigen Jahren las ich in einer Zeitschrift etwas über die Anonymen Alkoholiker: Bei denen würden Betroffene mit Betroffenen sprechen. Das sagte mir zu und ich dachte: 'Wenn es mal schlimmer wird mit deinem Trinken, dann kannst du dir von denen helfen lassen...' Das ist in meiner Erinnerung haften geblieben... Während vieler Entzüge der letzten Monate hatte ich es mit Schuldgefühlen zu tun und überlegte, ob ich nicht doch irgendwann zu den Anonymen Alkoholikern gehen müsste.., also werde ich jetzt Anonymer Alkoholiker."
Nach meiner Antwort duzt sie mich plötzlich und sagt freundlich zu mir:
„Toll, Eberhard, dann kann es gut angehen, dass wir uns demnächst abends in einem Meeting treffen. Ich heiße Reni und bin auch Alkoholikerin und besuche regelmäßig die AAs!
Zurück zu dir: Ich gebe dir von denen jetzt eine Meetingliste und du besuchst ab heute jeden Abend eine Veranstaltung, bis ein Bett in der Klinik für dich frei ist. Du weißt ja: Die Entscheidung, ob du dieser Empfehlung nachkommst, liegt bei dir. Du bestimmst selbst:
Trockenheit oder Trunkenheit!

Weiterhin kannst du morgen oder übermorgen, je nachdem wie deine Entzugssymptomatik es gestattet, deine Kostenzusage für deinen Klinikaufenthalt bei deiner zuständigen Krankenkasse klären. Wo bist du versichert?“

„Bei der Binnenschifferkasse in Hamburg-Altona", antworte ich.

„Am besten fährst du dort persönlich hin, um das zu klären. Wann willst du das tun?“

„Am Mittwoch. Ich glaube, dass es mir dann etwas besser geht.“

„Ja, gut. Vergiss deinen Einweisungsschein vom Hausarzt nicht. Und wenn du die Zusage bekommst, dann ruf' hier wieder an. Du kannst aber auch unabhängig davon täglich mit uns telefonieren. - Tja, das wär's denn erst mal für heute... Hast du noch Fragen? - Nein? - Was wirst du heute tun?“

Etwas gequält lächle ich sie an:

„Ich werde heute überwiegend mit meinem ‚Kater' kämpfen und hoffentlich gewinnen... Damit meine ich, dass ich nicht trinken möchte. Am Abend werde ich dann in so ein Meeting von den AAs gehen. - tschüss denn, bis bald. - Und vielen Dank. - Ich glaube, Sie - ach ja - du hast mir schon ganz gut geholfen...“, verabschiede ich mich und kann fast nicht glauben, dass diese Frau eine Alkoholikerin sein soll. - Aber wenn sie es sagt …

Hanni und Silke warten bereits auf dem Flur.

Ich bin so sehr mit mir und meinen neuen Eindrücken beschäftigt, dass ich gar nicht auf die Idee komme, Hannelore zu fragen, was sie in dem Gespräch für sich erfahren konnte.

Trotz meiner Entzugserscheinungen geht es mir besser. Ich fühle mich etwas kräftiger. Ich weiß aber nicht genau, warum... Irgendwie stehe ich tagsüber meine Beschwerden durch und fahre abends schon selbst mit dem Auto zu der Kirche, in der das Meeting stattfinden soll. (Die meisten Meetings finden in Nebenräumen von Kirchen statt.) Dass ich schon wieder Auto fahren kann, ist für mich ein persönlicher Indikator dafür, dass die schlimmsten Beschwerden meines Entzugs überstanden sind. Das kenne ich aus vielen, vielen Entzügen, die ich hinter mich gebracht habe...

Um 19 Uhr 50 stehe ich vor der Tür eines Kirchennebenraumes, an der ein Schild mit der Aufschrift „AA-Meeting“ hängt. Ich muss eine für mich schwer überwindbare Angst bekämpfen, um mir diese Tür zu öffnen. Das gelingt mir, und ich betrete den Meetingraum. Eine Frau kommt freundlich lächelnd auf mich zu, gibt mir die Hand und sagt:
„Guten Abend, ich heiße Karin. Setz dich zu uns. Möchtest du einen Kaffee?“
Allein der Gedanke an dieses „aromatische Aufgussgetränk“ erzeugt in mir spontan einen Würgreiz, weil mein Magen noch große Probleme mit meinem Entzug hat... Ich antworte:
„Ich heiße Eberhard. Danke für dein Angebot, aber ich möchte keinen Kaffee. Ich habe nämlich noch keinen Durst.“ - Und demonstriere während der zuletzt gesprochenen Worte einen „Tatterich“ mit meiner Hand. Karin versteht meinen Hinweis sofort, lacht verständnisvoll und bemerkt:
„Ach ja - verstehe, das kenne ich auch noch von damals...“
Ich bin froh, dass ich schon wieder eine kleine selbstironische Witzeinlage geben kann und dass über meinen Scherz gelacht wird. Nachdem auf diese Art meine Schwellenangst etwas verflogen ist, setzte ich mich in die Runde, fühle mich aber trotzdem noch sehr unsicher und beobachtet.
Aus diesem Meeting nehme ich folgende unvergessliche Eindrücke und schließlich ein für mich und meinen Neubeginn sehr wichtiges Gefühl mit:
An den zu einem Rechteck aufgebauten Tischen sitzen ungefähr 30 Frauen und Männer im Alter von ungefähr 20 bis 60 Jahren, wobei die Anzahl der männlichen Teilnehmer überwiegt. Niemand ist betrunken. Keiner sieht verwahrlost oder ungepflegt aus. Im Gegenteil, sie machen alle einen geordneten Eindruck auf mich. Ich gewinne den Eindruck, als würde ich an einer „gutbürgerlichen“ Versammlung teilnehmen.
Das Meeting wird vom Gruppensprecher mit der Aufforderung zu einem „Moment des Schweigens und der Besinnung“ eröffnet. Dieses „Moment“ dauert ungefähr 20 Sekunden, während denen ich mit gesenktem Kopf nach unten blicke und spüre ich, wie sehr ich mich

schäme... Denn ich bin insgeheim davon überzeugt, einen besonders miesen Charakter zu haben und der Einzige auf Gottes Erden zu sein, der solch ein Versager ist und der so viel unwürdigen „Scheiß gebaut“ hat. Als jedoch die Meetingteilnehmer beginnen ihre Aussagen zu machen, werde ich sehr aufmerksam und komme ins Staunen, weil ich manchmal den Eindruck gewinne, es würde hier auch über mich gesprochen...:

Da gibt es denjenigen, der mehrfach seinen Arbeitsplatz wegen Alkoholmissbrauchs verloren hat... (Das war bei mir 40mal der Fall!)

Ein anderer spricht darüber, dass er unter Alkoholeinfluss ein ziemlich widerlicher aggressiver und gewalttätiger Zeitgenosse war und sich ohne Stoff sehr unsicher fühlte und feige war... (Genau wie ich: Nach Möglichkeit jeden Tag 'ne Hauerei. - Aber wehe, mir war einer überlegen oder ich hatte nicht genug „intus“. Dann machte ich mir vor Angst fast in die Hosen!)

Ein „ehemaliger Säufer“ erzählt, dass ihn seine Frau mit den gemeinsamen Kindern verlassen hat, weil er wegen seiner ständigen Besäufnisse als Vater nicht mehr zu ertragen war... (Dazu fällt mir meine erste Ehe ein, und dass Hanni sich auch schon in diesem Sinne geäußert hat. Nur - ich haue nicht ab, nein- nein, ich „fliege 'raus“!)

Eine Frau erzählt, dass sie eine Freundin mit einem Kredit hängen ließ. Diese hatte die Bürgschaft dafür übernommen und musste die Schulden übernehmen, weil die Erzählerin einfach nicht mehr zahlte. Inzwischen habe sie das Geld zwar wieder zurückgezahlt, die Freundschaft sei aber nicht wieder zu kitten gewesen. (Durch diese Aussage wird mein Gewissen stark berührt. Es gibt zwei Personen, denen ich auf ähnliche Art und Weise noch insgesamt 3500 DM schulde. Ich nehme mir vor mich nach dem Klinikaufenthalt mit beiden in Verbindung zu setzen...)

Einige erzählen, wie sie gelogen und betrogen haben, um an Stoff zu kommen...

Dass sie heimlich getrunken haben, selbst wenn sie alleine waren und welche Schnapsverstecke sie sich einfallen ließen...

All' das kommt mir verdammt bekannt vor und ich finde mich in ihren Aussagen wieder! Und ich registriere noch etwas, für mich sehr Wichtiges:
Sie sprechen fast fröhlich über ihre katastrophale Vergangenheit.- Fröhlich, weil sie anscheinend alles überwunden und verarbeitet haben und heute - ohne Alkohol - besser leben und Freude an diesem neuen, durchaus nicht problemlosen, aber lebenswerten Dasein haben. Eine Frau sagt:
„Dieses Leben ohne Alkohol gefällt mir sehr gut. Ich hatte allerdings auch schon sehr harte Zeiten in meiner „Trockenheit“. Aber das war nie vergleichbar mit den schlimmen Zuständen, unter denen ich während meiner "Saufzeit" litt... Und da möchte ich nie wieder hin!“
An diesem Abend lasse ich mir vermitteln, dass es gut zu schaffen ist ohne Alkohol zu leben. Die Mitglieder der AA nehmen sich vor, immer nur für einen Zeitraum von 24 Stunden trocken zu bleiben. Das sei ein überschaubarer Rahmen und man brauche sich nicht vor riesigen Zeiträumen wie z. B. "Ein Leben lang nichts mehr trinken...“ zu fürchten. (‚Ach ja’, denke ich und erinnere mich an meine Ängste nach dem Hausarztbesuch und die daraufhin gekaufte Trinkerdaseinsabschiedsflasche.)
Sie beenden das Meeting, indem sich alle erheben und gemeinsam im Chor den „Gelassenheitsspruch“ sprechen:

Gott, gib mir die Gelassenheit,
Dinge hinzunehmen,
die ich nicht ändern kann.
Die Dinge zu ändern,
die ich ändern kann
und die Weisheit,
das eine vom anderen
zu unterscheiden.

Ich bekomme an diesem Abend den Eindruck, dass es auch für mich zu schaffen ist, ohne Alkohol zu leben.

In mir entsteht durch die vielen Aussagen, in denen ich mich wiedererkenne und dadurch, dass ich diesen Menschen bedingungslos glaube, dass sie ihr Leben alkoholfrei gestalten, ein wichtiges Gefühlsfundament:
Das Gefühl der Hoffnung!
Nachdem das Meeting beendet ist, kommt Karin noch einmal auf mich zu und drückt mir zwei kleine Zettel in die Hand: Es handelt sich dabei um eine Telefonliste und ein Faltkärtchen. Sie erläutert:
„Auf diesem Kärtchen kannst du die 12 Schritte und 12 Traditionen der AA lesen. Danach richten wir unser Programm aus. Und dies ist unsere Gruppentelefonliste: Solltest du in Ängste oder in Saufdruck geraten, kannst du, bevor du verhängnisvolle Fehler begehst, eine dieser Nummern anrufen. -Und zwar zu jeder Tag- und Nachtzeit. Du solltest es wirklich nutzen! Übrigens... diese Nummer hier, das ist meine. Vielleicht fällt es dir leichter im Notfall mich anzurufen, weil wir bereits ein wenig miteinander gesprochen haben. Ich wünsche dir viel Kraft. Tschüss!“
Ich bedanke mich bei ihr für das Hilfsangebot, nehme das Faltkärtchen und die Telefonliste an mich und fahre, zwar körperlich noch ziemlich leidend, aber seelisch und geistig in spürbar gebesserter Verfassung nach Hause zu Hanni. Ich erzähle ihr fast euphorisch von meinen neuen Erlebnissen und Eindrücken und lasse sie die „12 Schritte und Traditionen“ lesen.
Sie liest sie und meldet sofort Zweifel an:
„Mann, Mann - da steht ja in fast jedem Satz etwas von Gott geschrieben! Meinst du, dass dieser Club das Richtige für dich ist?“
Meine Antwort kommt pfeilschnell, weil ich mir meine Hoffnung nicht vermiesen lassen will:
„Von dem hat heute Abend kein Mensch gesprochen. Und wenn sie von ihm reden werden, höre ich einfach nicht hin oder gehe auf die Toilette. Auf jeden Fall werde ich morgen Abend wieder in solch ein Meeting gehen und bis dahin 24 Stunden nichts trinken. Egal, was du davon denkst. Ich gehe jetzt ins Bett!“

In dieser Nacht schlafe ich nicht. Einerseits, weil mein Entzug noch sehr stark ist, andrerseits weil ich mich mit meinen neuen Eindrücken beschäftigen muss. Es gelingt mir meine Schlaflosigkeit zu akzeptieren und trotz meiner Entzugssymptomatik befällt mich kein Saufdruck.
Tagsüber melde ich mich telefonisch bei Reni in der Beratungsstelle, erzähle ihr von meinen gestrigen Erlebnissen und Eindrücken und besuche am Dienstag, den 14. 12. 1976 um 20 Uhr wieder ein Meeting in meiner Umgebung. Daraus nehme ich für mich hauptsächlich folgende Botschaft mit:
Du musst lernen über dich und deine Schwierigkeiten offen und ehrlich zu reden.- Gelingt dir das nicht, wirst du über kurz oder lang wieder trinken müssen, weil du auf deinen Schwierigkeiten „hängen" bleibst und dich dann wieder in den Suff flüchtest.
Und weil ich mein Leben wirklich ändern will, stelle ich von dem, was ich in der Gruppe höre, nichts in Frage und greife die Empfehlungen gehorsam auf, unter dem Motto: „Einfach dumm dran glauben und nachmachen!" Also nehme ich mir, vor am Mittwochabend im Meeting zu reden.
Auch die Nacht von Dienstag auf Mittwoch verbringe ich schlaflos.
Am Morgen setze ich mich in den Zug nach Hamburg um mir die Kostenzusage für meine Therapie zu holen. Ich leide unter der Angst eine Absage erteilt zu bekommen. Als ich das Büro der Krankenkasse betrete, sehe ich fünf Schreibtische. An jedem sitzt jeweils eine junge hübsche Frau! (So kommt es mir in dem Moment jedenfalls vor!) Und hier soll ich...!
Eine von den jungen Damen steht auf und begrüßt mich freundlich.
„Was wünschen Sie?", fragt sie lächelnd.
Ich gebe ihr mit immer noch entzugsbedingt zitternden Händen meinen Einweisungsschein, auf dem unter anderem „chronischer Alkoholismus" zu lesen ist und flüstere fast:
„Ich würde mir gerne von Ihnen eine Kostenzusage für eine Therapie abholen."

Vor Scham würde ich während dieser Situation am liebsten im Boden versinken! Sie nimmt den Schein, liest ihn und verändert nichts an ihrer Freundlichkeit mir gegenüber.
„Nehmen Sie doch bitte Platz. Ich kläre das schnell“, sagt sie und lächelt wieder.
‚Mein Gott, kann die sich beherrschen’, denke ich misstrauisch, ‚die hat bestimmt eine Extra-Schulung für solche peinlichen Situationen absolviert.’
Nach ungefähr zehn Minuten kommt sie mit der begehrten schriftlichen Zusage wieder, lächelt immer noch freundlich und spricht mit gedämpfter Stimme so, dass niemand außer uns beiden etwas mithören kann:
„Hier, bitte, da haben Sie Ihr Formular. Übrigens hätten wir das auch telefonisch regeln können. Ihnen steht trotz der fristlosen Kündigung eine Behandlung zu. Ich wünsche Ihnen mit Ihrer Therapie viel Erfolg und dass Sie es schaffen...“
Ich stammle ein „Danke, auf Wiedersehen“, und verlasse erleichtert, aber auch sehr hastig das Büro. Als ich im Zug nach Hause sitze, schießt mir eine Erkenntnis durch den Kopf:
‚Heute Morgen hast du stundenlang unter Angst gelitten, danach musstest du dich furchtbar schämen, und jetzt geht es dir körperlich auch noch nicht gut. Hinzu kommt, dass du nachts nicht schlafen kannst und immer noch nicht in der Lage bist etwas zu essen... Aber all dieses hältst du aus, ohne dass dir der Wunsch kommt dich zu besaufen... Das hättest du vor einiger Zeit nie geschafft! Irgendwie ist das toll. - Heute Abend gehe ich wieder ins Meeting. Ob ich wohl etwas sagen kann?’
In der Gruppe setze ich mich selbst unter Druck :
‚Melde dich! Rede was! Du hast gehört, dass es wichtig ist!’
Mit diesen Gedanken bringe ich mich dazu meinen Finger zu heben, um dem Gruppensprecher zu signalisieren, dass ich eine Aussage machen will. Welchen Inhalt diese haben soll, ist mir zu diesem Zeitpunkt überhaupt nicht klar. Eine viertel Stunde nach meinem Meldesignal zeigt der Gruppensprecher auf mich und sagt:

„Jetzt bist du dran.“
‚Oha!‘, denke ich. „Ich heiße Eberhard und bin Alkoholiker“, bringe ich hervor, „Ich habe 17 Jahre lang getrunken, dabei vierzig Arbeitsstellen versoffen und war ein mieser Schläger. Außerdem habe ich gute Freunde um Geld betrogen, nur um in Saus und Braus leben zu können. Ich war eigentlich immer unter Strom. Jetzt möchte ich nicht mehr trinken, prügeln und Leute bescheißen und will...“
Plötzlich kann ich nicht mehr weiter sprechen.
Auf dem Tisch vor mir stehen zwei Cola-Flaschen dicht nebeneinander und klingeln leise, da ich mich mit dem Oberkörper an die Tischplatte lehne und vor Aufregung, Angst und weil ich mich immer noch im Entzug befindend, zittere. Es entsteht eine kurze Pause, und der Gruppensprecher fragt:
„War das alles?“
Für mich klingt das wie eine Verurteilung: War das alles. - War das alles...
Mann, das war meine größte Selbstüberwindung der letzten Zeit!! Mir ist nicht klar, dass der Gruppensprecher nicht sicher ist, ob meine Aussage beendet ist oder nicht... Laut - eher kleinlaut - sage ich jedoch:
„Ja, das war alles. Mehr kann ich im Moment nicht sagen...“, und schäme mich.
Nach kurzer Zeit wird mir aber eine Tatsache immer deutlicher und ich beginne mich ganz zaghaft und dann immer stärker darüber zu freuen:
‚Ich habe gesprochen! Vor mehr als dreißig Leuten! Über mich und über Dinge, wegen denen ich mich schäme! Mann, insgesamt gesehen war das doch ein starker Mittwoch - oder?!‘
In der Nacht zum Donnerstag schlafe ich wieder nicht, finde mich jedoch gut damit ab.
Donnerstag, den 16. 12. 1976 rufe ich morgens Reni in der Beratungsstelle an und berichte ihr von meinen Erlebnissen und Aktivitäten: Dass ich die Kostenzusage unter Angst- und Schamgefühlen erstanden habe, von meinem Aussage-Dilemma mit den anschließenden Erkenntnissen während des Meetings, dass ich

immer noch in den Nächten keinen Schlaf finde und auch nichts essen kann, weil mir meine Magenschleimhäute nach wie vor brennen.
„Es wäre gut, wenn ich jetzt bald ein Bett in der Klinik bekommen könnte", bringe ich zum Ende meines Berichtes etwas ungeduldig hervor.
Reni hört meinen Ausführungen ruhig zu, lobt mich zwischendurch und meint auch, dass es wegen meiner Entzugsschwierigkeiten für mich notwendig sei in der Klinik aufgenommen zu werden.
„Ich rufe dich im Laufe des Vormittags garantiert noch an", sagt sie, „wirst du zu Hause sein?"
„Selbstverständlich", antworte ich.
Eine Stunde später klingelt mein Telefon.
„Eberhard, du sollst, wenn du immer noch willst, morgen um 9 Uhr in der Klinik sein. Sie haben dort ein freies Bett für dich. Ist das okay?", höre ich Reni am anderen Ende der Leitung reden.
„Oh, danke! Vielen Dank! Ich werde morgen selbstverständlich dort sein! Ich melde mich nach meinem Klinikaufenthalt bei dir! Bis dann. Tschüss, Reni!"
Ich freue mich und bin erleichtert, dass ich endlich in der Klinik aufgenommen werde.
Je nüchterner ich während der letzten Tage werde, umso klarer wird mir, dass ich an einer Therapie teilnehmen „muss"! Warum? Diese Frage beantwortet der Dialog mit Renate, den ich zum Ende dieses Kapitels führe...
Am Donnerstag, den 16. 12.1976 sitze ich um 20 Uhr wieder in einem Meeting der Anonymen Alkoholiker. Es findet in Form einer Weihnachtsfeier statt. Ich erlebe eine gemütliche Atmosphäre und fühle mich sogar etwas geborgen. Irgendwann melde ich mich zu Wort, bin dabei wesentlich ruhiger als gestern und sage:
„Ich heiße Eberhard und bin Alkoholiker. Dieses hier ist seit Montag mein viertes Meeting in Folge. Ich kann mir vorstellen, dass ich mir mit eurer Hilfe ein alkoholfreies Leben gestalten kann. Ich finde mich in euren Aussagen wieder und brauch' mich vor euch nicht zu schämen, weil ihr ähnlichen Mist gemacht habt, wie ich. Morgen werde ich in die

Klinik aufgenommen. Ich will eine Therapie machen. Und wenn ich die beendet habe, werden wir uns wieder sehen, weil ich garantiert wieder in dieses Meeting komme. Ich freue mich schon darauf. Danke, dass ihr mir zugehört habt."

Als das Meeting beendet ist und wir draußen sind, tritt Renate an mich heran und sagt zu mir:

„Mir hat deine Aussage gut gefallen... Aber glaubst du wirklich, dass du eine Therapie brauchst? Ich traue dir zu, dass du es auch alleine mit der Gruppe schaffst - ohne Klinik. Was meinst du?"

„Tja", antworte ich etwas geschmeichelt, „für mich ist es klar, dass ich in die Klinik will... Ich habe tausendmal versucht mit dem Trinken aufzuhören, diesbezügliche Eide geleistet, Wetten abgeschlossen, Versprechen gemacht - ohne Erfolg. - Mag ja sein, dass ich es allein mit der AA-Gruppe schaffe, aber ich bin auf diesem Gebiet mir selbst gegenüber inzwischen ziemlich misstrauisch. Und weil ich wirklich trocken bleiben will, nutze ich aus Sicherheitsgründen alles, was sich mir bietet. - Und dazu gehört für mich auch diese Klinik! Wer weiß, welche Ideen mich in einer Woche befallen... Nee, nee, lass' man. Morgen hüpfe ich in mein freies Krankenhausbett...!"

Freitag, 17. 12. 1976, 9 Uhr:

Nach einer weiteren schlaflosen Nacht lasse ich mich, bereits 4 Tage trocken, auf der Station P12 im Krankenhaus „Bremen Ost" aufnehmen.

In der Nacht zum Samstag schlafe ich tief und fest und kann morgens endlich wieder etwas essen...

Während ich das Klinik-Frühstück verzehre und die blassgrüne, frische Bettwäsche betrachte, frage ich mich mit Angst und Hoffnung im Herzen:

‚Ob es mir jetzt wohl endlich gelingt, ein neues Leben anzufangen?'

Das Abbruchunternehmen

„Na Kleiner, haben Mami und Papi dich am Wochenende mit der Hausbar alleine gelassen? Und dann hast du heimlich ein Fläschchen Wein ausgetrunken und musstest mit 'ner ach so schweren Alkoholvergiftung ins Krankenhaus. So war's doch, oder? Du armes, kleines Bengelchen! Wann holt deine Mami dich denn wieder ab?"
Es ist Günter Seibel, ein Mitpatient, der am Fußende meines Bettes steht und auf diese zynische und spöttische Art mit mir spricht. Ich bin auf der Therapiestation P 12 in einem Vier-Bett-Zimmer untergebracht. Günter Seibel ist einer der drei anderen alkoholkranken „Mitbewohner" dieses Krankenzimmers. Er ist ungefähr 40 Jahre alt, etwas schmächtig, einen halben Kopf kleiner als ich, scheint aber sehr überzeugt von sich selbst zu sein. Ich spüre, wie seine Worte jenes heiße Wutgefühl in mir aufkeimen lassen, welches ich so gut kenne, wenn mich meine Mitmenschen, insbesondere Männer, nicht ernst nehmen. Mich nach außen hin ruhig zeigend, erwidere ich:
„Halt' die Fresse, alter Mann, denn du unterschätzt mich! Aber nun will ich dir mal sagen, wie ich dich einschätze. Du wirkst auf mich so, wie die hündischen Arschgesichter, die mir in meiner Stammkneipe immer und immer wieder freiwillig einen ausgaben, weil sie Angst hatten, ich würde ihnen sonst was auf die Fresse hau'n. Und wo wir schon mal beim Schätzen sind, möchte ich dir Flachkopf sagen, dass du dich heute verdammt glücklich schätzen darfst. Und zwar deswegen, weil ich jetzt nüchtern bin, weil wir hier in der Klinik sind und weil in der Stationsordnung geschrieben steht, dass Gewaltanwendung zur sofortigen Entlassung führt und wegen dir Blödmann will ich hier keine Schwierigkeiten haben! So, und jetzt lass mich zufrieden, sonst piss ich dir heute Nacht, wenn du schläfst, in deine Koje. Dann musst du am anderen Tag den Beweis erbringen, dass es nicht deine Pisse ist, die dein Laken ziert!"
Zum Ende meiner Wortattacke stehe ich ganz dicht vor ihm und sehe ihn hasserfüllt und drohend an.

„Ist schon gut“, murmelt er eingeschüchtert, „hab’ ja nur Spaß gemacht. Ist schon gut...“, und verlässt rückwärts gehend den Raum. Ich begebe mich wieder ins Bett, ziehe mir, immer noch wütend, die Decke über den Kopf und frage mich verzweifelt:
‚Warum nimmt mich eigentlich niemand richtig ernst? Habe ich denn immer noch dieses widerlich harmlose Kindergesicht? So’n Scheiß! Aber ich will mich nicht mehr prügeln! Ich will nicht mehr saufen und mich auch nicht mehr kloppen! Damit ist Schluss!’, hämmere ich mir ein. Als dieses geschieht, befinde ich mich bereits drei Tage in der Klinik.
Es gehört zum Aufnahmekonzept des Hauses, dass jeder Patient zu Beginn seiner Behandlung 7 Tage Bettruhe verordnet bekommt. Als mir das am Tag meiner Aufnahme der Stationspfleger mitteilt und mir nach der Erledigung der Aufnahmeformalitäten mein Zimmer zeigt und mich ins Bett schickt, traue ich mich zaghaft aufzubegehren und gebe zu bedenken:
„Aber Herr Buhr, ich brauche diese Bettruhe nicht mehr, denn ich bin bereits seit Montag, also schon 5 Tage, trocken. Mit meinem Entzug bin ich durch. Ich fühl’ mich sauwohl. Was soll ich im Bett? Ich will sofort mit der Therapie anfangen.“
Herr Buhr belehrt mich eines Besseren:
„Nun mal sachte, junger Mann. Bei uns bekommt hier erstmal jeder Patient 7 Tage und Nächte Bettruhe. Egal, wann er zuletzt getrunken hat. Solche Angaben der Patienten müssen nicht unbedingt stimmen, denn Alkoholiker neigen insbesondere in dieser Hinsicht, aber auch bei anderen Aussagen zum Lügen. Aber darum geht es nicht. Es geht darum, dass Sie in Bezug auf Ihren Alkoholismus ein Krankheitsbewusstsein entwickeln müssen, um sich dann ganz bewusst dem Genesungsprozess zu widmen. Und der am besten geeignete Platz für eine solche Bewusstseinsbildung ist nun ‘mal das Bett. Denn wer krank ist, gehört in ein solches. Und nun husch hinein, Herr Lempelius.“
Es klingt nicht unangenehm, wie er mir diesen Vortrag hält. Richtig freundlich, fast väterlich. Also passe ich mich folgsam an, begebe mich

in mein mir zugewiesenes Bett und versuche zu akzeptieren, dass das alles sinnvoll ist und ich 7 Tage und 7 Nächte zur Bildung meines Krankheitsbewusstseins ins Bett gehöre... Obwohl mir klar ist, dass ich alkoholkrank bin. Kurz zuvor jedoch habe ich meinen Kleiderspind eingeräumt und meiner Reisetasche zwei Bücher entnommen. Diese liegen jetzt auf meinem Nachtschrank. Nicht in ihm, nein mit voller Absicht auf demselben. Ich möchte nämlich, dass denjenigen, die in dieses Zimmer kommen, deutlich wird, dass ich ein gewisses geistiges und kulturelles Niveau besitze, wenn sie einen Blick auf meinen Nachtschrank werfen - obwohl ich das bin, was man eine verkrachte Existenz nennt. Bei den Büchern handelt es sich um „Kein Öl, Moses?" von Ephraim Kishon und „Das Jahrhundert der Chirurgen" von Jürgen Thorwald. Letzteres soll insbesondere den Personalmitgliedern, die mein Zimmer aufsuchen beweisen, dass ich ein starkes Interesse an medizinischer Historie habe. Schließlich passt das ja hier irgendwie ins Thema, meine ich im Stillen.

Während der Bettruhephase gibt es regelmäßig nach dem Abendessen gegen 19.00 Uhr eine besondere Anwendung - den Leberwickel. Hierfür wird mein Leib von einem Pfleger in feucht-heiße Tücher eingewickelt, das Ganze noch zusätzlich mit einer Wolldecke umschlungen, und dann muss ich so eingemummelt, bis zum Hals zugedeckt, wie eine Roulade im Backofen eine halbe Stunde „garen". So nenne ich das für mich.

„Das ist ein altbewährtes Hausmittel, um die vom Alkohol beschädigte Leber zu regenerieren", informiert man mich.

Dieses „Garen im Backofen" genieße ich sehr, denn es fühlt sich warm und wohlig an. Manchmal entspanne ich mich dabei so sehr, dass ich ein wenig einschlummere.

Mein Bedürfnis zu rauchen darf ich außerhalb des Krankenzimmers am Ende des Stationsflures stillen. Dort befindet sich eine kleine Sitzgruppe, die als Raucherecke für die Bettpatienten ausgewiesen ist. Über dem einen Sessel ist eine große Tafel an der Wand angebracht, die eine Grafik darstellt. Diese ist mit den Worten überschrieben:

„Wo stehst Du?   Lass dir helfen!"

Unter dieser Überschrift beschreibt eine Tabelle auf der linken Seite stufenartig die einzelnen Stationen, die man als Alkoholiker „nach unten“ geht. Ich beginne der Reihe nach von oben nach unten zu lesen. Da geht es vom „ gelegentlichen Erleichterungstrinken“ über „Erinnerungslücken“, „Zwang zum ersten Glas“, „Trinken mit Begründungen“, „Großspuriges aggressives Benehmen“, „Zittern und Morgentrunk“ usw. bis zum „körperlichen und seelischen Zerfall“ und zum Teufelskreis „Ich trinke, weil ich mich schäme und ich schäme mich weil ich trinke…“

Nachdem ich den „Abstieg“ mit all seinen Punkten bis hinunter zum Teufelskreis gelesen habe, stelle ich ziemlich erschüttert, beschämt und mit schlechtem Gewissen fest, dass mir keine dieser vielen Stufen unbekannt ist. Ich habe sie alle intensiv durchlebt. Vielleicht in anderer Reihenfolge... Aber diese Grafik beschreibt mein Säuferleben sehr genau! Und jenen unten beschriebenen Teufelskreis kenne ich auch sehr gut. Bestimmt schon seit drei oder vier Jahren...!

Trotz meiner Scham und des schlechten Gewissens, welches sich in mir breit macht, lese ich weiter, denn die Grafik beschreibt auch, wie es wieder „nach oben“ geht. Gespannt verfolge ich, wie die Stufen dorthin aussehen und ob ich vielleicht sogar schon eine oder einige(?) von denen erklommen habe. - Und siehe: Ich stelle fest, dass ich bereits bei der Stufe „Beginn neuer Hoffnung“ angelangt bin und die acht Stufen davor alle betreten habe.

Z.B.: „Abbruch der Alkoholeinnahme“, „Begreift, dass Alkoholismus eine Krankheit ist“ u.ä.

Toll! Aber ich verspüre trotz dieses guten Gefühls und der Hoffnung in mir eine nagende Angst in meinem Herzen. Nämlich die Angst davor, dass ich wie gewohnt meine guten Vorsätze über Bord werfe und in meinen Säufersumpf zurückfalle.

‚Aber vielleicht brauche ich das doch nicht, weil ich hier in der Therapie und zusätzlich weiterhin mit den „Anonymen Alkoholikern“ vielleicht einiges lerne, was ich tun kann, um mich vor diesem Dreck zu bewahren’, tröste ich mich. Ich erfahre, dass diese Tabelle von einem ungarischen Professor namens Jellinek erstellt wurde. Dieser habe sich auf wissenschaftlicher Ebene intensiv mit der Krankheit Alkoholismus beschäftigt. Unter anderem hat er auch die verschiedenen Trinkertypen kategorisiert. Über diese Einteilung liegt in unserer Raucherecke eine kleine Broschüre auf dem Tisch, aus der ich entnehme

Trinkertypen nach Jellinek:

Alpha-Typ: (Konflikt-Trinker)	Undiszipliniertes Trinken. Probleme werden nicht gelöst, sondern mit Alkohol betäubt. Seelische Abhängigkeit. Kein Kontrollverlust. Nicht krank im Sinne der RVO
Beta-Typ: (Gelegenheitstrinker)	Das Trinkverhalten wird vom sozialen Umfeld beeinflusst und bei jeder sich bietenden Gelegenheit praktiziert. Kein Abhängigkeit. Nicht krank im Sinne der RVO
Ab hier krank im Sinne der RVO	
Gamma-Typ: (Süchtiger Trinker)	Aus der seelischen Abhängigkeit entwickelt sich zusätzlich eine körperliche Abhängigkeit mit Kontrollverlust. Hat aber die Fähigkeit zeitweilig abstinent zu leben
Delta-Typ: (Spiegel-Trinker)	Diese Form der Abhängigkeit verlangt nach einem ständigen Alkoholspiegel im Blut. Kein Kontrollverlust, aber unfähig, alkoholfrei zu leben.
Epsilon-Typ: Qurtalstrinker)	Das Trinken erfolgt episodisch, dauert einige Tage und ist durch Hemmungslosigkeit gekennzeichnet. Seelische Abhängigkeit. Kontrollverlust während der Trinkphasen. Fähigkeit zu längeren Abstinenzphasen vorhanden

‚Aha', erkenne ich, nachdem ich das gelesen habe, ‚dann bin ich also der Gamma-Typ. Hab' ich doch immer geglaubt, dass nur solche Leute als Alkoholiker gelten, die so trinken wie der Delta-Typ, also der

Spiegeltrinker. Ich Dussel war ja der Überzeugung, dass ich kein „Alki" bin, weil ich immer zwischendurch ein paar Tage oder zwei drei Wochen Trinkpause machte... Na gut, jetzt weiß ich's besser. Ist ja recht informativ, diese Raucherecke...'
Oh ja, und außerdem bin ich schon sehr gespannt und neugierig, was nach meiner Bettphase in der Therapie geschehen wird! Von meinen Mitpatienten, die mit mir das Zimmer teilen, erfahre ich, dass es in den Gruppenstunden oft sehr hart zur Sache geht. Mir wird erzählt, dass die Therapeuten, von den Patienten kurz und bündig „das Team" genannt, nicht gerade zimperlich in der Wahl ihrer Worte gegenüber den Patienten sind.
„Wenn du 'was Falsches sagst, machen sie dich platt", berichtet mir Peter, der auch auf meinem Zimmer wohnt.
„Und was kann man Falsches sagen?", frage ich ihn.
„Oha", antwortet er mit bitterem Lächeln, „eigentlich ist alles falsch, was man sagt. Sie drehen dir das Wort im Mund um und wenn du etwas Gutes über dich selbst sagst, dann stellen sie dich als Lügner hin. Zum Beispiel habe ich neulich erklärt, dass meine Ehe noch intakt ist und dass ich am Arbeitsplatz nur ganz selten getrunken habe... Da haben die mich zum Lügner abgestempelt. Am besten ist, du erzählst nur Scheiße über dich selbst. Das glauben sie dir. Und dann bist du ein braver Patient und wirst in Ruhe gelassen. So geh'n sie hier mit allen um und dir wird es genau so gehen, wart's mal ab. Am liebsten würde ich meine Koffer packen und abhauen, aber dann will meine Frau sich trennen, wenn ich das hier nicht durchziehe..."
„Oha", bemerke ich und spüre, wie sich neben Hoffnung und Spannung in Bezug auf die Therapie auch Angst davor in mir breit macht. Außerdem muss ich aber auch darüber nachdenken, warum Peters Frau sich von ihm trennen will, wenn er hier abbricht. Ist die Ehe doch nicht so intakt, wie er es angibt? Aber ich sage lieber nichts. Vielleicht ist er sonst beleidigt...
Am 24.12. 1976, also am Heiligen Abend, ist es dann endlich so weit: meine 7-tägige Bettphase ist beendet.

Bevor ich jedoch am Stations- und Therapieprogramm „richtig" teilnehmen darf, muss ich mich am selben Tag um 14.00 Uhr einer Prüfung unterziehen. Es soll festgestellt werden, ob ich krankheitseinsichtig bin und mich voll und ganz als Alkoholiker sehe und bereit bin, über meine Sucht und den damit verbundenen Missetaten offen und ehrlich zu sprechen. Es soll auch festgestellt werden, ob ich therapiewillig und therapiefähig bin. Wenn das der Fall ist, werde ich in die Patientengruppe aufgenommen. Das Prüfungskomitee besteht lediglich aus allen meinen Mitpatienten. Das Therapeutenteam ist nicht dabei. Am Anfang der Prüfung, die ungefähr eine Stunde dauern soll, kommt folgendes Frage-und-Antwort-Gespräch zustande:

„Eberhard, glaubst du, dass du Alkoholiker bist?"

„Nein, ich glaube das nicht. Ich weiß es sicher"

„Wie lange trinkst du schon?"

„Seit 17 Jahren. Ich habe mit 16 angefangen."

„Warum trinkst du eigentlich?"

„Ich glaube, weil ich Minderwertigkeitskomplexe hatte und immer noch habe. Ich bin unzufrieden mit mir, weil ich Lehrerssohn und Gymnasiast war und trotzdem nichts aus mir geworden ist..."

„Wie viel und was hast du getrunken?"

„Zuerst nur Bier. In den letzten Jahren Weinbrand, Bier, kartonweise Underberg und zur Beruhigung hab' ich Valium 'reingeschmissen. Geklautes Valium. Und wenn ich sehr klapperig war, habe ich Rasierwasser und Brennspiritus gesoffen. Mein letztes alkoholisches Gesöff zog ich mir vor 12 Tagen 'rein. Das waren zwei Flaschen Avon-Gesichtswasser. Die haben 54 Umdrehungen (damit sind 54% Alkohol gemeint.)."

Nach dieser Antwort von mir herrscht betretenes Schweigen im Raum. Eine halbe Minute später sagt jemand:

„Was soll'n wir dich noch Großartiges fragen. Vielleicht kannst du von dir aus mal'n bisschen aus deiner Geschichte erzählen..."

Also erzähle ich:

Ein wenig aus meiner Scheiß-Kindheit, meinen ersten Sauferlebnissen, mit doch noch ein wenig Stolz darüber, was für ein prügelfreudiger Zeitgenosse ich war, danach mit sehr viel Scham, dass ich zwei Ehen versoffen habe, dabei ein Kind zurück ließ und meine zweite Ehefrau um 3000 DM geprellt habe und sie im Stich ließ. Ich berichte von meinem ernst gemeinten Selbstmordversuch auf der Friesenstein, meinen vielen alkoholbedingten Job-Wechseln und auch von den letzten beiden Jahren hier in Bremen, meinem Delirium und der schlimmen Zeit, in der ich nur 'rumgesumpft habe, immer unter Strom stand und Hanni und Silke das Leben schwer gemacht habe. Ich schließe meinen Bericht mit den Worten:
„Ich finde mich und das alles, was ich angerichtet habe, zum Kotzen und möchte aus tiefstem Herzen trocken bleiben, damit ich ein besseres Leben führen kann. Aber ich habe auch Angst, dass ich das nicht schaffe. Deswegen brauche ich diese Therapie und bitte euch, dass ihr mich in die Gruppe aufnehmt."
Wieder herrscht betretenes Schweigen. Etwas später sagt jemand zu mir:
„Das klingt ja alles ganz schön heftig, und du kannst ja auch von Glück sagen, dass du noch lebst, Mann!"
Wieder herrscht Stille. Dann sagt Rolf, der Gruppensprecher:
„Lasst uns jetzt abstimmen. Wer ist dafür, dass Eberhard... - Quatsch, in diesem Fall machen wir uns das einfacher. Ich frag' 'mal andersrum: Wer hat 'was dagegen, dass Eberhard in die Gruppe aufgenommen wird?"
Niemand der 18 anwesenden Personen hebt seinen Arm. Also gehöre ich ab sofort zu der Patientengruppe der Suchttherapiestation „P12" am Zentralkrankenhaus Bremen-Ost.
Nach dieser Veranstaltung tritt Günter Seibel etwas verlegen an mich heran und sagt:
„Entschuldige bitte. Ich habe dich wirklich total unterschätzt. Du bist ja 'ne ganz herbe Nummer gewesen, Mannomann. Da hab' ich ja Glück gehabt, dass du mir keine gescheuert hast. Noch 'mal: entschuldige bitte."

Ich klopfe ihm versöhnlich auf die Schulter und sage zu ihm:
„Entschuldigung angenommen. Noch besser finde ich aber, dass ich nachts nicht in deine Koje pinkeln musste... Frohe Weihnachten!"
Daraufhin muss Günter lachen. Etwas später frage ich Rolf, den Gruppensprecher, was mit mir geschehen wäre, wenn man mich nicht aufgenommen hätte.
„Ich muss die Gruppenentscheidung dem Team mitteilen. Wenn wir dich nicht akzeptiert und als Gruppenmitglied abgelehnt hätten, müsstest du eine extra Prüfung bei den Therapeuten machen. Und wer auch vor'm Team scheitert, wird entlassen, weil er dann als nicht therapierbar und als krankheitsuneinsichtig eingestuft wird."
„Au wei, das ist aber ein hartes Geschäft! Ist denn hier schon 'mal jemand durchgerauscht?", frage ich beeindruckt.
„Schon 'mal? Ich bin jetzt 7 Wochen hier und habe während der Zeit miterlebt, dass 4 Patienten abgewiesen wurden."
Nach diesen Worten sieht Rolf mich nachdenklich an und fährt fort:
„Jemand wie du, der ganz offen und ehrlich den Scheiß', den er gebaut hat, darlegt, der ist eher die Ausnahme. Die meisten versuchen immer noch, den Mist, den sie im Suff verzapft haben, und auch das Saufen selbst zu beschönigen. Das wirst du auch bald feststellen, wenn du länger in der Gruppe bist. Ich bin eher so einer wie du und sehe ein, dass ich mir und anderen durch's Saufen 'ne Menge zerstört habe und wünsche mir, dass ich nicht wieder dem Suff verfalle..., hoffentlich schaff' ich das."
„Hm, sag' 'mal, gibt es eigentlich Erkenntnisse oder Statistiken darüber, wie viele nach einer solchen Therapie trocken bleiben?", frage ich Rolf.
„Ja, die gibt`s", antwortet er, „es heißt, dass es 30% schaffen und 70% wieder saufen. Die meisten von diesen 70% Prozent werden kurz nach der Therapie wieder rückfällig."
„Weißt du was, Rolf? Ich habe in meinem Leben immer zu der Gruppe der Mistmacher oder
Versager gehört. In der Schule, auf der Arbeit, in der Familie, überall. Immer gehörte ich zu der Gruppe von Leuten, die nichts leisteten, dumm auffielen, überall 'rausflogen und so weiter. Das wird mir jetzt

gerade bewusst, wie ich das mit den 30 und 70 Prozent höre. Und deswegen entscheide ich mich hier und jetzt aus meinem verpfuschten Leben heraus zu der „Positiv-Minderheitsgruppe" zu gehören. Ich möchte bei den 30%, die es schaffen trocken zu bleiben, dabei sein. Ob es mir gelingt, weiß ich nicht. Aber ich werde es versuchen!"

„Ich auch", versichert mir Rolf, „aber jetzt erst 'mal tschüss, ich muss ins Dienstzimmer und dort mitteilen, dass wir uns für dich entschieden haben. Heute am Heiligen Abend ist ja nur eine Person anwesend. Ich glaube, es ist Herr Hampel, der stellvertretende Stationspfleger. Bis nachher!"

Ach ja, genau - heute ist Heilig Abend. Das heißt, niemand der Patienten darf nach Hause. Die Rückfallgefahr anlässlich dieses Tages wird als sehr hoch eingestuft. Die Patientengruppe hat einige Tage zuvor vom Team den Auftrag bekommen, für die Weihnachtstage ein Programm zu entwerfen. Die Gruppe entscheidet sich gegen eine Weihnachtsfeier am Heiligen Abend.

„Wir wollen gemeinsam im Aufenthaltsraum sitzen, miteinander reden und Spiele spielen. Aber wir möchten keine Weihnachtsfeier", teilen die Patienten dem Team mit, und es wird akzeptiert.

Also sitzen abends ab 18.00 Uhr 19 Männer zusammen im Tagesraum und versuchen, sich miteinander zu beschäftigen. Die Stimmung ist sehr gereizt. Einige haben Heimweh, sehnen sich nach ihren Kindern und Frauen, manche sitzen herum und starren vor sich hin, andere wären jetzt liebend gerne besoffen, sprechen aber nicht darüber (erst Tage später) und noch andere tun so als würde sie Weihnachten überhaupt nicht interessieren. Zu Letzteren gehöre auch ich. Ich muss zwar manchmal an Hanni und Silke denken, habe aber keine Lust auf irgendwelche sentimentalen Gefühle. Ich suche mir zwei gleichgesinnte Mitpatienten und dresche mit ihnen Skat. Dabei schaukeln wir uns in eine fröhliche Stimmung hinein, die alles, was mit Besinnlichkeit oder sogar Sentimentalität zu tun hat, in den nicht spürbaren Hintergrund verfrachtet...

Franz, ein anderer Mitpatient, hat sich eine volle Kaffeekanne „geschnappt" und sitzt damit für sich alleine auf einem Sessel in einer

Ecke des Aufenthaltraumes. Er schenkt sich immer wieder ein wenig von dem Kaffee in eine Tasse und trinkt diese dann mit einem Schluck leer.
„Ey!“, ruft jemand zu ihm hinüber, „das sieht aus, als wenn du ‘ne Buddel Schnaps leer säufst! Weißt du das?“
Mit hochrotem Kopf schreit Franz wütend zurück:
„Leck mich am Arsch, du dumme Sau! Ich kann meinen Kaffee trinken wie ich das will! Und mit Schnaps saufen hat das gar nichts zu tun! Leckt mich alle am Arsch! Scheiß Weihnachten! Ich halt’ das nicht aus hier! Ich geh’ jetzt ins Bett. Gute Nacht und noch fröhliche Weihnachten!“, brüllt er und verschwindet auf seinem Zimmer.
Ja, ja, die Nerven liegen blank, an diesem alkoholfreien Weihnachtsabend. Das ist spürbar. Nicht nur bei Franz. Auch bei einigen anderen und auch bei uns Skatspielern. Wenn einer einen kleinen Fehler beim Spielen macht, schlägt unsere tolle Fröhlichkeit sofort um in eine unangemessene aggressive Gereiztheit. Aber auch dieser Abend geht vorüber und das positive Gruppenfazit lautet: Gut, dass alle hier geblieben sind, also keiner abgehauen ist und niemand gesoffen hat...!
Am nächsten Tag besucht mich Hanni. Silke hat sie bei Oma gelassen. Mir ist das ganz recht, weil ich mich jetzt, da meine alkoholischen Nebelschwaden ganz aus meinem Hirn verschwunden sind, immer mehr vor dem Kind schäme. Die Stimmung zwischen meiner Freundin und mir ist nach wie vor recht unterkühlt und außerdem schäme ich mich natürlich auch vor ihr, kann darüber aber nicht sprechen. Wir beschließen, dass sie mich während der nächsten 3 bis 4 Wochen nicht besuchen soll und dass jeder sich erst einmal auf sich selbst konzentriert. Als Hanni endlich wieder fort ist, überlege ich:
‚Liebst du sie überhaupt? Eigentlich hast du sie immer nur ausgenutzt und dir von ihr die Hand vor’n Arsch halten lassen... Klar, schämen tu ich mich vor ihr, aber sie lieben? Ich weiß es nicht... Mal sehen, was wir nach der Klinik miteinander hinkriegen... Vielleicht Trennung? Und wie wird es dann mit mir und Silke?’ Ich bin ziemlich ratlos und schiebe diese Gedanken erst einmal zur Seite...

Als Weihnachten endlich vorbei ist und der Therapiealltag eintritt, lerne ich mit der Zeit auch die Mitglieder des so genannten Teams kennen. Wir Patienten sprechen nicht nur von „dem Team“, sondern auch von „den Therapeuten“, egal, ob sie als Arzt, Sozialarbeiter, Krankenpfleger, Psychologen oder Soziologen arbeiten. Für uns sind sie alle „Therapeuten“. Und diejenigen, die uns gegenüber besonders hart und konfrontativ auftreten, nennen wir heimlich „Terrorpeuten“. Dieses Team besteht aus einer Reihe interessanter Persönlichkeiten.
Da gibt es an oberster Stelle in der Hierarchie den Chefarzt der Suchtabteilung Dr. Dietherr Baumann. Er wird von den Patienten sehr gefürchtet, weil es ihm auf gnadenlos konfrontative Art immer wieder gelingt, bei der Klientel Lügengebäude aufzudecken und einzureißen, besoffene Träume zu zerstören und die Leute auf den Boden der nicht immer angenehm zu ertragenden Tatsachen zurückzuführen. Er ist aber nicht nur gefürchtet, sondern auch sehr geachtet und beliebt, weil er außerdem in der Lage ist jemanden wieder aufzubauen, wenn dieser verzweifelt ist, resigniert und nicht mehr so recht weiter weiß. Ich habe ein für mich unvergessliches Schlüsselerlebnis mit ihm.
Während einer Gruppenstunde, an der auch er teilnimmt, melde ich mich zu Wort und sage:
„Gestern Abend war ich im Außenmeeting bei den Anonymen Alkoholikern in der Eislebener Straße. Dort gibt es eine Frau, die Helga heißt und Gruppensprecherin ist. Die hat gemerkt, dass ich neu in der Gruppe bin und hat deswegen ein Thema vorgeschlagen, das sich mit neuen Mitgliedern in der Gruppe beschäftigt. Das fand ich richtig toll, dass sie das so gedeichselt hat, und die darauf folgenden Gespräche waren für mich sehr aufschlussreich. Außerdem ist die Helga selbst auch ‘ne tolle Frau und sieht noch sehr gut aus, obwohl sie schon über 50 Jahre alt ist. Also..., ihr müsst jetzt nichts Falsches von mir denken, also dass ich..., na ja...“
Etwas verlegen breche ich meine Aussage ab und schäme mich ein wenig. Dr. Baumann neigt sich auf seinem Stuhl nach vorne und fragt mich:
„Wie meinen Sie das jetzt, Herr Lempelius?“

„Na ja", stammle ich.
„Was - na ja?"
„Na ja, ich werd' doch wohl nichts mit 'ner 50-jährigen Frau anfangen. Das soll keiner glauben. - Ich bin 33 Jahre alt."
„Können Sie mir sagen, was daran so schlimm wäre?", fragt er mich.
„Nun – eh - hm-", beginne ich eine Antwort, die nie zustande kommt, denn mir fällt in dem Moment nichts ein, was daran wirklich schlimm wäre...
„Ich weiß nicht", beende ich mein ratloses Gestammel.
„Eben!", ruft Dr. Baumann, „junger Mann und alte Frau, das geht natürlich nicht. Ist klar! Umgekehrt ist schon besser, nicht wahr? Alles Klischees, Herr Lempelius, alles Klischees!
Gut, ich glaube Ihnen, dass Sie diese Frau ganz einfach mögen ohne mit ihr ins Bett gehen zu wollen. Aber Sie könnten es sich leichter machen, wenn Sie sich und auch ein paar andere Dinge nicht so schrecklich abwerten oder verurteilen würden. Dann hätten Sie vorhin viel freier und selbstbewusster sprechen können und brauchten nicht vor lauter Scham und Verlegenheit so auf Ihrem Stuhl herumzurutschen und Ihre Meinung zu rechtfertigen. Verstehen Sie mich?",
fragt er freundlich.
Ich verstehe ihn sehr gut. Und ich fühle mich von ihm verstanden und akzeptiert. Selbstverständlich habe ich durch seinen Ruf, der ihm vorauseilt, Angst vor ihm. Meine mir gut bekannte „Vaterangst". Aber jetzt, da er sich auf diese für mich angenehme väterliche Art mir zuwendet, habe ich ihn sogar ein wenig lieb und fühle mich für einen Moment etwas freier und akzeptierter als sonst...
Der nächste im „Therapeutenbunde" ist Herr Wischer. Von Beruf ist er Diplomsoziologe und gilt als „die rechte Hand" von Dr. Baumann.
Herr Wischer sticht für mich dadurch hervor, dass er ein brillanter Redner ist, dem es immer wieder überzeugend gelingt, uns Patienten unsere oft schmerzhafte und allzu gerne verdrängte, unangenehme Realität aufzuzeigen. Er wirkt dabei aber nie verächtlich und beherrscht auch sehr gut das „Stoß- und Stützsystem", welches ermöglicht, dass

die Patienten nach Negativ-Erkenntnissen über sich selbst wieder aufgebaut werden. Herr Wischer und ich sind etwa gleich alt und ich beneide und bewundere ihn wegen seiner Klugheit, seiner inneren Reife (die ich bei mir so sehr vermisse) und seiner Scharfsinnigkeit. Insgeheim mache ich ihn zu meinem Idol. Manchmal traue ich mich scherzhaft ein wenig mit ihm zu rangeln. Dabei stelle ich dann fest, dass dieser Mann nicht nur über geistige, sondern auch über immense körperliche Kräfte verfügt.

„Der ist mir ja auf allen Gebieten überlegen", denke ich nach unserer ersten Rangelei, was aber die Tatsache, dass er mein Idol ist, in keiner Weise einschränkt. Er bleibt mein Idol und meine maßgebliche Respektperson. „Maßgeblich" im wahrsten Sinne des Wortes; denn was er sagt, ist für mich für sehr lange Zeit das „Maß (fast) aller Dinge".

Außerdem gibt es noch den Stationsarzt, Herrn Dr. Lohmann, der mir anlässlich meines ersten Aufnahmeversuchs in diese Klinik durch Abweisung und Information über die Aufnahmebedingungen dazu verholfen hat die richtige Richtung einzuschlagen.

Die einzige Frau im Team ist Frau Wieners. Sie ist als Sozialarbeiterin tätig und wegen ihrer Art, den Patienten die vielen selbstbetrügerischen Flausen aus dem Kopf zu treiben, gefürchtet, aber auch respektiert.

Weiterhin gibt es noch Herrn Buhr, den Stationspfleger, und Herrn Hampel, seinen Stellvertreter.

Herr Buhr ist ein großer, stattlicher Mann, der Ruhe und wohltuende Väterlichkeit ausstrahlt. Aber auch er kann sehr unbequem sein, wenn wir Patienten mit Tricks und Hinterlist versuchen die Stationsstrukturen aufzulockern. Meistens merkt er das und wird dann sehr unangenehm...

Herrn Hampel mag ich nicht. Er wirkt auf mich wie ein strenger Schulmeister, stellt alles was man sagt, in Frage, lacht selten und zeigt sich „hanseatisch reserviert". Im Stillen bezeichne ich ihn als elenden Spießer und vermeide jeglichen Kontakt zu ihm. Denn einigen Bemerkungen seinerseits mir gegenüber entnehme ich, dass er mich höchstwahrscheinlich für einen Menschen hält, der lediglich „eine große Fresse mit nichts dahinter" hat. Er formuliert das zwar nicht

direkt, aber ich interpretiere ihn so und empfinde es als besonders schlimm, weil ich weiß, dass da ‘ne Menge Wahrheit dran ist... Also lehne ich ihn ab und versuche Begegnungen oder Dialoge mit ihm, so gut es geht, zu vermeiden. Aber eines Tages, besser gesagt, eines späten Abends geschieht etwas, was mein Verhältnis zu ihm total verändert.
Ich sitze gegen 22.00 Uhr im großen Aufenthaltsraum der Station und schreibe an meinem Lebensbericht. Dieses zu tun ist eine der vielen Therapieauflagen, die man innerhalb einiger Wochen zu erfüllen hat. Wenn man sein „Werk“ fertig geschrieben hat, muss man es im Dienstzimmer abgeben. Herr Hampel hat an jenem Abend Nachtdienst und betritt zu oben erwähntem Zeitpunkt den Raum, in dem ich sitze und schreibe.
„Scheiße“, denke ich, „auch der noch! Jetzt kommt der ‘rein und wird mir sagen, dass es 22.00 Uhr und somit Nachtruhe ist und dass ich mich in mein Bett zu scheren habe...“
Herr Hampel kommt auch, wie von mir befürchtet, auf mich zu, setzt sich zu mir an den Tisch und fragt mich in überraschend freundlichem Ton:
„Na, Herr Lempelius, schreiben Sie an Ihrem Lebensbericht?“
„Ja“, antworte ich, durch seine Freundlichkeit mir gegenüber etwas irritiert.
„Und?“, fährt er fort, „kommen Sie gut voran?“
„Ja, es geht so. Ist ja schließlich nicht leicht über so ein verpfuschtes Leben wie das meinige zu schreiben“, antworte ich.
„Na ja“, bekomme ich von ihm zu hören, „verpfuscht hin, verpfuscht her... Mag ja sein, dass Sie vieles verpfuscht haben. Aber jetzt ist Ihnen doch die Chance gegeben neu zu beginnen. Ihr Leben liegt doch noch vor Ihnen. Oder? Sie können jetzt den Pfusch beenden und für neue Qualität sorgen. Oder irre ich mich?“
Während er das sagt, beugt er sich leicht zu mir vor und gibt mir beim Wort „Qualität“ einen aufmunternden, kumpelhaften Stups auf meinen Oberarm. Ich bin über sein Verhalten mir gegenüber sehr überrascht, fühle mich aber gleichzeitig angenehm berührt im doppelten Sinne und

spüre einen dicken Kloß im Hals. Deswegen kommt meine Antwort nur krächzend aus mir hervor:
„Ja, ich möchte neu anfangen und nicht mehr trinken. Aber ich habe auch Angst, dass ich es nicht..." Weiter kann ich erst einmal nicht sprechen, denn sonst würde ich losheulen.
„Angst hätte ich an Ihrer Stelle auch, das kann ich verstehen", sagt er, „aber ich bin sicher, dass dieses Gefühl normal ist und dazu gehört. Ich könnte mir vorstellen, dass Sie es schaffen, Herr Lempelius:"
„Danke", murmle ich und wundere mich immer mehr darüber, wie dieser von mir so sehr verachtete Mann mit mir spricht. Ich fasse Mut, ja, vielleicht sogar etwas Vertrauen und frage ihn:
„Herr Hampel, ich bin gerade einigermaßen im Schreibfluss. Darf ich hier noch etwas länger weitermachen, obwohl schon Nachtruhezeit ist?"
„Das ist in Ordnung, aber um 23.15 Uhr will ich Sie hier nicht mehr sehen, okay? Und danach hoffe ich für Sie, dass Sie gut schlafen können, denn solch einen Lebensbericht zu schreiben ist ja auch nervenaufreibend, denke ich." Dann steht er auf, sagt „Gute Nacht!" und verlässt den Raum.
„Gute Nacht und Danke", rufe ich ihm hinterher und gehe, unmittelbar nachdem er draußen ist, mit mir herbe ins Gericht:
‚Mannomann, Herr Eberhard, so bist du: siehst einen Menschen, stellst fest, dass dich irgendwas an ihm stört, brichst den Stab und verurteilst ihn für immer. Tja, und jetzt hast du 'mal erlebt, wie es sein kann, wenn du so einen näher kennen lernst. Selten war in den letzten Jahren jemand so freundlich zu dir... Ja ja, du und deine Mitmenschen... Entweder sind sie für dich nur gut und toll oder nur schlecht und mies. Du guckst gar nicht genau hin. O ja, auch auf dem Gebiet muss sich 'was ändern!'
Letztlich muss ich als Teammitglied noch Herrn Bücking, den Krankenhausseelsorger erwähnen. Er kommt einmal in der Woche zu einer Gesprächsrunde mit uns Patienten auf die Station. Diese Runde wird „Stunde der Besinnung" genannt. Wer von den Gläubigen unter uns Patienten glaubt, dass Herr Bücking dann mit uns betet oder eine

stille, von religiöser Inbrunst geprägte Andacht veranstaltet, der wird enttäuscht. Und wer von den weniger Gläubigen unter uns hofft, dass er dem Herrn Bücking seine Sorgen mitteilen kann, der liegt richtig mit seiner Vermutung.- Nicht aber mit der, dass er in der Folge eventuell vermutet, der Kirchenmann würde mit Trost, Mitleid und grenzenloser Milde auf die Nöte des Betroffenen eingehen. So, wie man es doch von einem guten Pastor erwarten kann. - Nein, Herr Bücking ist ein Virtuose auf dem Gebiet, Selbstmitleidheischende in Frage zu stellen und sie in die Schranken ihrer Eigenverantwortung zurückzuweisen. Auch er ist ein gefürchteter, aber auch von uns sehr geachteter Mann.

Außer diesen für mich eindrucksvollen Teammitgliedern gibt es noch drei oder vier Krankenpfleger, zu denen ich jedoch kein erinnerungsträchtiges Verhältnis aufbaue.

Die Station P12 ist eine reine Männerstation. Die Entwöhnungsstation für Frauen trägt die Bezeichnung „P5“ und befindet sich in einem Haus, welches ungefähr 100 Meter von dem unseren entfernt liegt. Das „P“ vor P12 und P5 steht als Kürzel für Psychiatrie.

Ein paar Veranstaltungen des Therapieprogramms finden zwischen der Frauen- und Männerstation gemeinsam statt. So zum Beispiel donnerstagmorgens das Schwimmen in einer nahe gelegenen Schwimmhalle. Auch die Pflichtbesuche der Selbsthilfegruppen auf dem Klinikgelände und die Besuche der Außenmeetings im Stadtgebiet gehören zum gemeinsamen Pflichtprogramm. Im Zusammenhang dieser Begegnungen zwischen Frauen und Männern ist in den Stationsordnungen beider Abteilungen nachzulesen:

„Paarbeziehungen sind nicht erlaubt. Sie lenken von der Therapie ab und können zum Misserfolg führen.“

Diese Bestimmung wird von einigen Damen und Herren jedoch geflissentlich missachtet, und sie vergnügen sich miteinander genau dann, wenn sie eigentlich die Selbsthilfegruppen besuchen müssten. Es ist nämlich für das Klinikpersonal nicht möglich zu kontrollieren, ob die Patientinnen und Patienten die Gruppen wirklich besuchen.

Ich selbst trage mich manchmal dienstags in den Meetingplan für den Besuch eines Meetings ein, um es dann bewusst zu schwänzen. Dann mache ich einen Stadtbummel oder gehe ins Kino. Aber ohne weibliche Begleitung. Ich entscheide mich ganz bewusst für dieses „Fehlverhalten", wie es die Therapeuten nennen würden. Einerseits, um mir etwas Freiraum zu schaffen und andrerseits, „um die Belastbarkeit meines Gewissens zu trainieren." So nenne ich das insgeheim mit etwas Ironie für mich.

Tja, und was hat es mit der zuvor erwähnten Härte auf sich? Mit der konfrontativen Gesprächs- bzw. Umgangsform der Therapeuten uns Patienten gegenüber? Warum wird diese praktiziert und was macht sie erforderlich? Wir Patienten bekommen vom Team diesbezüglich vermittelt:

Wenn man trocken werden und bleiben will, muss man erkennen, welche Fehler man gemacht hat, an welchen Stellen man immer wieder versagt hat, dass man überwiegend den bequemen Weg gegangen ist, Verantwortung abgelehnt, seine Mitmenschen vernachlässigt hat usw. Um das zu erkennen, muss man lernen ehrlich zu sich selbst zu werden und Veränderungen anzustreben. Einer unserer Therapeuten sagt oft zu uns:

„Aus Ihrem ständigen Fehlverhalten muss ein ebenso ständiges Wohlverhalten werden!"

Man muss eine Kursänderung um 180 Grad in Bezug auf seine Verhaltensweisen, Lebensgewohnheiten und Beziehungsmuster anstreben. Letzteres ist notwendig, um eine innere Stabilität zu erlangen, so dass man es nicht mehr nötig hat sich ständig mit seinem Suchtmittel zu betäuben.

Aber viele Patienten beschönigen in den Gruppen-, Kleingruppen- und Einzelgesprächen ihre desolate Situation, lügen in Bezug auf ihr Trinkverhalten, geben anderen Menschen oder Umständen die Schuld an ihrer Misere oder wehren sich verzweifelt dagegen, ihr derzeitiges Scheitern am Leben wahr haben zu wollen. Sobald sie jedoch zu sich und ihrer Wahrheit kommen und die Eigenverantwortung für ihren erlittenen Schiffbruch erkennen und ihn nicht mehr länger als schamgeschwängertes Geheimnis hüten und verleugnen, werden sie von den Therapeuten gestützt und gefördert. Allerdings schaffen sehr viele Patienten diesen Weg zur Ehrlichkeit nicht, weil sie nach wie vor glauben, dass sie verurteilt und verachtet werden, wenn sie die dunklen Punkte ihres Lebens vorzeigen oder die Leichen zeigen, die sie im Keller haben...

Tja, und in der Suchttherapie geht es offensichtlich darum, die menschlichen Abgründe der Patienten aufzudecken, sie sichtbar zu machen und nach der Erkenntnis derselben eine positive Veränderung herbeizuführen. Das ist ein sehr schmerzhafter Prozess, und davor hat jeder Patient Angst. - Ich auch! Obwohl ich schon ziemlich einsichtig bin und keine Lust mehr auf die würdelose Säufergosse habe. Auch ich fürchte mich vor den immer wieder benutzten Redewendungen der Therapeuten, obwohl ich sie nicht so oft zuhören bekomme wie manch anderer, der uneinsichtiger ist als ich. Hier ein paar Beispiele:

„Sie mit Ihrem ständigen Fehlverhalten!"

Oder:

„Das ist mal wieder Ihr typisches besoffenes Denken!"

Oder:

„Mann, sind Sie noch besoffen!"

Oder:

„Sie tricksen doch schon wieder!"

Oder:

„Typisch Alkoholiker: lügen, lügen, lügen..."

Und außerdem fragen sie während der Gruppenstunden x-mal:

„Was fühlen Sie jetzt?"

„Was macht das mit Ihnen?"

usw.

So klingen sie, die Sprüche, und sie tun manchmal sehr weh. Insbesondere deswegen, weil sie oft ins Schwarze (hier: Schmerzhafte) treffen.

Eines Abends fahre ich mit zwei Mitpatienten und einer Patientin von der „P5" per Straßenbahn zu einem Außenmeeting. Die Patientin heißt Christa. Wir sitzen während der Bahnfahrt nebeneinander. Plötzlich fragt sie mich:

„Eberhard, was meinst du, warum gehen die Therapeuten eigentlich so hart mit uns um?"
„Hm", antworte ich, denke ein paar Sekunden nach und sage dann zu ihr:
„Ich glaube, wir müssen uns das so vorstellen: Dich und mich musst du jetzt mal als Ruinen sehen. So als bildlicher Vergleich. Wir kommen als vom Suff zerstörte Ruinen in die Therapie. Die Therapeuten sind Arbeiter in einem Abbruchunternehmen, welches aber gleichzeitig auch ein Aufbauunternehmen ist... Zuerst hauen sie mit der Abrissbirne die bröckeligen und morschen Teile von uns weg. Das tut natürlich weh... Aber was dann von uns übrig bleibt, ist eine gut bebaubare Fläche, auf der sie dann, unsere heilen Reste mitverwertend, einen Wiederaufbau beginnen. So stelle ich mir das jedenfalls vor", beende ich meine symbolische Deutung und bin stolz auf mich, dass mir diese Idee gekommen ist.
„Meinst du wirklich?", fragt Christa zweifelnd, „bleibt denn da noch was Gutes zum Aufbau übrig? Ich habe manchmal das Gefühl, dass ich überhaupt nichts mehr tauge..."
„Das habe ich auch manchmal", räume ich ein, „aber wenn ich trocken bleibe, werde ich irgendwann kein Taugenichts mehr sein, und du auch nicht, Christa."
Nach dieser Unterhaltung hänge ich meinen Gedanken nach und stelle für mich fest, dass ich in diesem Abbruchunternehmen bereits einige Erkenntnisse gewonnen habe:
Unter anderem begreife ich, dass es nicht genügt, ohne etwas zu ändern mit dem Trinken aufzuhören und zu glauben, dass man dann trocken bleiben kann.
‚Wie oft habe ich mir das früher vorgenommen. Das ging aber nie lange gut, weil ich weiterhin in Kneipen ging, meinen Schlendrian weiterlebte und mich von meinen Saufkumpanen nicht trennte', überlege ich.
Außerdem habe ich verinnerlicht, dass ich keinen alkoholhaltigen Schluck mehr trinken darf, wenn ich trocken bleiben will; denn dieser Schluck wird meinen Suchtprozess auslösen und ich werde ihn nicht mehr beeinflussen können...

„Lass das erste Glas stehen“, sagen sie bei den Anonymen Alkoholikern.
‚Da ist was dran’, überlege ich, ‚während meiner letzten Saufjahre nahm ich mir oft vor lediglich drei oder vier Glas Bier zu trinken. Das klappte aber nicht mehr. Es wurden immer so viele, dass ich zum Schluss dudeldicke voll war und umfiel. Wenn ich als Süchtiger aber das erste Glas stehen lasse, passiert mir das gar nicht. Logisch oder?’
Letztere ist eine sehr einfache Erkenntnis, löst aber ein starkes Aha-Erlebnis in mir aus, als ich das das erste Mal höre...
Wichtig ist auch, dass ich lerne, bewusst mit Medikamenten umzugehen, denn viele steigen von Alkohol auf Tabletten um. Und diesbezüglich bin ich ja auch kein unbeschriebenes Blatt mehr. Ich denke da an mein Hantieren mit Valium, Captagon, Limbatril usw.
Während einer der Gruppensitzungen muss ich beschämt und peinlich berührt feststellen, dass ich nicht der mutige Draufgänger bin, für den ich mich auf Grund meiner früheren „Prügelfreudigkeit“ gehalten habe. „Wer das nötig hat, steckt selbst voller Angst“, bekomme ich glaubhaft vermittelt. Und wenn ich ehrlich darüber nachdenke, muss ich zugeben, dass ich bei meinen Schlägereien oft richtig feige war und mich meistens wohl nur deswegen geprügelt habe, damit ich einen Ruf als „gefährlicher Macker“ bekam, obwohl ich sehr oft den Kürzeren zog. Vielleicht war das nur dann anders, wenn ich durch den Alkohol so enthemmt war, dass ich keine Angst mehr spürte.
Aber ich erfahre auch, dass es in Ordnung ist, wenn ein Mann Angst hat und das zugeben kann. Doch damit tue ich mich allerdings noch ein wenig schwer...
Während meiner Therapiezeit unterliege ich starken Stimmungsschwankungen. Manchmal laufe ich tagsüber fröhlich und guter Dinge durch die Räume und liege am selben Abend schwermütig im Bett und denke, dass alles sinnlos ist und stelle mir vor, wie ich mich am Treppengeländer am Flur dieses Gebäudes in selbstmörderischer Absicht erhänge. Es gelingt mir aber in der Therapiegruppe über diese Stimmungsschwankungen zu reden und werde zu meiner

Erleichterung von Herrn Wischer darüber informiert, dass die Gefühlshochs und -tiefs für diese Phase meiner Abstinenz durchaus normal sind. Er sagt:
„Sie haben sich über Jahre hinweg bei Schwierigkeiten oder Belastungssituationen mit Alkohol betäubt. Das ist jetzt nicht mehr der Fall, Herr Lempelius. Ihre Nerven liegen erst einmal blank und müssen sich wieder neu daran gewöhnen, nicht ständig mit Hilfe irgendwelcher Betäubungssubstanzen eingelullt zu werden. Ja, und genau das ist es, was viele, die versuchen trocken zu bleiben, nicht lange genug aushalten oder akzeptieren wollen und deswegen rückfällig werden. Soll heißen: Sie müssen lernen, sich selbst mit unangenehmen Gefühlen auszuhalten."
Auch das leuchtet mir ein und ich entscheide mich die Stimmungsschwankungen als gegeben hinzunehmen und auszuhalten. In der Praxis fällt das zwar immer noch schwer, durch die Information und das Wissen darüber aber doch etwas leichter...
Ein weiterer regelmäßiger Programmpunkt der Therapie ist das so genannte Rollenspiel mit der gesamten Gruppe im großen Gruppenraum, in dem die Therapeuten mit den Patienten Vertrauensübungen, Belastungstests, Selbsterfahrungsübungen und Ähnliches veranstalten. Anlässlich eines solchen Rollenspiels mache ich eine weitere wichtige Selbsterfahrung:
Zu Beginn jener Therapieveranstaltung sitzen die Therapeuten und die Patienten wie gewohnt im großen Gruppenraum kreisförmig auf den Stühlen. Frau Wieners ergreift das Wort und sagt zu mir:
„Herr Lempelius, gehen Sie bitte vor die Tür und warten Sie draußen, bis Sie jemand wieder herein holt."
Ich tue, wie mir geheißen und warte gespannt, auch ein wenig ängstlich, was geschehen wird. Endlich wird die Tür wieder geöffnet und ich betrete den Gruppenraum. Frau Wieners nimmt mich in Empfang und erklärt mir:
„Wie Sie sehen, stehen in diesem Raum jetzt fünf Tische mit jeweils sechs Stühlen daran, die nicht besetzt sind. Am sechsten Tisch sitzen fünf Mitpatienten und es steht bei denen noch ein leerer Stuhl. Auf den

setzen Sie sich jetzt. Und dann machen Sie das nach, was Ihre fünf Mitpatienten machen. - Und nicht dabei reden, verstanden?"
„Na klar", antworte ich und setze mich zu den fünf Leuten auf den freien Stuhl. Kaum dass ich sitze, stehen die auf, gehen an den nächsten Tisch und setzen sich dort hin. Ich hinterher und nehme bei ihnen Platz. Die Kumpels stehen wieder auf, verlassen mich und suchen den nächsten Tisch auf. Ich wieder hinterher. Diese Aktion wiederholt sich drei- bis viermal, und ich trotte immer brav hinterher. Plötzlich fängt einer der fünf an zu weinen.
„Was heulst du?", frage ich ihn belustigt.
„Ich stell' mir deine Situation vor. Du tust mir so leid", schluchzt er.
„Ach du arme Socke", tröste ich ihn zynisch, „mit mir braucht keiner Mitleid zu haben. Das macht mir nämlich'n Scheißdreck aus, wenn ihr immer abhaut. Das könn' wir noch stundenlang spielen."
Nach diesen Worten stehe ich trotzig auf, setze mich an einen leeren Tisch und rufe den anderen spöttisch zu:
„So, jetzt könnt ihr euch zu mir setzen oder auch nicht. Mir ist scheißegal, was ihr macht. Ich brauche euch nicht!"
Zum Schluss setze ich dann aber, inzwischen doch wütend geworden, ziemlich laut nach:
„Ich brauche niemanden. - Ist das klar?!"
„Okay", ruft Frau Wieners in dem Moment dazwischen, „das Spiel ist jetzt beendet. Bauen Sie den Stuhlkreis wieder auf, damit wir das Nachgespräch führen können!"
Als wir alle wieder im Kreis sitzen, fragt sie mich:
„Wie war das für Sie, dass Sie von Ihren Mitpatienten immer wieder verlassen wurden?"
Ich merke, wie durch ihre Frage meine Wut einem vagen Unsicherheitsgefühl Platz macht.
„Weiß nicht", antworte ich verlegen, „ich glaub', mir war das egal..."
„Wirklich? Und zum Schluss - waren Sie da nicht wütend?"
„Ja - gut- aber nur ein bisschen..."
„Aber weh tat Ihnen das Verlassenwerden nicht, oder?", bohrt sie weiter.

Ich schüttle abwehrend mit dem Kopf.
„Natürlich nicht. - Schmerz kennen Sie nicht, wenn man Sie verlässt. Oder?"
Und nach kurzer Gedankenpause fügt sie hinzu:
„Na klar, Sie sind ja ein verdammt harter Mann, dem tut so was natürlich nicht weh..."
Dann macht sie wieder eine kleine Gedankenpause, sieht mich nachdenklich an und fragt plötzlich:
„Wer hat Sie eigentlich noch richtig lieb? Oder: von wem können Sie sagen, dass die- oder derjenige sich auf Sie freut, Herr Lempelius?"
Als ich diese Frage höre, spüre ich, wie eine unbeschreibliche und mir völlig unbekannte Traurigkeit in mir hochkommt. Mir steigen die Tränen in die Augen und ich kann sie nicht zurückhalten.
„Doch", schluchze ich, „es fühlt sich beschissen an, wenn man immer wieder verachtet und nicht gemocht wird. Aber das kann man da draußen auf der freien Wildbahn nicht zugeben, dass einem das was ausmacht, dann macht man sich doch lächerlich..." Gegen meine Tränen ankämpfend mache ich eine kleine Sprechpause, um dann fortzufahren:
„Wer mich noch lieb hat? Ich weiß nicht, ob Silke...", dann kann ich nicht weitersprechen, weil mich meine Tränen übermannen. Als ich mich etwas beruhigt habe, klärt Frau Wieners mich auf: „Was meinen Sie, warum wir ausgerechnet Sie für diese Übung ausgesucht haben. Und ich finde es richtig gut, dass Sie gemerkt haben, worum es dabei bei Ihnen geht, Herr Lempelius."
Sie hat Recht. Ich erkenne durch dieses Rollenspiel, dass ich bei Ablehnung mit Trotz, Zynismus und Gegenangriff reagiere. Dadurch übertünche ich immer wieder meinen Verachtungsschmerz und spüre ihn irgendwann nicht mehr, wundere mich aber insgeheim darüber, dass ich mehr und mehr in die Isolation gerate.
„Das macht ihn aus, den einsamen Wolf, der Trauer und Schmerz knurrend weg beißt - und wenn das nicht mehr hilft - sich mit irgendwelchem Stoff betäubt. Letzteres ist dann die menschliche Version", sagt Frau Wieners abschließend.

‚Trifft auf mich haargenau zu', kommentiere ich gedanklich, obwohl mir andrerseits die Bezeichnung einsamer Wolf doch ein wenig schmeichelt...

Irgendwann klage ich während einer der Therapiestunden über meine schlimme Kindheit und berichte auch einiges darüber. Daraufhin bekomme ich von Herrn Wischer zu hören:

„Es ist unbestritten eine schlimme Tatsache, dass ihre Eltern Sie misshandelt haben und dass Sie darüber in der Sucht und in der Gosse, aber offensichtlich auch massiv im Selbstmitleid gelandet sind. Und um aus Letzterem wieder herauszukommen, müssen Sie ab jetzt die Verantwortung für Ihr weiteres Leben übernehmen. Denn jetzt, hier und heute behindern Ihre Eltern Sie nicht mehr, Ihren eigenen Weg zu machen. Der Einzige, der Sie jetzt noch daran hindern kann, sind Sie selbst. Verstehen Sie das?"

Das verstehe ich zwar, aber ich merke auch, dass mich sein Hinweis auf mein Selbstmitleid stark beschämt. Außerdem schaffe ich es nicht, trotz seines Statements, meine Vorwurfshaltung gegenüber meinen Eltern aufzugeben. Das spüre ich insbesondere abends, wenn ich eigentlich einschlafen möchte. Dann steigen mitunter starke Hassgefühle in mir hoch. Überwiegend gegen meinen Adoptivvater. Gegen meine Mutter überhaupt nicht. Ich wundere mich manchmal darüber, dass sie mir total egal ist... Nichts! Nichts empfinde ich für oder gegen sie. Das ist so. Und ich will es nicht anders haben!

Der Hinweis von Herrn Wischer, ab jetzt für meinen weiteren Werdegang selbst verantwortlich zu sein, beschäftigt mich auch. Das macht mir Angst und Hoffnung zugleich. Angst, dass auf meinem zukünftigen Weg wie gehabt alles schief geht und Hoffnung, dass ich vor allen Dingen nicht rückfällig werde.

‚Dann wird der Rest wohl auch klappen', tröste ich mich. Allerdings habe ich keinen konkreten Plan, was „der Rest" wohl sein könnte. Ich möchte hauptsächlich eines: Nicht dem bedrohlichen Rückfall verfallen und in der Gosse landen und wieder von Gott und der Welt nichts anderes als Verachtung empfangen. Dieses Rückfallgespenst macht mir während meiner Therapie ziemlich zu schaffen, zumal die Therapeuten

es mit ihren diesbezüglichen Sprüchen zu einem gefährlichen Phantasieungeheuer machen.
„Wenn Sie rückfällig werden, ist der Zug abgefahren..., da kommen Sie nie wieder 'raus", bekommen wir Patienten sehr oft prophezeit.
Oder:
„Hier in der Klinik ist ihr Übungsfeld. Hier dürfen Sie noch Fehler machen. Draußen nicht mehr! Das bringt Sie in Gefahr und dann ist der Rückfall vorprogrammiert..."
Ein weiteres Thema in meiner Therapie ist meine Art, mich gerne als Clown im Mittelpunkt zu präsentieren oder zu einer passenden, aber leider auch häufig zu einer unpassenden Gelegenheit, einen albernen, zynischen oder ironischen Spruch abzulassen.
„Manchmal ist das ja ganz unterhaltsam", bekomme ich von einem meiner Therapeuten in einer Gruppenstunde zu hören, „aber so oft, wie Sie das bei fast jeder Gelegenheit anbringen, kann es einem ganz schön auf die Nerven gehen, Herr Lempelius. Was meinen Sie..., wozu brauchen Sie das?"
„Wozu ich das brauche? Für nichts brauche ich das!", entgegne ich verunsichert und füge etwas pampig hinzu:
„Ich bin eben von Natur aus ein fröhlicher und humorvoller Mensch..."
„Das glaube ich Ihnen auf's Wort", bekomme ich jetzt auch auf sarkastisch-ironische Art geantwortet.
„Bei Ihrer Vorgeschichte ist es ganz klar, dass Sie fröhlich, humorvoll und eigentlich auch unbekümmert und innerlich ausgeglichen sein müssen, na klar! Aber jetzt 'mal ernsthaft:
Was glauben Sie, welche Vorteile Ihnen Ihre Clown- und Sprücheklopferrolle bringt?"
Über diese Frage denke ich eine Weile nach, und mir fällt ein, wie lustig und fröhlich meine Familie und ich zu Hause waren, wenn ich am Mittagstisch meine Dialekt- und Witzeinlagen zum Besten gab. Das waren Momente, in denen ich das Gefühl hatte, selbst von meinen Eltern, im Gegensatz zu den meisten anderen Gelegenheiten, gemocht oder sogar bewundert zu werden...

Und weiterhin fällt mir dazu ein, dass ich mir auf diese Art fast überall die Anfangsschwierigkeiten aus dem Weg schaffe. Auch hier in der Klinik. Zumindest bei meinen Mitpatienten... Also antworte ich auf die Frage des Therapeuten:
„Ich glaube, dass man mich gerne mag, wenn man über mich lacht, wohlgemerkt: mich nicht auslacht. Ich glaube dann bin ich beliebt. Und das Gefühl beliebt zu sein, braucht doch wohl jeder, oder?"
„Mag sein", erwidert der Therapeut, „aber gibt es denn nichts anderes, wofür man Sie gerne mögen könnte? Außer für Witze machen und Sprüche klopfen?"
Missmutig und trotzig gebe ich zur Antwort:
„Was denn? Sie kennen doch meine Vorgeschichte... Da gibt's nix!"
Nach diesem Statement sage ich bis zum Schluss der Gruppensitzung nichts mehr und frage mich beleidigt:
‚Darf man hier denn nicht mal mehr fröhlich oder witzig sein...?'
Aber ich beschäftige mich noch im Verlauf des Tages weiter mit dem Thema und erkenne auch, dass ich diese Fröhlichkeit oft als Fassade benutze, um anfängliche Verlegenheitsgefühle zu kaschieren, damit ich immer Herr der jeweiligen Situation bin und dass keiner in mich hineingucken kann...
Ja ja, und so geschehen während meiner Therapie einige Ereignisse, die mich schmerzhaft auf mich und meine Macken aufmerksam machen. Sehr gerne besuche ich deshalb abends die Selbsthilfegruppen. Wie bereits zuvor erwähnt, müssen wir Patienten abends drei Pflichtmeetings pro Woche besuchen. Ich besuche immer die Treffen der Anonymen Alkoholiker, wie schon vor meinem Klinikaufenthalt. Dort spreche ich oft zu meiner Entlastung über die schmerzhaften Erkenntnisse, zu denen ich tagsüber während der Therapie kam, und finde Trost bei ihnen. Meine sich so nennenden „AA-Freunde" verstehen es besonders auf meine Probleme in der richtigen Art und Weise zu reagieren. Ich empfinde es als sehr hilfreich, wenn sie mir mitteilen, dass sie mich gut verstehen, weil sie mit ähnlichen Schwierigkeiten zu tun haben oder hatten, und wenn sie mir erklären, auf welche Art sie die Probleme in den Griff bekommen haben oder

bekommen. Dann kann ich mir aussuchen, ob ich es ähnlich oder genau so machen will.
Gerate ich in der Klinik manchmal aufgrund meiner erschreckenden Erkenntnisse über mich selbst in eine resignierende Stimmung, so schaffe ich es abends in den Meetings oft, aufgrund der Aussagen der Freunde, die auf mich eingehen, wieder Mut und Hoffnung zu schöpfen. Daraufhin bin ich mir dann manchmal fast sicher, dass ich alle meine Schwierigkeiten und Macken in den Griff bekomme und nicht wieder rückfällig werde... Genau wie meine Vorbilder in den AA-Gruppen. Somit sind meine abendlichen (außer dienstags) Gruppenbesuche eine fruchtbare Ergänzung zu meiner Therapie. Die Früchte heißen Mut und Hoffnung.
Aber nun wieder zurück in die Klinik: Am Montag, den 28.02. 1977 begegne ich unserem Stationsarzt, Herrn Dr. Lohmann, auf dem Stationsflur. Er mustert mich freundlich und sagt zu mir:
„Na, Herr Lempelius, was meinen Sie, wird es nicht langsam Zeit, dass Sie ins richtige Leben zurückkehren? Wir beabsichtigen Sie am nächsten Montag zu entlassen. Können Sie sich mit dem Gedanken anfreunden?"
„Ja, das kann ich gut", antworte ich, denn ich bin inzwischen der Meinung, dass ich jetzt lange genug in der Klinik war und auch ein wenig „therapiemüde" bin.
„Gut, dann kommen Sie bitte am Freitag um 9.00 Uhr in mein Zimmer zum Abschlussgespräch. Ist das in Ordnung?", fragt er mich.
„Jawohl", antworte ich und denke: „Oha! Abschlussgespräch-! Die meisten Patienten, die das hinter sich gebracht haben, waren danach ziemlich erschüttert, weil ihnen überwiegend die Rückfälligkeit prophezeit wurde. Nur wenige kamen aus diesen Gesprächen mit einer guten Prognose heraus. - Was der Doktor mir wohl prophezeien wird?", frage ich mich bange und
werde von dieser Angst von Montag bis Freitag immer wieder eingeholt. Als es dann endlich so weit ist, bekomme ich von Dr. Lohmann zu hören:

„Herr Lempelius, aus meiner Sicht und auch aus der meiner Teamkollegen haben Sie durchaus gute Chancen nicht rückfällig zu werden. Sie machen einen motivierten Eindruck, sind fähig sich selbstkritisch zu sehen und sind offensichtlich bemüht ihr Fehlverhalten in den Griff zu kriegen. Ich sehe allerdings auch eine große Gefahr: Sie haben einen sehr hohen Anspruch an sich selbst. Insbesondere auf beruflicher Ebene. Sie sind nicht mit dem zufrieden, was Sie gerade sind. Nämlich Matrose oder Kraftfahrer. Wenn Sie sich Ihren Minderwertigkeitsgefühlen hingeben und nach Positionen schielen, die für Sie unerreichbar sind, begeben Sie sich in akute Rückfallgefahr. - Das heißt nicht, dass Sie nichts Höheres anstreben sollen. Aber richten Sie sich nach den Bedingungen, die angezeigt sind und akzeptieren Sie diese mit Geduld. Andernfalls saufen Sie wieder: Verstehen Sie mich?"

„Ja, ich verstehe Sie" antworte ich und frohlocke, dass er und das Team mir trotz der letztgenannten Rückfallgefahr gute Chancen einräumen.

Dr. Lohmann spricht weiter:

„Wie würden Sie sich jetzt zum Ende ihrer Behandlung beschreiben, Herr Lempelius? Also, wie schätzen Sie sich ein? Ich meine beide Ebenen, positiv und negativ. - Na?"

Ich überlege kurz und antworte zuerst zögerlich, aber dann sehr zügig:

„Na ja, erstmal bin ich Alkoholiker, das ist klar. Außerdem bin ich labil, unbeständig, unzuverlässig, faul, bei innerer Bereitschaft jedoch zu Spitzenleistungen fähig, ängstlich, aber nicht feige, bin nervös und leicht aufbrausend, aber auch verständnisvoll und tolerant, obwohl es den Anschein hat, als würde ich die Dinge schnell abtun. Ich bin nachdenklich, tierlieb, außer bei Ratten und Spinnen, bin sportlich, leide oft unter Selbstmitleid, bin offenherzig, schlitzohrig, manchmal großkotzig, selbstunsicher, was ich gerne überspiele und, äh…" Mein Redefluss stockt, und ich schließe meine Selbsteinschätzung mit den Worten ab:

„Mehr fällt mir erst einmal zu mir nicht ein."

„Das genügt auch", meint Dr. Lohmann, „ist ja'n dolles Potpourri von Gut und Schlecht."

Er lacht mich freundlich an und spricht dann weiter:
„Da gibt es etwas, was ich Ihnen noch gerne mit auf den Weg geben möchte, Herr Lempelius: Tun Sie sich und Ihrer Umwelt einen großen Gefallen: Bitte! - Legen Sie endlich Ihre Rockerjacke ab und ziehen Sie Ihr Rainer-Maria-Rilke-Hemd an. Ich hoffe, Sie verstehen was ich meine. Wenn nicht, dann denken Sie draußen darüber nach! Auf Wiedersehen und alles Gute!"
Am Montag, den 07.03.1977 werde ich von der Station „P12" aus meiner Suchttherapie entlassen und freue mich, dass ich mit dem Abschlussgespräch so glimpflich davongekommen bin.
Aber ich habe auch Angst vor dem Ungewissen, was da jetzt wohl auf mich zukommt...

Die erste Prüfung

„Vielleicht ist es am besten, wenn ich erstmal ausziehe und mir ein möbliertes Zimmer nehme“, schlage ich Hanni vor.

„Daran habe ich auch schon gedacht“, gibt sie zurück. Am späten Nachmittag meines Entlassungstages sitzen Hanni und ich in ihrer Wohnung im Wohnzimmer. Nach einer leicht unterkühlten Begrüßung sitzen wir uns dort frostig verstimmt gegenüber und beratschlagen, wie es mit uns weitergehen soll. Meine Begrüßung mit Silke verlief wesentlich herzlicher. Sie befindet sich inzwischen wieder im Kinderzimmer und spielt dort.

„Wollen wir uns denn ganz und gar trennen?“, frage ich Hanni.

„Weiß ich nicht. Vielleicht erst einmal nur räumlich. Es sei denn, du trinkst wieder, dann kannst du ganz wegbleiben!“

„Ist klar“, beschwichtige ich sie, „aber erstmal können wir ja ‘rausfinden, wie wir zueinander stehen und ob wir uns überhaupt lieben. Manchmal denke ich, dass ich dich immer nur ausgenutzt und nicht richtig lieb gehabt habe. Aber ich war ja auch immer besoffen, da denkt man ja nur an den Sprit und nicht an seine Leute... Das tut mir leid, und auch dass ich den ganzen Scheiß hier im Suff verzapft habe. Ja, ich nehme mir auf jeden Fall erstmal ein Zimmer, und dann können wir ja gucken...“

„Das ist wohl erstmal wirklich das Beste“, meint Hanni, „und dann sehen wir weiter, was mit uns wird. Ich weiß auch nicht genau, was ich für dich empfinde. Außer während der letzten Monate vor deiner Therapie, da habe ich dich gehasst. Hast du überhaupt Geld um dir ein Zimmer zu nehmen?“

„Ja, meine Krankenkasse in Hamburg hält 1200 DM Krankengeld für mich bereit. Ich wusste gar nicht, dass mir das nach der fristlosen Kündigung überhaupt noch zusteht. Das Geld kann ich mir abholen. Überweisen geht ja nicht, hab ja kein Konto. Das muss ich mir demnächst einrichten. Könntest du mir vielleicht morgen...“ Weiter komme ich nicht mit meinem Satz. Hanni unterbricht mich:

„Ja, du kannst morgen das Auto haben, fährst mich zur Arbeit und danach nach Hamburg und holst dein Geld ab. Dafür gibst du mir das Auto voll getankt zurück."
„Danke, und dann gehe ich auf Zimmer- und Jobsuche, und wir gehen erstmal im Guten auseinander."
„Ja, so machen wir das", sagt Hanni, „aber besuche ab und zu 'mal Silke, denn die hat sich wieder auf dich gefreut. Kinder vergessen schnell. Komm' aber nicht, wenn du gesoffen haben solltest!"
„Dazu sag ich jetzt nichts", antworte ich etwas ärgerlich, „aber ich werde Silke bestimmt besuchen. Na ja, und dich dann zwangsläufig gleich mit...", lege ich als versöhnlichen Scherz hinterher, denn ich kann es doch ein wenig nachvollziehen, dass Hanni noch misstrauisch ist.
Am anderen Morgen bringen wir Silke zu Oma. Ich bleibe im Auto, als Hannelore das Kind bei der Oma abgibt. Ich habe nämlich keine Lust auf kritische Fragen oder unangenehme Bemerkungen in Bezug auf meine frühere Sauferei... Nachdem ich Hanni auf ihrer Arbeitsstelle abgesetzt habe, fahre ich zu meiner Krankenkasse nach Hamburg und lasse mir dort die 1200 DM auszahlen. Auf der Rückfahrt stelle ich ungefähr 30 km vor Bremen fest, dass mein Benzin nicht mehr ganz ausreichen wird. Also tanke ich an der Raststätte „Grundbergsee" 15 Liter von dem teuren Autobahnsprit und setze meine Fahrt fort. Als ich die Autobahn verlasse, wandert mein Blick auf den Beifahrersitz, wo meine prall gefüllte Geldbörse mit meinem „Vermögen" liegt. Ich freue mich nämlich, dass ich im Besitz eines solch hohen Startkapitals bin und will noch 'mal draufgucken.
Nur -, da liegt keine Geldbörse!
Noch während der Fahrt taste ich meine Hosentaschen ab, öffne das Handschuhfach, sehe hinein -- nichts! Das Geld ist weg!! Ein eisiger Schreck durchfährt mich. Habe ich etwa...? Ja genau, zuletzt habe ich das Portemonnaie auf der Tankstelle in der Hand gehabt, um das Benzin zu bezahlen. Bis dahin lag es auf dem Beifahrersitz. Jetzt ist es weg! Voller Panik wende ich bei der nächsten Möglichkeit und rase in Richtung Hamburg über die Autobahn zurück.
Unterwegs rast nicht nur mein Auto, sondern auch meine Gedanken:

‚Was ist, wenn die 1200 DM futsch sind? Wirst du saufen? Bloß nicht! Wenn die weg sind, fährst du gleich wieder in die Klinik und redest da mit Wischer oder so... Aber wovon soll ich dann leben?? Mannomann, wie kannst du auch nur das Geld da liegen lassen, du bekloppter Hund...!'
Die Gedanken überschlagen und wiederholen sich, bis ich die Raststätte erreicht habe. Natürlich liegt sie auf der gegenüber liegenden Seite, da ich ja vorher auf der Gegenfahrbahn fuhr. Ich nehme mir aber keine Zeit mehr um eine Wendemöglichkeit zu suchen, sondern stelle das Auto auf einen Parkplatz und überquere hastig zu Fuß die Autobahn. Als ich atemlos an der Tankstellenkasse angelangt bin, frage ich die zwei Männer, die hinter dem Tresen stehen:
„Ist hier ein Portemonnaie liegen geblieben?"
„Ach", antwortet der eine aufreizend ruhig, „hier bleibt öfters mal so was liegen. Heute schon dreimal. Wie sieht ihr Portemonnaie denn aus?"
Ich beschreibe es ihm und ergänze fast schreiend:
„Und da sind 1200 DM drin! Wenn die weg sind, bin ich im Arsch!!"
„Na, na, mein Lieber", entgegnet er mir, immer noch unbeirrt ruhig, „denn komm'se mal wieder 'raus aus dem Arsch. Hier ist ihr Geldbüddel mit all den schönen Talern, da ham'se noch 'mal Glück gehabt."
Überglücklich nehme ich das Geld an mich und verschwinde genauso aufgeregt wie ich gekommen bin. Aber dieses Mal ist ein Glücksgefühl die Ursache meiner Aufregung. Wieder überquere ich die Autobahn zu Fuß; jetzt aber vorsichtiger. Als ich in angemessenem Tempo zufrieden nach Hause fahre, fällt mir ein, dass ich den Jungs von der Tankstelle eigentlich hätte Finderlohn geben müssen. Aber für diese Idee war ich vor Ort wohl zu aufgeregt. Ich bin mir aber auch einer anderen Tatsache bewusst:
Nämlich der, dass ich soeben erfolgreich durch die erste Belastungsprüfung meines abstinenten Daseins gegangen oder besser gesagt, gerast bin. Denn mir war die ganze Zeit klar, dass ich nicht

trinken, sondern mir Hilfe holen wollte, wenn das Geld futsch gewesen wäre.
Und ich spüre, dass ich deswegen etwas stolz auf mich bin...

Neubeginn mit Wahrheit und Lüge...

Am Tag nach meinem „1200DM Abenteuer", es ist ein Mittwoch, besorge ich mir eine Tageszeitung. Mittwochs enthält diese nämlich, ähnlich wie samstags, Arbeitsstellen- und Wohnangebote im Kleinanzeigenteil. Im Stellenangebotsteil der Zeitung gibt es nichts, was mir zusagt. ‚Egal' denke ich, ‚dann guck' ich Sonnabend noch 'mal rein.'

Das Angebot an möblierten Zimmern ist wesentlich umfangreicher. Nachdem ich mir ein paar angekreuzt und mit den Vermietern telefoniert habe, besichtige ich mehrere „Objekte", wobei mein Hauptinteresse auf ein gemütlich eingerichtetes Zimmer in einem Einfamilien-Reihenhaus in der Bremer Neustadt fällt. Das Vermieterehepaar, Herr und Frau Renk sind Menschen mittleren Alters. Sie machen auf mich einen sehr sympathischen Eindruck. Unser Gespräch findet in einer überaus freundlichen Atmosphäre statt. Wir werden uns schnell darüber einig, dass ich ihr neuer Untermieter sein werde. Nachdem wir die geschäftlichen Dinge besprochen haben und der Mietvertrag unterzeichnet ist, scherzt Herr Renk augenzwinkernd:

„So, jetzt haben Sie Ihr eigenes Zimmer. Dann können Sie ja jeden Abend dicke Feten feiern. Oder wie sieht das damit bei Ihnen aus?"

Bevor ich antworten kann, fügt er beschwichtigend hinzu:

„Das war jetzt als Scherz gemeint..."

„Ob Spaß oder Ernst", entgegne ich, „bei mir ist nicht mehr viel mit Feten-feierei. Meine Hully-Gully-Zeiten sind vorbei. Und zwar schon länger!"

„Wieso?", fragt Frau Renk erstaunt, „Sie sind doch noch gar nicht so alt, dass Sie keine Feten mehr feiern oder auch 'mal anderweitig auf den Putz hauen. - Oder?"

Nach dieser Frage druckse ich ein wenig herum, komme kurzfristig ins Grübeln und stelle mir dabei vor, wie es wäre, wenn Herr Renk mir jetzt oder später ein Bier anbieten würde... Also treffe ich für mich spontan die Entscheidung mit offenen Karten zu spielen und sage laut mit klopfendem Herzen:

„Meine Hully-Gully- und Fetenzeiten sind deswegen vorbei, weil ich früher zu viel getrunken habe. Ich bin trockener, wohlgemerkt: trockener Alkoholiker, habe gerade eine Therapie hinter mir und will neu anfangen. Ich hoffe, Sie nehmen mich trotzdem noch als Untermieter, nachdem Sie das jetzt von mir wissen. Ansonsten müssen wir den Mietvertrag sofort wieder zerreißen. Allerdings habe ich noch eine andere Idee: Wir setzen eine zusätzliche Klausel in den Vertrag. Und zwar mit folgendem Text: - Sollte Herr Lempelius in Bezug auf Alkoholkonsum rückfällig werden, hat der Vermieter das Recht, das Mietverhältnis mit sofortiger Wirkung aufzulösen. -
Was halten Sie von meinem Vorschlag?"
Ich bin ziemlich aufgeregt, freue mich aber, dass mir diese Formulierung so ad hoc eingefallen ist. Die Eheleute Renk antworten nicht sofort. Nach kurzer Pause sagt sie:
„Also, ich finde es gut, ehrlich und mutig von Ihnen, dass Sie das noch rechtzeitig angesprochen haben. Aber Sie machen auf mich den Eindruck, als würden Sie das mit dem „Trockensein" sehr ernst nehmen. Ich finde, man muss Ihnen 'ne Chance für Ihren Neuanfang geben. Was meinst du, Heinz?"
„Tja, ich sehe das eigentlich genauso wie Du, mein Schatz. Trotzdem sollten wir aus Sicherheitsgründen diese Zusatzklausel in den Mietvertrag aufnehmen. - Einfach nur zur Sicherheit. - Ich finde es toll, wenn jemand einsieht, dass er mit dem Sprit nicht mehr umgehen kann und dann damit konsequent aufhört. Übrigens, mein Kollege Jens Schmunk ist auch so einer. Der ist wohl schon 5 Jahre trocken und geht deswegen immer in solche komischen Gruppen. Aber das scheint ihm zu helfen. Machen Sie das auch, Her Lempelius?"
„Ja, ich besuche fast jeden Abend die Anonymen Alkoholiker. Alleine deswegen wird abends aus meinem Zimmer kein Lärm an Ihre Ohren dringen", antworte ich.
Ich bin unsagbar erleichtert, dass die Katze aus dem Sack ist...
„Alles klar, dann schreiben wir jetzt die Zusatzklausel in den Vertrag und Sie zeichnen gegen, Herr Lempelius", beendet Herr Renk die Unterhaltung. Nachdem der Vertrag ergänzt ist, bezahle ich die Miete

für den restlichen Monat anteilmäßig, bekomme meine Wohnungsschlüssel ausgehändigt und beginne daraufhin sofort, mein Hab und Gut mit Hanni's Auto aus ihrer Wohnung in mein neues Domizil zu transportieren. Weil ich nicht viel besitze, dauert das nur 2 Stunden. Der Abschied zwischen Hannelore und mir verläuft problemlos und wir verabreden, dass wir uns bald gegenseitig besuchen werden. Silke gibt sich auch mit der Aussicht auf ein baldiges Wiedersehen zufrieden, zumal sie es von mir nicht anders gewohnt ist, dass ich immer wieder aus vielerlei verschiedenen Gründen oft nicht zu Hause bin...

Noch am selben Abend besuche ich das „Weserterassen-Meeting" der AA und erzähle von meinen Erlebnissen aus diesem ereignisreichen Tag:

„Am tollsten empfand ich heute das Gefühl der Erleichterung und Klarheit in mir, als ich meinen neuen Vermietern die Wahrheit über mich gesagt habe und wie diese reagiert haben", schließe ich meine Aussage. Nachdem das Meeting beendet ist, fragt mich jemand:

„Was hättste denn gemacht, wenn der Vermieter den Vertrag zerrissen hätte und du die Bude nicht bekommen hättest?"

„Tja, dann hätte ich weitergesucht, denn der Markt ist zurzeit groß genug, da bekommt man immer was. Aber auf diese Art habe ich erfahren, dass es nicht so ist, wie ich immer geglaubt habe: nämlich, dass man mit dem „Alki-Stempel" eben abgestempelt ist und deswegen nur verachtet wird und in der Gesellschaft keine Chance mehr bekommt. Dass das längst nicht immer so ist, habe ich schon öfter hier in den Meetings gehört, konnte das aber nicht so recht glauben. Jetzt hab' ich's aber selbst erlebt, und es fühlt sich sehr gut an..."

Während der ersten Nacht in meinem neuen Heim schlafe ich sehr gut und fühle mich dort auf Anhieb sehr wohl. Für mich ist es jetzt eine abenteuerliche Herausforderung alleine zu leben, und ich begegne dieser mit sehr viel Optimismus und sehr viel Angst. Aber ich finde während meiner abendlichen Meetingbesuche durch die aufmunternde Unterstützung meiner „AA-Freunde" den nötigen seelischen Rückhalt.

Denn ich teile mich immer wieder mit und erhalte aufmerksame und ermutigende Resonanz von den Gruppenmitgliedern.
Am Samstag nach meinem Einzug in mein möbliertes Zimmer kaufe ich mir wieder eine Tageszeitung um den Stellenmarkt in Augenschein zu nehmen. Nach kurzer Inspizierung desselben, „stolpere" ich über eine Anzeige mit dem Text:
„Zuverlässige Matrosen für die Binnenschifffahrt gesucht. Reederei XY..."
Ich muss schmunzeln, als ich die Anzeige entdecke und sinniere:
„Zuverlässig? Ja, ab jetzt gerne! Aber Matrose? Nee- nicht mehr..."
Also lese ich weiter und erforsche, was noch im Angebot ist. Es werden massenweise Taxifahrer gesucht.
„Nee", denke ich in Erinnerung an meine Minicar- Fahrerzeit in Kiel, „nichts für mich - hab' keine Lust mehr Besoffene durch die Gegend zu kutschieren."
Ein paar Anzeigen weiter erweckt folgender Text meine Neugier:
„Für unsere 38 t-Sattelzüge suchen wir einige zuverlässige Kraftfahrer mit Führerschein Klasse 2. Interessenten melden sich bitte telefonisch bei unserem Prokuristen, Herrn Krüger."
Zusätzlich stehen unter diesem Text der Name, die Adresse und die Telefonnummer einer sehr großen Bremer Spedition geschrieben.
‚Das ist was für mich', denke ich begeistert, ‚mit 'nem dicken Sattelzug wollte ich schon immer gern' durch die Gegend kutschieren...'
Also wähle ich auf meinem neu installierten Telefon die Nummer der Spedition und habe sofort den Prokuristen, Herrn Krüger an der Strippe. Er bestellt mich für Montag, den 21.03. um 9.00 Uhr zum Vorstellungsgespräch zu sich. Pünktlich erscheine ich zu dem Termin im Büro der Spedition und werde von Herrn Krüger empfangen. Nach der Begrüßung setzen wir uns in eine gemütliche Sitzgruppe, die in seinem Büro steht und er fragt mich:
„Haben Sie Erfahrung mit Sattelzügen?"
„Nein, hab' ich nicht, aber ich habe andere große LKWs gefahren, nämlich Dreiachskipper, manchmal 'n Hängerzug usw. Sie müssen wissen, ich bin so ein Gemisch aus Kraftfahrer und Seemann. Jetzt will

ich die Seefahrt aber endgültig an den Nagel hängen und an Land bleiben. Deswegen bewerbe ich mich bei Ihnen als Fahrer. Ist mir völlig klar, dass ich auf 'm Sattelzug erstmal angelernt werden muss..."
„Aha", unterbricht mich mein Gegenüber, „zur See sind Sie also auch gefahren. Genau wie ich. Vor 4 Jahren habe ich damit aufgehört. Da bin ich dem Wunsch meiner Familie gefolgt und blieb an Land. Zuletzt fuhr ich als 1.Offizier... Aber nun zurück zu Ihnen. Sie sagen, Sie haben LKW-Fahrpraxis. Was haben Sie denn zuletzt gemacht?"
„Bis zum Dezember letzten Jahres fuhr ich als Matrose auf 'nem Binnenschiff", antworte ich.
„Und danach?", fragt er.
Ich bin wieder in eine Situation geraten, in der meine Gedanken blitzschnell hin- und herjagen:
‚Wenn ich dem jetzt sage, dass ich Alkoholiker bin und von Dezember bis jetzt deswegen in der Klinik war, dann jagt der mich aus seinem Büro und ich kriege den Job niemals! Kraftfahrer und Alkoholiker..., wie soll das denn zusammengehen?'
Aber plötzlich schießt mir die rettende Idee durch den Kopf! Ich sage zu ihm:
„Von Dezember bis vor 14 Tagen war ich auf einem Schiff, welches unter Panama-Flagge fährt. Darüber habe ich natürlich keinen Nachweis. Aber das wissen Sie ja auch als ehemaliger Seemann, dass es für solche Seefahrtzeiten keine Nachweise gibt. Höchstens 'nen Stempel im Reisepass, aber der wurde mir geklaut. Und wegen der furchtbaren Verhältnisse an Bord dieses ‚Seelenverkäufers' steht mein Entschluss endgültig fest, dass ich an Land bleiben und als Fahrer arbeiten will."
„Das kann ich verstehen", bestätigt mich Herr Krüger, „ich bin auch 'mal als Matrose unter Billigflagge gefahren. Aber nur eine Reise, da hatte ich die Schnauze voll! Nun gut, Ihren Neubeginn können Sie gerne bei uns machen. Aber nicht gleich auf einem Sattelzug. Wir suchen auch noch einen Fahrer für unseren Stadtwagen, den 11-Tonner. Und wenn wir miteinander klar kommen, können Sie nach entsprechender Schulung durch einen unserer erfahrenen Kutscher

nach 1 bis 2 Monaten auf einen Sattelzug umsteigen. Etwas anderes kann ich Ihnen nicht anbieten. Was sagen Sie dazu?"
„Okay", antworte ich, obwohl ich liebend gerne auf einem „Großen" begonnen hätte, „ich bin einverstanden."
„Wann können Sie denn anfangen?"
„Heute in einer Woche", sage ich ihm zu, „ich habe bis dahin nämlich noch einiges zu erledigen."
„Ist in Ordnung, Herr Lempelius, dann sind Sie am Montag, den 28. März um 6.00 Uhr hier auf dem Platz. Herr Poltien, unser Fuhrparkboss wird Sie dann einweisen. Ach so, bevor ich's vergesse: darf ich mal Ihren Führerschein sehen?"
Ich zeige ihm das Zertifikat, welches mir trotz früheren Fahrens unter Alkoholeinfluss nie abgenommen wurde, weil ich dabei nie erwischt wurde, und verabschiede mich von Herrn Krüger.
Auch an diesem Abend sitze ich wieder in einem Meeting-Raum der AAs und berichte von meinem Erfolg, einen Arbeitsplatz gefunden zu haben. Allerdings verschweige ich meinen Zuhörern, dass ich ihn mir durch eine mittelschwere Notlüge ertrickst habe. Ich befürchte nämlich, dass meine AA-Freunde mich wegen meiner Lügerei verbal auseinander nehmen würden, wenn ich das erzähle. Schließlich vertreten die AAs die Haltung, dass Ehrlichkeit das Fundament und die Grundbedingung für ein erfolgreich nüchtern geführtes Leben ist. Diese Haltung vertrete ich auch. Aber in diesem Fall sage ich mir: Lieber 'mal 'ne kleine oder etwas größere Notlüge erfinden, als zu lange auf Arbeitssuche und irgendwann ohne Geld zu sein...
Deswegen befreie ich mein Gewissen großzügig von der diesbezüglichen Belastung auch gegenüber meinen AA-Freunden...

Ganz schön verrückt...

Was Arbeits- und Wohnungssuche sowie einige andere Ereignisse betrifft, stelle ich dankbar fest, dass ich zu Beginn meines „neuen Lebens“ mit sehr viel Anfängerglück gesegnet bin. Das nehme ich aber nicht einfach so als gegeben hin, sondern ich registriere das aufmerksam, freue mich darüber und empfinde auch Dankbarkeit gegenüber - ich weiß gar nicht wem gegenüber: Dem Schicksal? Der Fügung? Oder etwa Gott?? Ich weiß es nicht... Mit Gott bin ich seit meiner Fischdampferzeit verfeindet, weil ich ihm damals die Schuld dafür gab, dass ich in einer Arbeitswelt gelandet war, die einerseits für mich unangemessen und andrerseits zu hart und strapaziös war... Aber inzwischen stelle ich fest, dass die Abwehrmauer ihm gegenüber seit einiger Zeit bröckelt...
Neben meinem Anfängerglück, für das ja auch ich durch meine von mir aktiv betriebene Kursänderung und meiner Arbeit an mir selbst mitverantwortlich bin, habe ich andrerseits mit sehr vielen Schwierigkeiten zu kämpfen. Insbesondere auf der Gefühlsebene. Ich stelle zum Beispiel fest, dass ich ein elender Morgenmuffel bin und grundsätzlich mit schlechter Laune aufwache. Die verfliegt erst dann, nachdem ich mindestens zwei Becher Kaffee getrunken, Frühstück gegessen und eine Zigarette geraucht habe. Geschieht mir währenddessen ein kleines Missgeschick, dass ich mich zum Beispiel aus Versehen mit Marmelade bekleckere oder Kaffeepulver verstreue, dann befällt mich eine ungeheure Wut. Dann brülle ich laut, trete nach einem Stuhl oder veranstalte andere unbeherrschte Sachen, um meines Zorns Herr zu werden. In der Palette meiner Negativgefühle ist es die Wut, die am meisten Platz in mir einnimmt. Trauer, Enttäuschung oder leichten Ärger erlebe ich bei gegebenen Anlässen fast gar nicht. Ich werde immer nur unangemessen und hochgradig wütend. Das richtet sich Gott sei Dank aber nicht mehr in gewalttätiger Form gegen Personen, sondern ich tobe mich an „toten“ Gegenständen aus oder brülle herum. Einmal knalle ich anlässlich eines solchen Wutanfalls so heftig meine Kühlschranktür zu, dass ich anschließend fünf neue Eier

kaufen muss und eine halbe Stunde damit beschäftigt bin, den Innenraum des Gerätes vom Eigelb- und Eiweißmatsch der gewaltsam verunglückten Vorgänger zu befreien...
Außerdem erkenne ich für mich, dass ich nach wie vor immer „unter Strom“ stehe. Früher - im übertragenen Sinne durch den Alkohol, und heutzutage - auf nervlicher Ebene, weil mich die aufreizenden Dinge, die ich erlebe, nicht einfach nur aufregen, sondern eher über das Maß elektrisieren und somit unter Strom stellen. Ich kann an dieser Stelle schon sagen, dass das so bleibt... Zwar irgendwann etwas abgeschwächter, aber es bleibt ein Teil von mir, immer irgendwie unter Strom zu stehen...
Selbstverständlich bleibe ich nicht von Rückfallgedanken verschont. Wäre das nicht der Fall, dann wäre ich wohl nicht suchtkrank. Tagsüber tauchen diese selten auf. Aber abends, wenn ich im Bett liege und nicht einschlafen kann, stelle ich mir manchmal vor, dass ich ein kleines Haus in einem einsamen Waldgebiet bewohne. Es hat zwei Räume. In einem davon lebe ich, und der andere ist mit Weinbrandflaschen voll gestapelt. Dann sitze ich in meiner Wachphantasie auf meinem Sofa und trinke eine Flasche nach der anderen leer um mich tot zu saufen...
Meistens ereilen mich diese Phantasien, wenn ich mich in gedrückter Stimmung befinde. Aber es geschieht nie, dass ich in der Folge das Bedürfnis entwickle, aufzustehen und mir tatsächlich
Schnaps oder Bier zu holen. Eher geschieht es, dass ich während oder kurz nach einer solchen Rückfallphantasie ans Telefon gehe, einen AA-Freund anrufe und dem erzähle, was mir gerade widerfahren ist. Da mein jeweiliger Gesprächspartner dann meistens genau versteht, wovon ich spreche, weil er Ähnliches auch erlebt hat, erzählt er mir, wie er solchen Attacken begegnet ist. So etwas hilft mir und ich finde über dieses Telefonat meine innere Stabilität wieder und muss diese destruktiven Gedankenbilder nicht mehr weiter an meine dunkle Schlafzimmerdecke projizieren. Es ist legitim einen AA-Freund zu jeder Tages- und Nachtzeit anzurufen, wenn man in solchen Schwierigkeiten steckt. Darauf wird während der Gruppenveranstaltungen immer wieder hingewiesen. Des Weiteren wird auch angeregt, dass man als

trockener Alkoholiker zu Hause eine „alkoholfreie Zone“ haben sollte, also keine Spirituosen, Bier oder andere Suchtstoffe in der Wohnung lagern sollte! Der Grund für diese Maßnahme ist klar:
Wenn zu Hause kein Stoff lagert und man Rückfallgedanken oder Suchtdruck bekommt, muss man weitere Wege gehen um an Stoff zu gelangen, zum Beispiel zum Kiosk, in den Supermarkt oder in die Kneipe. Auf dem Weg dahin kann es dann durchaus geschehen, dass man „umdenkt“ und die Absicht, etwas zu trinken, fallen lässt. Außerdem steht einem das Telefon näher, wenn Kühlschrank und Hausbar keinen Sprit beherbergen...
Für mich gibt es mitunter noch ein anderes Einschlafhindernis: Es taucht auf, wenn mich die Hassgefühle gegenüber meinem Stiefvater übermannen. Mit diesen Gefühlen liege ich manchmal stundenlang wach, bis ich irgendwann erschöpft einschlafe. Deswegen rufe ich aber nachts niemanden an. Ich spreche jedoch oft im Meeting über dieses Problem. Allerdings nicht mehr in der Absicht, dass ich meinen Vater öffentlich anklage, sondern eher mit dem Ziel, dass ich es loswerden möchte, weil mein Hass und auch meine immer wiederkehrende Wut viel zu oft negativen Einfluss auf meine Lebensqualität nehmen.
„Aber es beeinflusst mich nicht so stark und auch nicht so oft, dass ich deswegen saufen will oder muss“, füge ich meistens, mich selbst ermutigend und beschwichtigend meinen diesbezüglichen Aussagen, in den Meetings hinzu...
Während der ersten Wochen meiner Abstinenz leide ich noch vermehrt unter der Angst, dass meine Trockenheit insofern in Gefahr ist, dass der Rückfall für mich bereits schicksalhaft vorbestimmt, sozusagen „von oben“ beschlossene Sache ist. Ich glaube dabei auch an Vorzeichen und achte ängstlich auf meiner Meinung nach unheilschwangere, mystische Negativsymbole und deute diese auch in Richtung Rückfall. Wenn ich zum Beispiel am Meetingtisch sitze und eine vor mir stehende Kerze aufgrund eines zu kurzen Dochtes oder durch einen Windstoß erlischt, kann es vorkommen, dass ich denke:
‚Aha! Das ist das Omen dafür, dass demnächst auch dein „neues Leben“ erlischt, weil du wieder saufen wirst...’

Ein weiteres Beispiel.
Weil ich meine Haare halblang trage und sie jeden Tag wasche und föne, kaufe ich mir für meinen Umzug in mein möbliertes Zimmer unter anderem auch einen eigenen Föhn. Zuvor habe ich immer Hannis Föhn mitbenutzt. Das geht jetzt nicht mehr. Ich bin stolz auf meine neue Anschaffung. Noch nie hatte ich einen eigenen Föhn! Nachdem ich diesen einige Wochen jeden Morgen zur Vervollständigung meiner Attraktivität zum Einsatz gebracht habe, fällt er mir an einem Sonntagmorgen auf den gekachelten Fußboden des Badezimmers und geht dadurch zu
Bruch. - Unreparabel! - Ausnahmsweise reagiere ich nicht mit einem Wutanfall, sondern mit einem furchtbaren Schreck und denke:
‚Scheiße - kaputt ist er, der neue Föhn! Und du hast ihn selbst kaputt gemacht. Das ist das Zeichen...! Denn so wird es auch mit deinem neuen Leben gehen. - Du wirst es auch 'runterfallen lassen und es auf die Art kaputt kriegen! Alles was du dir jetzt aufbaust, wird dann futsch sein, du Trottel! Auch dein neues Leben...!'
Ich beschäftige mich an jenem Morgen noch eine ganze Zeit mit diesem Katastrophenorakel und sehe tatsächlich in der Zerstörung meines Föhns das Vorzeichen für die demnächst mit Sicherheit stattfindende Zerstörung meines neuen Lebens. - Ganz schön verrückt... Allerdings kann ich am Nachmittag desselben Tages schon wieder über mich und meinen morgendlichen Wahn lachen.
Und so wechseln sich Höhen und Tiefen in meinem neuerdings nicht durch Betäubung manipulierten Gefühlsleben ab. Aber ich bleibe trocken.
Nachdem ich bereits einige Wochen als Kraftfahrer tätig bin, sitze ich, die Inkarnation der Morgenmuffeligkeit, eines Morgens um 5.30 Uhr in der Straßenbahn auf dem Weg zu meiner Arbeitsstelle und beginne plötzlich mir meine gegenwärtige Situation klar zu machen:
‚Eberhard Lempelius, irgendwie ist das wahnsinnig - heute ist Montag, und du sitzt in aller Herrgottsfrühe in einer Straßenbahn auf dem Weg zur Arbeit, ausgerüstet mit einer Aktentasche, in der sich eine Thermoskanne mit Kaffee, eine Morgenzeitung und eine Plastikdose

mit belegten Broten befindet. Du bietest sozusagen den Anblick desjenigen, den du noch vor einigen Monaten verächtlich als Spießbürger bezeichnet hättest und fühlst dich obendrein auch noch verdammt wohl damit. Und noch mehr: Du bist heute Morgen trotz schlechter Laune nach dem Weckergerassel mit klarem Kopf aufgestanden, hast deine Morgentoilette erledigt, gefrühstückt und hast dich auf den Weg zur Arbeit gemacht. Du bist nicht verkatert oder besoffen, brauchst keinen Klapperschluck, deine Hände zittern nicht, und du musst deinen Boss nicht anrufen und dich unter Angabe von fadenscheinigen Gründen krank melden oder den Job kommentarlos hinschmeißen, weil du in den nächsten Tagen wieder auf Sauftour gehst. Mein Gott, ist das toll!'

Während dieser kleinen Kurzinventur durchströmt mich ein unbeschreibliches Glücksgefühl, und ich sage abschließend in Gedanken zu mir:

‚Mann ist das toll, dass ich nicht mehr saufe! Verdammt noch 'mal, es lohnt sich...!'

In meinem neuen Domizil fühle ich mich eigentlich auch ganz wohl, wenn nicht zwischendurch doch so etwas wie emotionale und körperliche Zweisamkeitsbedürfnisse aufkeimen würden.

Ab der vierten Woche meines „möblierten Wohnens" besuche ich Hanni und Silke öfter. Überwiegend an Wochenenden. Hannelore, Silke und ich stellen dabei immer mehr fest, dass wir wohl doch „irgendwie zusammengehören". Als ich dann eines guten Wochenendes auch vom Samstag auf Sonntag über Nacht bleibe, beschließen wir am anderen Morgen unser Familienleben als ein solches wieder aufzunehmen. Und so ziehe ich nach 8-wöchigem Single-Dasein wieder zu meinen Frauen und übe mehr oder weniger erfolgreich, wie ein richtiger Mann, Ersatzvater und Freund zu leben.

Trotz meines vorher geschilderten frühmorgendlichen Glücksgefühls in der Straßenbahn habe ich an meinem Arbeitsplatz nach einigen Wochen mit sehr vielen Problemen zu kämpfen. Da ist erst einmal der Stress, dem jeder Speditionsfahrer, also auch ich, täglich ausgesetzt ist. Arbeitszeiten voller Turbulenzen bis zu 13 bis 14 Stunden täglich sind keine Seltenheit. Als ich tatsächlich nach ungefähr 6 Wochen als Fahrer für 38-t-Sattelzüge angelernt und auf diesen Brocken dann auch eingesetzt werde, erhöht sich der Stressfaktor für mich um ein Vielfaches. Es ist nicht so, dass ich mit meinem Brummi auf Fernfahrt gehe. Nein, ich bewege diesen Koloss von morgens um 6.00 Uhr bis manchmal abends um 22.00 Uhr im Bremer Stadtverkehr. - Vorwärts und rückwärts! -

Ganz selten komme ich in den Genuss, eine Tour nach außerhalb zu fahren. Häufig geschieht es, dass ich mit meinem Truck abends um 20.00 Uhr auf unseren Firmenhof fahre und der Expedient unseres Betriebes aus seinem Büro kommt, mir entgegeneilt und mir zuruft:

„Schön, dass du schon hier bist, du musst schnell noch mal los nach Schuppen 17 und ein paar große Kisten laden! Hier sind die Papiere, und nun hau ab!"

Da halte ich gar nicht erst an, drehe gleich wieder um und fahre in den Freihafen nach Schuppen 17. Und dann ist es nicht vor 23.00 Uhr, wenn ich Feierabend machen kann. Aber am anderen Morgen gibt es keine Gnade, da muss ich um 6.00 Uhr wieder auf dem Platz sein. Sehr oft kommt es vor, dass ich den Auflieger ganz abplanen muss, weil es nur ohne Plane und Spriegel und Gestänge möglich ist große Kisten oder Maschinenteile zu laden. Mit der Zeit entwickle ich den Verdacht, dass der Expedient immer nur mir diese arbeitsintensiven LKW-Abplan-Aufträge zuschustert, traue mich aber nicht ihn deswegen zur Rede zu stellen. Den dadurch entstehenden Frust fresse ich immer wieder in mich hinein und bekomme in der Folge deswegen eines Tages während meiner Frühstückspause in meinem Führerhaus einen heftigen Wutanfall. Wenn dieses Frühstück beendet ist, muss ich nämlich wieder die Plane abnehmen...

‚Diese dumme Sau', zürne ich innerlich in Richtung Expedient, ‚gibt mir immer wieder diese scheiß Aufträge! Ich könnte ihn zerstückeln...'

Während dieser Gedanken werden mein Hassgefühl und meine Wut immer unerträglicher. Ich steigere mich tiefer und tiefer hinein. Plötzlich schnappe ich mir eines meiner mit Leberwurst belegten Frühstücksbrote und schmiere es blindwütig gegen die Innenfläche der

Windschutzscheibe meines LKW's. Noch während der Ausführung dieser blödsinnigen Aktion komme ich aus meinem Wutrausch zu mir und registriere erschrocken, was ich da tue.
'Oh Gott', denke ich, 'jetzt ist es so weit! Jetzt wirst du verrückt! Wenn das so weiter geht, mit dir, dann landest du wieder in der Klinik! Aber dieses Mal nicht bei den Säufern, sondern bei den Verrückten! Oh Mannomann...'
Außer diesem Ärger mit dem Abplanen und dem anderen Arbeitsstress nervt es mich, dass ich aufgrund der langen Arbeitszeiten immer weniger Zeit für Hanni und Silke habe und immer seltener dazu komme abends in die Meetings der AA zu gehen, obwohl diese jetzt ein fester Bestandteil meines Lebensprogramms geworden sind. Ich spreche zu Hause mit meiner Freundin über dieses Problem und sie rät mir, dass ich mir eine andere Arbeitsstelle suchen soll.
„Was soll ich tun?", frage ich entrüstet, „den Arbeitsplatz wechseln? Das geht nicht, das will ich nicht! Das hab 'ich während meiner Saufzeit 40-mal gemacht. Wenn ich das jetzt täte, wäre das für mich so etwas, wie ein geistiger Rückfall! Verstehst du das?"
Hanni versteht. Aber sie sieht keine andere Lösung.
„Vielleicht kann Agnes dir helfen", schlägt Hanni mir vor.
Agnes ist meine Sponsorin. Bei den AAs haben die meisten Mitglieder ein oder zwei erfahrene Vertrauenspersonen, mit denen sie Dinge besprechen, für die sie Rat und Hilfe benötigen, die sie aber nicht in die Gruppe bringen wollen oder die zu umfangreich oder zu kompliziert sind, um sie in der Gruppe zu bearbeiten. Solche Leute nennt man bei den AAs Sponsoren.
Also rufe ich Agnes an und schildere ihr mein Problem. Ihre erste Antwort lautet:
„Aha, und ich habe mich schon gewundert, dass du nicht mehr im Meeting erscheinst."
Dann sagt sie:
„Natürlich musst du den Job wechseln."

Und nachdem ich ihr meine diesbezüglichen Skrupel, die ja etwas mit meiner fragwürdigen Vergangenheit zu tun haben, mitgeteilt habe, bekomme ich von ihr zu hören:
„Lieber Eberhard, wie du weißt, bitten wir AAs Gott um die Weisheit, das eine vom anderen zu unterscheiden. Das solltest du jetzt auch tun. Pass auf: Ein Unterschied zu früher liegt bei einem jetzigen Arbeitsplatzwechsel für dich darin, dass du das nüchtern und überlegt machst. Also nicht betrunken und aus einer Unzuverlässigkeit heraus. Den anderen Unterschied musst du so sehen: Deine früheren Arbeitswechsel begünstigten deinen Abstieg. Dieser Wechsel würde deinen Aufstieg begünstigen. Denn du könntest danach stressfreier, also gesünder leben und hättest wieder die Zeit in die Meetings zu kommen und weiter aktiv an deiner Trockenheit zu arbeiten. - So, und nun überlege alles gut und genau und entscheide dich. Ich wünsche Hannelore und dir einen schönen Abend. Tschüss, bis hoffentlich bald!"
Und so beendet sie das Telefonat: sanft, aber bestimmt und klar - nach einer guten Sponsoren- arbeit...
Und ich? Frisch ausgerüstet mit der Weisheit, das eine vom anderen zu unterscheiden, wechsle ich meine Arbeitsstelle und besorge mir einen Job als LKW-Fahrer bei einer Glasgroßhandlung. Dort gibt es festgelegte Arbeitszeiten: täglich von 7.00 bis 16.30 Uhr. Ausgenommen mittwochs, da arbeite ich bis 19.00 Uhr, weil ich an diesem Tag regelmäßig eine Ostfrieslandtour fahren muss. Aber das ist gut überschaubar und sagt mir zu.
Und noch etwas: Ich fühle mich seit sehr langer Zeit nach einem Jobwechsel zum ersten Mal frei und erleichtert. Mein Gewissen hat sozusagen Urlaub! Und zwar verdienten Urlaub!!

Schatten der Vergangenheit

Ungefähr ein halbes Jahr nach diesem aufregenden Arbeitswechsel erhalte ich Post aus Hamburg. Es handelt sich um ein Einschreiben vom dortigen Amtsgericht. Mir wird mitgeteilt, dass Rebecca die Scheidung will. Inzwischen lebt sie wieder in Hamburg. Dieses Ansinnen von ihr wird auch juristisch befürwortet, da unsere Ehe durch die lange Zeit der Trennung als zerrüttet gilt. Außerdem werde ich in dem Schreiben aufgefordert, die 3000 DM an sie zurückzuzahlen, mit denen ich sie „sitzen“ ließ. Rebecca habe ihn inzwischen für mich abgelöst und fordert das Geld von mir zurück. Als ich das alles lese, durchfährt mich ein eisiger Schreck, und ich muss erst einmal verdauen, dass meine Vergangenheit mich so brutal und überraschend einholt...
‚Selbst schuld', denke ich in Bezug auf die Überraschung, ‚...hättest schon längst 'mal selbst versuchen können sie ausfindig zu machen, um die Angelegenheit vom Tisch zu kriegen! Wie oft hast du während der letzten Wochen daran gedacht, warst aber immer zu feige, dich bei Rebecca zu melden und hast es immer wieder auf „morgen“ verschoben. - Na gut, jetzt kommt der Schritt von ihr... Tja, und jetzt musst du wohl oder übel 'ran an die Sache!'
Also rufe ich sie am nächsten Tag an. Meine Stimme zittert vor Aufregung, als ich ihr mitteile, dass ich die Scheidung jetzt auch so schnell wie möglich will und ihr verspreche, dass ich alles versuchen werde ihr die 3000 DM zurückzuzahlen. Rebecca reagiert verständlicherweise sehr kühl und abweisend auf mich und sagt zum Schluss unseres Telefongesprächs:
„Da bin ich 'mal gespannt, ob und wann ich das Geld zurück bekomme. Mit dem Einhalten deiner Versprechen habe ich nämlich nur Scheißerfahrungen gemacht.“ Und dann legt sie den Hörer auf, ohne eine Antwort von mir abzuwarten.
Sie hat Recht mit dem was sie mir vorwirft. Das ist mir klar. Obwohl ich die Rückzahlung rein juristisch nicht vornehmen müsste, betrachte ich es als hohe moralische Verpflichtung für mich diese Schuld auszugleichen. Es ist für mich eine Ehrenschuld!

Also berate ich mich mit Hanni und wir überlegen, was zu tun sei. Sie meint:
„Mann, du lebst doch seit einiger Zeit in dem, was man hierzulande „geordnete Verhältnisse“ nennt: Du bist polizeilich gemeldet, hast ein Giro-Konto bei der Sparkasse, seit 9 Monaten einen festen Arbeitsplatz, keine weiteren Schulden... Also, frag doch bei der Sparkasse nach, ob du einen Kleinkredit bekommst.“
„Krieg' ich nie“, antworte ich pessimistisch.
„Das weißt du doch nicht. Frag' doch erst 'mal, bevor du die Flinte ins Korn wirfst“, hält sie mir entgegen.
„Na gut, ich hol' mir'n Termin. Aber ich glaube nicht, dass das klappt“, murmel ich und füge hinzu: „Könntest du mitkommen...?“
„Na klar, das wollte ich dir just vorschlagen!“, bekomme ich zu meiner Erleichterung von ihr zu hören.
Und so sitzen Hannelore und ich zwei Tage später in der Kreditabteilung der Sparkasse und sprechen mit einem Herrn Lindloff über die Gewährung eines Kleinkredites in Höhe von 3000 DM. Als er mich fragt, wofür ich das Geld benötige, erzähle ich ihm nach kurzem Zögern ehrlich und offen, wofür das Geld gedacht ist und unter welchen fragwürdigen Umständen ich in diese Verschuldung geraten bin. Ich erzähle weiter, dass mich meine Sauferei so weit gebracht hat, mich so mies zu verhalten, dass ich aber eine Therapie gegen meine Sucht gemacht habe und ich jetzt schon längere Zeit trocken sei und beabsichtige aktiv meine Vergangenheit zu bewältigen. Dazu gehöre auch die Begleichung dieser Schuld. Ich spreche sehr emotional und wirke offensichtlich sehr überzeugend auf ihn, denn er antwortet:
„Es imponiert mir, Herr Lempelius, dass Sie das alles so offen, ehrlich und mutig erzählen. Ich glaube Ihnen auch, dass Sie nicht mehr trinken wollen, denn Sie wirken sehr echt und das was Sie sagen, klingt überzeugend. Das Geld will ich Ihnen gerne geben. Aber es ist ganz einfach so, dass die Bank bei einer Kreditvergabe Sicherheiten benötigt. Das Beste wäre, wenn jemand für Sie bürgen könnte. Ja, genauso wie damals in Cuxhaven... Aber dieses Mal bestimmt unter besseren Voraussetzungen, was Ihr Verantwortungsbewusstsein betrifft...“

Obwohl Herr Lindloff mich meint, wandert sein Blick bei diesem Thema zu Hanni. Diese unterbricht ihn und sagt trocken:
„So etwas habe ich mir schon gedacht. Die Bürgschaft übernehme ich."
Ich bin daraufhin platt..., sprachlos, aber auch dankbar und erleichtert und denke:
‚Wie kann sie das nur wagen? Hat sie denn keine Angst, dass es ihr wie Rebecca ergeht?'
Als Herr Lindloff mit uns daraufhin den Kreditantrag ausfüllt, sagt er:
„Das mit der Sucht werden wir auf diesem Antrag nicht angeben, obwohl danach gefragt wird. Da schreibe ich einfach „nein" hinter die Frage. Wie gesagt, ich glaube Ihnen, dass sie das ernst meinen, und da kann man auch 'mal ein Auge zudrücken..."
Nachdem das Kreditgeschäft erfolgreich abgeschlossen ist, die 3000 DM direkt von der Sparkasse aus auf Rebeccas Konto überwiesen sind und mir klar geworden ist, wie viel „Dusel" ich 'mal wieder gehabt habe, begeben Hanni und ich uns auf den Heimweg. Unterwegs bedanke ich mich überschwänglich bei ihr, frage sie aber auch, ob sie keine Angst hat, dass es ihr mit der Bürgschaft so ergehen würde wie Rebecca. Daraufhin bleibt sie stehen, hält mich fest, umarmt mich und sagt:
„Mein lieber Eberhard. Es ist ganz einfach so, dass ich fest daran glaube, dass du trocken bleiben willst und es damit ernst meinst. Und obwohl wir uns manchmal streiten und es auch nicht immer einfach mit dir ist, möchte ich dir helfen. Trotz des Risikos..."
„Danke! Oh Gott, wenn ich dich nicht hätte", murmle ich etwas beschämt...
Zum Abschluss dieser riskanten Heldentat von meiner Freundin sei jetzt schon gesagt: Sie muss für meinen Kredit nie als Bürgin aktiv werden!
Ein paar Wochen später findet der Scheidungstermin statt, und ich bringe ihn mit einem guten Gefühl hinter mich:
‚Was war ist gewesen, und was ich wieder gut machen konnte, habe ich getan', denke ich und freue mich, dass der dunkle Fleck auf meinem

Gewissen, der die Aufschrift „Schulden bei Rebecca“ trug, weggewischt ist!
Drei Wochen später bekomme ich wieder ein gerichtliches Einschreiben aus Hamburg, in dem sinngemäß geschrieben steht: Frau Rebecca Lempelius hat eine einjährige Tochter namens Jana-Mareike Lempelius. Und weil das Kind meinen Nachnamen trägt und während unserer Ehezeit geboren wurde, würde ich vor dem Gericht als Vater gelten und zur Unterhaltszahlung verpflichtet sein. Davon würde ich nur in dem Falle befreit werden, wenn ich an Hand eines gerichtsmedizinischen Gutachtens beweisen könnte, dass ich mit der Vaterschaft nichts zu tun habe. Als ich erfahre, dass ein solches Gutachten 2000 DM kostet, rufe ich Rebecca an und fordere sie auf den richtigen Vater vor Gericht zu benennen. Ich bekomme zur Antwort:
„Ach Mensch, ich weiß gar nicht genau, wer der Vater von Jana ist... Aber das soll dir doch egal sein. Du kannst doch beweisen, dass du damit nichts zu tun hast oder?“
„Ja, das kann ich“, teile ich ihr mit, „aber das Gutachten für diesen Nachweis kostet 2000 DM!“
„Das ist dein Problem. Aber so ist das Leben“, bekomme ich zu hören, „dann spürst du auch ‘mal, wie beschissen es sich anfühlt, wenn man zu Zahlungen verdonnert wird, die einem völlig ungerecht vorkommen. Das hab’ ich auch schon ‘mal erlebt. Und nun lass mich bitte in Zukunft zufrieden und ruf’ mich nicht mehr an!“
Wütend und sprachlos resigniere ich nach diesem Hinweis und knalle den Hörer auf die Gabel. Einige Tage später lasse ich das Gutachten erstellen. Selbstverständlich wird mir attestiert, dass ich nicht der Vater des Kindes bin. Die 2000 DM „darf“ ich in 5 Monatsraten ‘a 400 DM abstottern. Aus finanzieller Sicht sind das fünf besonders harte Monate für mich. Aber mit der mentalen Unterstützung von Hanni und meinen AA-Freunden überstehe ich diese Durststrecke. Es ist das erste Mal in meinem „neuen Leben“, dass ich mich mit diesem verdammt teuren Unschuldsbeweis vom Schicksal total ungerecht behandelt fühle. Aber - ich gerate deswegen nicht unter Saufdruck, sondern bin lediglich das,

was ich bei unangenehmen Erlebnissen immer bin: wütend! - Immer wieder dann, wenn ich in der nächsten Zeit daran denke... Und das tue ich oft.

Die AA-Gemeinschaft und ich

Stellte sich noch vor kaum mehr als 9 bis 10 Monaten meine Stammkneipe als mein zweites Zuhause dar, so verbringe ich jetzt einen wesentlichen Teil meiner freien Abendstunden in den Meetings der Anonymen Alkoholiker. Bestimmt 3 bis 4-mal pro Woche von 20 bis 22 Uhr. Die Gemeinschaft, kurz AA genannt, bezeichne ich schon bald als mein „geistiges und spirituelles Zuhause“. Durch das Zusammensein mit diesen Menschen stabilisiere und entwickle ich mich spürbar positiv und finde uneingeschränktes Verständnis für meine Suchterkrankung und all die seelischen Probleme, die damit in Verbindung stehen. Außerdem kommt mir nicht nur Verständnis entgegen, sondern ich lerne es auch, mich selbst und andere zu verstehen und mich in deren Probleme hineinzuversetzen. Vor allem lerne ich noch etwas: Nämlich zuzuhören und Toleranz zu entwickeln!
Hanni begrüßt diese Form meiner neuen Freizeitgestaltung, obwohl ich abends oft weg bin.
„Was das Zeitliche betrifft, ist das ja nicht anders als früher, als du abends in den Kneipen hocktest“, kommentiert sie, „aber der angenehme Unterschied liegt darin, dass du zuverlässig bereits um 22.30 Uhr ohne Spritfahne in aufrechter Haltung wieder hier bist, dich positiv entwickelst, trocken bleibst und unser Familienleben trotz einiger Streitereien zwischen uns davon profitiert. Zum Beispiel haben wir noch nie an freien Wochenenden so viel zusammen unternommen, wie jetzt...“
Gelegentlich besucht Hanni auch die Meetings der „Al-Anon“. Das sind die Gruppen für Angehörige der AA`s. Oder sie begleitet mich zu den so genannten „offenen Meetings“. Diese finden regelmäßig in der letzten Woche des Monats statt, und es können Angehörige und Freunde, die keine Alkoholiker sind, sich aber für das Thema interessieren, daran teilnehmen.

Die Anonymen Alkoholiker wurden im Jahre 1935 in Amerika von einem Arzt und einem Börsenmakler gegründet. Der Makler hieß Bill und der Arzt hieß Bob. Beide waren hoffnungslos dem Alkohol verfallen. Irgendwie trafen sie zusammen, gestanden sich gegenseitig ihre Sucht und nahmen sich vor trocken zu werden und zu bleiben. Das gelang ihnen dadurch, dass sie sich gegenseitig halfen und unterstützten, indem sie ehrlich miteinander über Rückfallgedanken und Suchtdruck sprachen, sich aber auch die schlimmen Dinge offen gestanden, die sie unter Alkoholeinfluss angerichtet hatten. Als sie merkten, dass diese gegenseitige Unterstützung und Ehrlichkeit dem anderen gegenüber erfolg- und hilfreich war, gründeten sie die Gemeinschaft der Anonymen Alkoholiker und gaben ihre selbst gemachten Erfahrungen an andere abstinenzwillige Trinker weiter. Das stellte sich als erfolgreich heraus. Zwei Jahre später, im November 1937, gab es in Akron, USA, bereits eine Versammlung, in der sich 40 nüchterne Alkoholiker trafen. In der Folge ist diese Gemeinschaft immer größer geworden und inzwischen über den gesamten Erdball verteilt. Seit 1953 gibt es die AA in Deutschland. Sie sind kein Abstinenzverband, der den Alkoholkonsum ablehnt, sondern eine Selbsthilfevereinigung, die sich untereinander bei Suchtproblemen hilft. Diese praktiziert das so genannte 12-Schritte Programm. Aber sie haben auch eine Präambel, in der sie ihre Identität darstellen und zusätzlich noch 12 Traditionen. Ich stelle die Programmpunkte einfach 'mal vor:

Die Präambel beschreibt in kurzer Form das „Tun und Lassen" der AA-Gemeinschaft:

„Die Anonymen Alkoholiker sind eine Gemeinschaft von Männern und Frauen,
die miteinander ihre Kraft und Hoffnung teilen,
um ihr gemeinsames Problem zu lösen
und anderen zur Genesung vom Alkoholismus zu verhelfen.
Die einzige Voraussetzung für die Zugehörigkeit ist der Wusch, mit dem Trinken aufzuhören.
Die Gemeinschaft kennt keine Mitgliedsbeiträge oder Gebühren,

sie erhält sich durch eigene Spenden.
Die Gemeinschaft AA ist mit keiner Sekte, Konfession, Partei, Organisation oder Institution verbunden.
Sie will sich weder an öffentlichen Debatten beteiligen, noch zu irgendwelchen Streitfragen
Stellung nehmen.
Unser Hauptzweck ist, nüchtern zu bleiben und anderen Alkoholikern zur Nüchternheit
zu verhelfen."

Die 12 Schritte der AA:

1. Wir gaben zu, dass wir dem Alkohol gegenüber machtlos sind und unser Leben nicht mehr meistern konnten.
2. Wir kamen zu dem Glauben, dass eine Macht, größer als wir selbst, uns unsere geistige Gesundheit wiedergeben kann.
3. Wir fassten den Entschluss, unseren Willen und unser Leben der Sorge Gottes, wie wir ihn verstanden, anzuvertrauen.
4. Wir machten eine gründliche und furchtlose Inventur in unserem Inneren.
5. Wir gaben Gott, uns selbst und einem anderen Menschen gegenüber unverhüllt unsere Fehler zu.
6. Wir waren völlig bereit, all diese Charakterfehler von Gott beseitigen zu lassen.
7. Demütig baten wir ihn, unsere Mängel von uns zu nehmen.
8. Wir machten eine Liste aller Personen, denen wir Schaden zugefügt hatten und wurden willig, ihn bei allen wieder gutzumachen.
9. Wir machten bei diesen Menschen alles wieder gut, wo immer es möglich war, es sei denn, wir hätten dadurch sie oder andere verletzt.
10. Wir setzten die Inventur bei uns fort, und wenn wir Unrecht hatten, gaben wir es sofort zu.
11. Wir suchten durch Gebet und Besinnung die bewusste Verbindung zu Gott, wie wir ihn verstanden, zu vertiefen. Wir baten ihn nur, uns

seinen Willen erkennbar werden zu lassen und uns die Kraft zu geben, ihn auszuführen.

12. Nachdem wir durch die Schritte ein spirituelles Erwachen erlebt hatten, versuchten wir, diese Botschaft an Alkoholiker weiterzugeben und unser tägliches Leben nach diesen Grundsätzen auszurichten.

Die 12 Traditionen:

1. Unser gemeinsames Wohlergehen sollte an erster Stelle stehen. Die Genesung des Einzelnen beruht auf der Einigkeit der Anonymen Alkoholiker.
2. Für den Sinn und Zweck unserer Gruppe gibt es nur eine höchste Autorität - einen liebenden Gott, wie er sich in dem Gewissen unserer Gruppe zu erkennen gibt. Unsere Vertrauensleute sind nur Diener. Sie herrschen nicht.
3. Die einzige Voraussetzung für die AA-Zugehörigkeit ist der Wunsch, mit dem Trinken aufzuhören.
4. Jede Gruppe sollte selbständig sein, außer in Dingen, die andere Gruppen oder die Gemeinschaft der AA als Ganzes angehen.
5. Die Hauptaufgabe jeder Gruppe ist, unsere AA-Botschaft Alkoholikern zu bringen, die noch leiden.
6. Die AA-Gruppe sollte niemals irgendein außen stehendes Unternehmen unterstützen, finanzieren, oder mit dem AA-Namen decken, damit uns nicht Geld-, Besitz-, und Prestigeprobleme von unserem eigentlichen Zweck ablenken.
7. Jede AA-Gruppe sollte sich selbst erhalten und von außen kommende Unterstützung ablehnen.
8. Die Tätigkeit bei den Anonymen Alkoholikern sollte immer ehrenamtlich bleiben, jedoch dürfen unsere zentralen Dienststellen Angestellte beschäftigen.

9. Anonyme Alkoholiker sollten niemals organisiert werden. Jedoch dürfen wir Dienstausschüsse und Komitees bilden, die denjenigen verantwortlich sind, welchen sie dienen.
10. Anonyme Alkoholiker nehmen niemals Stellung zu Fragen außerhalb ihrer Gemeinschaft. Deshalb sollte auch der AA-Name niemals in öffentliche Streitfragen verwickelt werden.
11. Unsere Beziehung zur Öffentlichkeit stützt sich mehr auf Anziehung als auf Werbung. Deshalb sollten wir auch gegenüber Presse, Rundfunk, Film und Fernsehen stets unsere Anonymität bewahren.
12. Anonymität ist die spirituelle Grundlage aller unserer Traditionen, die uns immer daran erinnern soll, Prinzipien über Personen zu stellen.

Über die Anonymität sagt AA:
Die Anonymität ist der Gemeinschaft aus drei Gründen sehr wichtig und deshalb in der 11. und 12. Tradition verankert:
1.) Jeder, der sich an die AA mit der Bitte um Hilfe wendet, muss sicher sein, dass seine Identität und sein Problem in der AA-Gruppe bleiben. Deswegen sprechen sich die Mitglieder mit Vornamen an und interessieren sich nicht für die Stellung des anderen im öffentlichen Leben. Es gibt weder Akten noch Mitgliederkarteien.
2.) Durch die Wahrung der Anonymität des Einzelnen in der Öffentlichkeit, besonders vor Medien, soll und kann sich kein AA-Mitglied auf Kosten der Gemeinschaft profilieren, persönliche Anerkennung und Einfluss suchen. Diese Zurückhaltung bedeutet Einordnung in die Gemeinschaft der AA, die nur als Ganzes bestehen kann. Die Gemeinschaft der AA ihrerseits stellt keine Personen oder Persönlichkeiten, die nach diesem Programm leben, in den Vordergrund. Sie bewahrt sich damit ihre Unabhängigkeit vom Schicksal Einzelner. Anonymität im Umgang mit der Öffentlichkeit schützt den Einzelnen und die Gemeinschaft vor unerwünschter Popularität.

3.)Durch die Anonymität werden die hierarchischen Strukturen der Umwelt außer Kraft gesetzt. Die Alkoholiker sind gleich in ihrer Krankheit. In der Gruppe zählt nur die Aussage, nicht die Person.

Und dann gibt es noch den Gelassenheitsspruch, den ich an anderer Stelle bereits erwähnt habe. Er wird zum Ende jedes Meetings gemeinsam gesprochen, und ich erwähne ihn abschließend noch einmal, um die Vorstellung des AA-Programms abzurunden:

Gott,
gebe mir die Gelassenheit,
Dinge hinzunehmen.
die ich nicht ändern kann,

den Mut, Dinge zu ändern,
die ich ändern kann

und die Weisheit,
das Eine vom Anderen zu unterscheiden.

Und nun wieder zurück zu mir. Nach diesem Programm versuche ich mein Leben auszurichten und stelle immer wieder fest, dass mir das insofern gelingt, dass ich mich erfolgreich vom Alkoholkonsum fernhalte, mich dem gegenüber immer stabiler fühle und auch auf charakterlicher Ebene bei mir immer mehr Festigkeit, Selbstvertrauen und Selbstbewusstsein erlange. Auch in meiner kleinen Familie, auf meinem Arbeitsplatz und bei Freunden gelte ich immer mehr als zuverlässig und vertrauenswürdig, obwohl ich durchaus noch ziemlich aufbrausend und launig bin. Die Freunde, mit denen Hanni und ich verkehren, stammen überwiegend aus AA- und Al-Anon-Kreisen. Wir treffen uns oft außerhalb der Meetings an Wochenenden und telefonieren viel untereinander. Gesprächsthemen gibt es genug; nämlich unsere schlimme Vergangenheit, über die man inzwischen sogar wieder lachen, aber auch selbst zweifelnd den Kopf schütteln kann. Außerdem reden wir über die manchmal schwierige, aber doch überwiegend positiv verlaufende Gegenwart, und wir sprechen auch über individuelle Zukunftspläne. Und: Lachen, Humor und Fröhlichkeit finden während dieser Gespräche und den gemeinsamen Aktivitäten auch sehr viel Platz! Ja, ich genieße mein Leben mit meinen AA-Freunden, fühle mich von denen akzeptiert und auch in die Gemeinschaft integriert. Ich kann mir deshalb zum jetzigen Zeitpunkt nicht vorstellen, dass ich diesen aus sämtlichen Gesellschaftsschichten bestehenden Haufen ehemaliger Trinker und Trinkerinnen jemals wieder verlassen werde.

Wir AA sagen zwar: „Ich war Trinker." Aber wir sagen nicht: „Ich war Alkoholiker." Wir behaupten: „Ich bin Alkoholiker." - Egal, wie lange wir trocken sind. Damit teilen wir unsere Erkenntnis mit, dass wir Zeit unseres gegenwärtigen und auch zukünftigen Lebens nicht mehr in der Lage sind, Alkohol zu uns zu nehmen, ohne dass die Sucht wieder ausgelöst wird. Aber wir nehmen uns für unser Abstinenzvorhaben immer nur die 24 Stunden vor, in denen wir uns gerade befinden. Das halten wir für einen überschaubaren Zeitraum. Die Aussage „Ich trinke nie wieder" halten wir für riskant oder auch zu großspurig, denn niemand kann wissen, ob er nicht doch rückfällig wird... Außerdem haben wir in unserer Saufzeit dieses Versprechen als „Lieblingslüge" so oft abgegeben, aber nie eingehalten, dass es alleine schon dadurch negativ besetzt ist.

Des Weiteren ist es ein ungeschriebenes Gesetz, dass man im Meeting nur in der Ich-Form über sich selbst, seine eigenen Schwierigkeiten oder Erfolge spricht, andere Teilnehmer nicht direkt anspricht oder gar kritisiert oder sich in Diskussionen verstrickt. Wenn jemand etwas aussagt, was mein Kritikbedürfnis anregt, dann ist es sinnvoll, bei mir selbst zu gucken, ob ich diesbezügliche Parallelen bei mir entdecke. Stelle ich diese fest, kann ich mich auf die Aussage des von mir kritisch Erlebten beziehen und mitteilen, dass ich solches oder ähnliches auch von mir kenne und kann dann erzählen auf welche Art ich damit umgegangen bin.

Hier ein Beispiel: Ein Meetingteilnehmer brüstet sich damit, dass es ihm nichts ausmacht, abends in der Kneipe zu sitzen und neben Bier und Schnaps konsumierenden Gästen ungefährdet sein Mineralwasser zu trinken. Dann kann ich als Warnung ihm gegenüber davon erzählen, wie es war als ich versuchte, trocken zu werden und in Kiel im „Fischerdeel" den Verführungsversuchen meines Freundes Holger sehr schnell unterlag...
Wenn ich keine Parallele entdecke, soll ich mich tunlichst mit „schlauen" Aussagen zurückhalten und auch keine klugen Ratschläge erteilen.
Bei einem Meeting werden die Aussagen der Teilnehmer entsprechend der Reihenfolge der Wortmeldungen angehört. Der Gruppensprecher koordiniert den Ablauf. Es ist Usus, dass man sich zu Beginn seiner Aussage des jeweiligen Meetings mit den Worten: „Ich heiße XY und bin Alkoholiker" vorstellt. Das wird von Außenstehenden und Kritikern der AA oft belächelt und in Frage gestellt. Wir sind jedoch der Meinung, dass es für uns wichtig und sinnvoll ist, einmal während des Meetings dieses Bekenntnis zu unserer Erkrankung im spirituellen, nicht im moralischen Sinne auszusprechen, und uns damit bewusst zu machen, dass das Erkennen dieser unserer Erkrankung uns zu einer gesunden und bewussten Lebensführung zurückgeführt hat.
Ja, ja, so ein AA-Meeting erfordert in der Tat einiges an innerer und äußerer Disziplin von Menschen, die in ihrer aktiven Suchtvergangenheit mit Disziplin nicht viel am Hut hatten. Und für mich ehemaligen Laberfürst und Sprücheklopfer ist es gut, dass ich mich diesen Selbstbeherrschungsübungen unterziehe! Das heißt nicht, dass ich keine Sprüche mehr klopfe. Aber es gelingt mir in der Folge immer besser sie überwiegend dann anzubringen, wenn sie der Unterhaltung dienen und nicht meine Probleme überspielen sollen.
Zur Erläuterung: Letzteres ist ein sehr langwieriger Prozess, dauert Jahre, und es kommt diesbezüglich doch hin und wieder zu einigen geistigen Rückfällen...
Apropos Sprüche: Auch bei den AA gibt es solche, die man immer wieder zu hören bekommt.

Hier ein paar Beispiele:
„Fang' bei dir selbst an."
„Einfach dumm dran glauben, dass es funktioniert."
„Das Wichtigste zuerst."
„Tu es jetzt. Tu es gleich."
„Gelassenheit...!"
„Wo die Angst ist, ist der Weg."
„Paragraph 1: Jeder macht seins!"
„Lass dir helfen."
„Nimm dich nicht so wichtig."
„Komm' wieder, es hilft."
„Lass uns einen Schritt in die richtige Richtung tun."
Usw.
Es liegt selbstverständlich an jedem von uns selbst, ob sie oder er diese „Sprüche" nur als hohle, nachgeplapperte Phrasen drischt oder sie für sich in schwierigen Situationen wie Affirmationen nutzt und in die Realität umsetzt.

Und jetzt komme ich wieder zu den aktuellen Ereignissen zurück:
Am Dienstag, den 13.Dezember 1977 feiere ich die Tatsache, dass ich ein Jahr, sprich 12 Monate oder 52 Wochen, aber auf jeden Fall 365 Tage trocken bin! - Ich empfinde darüber Glücks-, Stolz- und Dankbarkeitsgefühle und feiere diesen Tag wie einen richtigen Geburtstag. Zu Recht, denn es ist für mich der Geburtstag meines neuen, meines zweiten Lebens. So sehe ich das, und viele AA-Freunde sehen ihren Jubiläumstag auch so und nennen ihn deswegen „AA-Geburtstag", und das „Geburtstagskind" bekommt einen Blumenstrauß geschenkt und eine Geburtstagskerze an seinen Platz des Meetingtisches gestellt...
Diesen Tag feiere ich gemeinsam mit Hanni und Silke und auch am Abend im Meeting mit meiner AA-Gruppe. Dort stelle ich im Rückblick fest, dass mein erstes „Trockenjahr" mit sehr viel turbulenten Ereignissen, einem hohen Maß an Anfängerglück, auch ein wenig Pech, aber überwiegend starken Gefühlsschwankungen angereichert war.

„Es war und ist für mich nach wie vor einfach toll in diese Gemeinschaft geraten zu sein und von euch diese Form der Hilfe bekommen zu haben. Danke. Aber kann mir 'mal einer oder eine von euch sagen, wie lange es dauert und wie lange man trocken sein muss, bis sich das Gefühlsleben normalisiert? Wut und Ungeduld machen mir immer noch sehr zu schaffen. Gelassenheit ist für mich ein Fremdwort!", beschließe ich meine Aussage. Einige von den erfahrenen AAs nehmen auf meine Aussage Bezug und teilen mir mit, dass sie aus eigener Erfahrung der Überzeugung sind, dass das erste Jahr der Abstinenz sich meistens als das schwierigste erweise. Im zweiten Jahr kehre meistens etwas mehr innere Ruhe ein. Das entstehe unter anderem dadurch, dass man sein Ziel, 1 Jahr trocken zu sein, erreicht habe. Letzteres sei ein vom Beruhigungsfaktor her nicht zu unterschätzendes Erfolgserlebnis, bekomme ich zu hören. Und: Die Nerven kämen mit der Zeit ohne das jahrelang konsumierte Beruhigungselixier Alkohol oder anderen Stoff immer besser zurecht. Insbesondere im zweiten Jahr der Trockenheit.

Diese Aussagen meiner „älteren" AA-Freunde höre ich mir an, und was mache ich? Ich wende einen der vorher erwähnten Sprüche an. Nämlich den: „Dumm dran glauben..."

Mein AA-Geburtstag fällt in die Vorweihnachtszeit. Ich erinnere mich an meinen Klinikaufenthalt vor einem Jahr und folge einige Tage später einem inneren Impuls: Ich gehe ans Telefon und rufe Dr. Baumann, sowie Herrn Wischer an und bedanke mich klopfenden Herzens bei beiden dafür, dass sie mir eine Menge Rüstzeug für meine bis heute erfolgreiche Abstinenz mitgegeben haben und wünsche ihnen frohe Weihnachten. Danach telefoniere ich mit der Station P12 und wünsche auch den anwesenden Mitarbeitern ein frohes Fest und bedanke mich auch bei denen.

Hanni, Silke, Oma und ich feiern in diesem Jahr, im Gegensatz zu den beiden vorherigen, ein sehr liebevolles und harmonisches Weihnachtsfest...

Familienbande

„Dieser verfluchte Kerl! Ich halt' das einfach nicht mehr aus!"
„Welcher verfluchte Kerl, und was hältst du nicht mehr aus? Was ist los mit dir?", fragt Hanni mich.
Sie sitzt in einem Sessel im Wohnzimmer. Ich stehe vor ihr, nur mit einem Badehandtuch umhüllt, weil ich gerade aus der Badewanne komme. Seit 10 Tagen arbeite ich nicht, weil ich wegen einer Grippe krank geschrieben bin. Inzwischen befinde ich mich aber wieder auf dem Weg der Besserung. Nach ihrer Frage an mich nehme ich ihr gegenüber auf dem Sofa Platz und berichte noch immer sehr aufgeregt:
„Nachdem es mir jetzt wieder besser geht und ich mir deshalb vorhin ein schönes, heißes Bad zurechtgemacht habe und mich darin so richtig wohlig und gemütlich ausstrecke, kommt mir in Erinnerung, dass wir heute den 15. Februar 1978 haben. Und an diesem Tag hat mein Vater Geburtstag. Er wurde 1908 geboren und macht heute seine 70 Jahre voll. Tja, zuerst denke ich ganz ruhig darüber nach und frage mich, wie der seinen Jubeltag wohl feiern wird, ob vielleicht meine Geschwister bei ihm sind, denn die wohnen ja alle bei ihm in Kiel in seiner Nähe... Und plötzlich packt es mich wieder: Der ganze Hass kommt wieder in mir hoch, weil ich daran denken muss, wie beschissen der mit uns Kindern umgegangen ist... Von dem Moment an kann ich mich vor lauter Hassgefühlen nicht mehr einkriegen. Aber ich will das nicht! Zuletzt kam mir deswegen die Idee da heute hinzufahren. Denn wenn ich ihn sehe und vernünftig mit ihm rede, wird es vielleicht besser..., hoffe ich... Ich weiß es nicht... Die AAs sagen auch, wenn man sich zulange in Hassgefühlen 'rumsuhlt, begibt man sich in Rückfallgefahr. Das will ich nicht. Ich will zur Ruhe kommen und so was wie 'n inneren Frieden haben, verflucht noch 'mal! Jawohl! Und deswegen werde ich ihn heute besuchen! Ja, das werde ich tun!! Hast du 'was dagegen?", frage ich meine Freundin.
„Nein, hab' ich nicht. Mach' das man, wenn du meinst, dass es dir weiterhilft. Du kannst gerne das Auto nehmen. Ich brauche es im Moment nicht", ermutigt mich Hanni.

„Danke", antworte ich. Inzwischen benutzen wir das Auto gleichberechtigt, weil wir uns auch die laufenden Kosten dafür teilen.
„Ich glaube, ich rufe lieber erstmal meine Schwester Heidemarie an", überlege ich laut, „die wird sich bestimmt wundern, nach so vielen Jahren etwas von mir zu hören. Zuletzt haben wir telefoniert, als ich erfuhr, dass meine Mutter schon 1 Jahr tot war. Das liegt 6 Jahre zurück", erinnere ich mich. „Na ja", denke ich weiter, „eigentlich hättest du dich schon gleich nach der Therapie bei ihr melden sollen, aber was soll's -, ich hab' mich nie so recht getraut. Also mach' ich's jetzt."
Über die Telefonauskunft besorge ich mir ihre Telefonnummer und rufe sie an. Am anderen Ende der Leitung meldet sich eine Frauenstimme mit dem Familiennamen „Krieg". Ich bin sehr aufgeregt, erkenne sofort ihre Stimme und antworte:
„Hallo, Heidemarie! Hier ist dein missratener, verschollener Bruder. Bitte mecker' nicht gleich los und hör' mir erstmal zu. Ich weiß, dass ich früher viel Scheiß gebaut habe und mich nicht mehr um euch gekümmert habe. Aber das hat sich geändert. Schon seit längerem! Ich habe ein neues Leben angefangen und trinke nicht mehr. Nämlich seit 1 Jahr und 2 Monaten nicht mehr. Das brauchst du nicht zu glauben, aber es stimmt. - Wie geht es dir denn so? Und deinem Mann Götz und den Kindern?"
„Gut geht es uns", antwortet sie. Auch sie wirkt überrascht und verlegen. Sie spricht etwas stockend weiter, und ihre Sätze sind von kleinen Verlegenheitspausen unterbrochen: „...und ich bin dir nicht böse... Warum denn? - Du hast mir doch nichts Böses getan oder? - Ich freue mich, dass du dich meldest und dass es dir gut geht. - Toll, dass du schon so lange nicht mehr trinkst! - Warum soll ich dir das denn nicht glauben? Du klingst ganz anders als damals, als wir wegen Muttis Tod telefoniert haben... Übrigens finde ich es interessant, dass du ausgerechnet heute anrufst: Weißt du, dass Vati heute seinen 70-ten Geburtstag hat? Götz und ich gehen nachher zu ihm. Zwar nicht gerne, aber was soll's? Wir werden nicht lange bleiben..."

Mir ist noch von früher bekannt, dass meine Schwester ähnliche Gefühle wie ich für unseren Adoptivvater empfindet. (Zwar nicht ganz so von Hass beladene, aber doch sehr ablehnende und verächtliche.) Trotzdem hat dieser Mann eine längere Zeit im Einfamilienhaus meiner Schwester und ihrem Ehemann zur Untermiete gewohnt, erfahre ich später von Heidemarie. Und ich erfahre auch, dass diese räumliche Nähe der beiden sich als sehr kompliziert und belastend erwies. Insbesondere für meine Schwester.
Mit Erleichterung nehme ich die mir gegenüber sehr freundliche und wohlgesinnte Antwort meiner Schwester auf und erwidere:
„Selbstverständlich weiß ich, dass der Alte heute Geburtstag hat. Das ist einer der Gründe, warum ich anrufe. Ich würde ihn nämlich heute gerne besuchen. Erstens, um ihm zu gratulieren und zweitens, um zu spüren, wie er auf mich wirkt. Eigentlich ist das mein Hauptgrund. - Nicht die Gratulation. Ich habe da nämlich ein paar Probleme...“
Und dann erzähle ich Heidemarie von meinen quälenden Hassgefühlen gegenüber unserem Vater. Wie diese mich immer wieder einholen, mich besetzen und ich mich stundenlang hineinsteigere und nur sehr schwer davon loskomme.
„Vielleicht hilft es mir, wenn ich ihn sehe und ihm persönlich von Angesicht zu Angesicht gegenüberstehe. Ich weiß nicht, ob es hilft. Aber, egal was, ich will und muss etwas gegen diese Scheißgefühle tun. Natürlich werde ich ihn nicht beschimpfen oder bedrohen... Mein Gott, bloß nicht...! Ich weiß, dass er so ist, wie er ist und dass ich ihn nicht ändern kann. Aber vielleicht kann ich da für mich etwas ändern, wer weiß...“
Heidemarie zeigt sich sehr verständig und antwortet:
„Mir geht es manchmal so ähnlich wie dir. Zwar nicht ganz so schlimm, aber sauer werde ich auch manchmal, wenn ich an die Vergangenheit denke. Von mir aus kannst du gerne herkommen. Aber ich glaube, es ist besser, wenn ich vorher mit ihm rede... Nicht, dass er vor Schreck ‘nen Herzschlag kriegt, wenn du plötzlich vor ihm stehst. - Vielleicht will er dich gar nicht sehen? Wer weiß... Also: Ich schlage vor, dass ich ihn jetzt anrufe und ihm erzähle, dass du kommen möchtest. Danach

rufe ich dich wieder an und erzähle dir, was er gesagt hat. Und wenn er dich nicht sehen will, wäre es sehr schön, wenn du trotzdem heute herkämst. Dann bleiben Götz und ich einfach zu Hause und freuen uns auf dich! So, und nun gib ‘mal deine Telefonnummer.“
Ich stimme allen Vorschlägen meiner Schwester zu, gebe ihr meine Nummer und lege den Hörer auf. Ungefähr fünf Minuten später klingelt das Telefon und Heidemarie teilt mir mit etwas Ironie in der Stimme mit:
„Dein lieber Herr Vater ist hoch erfreut, dich heute noch zu sehen und lädt dich somit zu seinem 70-ten Geburtstag ein.“
Und dann wieder etwas ernster werdend, schlägt sie mir vor:
„Komm’ erstmal hierher, und dann fahren wir gemeinsam gegen 20.00 Uhr zu ihm. Tschüss, bis später.“
Also mache ich mich ziemlich aufgeregt auf den Weg von Bremen nach Kiel. Unterwegs überlege ich, wann ich den Alten das letzte Mal gesehen habe und recherchiere, dass es gewesen sein muss, als die Ehe zwischen Bärbel und mir in die Brüche ging. Das war im Frühjahr des Jahres 1969 und ist somit fast 9 Jahre her. Das Gleiche gilt für meine beiden anderen Schwestern Britta und Angelika sowie für meinen kleinen Bruder Michael, von dem ich sehr wenig weiß. Meiner Mutter begegnete ich 1970 das letzte Mal. Da hatte sie sich schon ziemlich kaputt gesoffen, erinnere ich mich. Diese Gedanken und noch viele andere in Bezug auf meine Vergangenheit beschäftigen mich auf meiner Fahrt nach Kiel.
Gegen 19.00 Uhr erreiche ich mein Ziel und betrete das Haus meiner Schwester. Wir begrüßen uns liebevoll und es fließen ein paar Freudentränen. Auch das Wiedersehen mit meinem Schwager Götz ist voller Freude und auch das mit Heidemarie`s ältester Tochter, meiner Nichte Inga-Christine, die ich zuletzt als 10-jährige sah. Inzwischen sind Heidemarie und Götz allerdings Eltern von 4 weiteren Kindern geworden und ich darf Gesa, Haucke, Jane und die kleine Bente zusätzlich begrüßen. Gesa und Haucke kenne ich noch als Kleinkinder. Jane und Bente sehe ich heute das erste Mal. Nach der fröhlichen, aber auch etwas verlegenen Begrüßung, machen meine Schwester, mein

Schwager und ich uns auf den Weg zu unserem jetzt 70-jährigen „Vati“...
Als er und ich uns gegenüberstehen, breitet er freudestrahlend seine Arme aus, umarmt mich, drückt mich fest an sich und gibt mir einen Begrüßungskuss auf die Wange. Ich lasse das über mich ergehen, küsse ihn auch auf die Wange, aber freudlos, und gratuliere ihm zu seinem Geburtstag.
Plötzlich fühle ich mich wie in Trance, empfinde nichts, und es kommt mir vor, als ob meine letzte Begegnung mit ihm erst vor einigen Tagen gewesen sei. Meine anderen Geschwister sind auch anwesend und ich begrüße sie zwar freundlich, aber ohne innere Regung. Ein wenig jedoch erstaunt mich das „Erwachsensein“ meines kleinen Bruders, der mittlerweile 17 Jahre alt ist.
Dann registriere ich die Einrichtung im Wohnzimmer meines Vaters und stelle fest, dass es noch dieselben dunklen, massiven Eichemöbel sind, die ich aus meiner Kindheit kenne: Der große Bücherschrank, der riesige Schreibtisch, der massive Esstisch und die schweren Hochlehnstühle, die mit dunkelbraunem Leder bezogen und mit messingfarbenen Nieten beschlagen sind. Auf einen davon setze ich mich, blicke in die Runde und fühle, wie meine Empfindungsunfähigkeit langsam von diesem mir wohlbekannten diffusen und dumpfen Furchtgefühl abgelöst wird, welches mich in meiner Kindheit fast täglich beseelt hat. Und plötzlich fühle ich mich auch genau wie damals, nämlich wie der kleine eingeschüchterte Junge...
„Das ist ja toll, dass du endlich wieder zu uns gefunden hast, mein Sohn. Erzähl’ mal ein bisschen. Du hast doch inzwischen sehr viel erlebt. Oder?“
Aufgeschreckt von der lauten und betont fröhlichen Stimme meines Vaters ringe ich mir ein gequältes Lächeln ab und antworte:
„Nee, nee, heute möchte ich nichts erzählen. Es ist dein Tag und nicht meiner. Ich könnte zwar, aber das will ich heute nicht. Lass man...“
„Ach was! Fang’ doch einfach an! Wir sind alle sehr gespannt und neugierig, wie es dir ergangen ist“, versucht er, mich aufzumuntern.

„Nee lass man, nicht gleich am ersten Abend. Ich muss mich erstmal wieder an euch gewöhnen. Schließlich haben wir uns fast zehn Jahre nicht mehr gesehen...", murmel ich halblaut und, durch was auch immer(?), total verschüchtert. Ich komme mir wirklich vor wie damals der kleine Eberhard.
„Na gut, dann nicht", poltert Vati fröhlich weiter, „dann eben ein anderes Mal. Wir werden uns jetzt ja wohl öfters sehen. Denn du sollst eins wissen, mein Sohn: Du bist hier jederzeit herzlich willkommen. Und noch was: Ich bin dir überhaupt nicht böse! Das musst du mir glauben. Du bist und bleibst mein Sohn, und ich bin dir wirklich nicht böse. Hast du das gehört?"
„Ja, danke, Vati", antworte ich leise und habe im Verlauf des Abends unverändert weiterhin das Gefühl der kleine ängstliche Junge zu sein, der ich früher in der Gegenwart meines Vaters war. Ich bin wie hypnotisiert und spüre an diesem Abend weder Hass, noch entwickle ich kritische Gedanken gegenüber diesem Mann.
Erst als wir wieder nach Hause fahren und ich im Auto neben meiner Schwester sitze, wache ich aus meiner „Hypnose" auf und stoße wütende Worte hervor:
„Wie kommt dieses Arschloch eigentlich auf die Idee, dass er mir böse sein könnte? Wie bescheuert ist dieser arrogante Fatzke eigentlich? Hat der sich schon jemals damit beschäftigt, dass ich es vielleicht sein könnte, der ihm böse sein muss, diesem Tyrann? Aber gut, ich habe es vor diesem Besuch geahnt und jetzt glasklar begriffen: Der wird sich nicht ändern und auf gar keinen Fall seine Fehler einsehen. Ich muss ihn aus meiner Problemliste streichen...! Hoffentlich schaffe ich das. Ich muss es schaffen, das ist mir jetzt ganz klar geworden", schärfe ich mir ein. Am anderen Tag frühstücke ich noch mit meiner Schwester und ihrer Familie. Danach verabschieden wir uns voneinander.
„Und damit wir in Verbindung bleiben, laden wir dich, deine Freundin und die kleine Silke zu unserem Sommerfest im Juli ein", verkündet Heidemarie zum Abschied, „aber vorher telefonieren wir noch, okay?"
„Oh, toll, danke", freue ich mich und trete meine Heimreise an.

Während meiner Heimfahrt rufe ich mir noch einmal das Szenario von gestern Abend in Erinnerung und denke:
‚Wie ist es nur möglich, dass man sich nach so vielen Jahren wie das ängstliche Kind fühlen kann. Das verstehe ich nicht.' Mir fällt aber keine Antwort ein. ‚Und dann noch sein blöder Spruch, dass er mir nicht böse ist... Mannomann!'
Ich fühle mich etwas ratlos nach diesen Gedanken, empfinde aber andrerseits ein wundersames Erleichterungsgefühl, dass ich diese Begegnung mit meinem Vater hatte. Über eine Sache wundere ich mich: Nämlich über meine innere Teilnahmslosigkeit gegenüber meinen anderen Geschwistern.
‚Aber ich stand ja auch irgendwie unter Schock. Daran mag das wohl gelegen haben', rechtfertige ich mich vor mir selbst. Dann beginne ich über meine Geschwister nachzudenken:
‚Ja, ja, die Lütten... Britta und Angelika... Beide sind Krankenschwestern geworden. Die haben zwar auch nicht das Abitur, aber immerhin die mittlere Reife geschafft. Hm, sie leben seit eh und je solo, sagt Heidemarie und erwähnt auch, dass sie sehr viel arbeiten. Na ja, vielleicht lernen sie bald jemand kennen und verlieben sich und werden glücklich. Ich werde sie demnächst auch ‘mal anrufen.
Und Micha? Dem scheint es gut zu gehen. Er wohnt beim Alten und bekommt von dem Dinge geschenkt, die wir anderen von ihm nie bekommen hätten, sagt Heidemarie... Ich gönn' dem Bengel das.
Tja, und über meine in mehrfachem Sinne „große Schwester Heidi" kann ich mich nur wundern. Oder besser gesagt, ich muss sie aufrichtig bewundern. Denn die hat fast den gleichen Mist miterlebt wie ich, und es ist ihr trotzdem gelungen mit Götz zusammen fünf offensichtlich gut gelungene Kinder ins Leben zu führen und für ein liebevolles Familienleben zu sorgen. Hut ab! Schließlich hätte sie sich ja genauso wie ich gehen lassen können. Aber sie hat im Gegensatz zu mir Rückgrat gezeigt und ist dagegen angegangen. Alle Achtung, und ich werde jetzt in ihre Fußstapfen treten!'

Als ich abends von meinem aufschlussreichen Vaterbesuch wieder zu Hause bei Hanni und Silke bin, habe ich viel zu erzählen, und meine Freundin hört sehr interessiert zu.
„Übrigens", beende ich meinen Vortrag, „Heidemarie freut sich darauf, dich und Silke kennen zu lernen. Im Sommer gibt's in Kiel bei ihr ein großes Fest, und dazu sind wir jetzt schon eingeladen."
„Dann brauch' ich ein neues Kleid", sagt Hanni und freut sich mit mir, dass ich wieder Kontakt zu meiner Familie habe und kann aber auch nachvollziehen, dass mein Verhältnis zu meinem Vater für mich problematisch bleibt. Trotzdem mein Hass dadurch nicht verschwunden ist, war mein Besuch beim Alten für mich doch ziemlich aufschlussreich:
Ich habe kapiert, dass „Vati" ist wie er ist, und dass ich meinen Hass irgendwie selbst verarbeiten muss. Wie, weiß ich noch nicht genau. Aber eines gelingt mir durch diesen Besuch schon bald besser: Wenn mich dieses widerliche Gefühl beschleicht, lasse ich es nicht mehr sehr lange zu, sondern disziplinier mich schnell an etwas anderes zu denken. Und manchmal gelingt mir das.
‚Das ist doch schon 'mal ein guter Anfang', tröste ich mich. Die Lösung des Problems ist damit allerdings noch nicht erfolgt. Aber die Suche danach geht weiter.
Womit? Mit Gelassenheit, wie die AA's sagen?? - Gelassenheit kenne ich nicht. Ich weiß wirklich nicht, was das ist... leider…

Die Wogen glätten sich

Es stimmt, was mir anlässlich meines ersten „AA-Geburtstages" von den erfahrenen Gruppenmitgliedern mitgeteilt wird: Das zweite Jahr der Abstinenz gestaltet sich im Allgemeinen viel ruhiger und erträglicher als das erste. Das trifft auch für mich zu. Die Hasstiraden gegen meinen Vater, die sich bei mir meistens abends im Bett in meinen Gedanken formulieren und mir das Einschlafen erschweren, sind weniger geworden und ich kann sie auch „früher abschalten", sie sind jedoch nach wie vor sehr unangenehm zu ertragen. Aber irgendwann gelingt es mir, sie durch fragwürdige Vorstellungen, die man sogar als perverse Phantasiebilder benennen könnte, zu neutralisieren und dadurch zeitiger einzuschlafen. Ich stelle mir dann nämlich in meinen Wachträumereien vor, wie ich dem Alten gegenüber Rache nehme: In meinen Bildern befindet er sich dann in einem Raum, in den ich ihn eingesperrt habe und aus dem er nicht mehr entweichen kann. Ich kann ihn beobachten. Er sieht mich aber nicht. Über mehrere Lautsprecher überspiele ich ihm Tonbandaufnahmen, auf denen das eindringliche Geschrei von Kindern zu hören ist, die verprügelt werden.

Zwischendurch teile ich ihm über ein Mikrofon mit, was ich von ihm halte. Alles in voller Lautstärke. Zwischenzeitlich hole ich ihn in einen anderen Raum und verprügle ihn dort mit einem langen, biegsamen Bambusstock. All das mache ich solange mit ihm, bis er um Gnade winselt.

Diese Phantasien verschaffen mir so etwas wie Genugtuung, und ich kann einschlafen.

‚Ganz schön pervers, deine Phantasien, mein Junge', halte ich mir manchmal vor und schäme mich deswegen.

Irgendwann entlaste ich mein Gewissen bei meiner Sponsorin Agnes und bei meinem Lieblingstherapeuten Herrn Wischer, den ich manchmal in der Klinik besuche. Beide ermutigen mich diese Wachträume ruhig weiter zu phantasieren, wenn sie mir helfen, Schlaf und innere Ruhe zu finden. Ich würde das schließlich nicht in Wirklichkeit praktizieren, sondern diese Träume lediglich als Ventil benutzen, sagen mir beide sinngemäß. Und als ich mein Gewissen damit nicht mehr unnötig belaste, erlaube ich mir freien Herzens weiterhin diese Träumchen. Das hat zur Folge, dass die Hasstiraden immer seltener werden und im dritten oder vierten Jahr meiner Abstinenz nicht mehr erscheinen. - Mein Vater ist mir dann endlich egal. Als er ein paar Jahre später stirbt, tut mir auf seiner Beerdigung nur eines Leid: Dass ich über den Tod meiner Eltern keine Trauer empfinden kann...

Weiterhin nehme ich im zweiten Jahr meiner Abstinenz bewusst wahr, das mir schwierige Situationen nicht mehr so dramatisch erscheinen wie noch kurz zuvor. Ich begreife, dass ich die Fähigkeit habe Probleme zu meistern, ohne davor panisch weglaufen oder zur Flasche greifen zu müssen. Dieses Bewusstsein lässt mich die Dinge etwas ruhiger angehen. Trotzdem stehe ich nach wie vor immer ein wenig unter Anspannung beziehungsweise unter Strom..., denn die latente Angst, Fehler zu machen oder zu versagen, bleibt mir erhalten. Aber im Gegensatz dazu bemerke ich, dass ich vertrauenswürdiger und zuverlässiger geworden bin. Dadurch erfahre ich auch Anerkennung von anderen Menschen. Und zwar in konstanter Form. Nicht nur für extrem kurze Zeit wie früher...

Bei den Anonymen Alkoholikern bin ich sehr engagiert, und man wählt mich in der Samstagsgruppe bald zum Gruppensprecher. Ich nehme aktiv an Informationsveranstaltungen in der Klinik, im Jugendgefängnis und auch in Schulen teil. Weil ich während der Meetings Aussagen mache, die klar, überzeugend und sozusagen „echt 'rüberkommen“ und ich offen über meine Defizite und Probleme rede, aber auch darüber, wie ich mir Hilfe hole, um sie in den Griff zu bekommen oder sie auch manchmal selbst löse, dauert es nicht lange, bis meine Meinungen als wichtig gewertet werden und ich für einige „Neue“ die Rolle spiele, die Agnes nach wie vor für mich spielt, nämlich die Rolle des Sponsoren. Darauf bilde ich mir nichts ein, denn ich sehe mich bei den AAs als jemand, der nimmt und gibt, der lernt und lehrt, der Erfahrungen sammelt und weitergibt, so wie jedes Mitglied der AA. Trotzdem gibt es

für mich in der Gemeinschaft ein paar charismatische Persönlichkeiten, an denen ich mich orientiere.
Außerdem halte ich meinen Kontakt zur Klinik aufrecht. Wie bereits erwähnt, spielt dabei Herr Wischer für mich als zentrale Figur der Klinik die Hauptrolle. Wenn ich überhaupt nicht mehr weiter weiß und auch der Meinung bin, dass ich in den AA-Gruppen mit irgendeinem schweren Problem keine Hilfe bekommen kann, dann spreche ich mit ihm. Diese Gespräche haben durchweg zur Folge, dass ich jedes Mal „ein Stück weiter komme". Zudem besuche ich regelmäßig die so genannten „Ehemaligentreffen" in der Klinik, welche alle drei Monate an einem Samstagnachmittag stattfinden. Zu diesen Treffen kommen entlassene Patienten auf die Suchtstation und es werden mit den aktuell anwesenden Patienten und Therapeuten bei Kaffee und Kuchen Erfahrungen ausgetauscht. Überwiegend solche, welche entlassene Patienten nach ihrem Klinikaufenthalt gemacht haben. Ich besuche diese Ehemaligentreffen sehr gerne und beteilige mich daran immer sehr engagiert.
Oft mache ich mir darüber Gedanken, warum mein Leben jetzt auf einmal „funktioniert" und komme zu dem Schluss, dass es etwas mit meiner Fähigkeit zur Selbsterkenntnis zu tun hat und wie ich mich daraufhin verhalte. Auch beherzige ich offensichtlich in ausreichendem Maße den
AA-Spruch: „Fang bei dir selbst an." Hiermit ist gemeint, dass man sich in einer schwierigen Situation genau ansehen soll, welche Rolle man selbst (und nicht etwa die anderen) dabei spielt. Und diese Rolle sollte man nicht mit erhobenem Zeigefinger und sich selbst verurteilend in Richtung Schuld und Versagen bewerten, sondern genau nachfragen: Was habe ich dazu beigetragen, dass ich in dieser schwierigen Situation stecke. Wo liegt meine Verantwortung (nicht immer Schuld!) und was kann ich tun, dass ich aus der Sache wieder herauskomme. Hier ein eigenes Beispiel:
Hätte ich mich, ohne es aufzuschieben, gleich nach meiner Therapie mit meiner Scheidungsabsicht bei Rebecca gemeldet, dann hätte diese noch keine Tochter gehabt und mir wäre die teure „soziale

Ungerechtigkeit“ mit dem Nicht-Vaterschaftsnachweis erspart geblieben. Weil ich aber die Zügel schleifen ließ, musste ich die Verantwortung dafür übernehmen und in der Konsequenz 2000 DM dafür bezahlen.
Also, warum funktioniert mein Leben jetzt? Weil ich langsam lerne meine Realität wahrzunehmen und bei Problemen nicht mehr resigniere, sondern sie angehe und mir, wenn nötig, auch Hilfe hole. Und das ist noch sehr oft nötig... Aber ich bin zuversichtlich und mache mir für die Zukunft darüber Mut, dass ich die Gegenwart mit der Vergangenheit vergleiche und feststelle: „Es ist besser geworden, dann wird's auch in der Zukunft besser...“
Zuvor erwähnte ich meine Fähigkeit zur Selbsterkenntnis. Manchmal sind meine diesbezüglichen Wahrnehmungen nicht frei von einem hohen Maß an Dramaturgie. Hier ein Beispiel:
Als Hanni und ich eines Tages 'mal wieder (ich muss leider „'mal wieder“ sagen) Streit wegen meiner häuslichen Unordnung und meiner mangelnden Beteiligung an den dazu gehörenden Pflichten bekommen, stehe ich nach längerem Streitgespräch und für mich höchst unvorteilhafter Argumentationsfülle ihrerseits mitten im Wohnzimmer, habe meine Hände zu Fäusten geballt, meinen Blick nach oben, die Wohnzimmerdecke durchbohrend, gerichtet und brülle laut und zornig (aber voller Selbsterkenntnis) :
„Ich habe verdammt noch 'mal die Schnauze davon voll, immer wieder einsehen zu müssen, dass ich Unrecht habe!“
Aber ich erlebe auch Erkenntnis-Situationen mit mir, die ruhiger ablaufen und so etwas wie Harmonie und Zufriedenheit bewirken: Die mittlerweile fünfjährige Silke, für die ich inzwischen offiziell die Vaterrolle übernommen habe, steht eines Abends um 20.30 Uhr in ihrem Schlafanzug vor mir und sagt:
„Ich hab' Durst.“
Ich antworte streng:
„Du müsstest eigentlich schon schlafen. Geh' ins Bett, du hast keinen Durst! Ab jetzt, ins Bett!“

Mit den Worten „Du bist gemein, ich hab' aber doch Durst!", dreht das kleine Menschlein sich um und begibt sich mit gesenktem Kopf wie befohlen in ihr Zimmer.
Als sie die Tür hinter sich zugemacht hat, gehe ich in die Küche an den Kühlschrank, greife nach der Selter-Flasche und trinke ein paar kräftige Züge von diesem erfrischenden Getränk. Ich habe nämlich Durst! - Irgendjemand in mir, ich glaube, ich bin es sogar selber, sagt:
‚Aha, du hast Durst - trinkst selbstverständlich 'ne ordentliche Menge, billigst es deiner Tochter aber nicht zu... Da benimmst du dich ja richtig toll. Nämlich nicht besser als deine Eltern damals, du Tyrann...!'
Und während ich innerlich so mit mir ins Gericht gehe, erinnere ich mich, dass ich nach der Getränkeverweigerung meiner Eltern mir gegenüber durstig und schmollend ins Bett ging, um mir dann in meiner Phantasie vorzustellen, dass ich ein Ende eines langen Gartenschlauches in meinem Mund hätte, der bis in die Küche reicht und dort mit seinem anderen Ende am Wasserhahn angeschlossen wäre und dass mir das Wasser in den Mund liefe und ich würde den Durst löschen, den meine Eltern mir absprachen... Und so sage ich mir, nachdem ich mit meinen Gedanken zurück in der Gegenwart gelandet bin:
‚Pass auf, dass du nicht auch ein Scheiß-Vater wirst.'
Daraufhin nehme ich ein Wasserglas aus dem Küchenschrank, fülle es mit Silkes Lieblingssaft und begebe mich damit in ihr Zimmer. Natürlich ist sie noch wach.
‚Bestimmt, weil sie durstig ist', denke ich. „Hallo, Süße", sage ich zu ihr, „es tut mir leid, dass ich vorhin so doof war und behauptet habe, dass du keinen Durst hast. Das war richtig blöde von mir. Selbstverständlich hast du Durst, wenn du das sagst. Hier hast du etwas zu trinken. Aber du musst vorsichtig sein. Denn wenn du jetzt das ganze Glas leer trinkst, besteht die Gefahr, dass du ins Bett machst. Denn wenn du gleich einschläfst, fällst du erst einmal in den Tiefschlaf und merkst vielleicht nicht, dass du Pipi machen musst und pinkelst vielleicht ins Bett. Wenn du aber nur die Hälfte aus dem Glas trinkst, so dass dein größter Durst gelöscht ist, dann ist deine Blase nicht so voll und du

wirst auch nicht ins Bett machen. Ich stelle dir dein Saftglas jetzt hier auf deinen Nachttisch und du entscheidest, ob, wann und wie viel du trinkst. Gute Nacht, mein Schatz, und verzeih mir bitte, dass ich so doof war."

Silke hört sich meinen Vortrag mit ernster Miene an und nickt währenddessen manchmal. Dann geben wir uns einen „Gute-Nacht-Kuss" und ich verlasse ihr Zimmer.

Am anderen Morgen bin ich neugierig, wie die Kleine mit der Sache umgegangen ist, und ich sehe: Auf ihrem Nachttisch steht das Glas, und es ist noch halb voll... Ich bin stolz auf mein Töchterlein, aber auch ein wenig auf meine Erziehungskünste, die in diesem Fall aus einer Selbsterkenntnis heraus geboren wurden...

Rückfallbegegnungen und Veränderungswünsche

„Was glaubst du, was müsste geschehen, dass du wieder Alkohol trinkst?", fragt Hanni mich. Wir haben es uns im Wohnzimmer gemütlich gemacht und unterhalten uns über das Thema „Sucht" und auch darüber, wie gut es mit meiner Trockenheit klappt.
„Hm, was würde mich wieder zum Trinken bringen?", wiederhole ich die Frage grüblerisch, „hm, weiß nicht..., vielleicht, wenn du und Silke tödlich verunglücken würdet... oder wenn ich eine Querschnittlähmung bekäme... oder wenn ich impotent werden würde..., ich weiß es nicht, 'was anderes fällt mir nicht mehr dazu ein."
Hanni forscht weiter:
„Wenn dir jemand - sagen wir mal - 'ne halbe Million DM bieten würde, würdest du dann zwei „Halbe" trinken?"
„Puh", antworte ich, „vielleicht, vielleicht aber auch nicht. Ich weiß es einfach nicht. Hm..."
Plötzlich merke ich, wie in mir die heiße Wut hoch kriecht und ich zürne: „Was ist das bloß für ein scheiß Thema?! Hätte, wäre, könnte, sollte...! Das nervt mich! Ich weiß, dass ich nicht trinke und es auch nicht will! Hier jetzt und heute. Was irgendwann mal sein könnte, wird sich zeigen, und dann werden wir sehen, was ist! Komm, sei mir nicht böse, aber diese scheiß Spekuliererei regt mich auf, lass uns das Thema wechseln."
Hanni lenkt sofort ein und wir sprechen über etwas anderes.
Ja, ja, die Rückfälle... Selbstverständlich begleiten die mich auf meinem Weg. Ich weiß inzwischen, dass eine hohe Anzahl meiner ehemaligen Mitpatienten und -Patientinnen wieder Alkohol trinkt. Diejenigen, die, so wie ich, die Selbsthilfegruppen besuchen, leben aber abstinent. Das sind allerdings nur 7 oder 8 Leute von ehemals 20. Von einem weiß ich, dass er auch immer noch trocken lebt, obwohl er keine Gruppen besucht. Es kommt auch manchmal vor, dass Teilnehmer der Meetings, zu denen ich nach wie vor regelmäßig hingehe, rückfällig werden. Manche von denen kommen nicht wieder. Andere berichten meistens, dass sie in Schwierigkeiten waren, nicht mehr die Meetings besuchten

und einige Zeit später wieder Alkohol tranken. Sehr oft erzählen Rückfällige, dass sie an dem Versuch, wieder normal trinken zu können, gescheitert und wieder „voll abgerutscht“ sind.
Mich lassen diese Rückfallereignisse nicht unberührt. Wenn ich die betreffende Person gut kenne und sie mir obendrein auch sehr nahe ist, erschüttert mich so etwas sehr. Manchmal bin ich auch enttäuscht oder sogar wütend. Einige meiner AA-Freunde beziehen solche Ereignisse stark auf sich selbst und sagen:
„O Mann, wenn der XY einen Rückfall hatte und der XZ auch, dann bin ich wohl auch bald fällig...“
Das klingt für mich so, als würde der Rückfall auf die Person zukommen. Es ist aber umgekehrt. Obige Gedanken beherrschen mich nicht, weil ich weiß, dass die Verantwortung dafür immer bei der jeweiligen Person liegt und diese sich selbst für das Trinken entscheidet. Und zu dieser Entscheidung habe ich (noch?) keine Lust... Mein eigener Suchtdruck beschränkt sich auf einen immer wiederkehrenden, abends im Bett erscheinenden Wachtraum, der aber immer seltener und kürzer wird. In ihm saufe ich in meinem einsamen Waldhaus das Weinbrand-Arsenal leer. Ich erwähnte das bereits an anderer Stelle. Außerdem träume ich gelegentlich auch während des Schlafs vom Trinken. Manchmal freue ich mich im Traum darüber, dass ich „es wieder kann“, und manchmal gerate ich dadurch in Alptraumpanik und wache schweißgebadet auf. In beiden Fällen bin ich nach dem Erwachen jedes Mal froh, dass ich nicht wirklich getrunken habe... Ansonsten befällt mich Gott sei Dank kein Saufdruck. Bestimmt liegt das unter anderem auch daran, dass ich diesbezüglich keine Risiken eingehe. Zum Beispiel gehe ich im Gegensatz zu einigen anderen Abstinenzlern nicht in Kneipen. (Ausgenommen Restaurants u. ä.) Menschen, die das tun, brüsten sich ja oft und gerne damit, dass es ihnen „gar nichts ausmacht“ unter Bier und Schnaps trinkenden, besoffen ‘rumlabernden Kumpels zu sitzen... Für mich ist in diesem Zusammenhang klar: Wenn ich mich in solche Situationen begeben würde, müsste ich sehr viel Energie aufwenden, um meinem Trinkbedürfnis zu widerstehen. Aber diese Energie kann ich an anderen Stellen viel fruchtbarer nutzen und

somit erhalte ich sie mir für sinnvollere Kraftakte. Als weiteren Sicherheitsaspekt habe ich zuhause meine alkoholfreie Zone, die auch Hanni respektiert. Wenn sie 'mal abends Wein oder Bier trinkt, dann ist das in Ordnung. Aber es stehen keine Vorräte herum. Und wenn ich Gast auf einer Feier bin, wo Alkohol konsumiert wird, dann kann ich diese verlassen, sobald es mir unbehaglich wird.
Inzwischen spüre ich etwas Erfreuliches. Ich spüre, dass dieses „Trockensein“, diese Abstinenz, für mich immer mehr zu meinem Lebensprogramm und zu meiner Grundhaltung wird. Aus einem „Schade, dass ich nicht trinken darf!“, ist ein „Gott sei Dank, dass ich nicht mehr trinken muss!“ entstanden. Ich spüre, dass aus der Pflicht die Kür geworden ist. Aber ich weiß auch, dass ich mir gegenüber wachsam bleiben muss. Insbesondere anlässlich jenen Frustes, der mich zum Ende meines zweiten und zu Beginn meines dritten Abstinenzjahres beschleicht. Dabei geht es um meine berufliche Situation und die damit verbundene, immer stärker werdende Unzufriedenheit. Während die mich befällt und ich immer mehr den Wunsch nach Veränderung spüre, erinnere ich mich an die Worte des Herrn Dr. Lohmann anlässlich meines Abschlussgespräches nach meiner Therapie in der Klinik. Da ging es um Minderwertigkeitsgefühle, hohen Anspruch, Unzufriedenheit und dadurch entstehenden Saufdruck...
Meine Unzufriedenheit liegt darin, dass ich satt habe, täglich Glas durch die Gegend zu kutschieren und im Rahmen des Kundendienstes von der Kundschaft noch spontane Extra-Aufträge zu übernehmen, die ich nicht ablehnen darf und die mich immer wieder unter Zeitdruck setzen. Dabei habe ich mitunter das Gefühl, ich sei deren Sklave und eine Menge Leute können während meiner Arbeitszeit mit mir machen, was sie wollen...
Manchmal denke ich: ‚Wenn die AA-Jobs zu vergeben hätte, dann würde ich mich sofort für einen bewerben.' Ja, am liebsten würde ich einen Beruf ergreifen, mit dem ich anderen Alkoholikern helfen kann. Ich kenne einen AA-Freund, der Maurer war und jetzt in einem Heim für suchtkranke Männer als Betreuer arbeitet. Das würde ich auch gerne

machen. So viel ich weiß, ist der in diese Tätigkeit hinübergewechselt ohne irgendwie extra studiert zu haben oder umgeschult worden zu sein. – Er war einfach nur mit der Fähigkeit ausgestattet, Alkoholikern Genesungswege aufzuzeigen, die er selbst gegangen ist. Ich merke oft, dass auch ich die Fähigkeit habe, „frischen" AA-Feunden meine Erfahrungen so zu vermitteln, dass sie diese konstruktiv für sich verwerten können. Der Wunsch irgendwann eine solche Tätigkeit hauptberuflich auszuüben, wird immer stärker in mir. Eines Abends spreche ich mit meiner Sponsorin Agnes darüber. Sie reagiert skeptisch:
„Na gut, vielleicht bist du auf dem Gebiet talentiert und könntest es später einmal machen, aber jetzt bist du gerade etwas mehr als zwei Jahre trocken... Vielleicht ist das noch ein wenig zu früh. Oder?"
Ich stimme ihr artig, aber sehr halbherzig und auch etwas enttäuscht zu und sage:
„Ja, bestimmt hast du Recht..."
Daraufhin spreche ich mit mehreren AA-Freunden, deren Meinung mir wichtig ist, über diese Berufsvorstellung und erhalte ein breites Meinungsspektrum. Es reicht von „ja toll, das kann ich mir gut vorstellen, dass du so etwas machst und auch gut kannst", bis hin zu „waa-as?? Bis du jetzt größenwahnsinnig geworden?? - Bist just aus der Schnapsflasche gekrochen und willst schon den großen Therapeuten spielen? Du spinnst wohl... Oder bist du besoffen?"
Letztere Antwort ist natürlich ziemlich drastisch und tut mir auch ein bisschen weh, aber ich verdaue sie ganz gut. Aber ich entnehme den meisten diesbezüglichen Stellungnahmen meiner AA-Freunde, dass sie sich grundsätzlich schwer damit tun, ihresgleichen in einer professionellen Helfer- oder sogar „Therapeuten"-Rolle zu sehen, obwohl wir AAs ja eigentlich auch irgendwie therapeutisch aufeinander einwirken... Ich denke manchmal, dass diese Abwehr etwas mit falscher Bescheidenheit zu tun hat und dass die AA-Mitglieder zuweilen ihr Licht unter den Scheffel stellen. Wenn man nämlich einen AA fragt, auf welche Art seine Gemeinschaft anderen Alkoholikern zur Trockenheit verhilft, dann kann er gut und gerne mindestens eine halbe Stunde lang von beeindruckenden und erfolgreichen Hilfsbeispielen berichten. Aber

wenn man dann weiterfragt und wissen will, ob und auf welche Art und Weise der Berichtende selbst hilft, dann bekommt man meistens zu hören:
„Ich selbst bin nicht so wichtig und auch nicht so effektiv. Ich bin nur ein Teil vom Ganzen. Es ist die Gruppe, die hilft, nicht ich..."
Der Grund für dieses „sein Licht unter den Scheffel stellen" hat nach meinen Erkenntnissen etwas mit der Vergangenheit der beteiligten Personen zu tun: War man während der Saufzeit mit hohlen, großkotzigen Sprüchen (und nichts dahinter) schnell dabei, so will man es jetzt, da man nüchtern lebt, vermeiden, irgendwie den Verdacht zu erwecken, großsprecherisch zu sein. Da stellt man sein Licht doch lieber unter den Scheffel und versteckt seine eigene Leistung hinter der allumfassenden Kraft der Gemeinschaft.
Weil ich bei meinen AA-Freunden wenig Unterstützung für meine neuen Pläne finde, wende ich mich an Uwe Wischer, mit dem ich mich inzwischen duze. Ich rufe ihn an und bitte ihn um einen Gesprächstermin in der Klinik. Als wir zusammensitzen, berichte ich ihm von meiner Unzufriedenheit auf meinem Arbeitsplatz, von dem Abschlussgespräch mit Dr. Lohmann, meinen neuen beruflichen Wünschen, der diesbezüglichen Resonanz bei den Anonymen Alkoholikern und frage ihn abschließend:
„Tja, Uwe, keiner kennt mich so gut wie du... Nicht 'mal ich selbst. Glaubst du, dass ich mit Suchtkranken arbeiten könnte? Oder hältst du das auch für ein Hirngespinst von mir?"
„Ganz und gar nicht," antwortet Uwe, „erstens kenne ich dich wirklich sehr gut, und zweitens habe ich dich mittlerweile bei einigen Ehemaligentreffen erlebt. Deine Beiträge waren immer klar und realistisch. Hast ja manchem mitunter ganz schön die Leviten gelesen... Aber das Gute daran war oder ist immer noch, dass du keine hohlen Sprechblasen aufgepustet hast, sondern auch für dich selbst praktizierst, was du verkündest. Aber Dr. Lohmann hat selbstverständlich Recht: Du musst Geduld zeigen und die Bedingungen akzeptieren, die auf dem Weg der Veränderung zu erfüllen sind. Mag auch sein, dass es zu diesem Zeitpunkt noch zu früh für dich ist eine solche Arbeit zu

machen. Aber bis es dann soweit ist, gehen ja noch einige Tage ins Land... Bis dahin bleibst du Eberhard, der Kraftfahrer! Und vor allen Dingen der trockene Alkoholiker, mit Betonung auf trocken. Klar?"
„Klar!", gebe ich durch seine Antwort ermutigt zurück.
Dann spricht Uwe weiter:
„Ich würde dir davon abraten es so zu machen, wie dein AA-Freund, der in diesem Männerheim arbeitet. - So ganz ohne fundierte Ausbildung im Hintergrund... Da hast du am Arbeitsplatz wenig Rechte. Und wer weiß, wie die Zeiten 'mal werden. Bestimmt ist es besser, wenn du 'ne gute Ausbildung vorweisen kannst. Am besten ist, du machst 'ne NAP und studierst dann Sozialpädagogik."
„Was soll ich machen?", hake ich nach.
„'Ne NAP. Das heißt „Nichtabiturientenprüfung". Die bestehst du, und dann studierst du."
„Mann Uwe, vergiss es, das schaffe ich nie! Weder vom Koppe her, noch finanziell! Ich glaube, für mich wäre 'ne Umschulung mit finanzieller Unterstützung das Beste. Alles andere kannste vergessen."
„Na gut", räumt Uwe ein, „das mit dem Geld, das sehe ich ein. Also brauchst du eine Umschulung. Aber trotzdem: Ein Studium würdest du allemal schaffen. Du bist doch nicht blöde oder?"
„Dazu sage ich jetzt nichts. Was schlägst du vor, Uwe?"
„Erkundige dich bei deinem Rentenversicherungsträger oder beim Arbeitsamt ob sie dir eine Umschulung zum Krankenpfleger finanzieren. Dann könntest du nach der dreijährigen Ausbildung hier in der Suchtabteilung arbeiten... Wohlgemerkt: Aber nur, wenn eine Stelle frei ist. Also, versuch' es, und halte mich auf dem Laufenden. Wenn es Hindernisse gibt, wirf nicht gleich die Flinte ins Korn, sondern melde dich lieber hier! Und noch 'mal, damit du's auch verinnerlichst: Zur Zeit bist du Eberhard, der Kraftfahrer und nichts anderes! Ist das Klar?"
„Klar, Uwe, Kraftfahrer!", antworte ich, „und danke! Danke für den Tipp und dass du gesagt hast, dass du mir den Job zutraust. Bis demnächst! Wenn die mir wegen der Umschulung 'ne Absage erteilen, brauche ich dich sowieso und dann wohl dringend. Tschüss!"

Hindernislauf

Also mache ich mich entsprechend der Empfehlung von Uwe zuversichtlich auf den Weg und verabrede mit meinem zuständigen Sachbearbeiter meines Rentenversicherers einen Termin, um mit ihm über die Finanzierung einer Umschulung für mich zu sprechen. Für meine Rentenversicherung ist die Seekasse zuständig. Als der Tag des Gesprächstermins endlich herangerückt ist und ich mich mit dem Seekassenangestellten unterhalte, sagt dieser zu mir:
„Tja, Herr Lempelius, nachdem wir uns vor einigen Tagen für heute verabredet haben, inspizierte ich schon mal Ihre Akte und muss Ihnen leider mitteilen, dass die Seekasse für Ihre Umschulung nicht zuständig sein kann... Und zwar aus zwei Gründen. Erstens: Sie üben die Tätigkeit eines Kraftfahrers aus und es gibt nichts was Sie daran hindert, diese Arbeit fortzuführen. Dass Sie mit diesem Beruf unzufrieden sind, kann für die Seekasse nicht als Argument gelten, eine teure Reha-Maßnahme einzuleiten. Aber selbst, wenn es etwas gäbe, was Sie tatsächlich an der Ausübung dieser Tätigkeit hindert, würden wir keine Umschulung finanzieren können, weil Sie die dafür erforderlichen Rentenversicherungsbeiträge nicht in ausreichender Form geleistet haben. Das liegt offensichtlich daran, dass hier so viele Ausfallzeiten in Ihrem bisherigen Berufsleben verzeichnet sind... Wie sind die eigentlich in dieser Häufigkeit zustande gekommen?“, fragt er abschließend etwas vorwurfsvoll.
Na ja“, antworte ich enttäuscht und etwas deprimiert, „hab’ ne ziemlich wilde Zeit hinter mir. Darüber möchte ich jetzt aber nicht reden. Ist da für mich wirklich nichts zu machen?“, hake ich noch einmal nach.
„Hm,“ sinniert er, „darüber wollen Sie nicht reden, hm, geht mich ja auch nichts an... Aber zu machen ist da nichts. Von der Seekasse bekommen Sie keine Reha-Maßnahme finanziert. Sehen Sie zu, dass Sie ihren Fahrerjob weiterhin gewissenhaft ausführen, und dann stellt sich meiner Meinung nach Ihre Zufriedenheit automatisch ein“, rät er mir in schulmeisterlich-jovialem Ton und begleitet mich zur Tür.

Betrübt, entmutigt und auch resigniert fahre ich nach diesem Gespräch nach Hause. Selbstverständlich rufe ich sofort Uwe Wischer an und teile ihm enttäuscht das Ergebnis dieser Unterredung mit. Der hört es sich an, unterbindet aber sofort jedes resignative und selbstmitleidige Gejammer von mir und motiviert mich nachdrücklich sofort den nächsten Versuch beim Arbeitsamt zu starten.
Um es kurz zu machen: Beim Arbeitsamt habe ich Erfolg! Mit meiner zuständigen Sachbearbeiterin dieses Instituts spreche ich offen und ehrlich über meine Vergangenheit, darüber, dass ich vor zweieinhalb Jahren eine Suchttherapie absolviert habe und seitdem trocken bin. Ich erzähle ihr weiterhin, dass ich meine Abstinenz jedoch „etwas" gefährdet sehe, weil ich beruflich immer unzufriedener werde und mir deswegen wünsche, noch einmal einen „richtigen" Beruf zu erlernen. Frau Wahlers, so heißt die Sachbearbeiterin, zeigt sich sehr verständig und bestärkt mich in meiner Idee. Umgehend schlägt sie mir vor, eine Umschulung zum Industriekaufmann anzustreben.
„Oha," gebe ich zu bedenken, „in meiner AA-Gruppe gibt es jemanden, der gerade eine solche Ausbildung erfolgreich zum Abschluss gebracht hat. Allerdings findet er keinen Job..."
„Na ja", antwortet Frau Wahlers, „mag sein, aber es kommt immer auf die Person selbst an, wie sie sich in einem Vorstellungsgespräch verkauft... Was würden Sie denn gerne machen?", fragt sie mich interessiert.
„Ich würde gerne Krankenpfleger lernen, um nach bestandenem Examen in der Bremer Suchtklinik zu arbeiten", antworte ich.
„Hm, Krankenpfleger...", sinniert sie, „in dem Beruf gibt es zur Zeit sehr viele Arbeitslose. Ob Sie da eine Stelle bekommen...? Ich weiß nicht ..."
Da ich durch mein Gespräch mit Uwe Wischer ziemlich zuversichtlich bin, im Zentralkrankenhaus Bremen-Ost eine Anstellung zu finden, Frau Wahlers das aber nicht wissen kann, antworte ich mit listigem Lächeln:
„Haben Sie soeben nicht gesagt, dass es immer darauf ankommt, wie man sich verkauft?"

Sie muss daraufhin lachen und bestätigt:
„Ja, das habe ich allerdings gesagt...“
Mutig frage ich weiter:
„Würde es Ihnen etwas ausmachen, wenn ich mich selbst um eine Lehrstelle kümmere? Ich schlage vor, dass Sie mir ein paar Wochen Zeit lassen, und ich melde mich bei Ihnen, wenn ich einen Ausbildungsplatz gefunden habe. Es besteht nämlich die Möglichkeit, dass ich in der Klinik Bremen-Ost eine Lehrstelle bekomme. Ich halte Sie auch zwischendurch auf dem Laufenden... Wäre das für Sie in Ordnung?“
„Ah ja“, freut sich Frau Wahlers, „wenn das so ist, gerne! Wir vom Arbeitsamt sind froh, wenn unsere Arbeitssuchenden Eigeninitiative zeigen und selbst so aktiv wie möglich sind. Rufen Sie mich an, sobald Sie Genaueres wissen, halten mich bitte aber auch sonst auf dem Laufenden, ja?“
Und so mache ich mich mit neuem Mut auf den Weg...
Selbstverständlich informiere ich Uwe über diesen Erfolg, und wir beratschlagen, wie ich mich weiterhin verhalten soll. Er rät mir, mir als nächstes einen Gesprächstermin bei der Krankenpflegedirektorin dieses Hauses zu besorgen. Gesagt, getan. (Ich vermute, dass Uwe die Dame bereits ein wenig über mich informiert hat...) Sie hört sich meine Beweggründe, Krankenpfleger werden zu wollen, sowie meine Vorgeschichte interessiert an und schlägt mir vor, mich erst einmal als Pflegehelfer einstellen zu lassen. Zum Einen, weil erst in einem Jahr, ab Oktober 1980 wieder Ausbildungsplätze an der hauseigenen Krankenpflegeschule frei sind und zum Anderen, weil ich während meiner Tätigkeit als Helfer jederzeit feststellen könnte, ob der Beruf des Krankenpflegers für mich der richtige sei. Dieses Gespräch beendend sagt die Pflegedirektorin zu mir:
„Wenn Sie wollen, schicken Sie Ihre schriftliche Bewerbung an mich ab und wenn die in Ordnung ist, können Sie bei uns am 1. Oktober anfangen. Sobald das erfolgt ist, bewerben Sie sich so schnell wie möglich um einen Platz an der Krankenpflegeschule. Wollen Sie das tun?“

„Oh ja, gerne", antworte ich beglückt und mein kleines Herz in mir jubelt vor Freude. Es kann zu diesem Zeitpunkt nämlich noch nicht wissen, dass es noch drei für mich fast unüberwindbare Hindernisse gibt, die auf dem Weg zu meinem angestrebten Ziel liegen...
Nach meiner Einstellung als Pflegehelfer im ZKH Bremen-Ost stellen sich mir diese sehr bald quer in den Weg. Das erste Hindernis heißt: Mein nicht vorhandener Hauptschulabschluss!
Es gibt drei bildungstechnische Grundvoraussetzungen, um zu einer Krankenpflegeausbildung zugelassen zu werden. Entweder man hat das Abitur oder einen Realschulabschluss oder man kann den Hauptschulabschluss plus eine abgeschlossene Berufsausbildung nachweisen. Die letzte Bedingung ist durch den erfolgreichen Abschluss meiner Matrosenprüfung nur halb erfüllt, denn ich benötige zusätzlich den Hauptschulabschluss. Den besitze ich nicht, weil ich seinerzeit die Realschule als „Sitzenbleiber" verlassen musste. Meine Schulpflicht war zwar zeitlich erfüllt, aber ich hatte keinen Abschluss! Nie war mir diese Tatsache so bewusst, wie jetzt, und ich gerate deswegen zunächst wieder in meine mir ach so gut bekannte und vertraute Panik! Aber weil ich aus dieser Panikstimmung meistens in Aktionismus gerate, erfahre ich sehr bald, dass es zwei Lösungsmöglichkeiten für mein neues Problem gibt. Erstens kann ich mich in einem einjährigen Kurs an der Volkshochschule auf den Abschluss vorbereiten und dann eine Prüfung mit Zensuren ablegen oder ich nehme das Angebot wahr, welches ein Bremer Gymnasium anbietet: Man macht eine einmalige Prüfung ohne offizielle Vorschulung und bekommt nach Bestehen derselben das Zertifikat „Hauptschulabschluss" ausgehändigt. - Allerdings ohne Zensuren. – Weil mir die erste Version zu zeitaufwändig erscheint und ich mir den zweiten Weg „eigentlich" zutraue, melde ich mich bei dem Gymnasium für die einmalige Prüfung an. Im Vorfeld pauke ich mit Hanni Mathematik, Geschichte, Geografie, deutsche Grammatik usw. Rechtzeitig zum Prüfungstermin stehe ich, wie immer, wenn es irgendwie „darauf ankommt" vor lauter Angst, Aufregung und Selbstzweifel unter Dauerstrom und... bestehe den Test auf Anhieb!

Nicht nur das, denn der Prüfer, der mir das „Hauptschulabschluss-Zertifikat" überreicht, sagt zu mir:
„Herr Lempelius, herzlichen Glückwunsch, Sie sind der erste seit 6 Jahren, dem es gelungen ist, hier bei uns ein fehlerfreies Diktat zu schreiben. Alle Achtung! Was meinen Sie - wollen Sie nicht gleich die „Mittlere Reife" hinterher machen? Die haben wir auch im Angebot, und ich bin mir sicher, dass Sie die auch mit „links" schaffen. – Na?"
Mit Stolz und Genugtuung nehme ich sein Kompliment in mich auf, antworte aber:
„Danke für Ihre Einschätzung meiner Fähigkeiten, aber ich habe, was ich benötige. Mehr brauche ich nicht. Danke!"
Das zweite Hindernis, welches mich aus heiterem Himmel überrascht, heißt: Punktesystem!
Entsprechend der Empfehlung meiner Krankenpflegedirektorin habe ich mich sofort nach meiner Einstellung als Pflegehelfer für einen Platz an der Krankenpflegeschule beworben. An den bremischen Krankenhäusern gibt es drei oder vier Krankenpflegeschulen. Jede Person, die sich um einen Ausbildungsplatz daran bewirbt, muss ein Vorstellungsgespräch bei der obersten „Pflegechefin" Bremens, nämlich der Stadtoberin absolvieren. Anlässlich meines Termins bei ihr und nach ausführlichem Gespräch über meine Motivation Krankenpfleger werden zu wollen, erklärt mir die Dame sehr freundlich, dass ich mindestens 12 Punkte benötige, um zu der Ausbildung zugelassen zu werden. Wie viele Punkte ich erreiche, hängt von den Zensuren meines Schulabgangszeugnisses ab. Für eine „1" gibt es vier Punkte, für eine „2" drei Punkte, für eine „3" zwei Punkte und eine „4" wird mit einem Punkt bedacht.
Die Stadtoberin lächelt mich noch einmal freundlich an und entnimmt meinen Bewerbungsunterlagen, die sie vor sich liegen hat, mein Zeugnis. Nachdem ich diese Information von ihr verinnerlicht habe und sehe, wie beim Besichtigen meines Zeugnisses ihr freundlicher Gesichtsausdruck von einem ziemlich ratlosen abgelöst wird, sinken meine Mutreserven auf „nicht mehr spürbar" hinab und mein Angstpegel steigt auf „unerträglich" an... Zu Recht, denn ich erreiche

mit meinem „Realschul-Sitzenbleiber-Zeugnis“ lediglich 9 lächerliche Punkte. Das sind 3 zu wenig! Mir ist kotzübel und ich höre die Frau sagen:
„Das ist aber schade. Denn Sie machen einen sehr sympathischen Eindruck auf mich. Ich bin mir sicher, dass Sie für die Pflege eine Bereicherung darstellen würden. Außerdem halte ich Sie für wesentlich intelligenter als es dieses schlechte Abgangszeugnis über Sie aussagt... Hm, schade - aber so sind nun mal die Bedingungen. Es tut mir leid...“
Stille entsteht nach ihren Worten. Eine für mich schwer zu ertragende und äußerst peinliche Stille. Resigniert sehe ich sie an, schüttele verlegen lächelnd meinen Kopf und will mich erheben, um mich zu verabschieden. Sie sieht mich mitleidvoll an, streckt mir ihre Hand zur Verabschiedung entgegen, zieht sie aber sofort wieder zurück. Ihre Miene hellt sich auf und sie ruft:
„Bleiben Sie sitzen! Beinahe hätte ich's vergessen... Waren Sie bei der Bundeswehr?“ „Ja, war ich“, antworte ich dumpf, „aber da bin ich rausgeflogen. Das zählt dann wohl nicht...“
„Egal! Das zählt!“, frohlockt sie, „die Zeit, die Sie beim Bund absolviert haben, die zählt. Wie lange waren Sie Soldat?“
„Zwei Jahre.“
„Aha, zwei Jahre also. Und wissen Sie noch, welche Wehrpflichtzeit gesetzlich vorgeschrieben war, als Sie entlassen wurden?“, fragt sie eindringlich.
„18 Monate“, antworte ich.
„Ha! Herr Lempelius, wir haben die Lösung! Sie bekommen für jedes halbe Wehrpflichtjahr, welches Sie beim Bund verbracht haben, einen Punkt. Das macht in Ihrem Fall 3 wichtige Punkte! Und die kommen zu den 9, die Sie bereits haben, dazu. Das macht summa summarum 12! Und das genügt! Herzlichen Glückwunsch! Sie bekommen Ihren Platz an der Krankenpflegeschule, das verspreche ich Ihnen!“
Für mich entsteht der Eindruck, dass sie sich genau so freut, wie ich mich freue. Mein Mut- und Freudenpegel ist wieder ganz oben angelangt und der Angstpegel? Der ist erst mal futsch! Mein Gott, wer hätte gedacht, dass mir meine ungeliebte und auch peinliche

Bundeswehrzeit jemals zu einem beruflichen Aufstieg verhelfen würde...?
Das dritte und letzte Hindernis vor dem Erreichen meiner angestrebten Berufsausbildung wartet auf dem Arbeitsamt auf mich...
Da ich meiner dortigen Sachbearbeiterin, Frau Wahlers, versprochen habe, sie ständig auf dem Laufenden zu halten und das auch tue, freut sie sich anlässlich meiner Lehrstellenzusage mit mir und fragt fast nebenbei:
„Sind Ihre neuen Lehrherren, besser gesagt Lehrdamen, denn damit einverstanden, dass die Umschulung nur über 2 Jahre läuft? Die Lehrzeit selbst dauert ja 3 Jahre, so viel ich weiß... Gibt es denn für Sie eine spezielle Sonderregelung?“
„Häh?“, frage ich verständnislos, „nur 2 Jahre Umschulung? Das wusste ich doch gar nicht. Ich dachte, dass sich die Umschulungszeit nach der Länge der Ausbildungszeit richtet... Hm, ich weiß nicht... Könnten Sie bitte die Schule anrufen und nachfragen?“, bitte ich Frau Wahlers. Das Ergebnis des Telefonats ist für mich beängstigend: Die Krankenpflegeschule beharrt auf einer 3-jährigen Ausbildungszeit und lässt sich nicht auf zwei Jahre ein.
„Tja“, sagt Frau Wahlers, „und das Arbeitsamt schult eigentlich nur zwei Jahre um und nicht länger.“
„Eigentlich?“, hake ich nach, „haben Sie soeben ‚eigentlich‘ gesagt? Gibt es also Ausnahmen?“
„Ja, die gibt es. Wenn der Betreffende einen sehr guten Eignungsnachweis für die angestrebte Tätigkeit erbringen kann, dann genehmigen wir auch die Ausbildungszeit, die der Lehrbetrieb verlangt. Für Sie, Herr Lempelius, würde das bedeuten, dass Sie uns nach cirka drei Monaten ihrer Tätigkeit als Pflegehelfer ein Interimszeugnis ihrer Klinik vorlegen müssten. Wenn das gut ausfällt, befürworten und finanzieren wir Ihre dreijährige Ausbildung.“
„Was für ein Zeugnis soll ich vorlegen?“, frage ich verständnislos.
„Ein Interimszeugnis. Das ist ein Zwischenzeugnis. Strengen Sie sich also an“, ermuntert sie mich.

„Aha, verstehe“, erwidere ich und verabschiede mich erleichtert und zuversichtlich, was das „Interimszeugnis“ betrifft. Denn wie bereits zuvor unwissend, was das Zeugnis betrifft, sorge ich weiterhin auf meinem neuen Arbeitsplatz jetzt wissend dafür, dass das Zeugnis ein gutes wird...
Im Februar 1980 lege ich es auf dem Arbeitsamt Frau Wahlers vor, und sie segnet daraufhin meine dreijährige Umschulung zum Krankenpfleger ab! Nach diesen spannenden Ereignissen denke ich sehr oft: „Mann, was hast du bloß für'n Dusel gehabt! Aber nicht nur das... Meine innere „Belastbarkeitsmuskulatur“ ist inzwischen durch diese nervenaufreibenden Ereignisse ziemlich gut durchtrainiert und widerstandsfähiger geworden. Trotz der Panikattacken... Ich hab's ja schließlich ausgehalten...!“

Hochzeit..., die Dritte!

„Oh - sind das schöne Geschenke", freut Silke sich, „und der sü-ü-ße Kuschelteddy (Sie zieht das Wort ‚süß' immer sehr in die Länge..., mit hoher, fast quietschender Stimme...), ach ist der niedlich!"
Heute ist der 06. März 1980. Silke hat Geburtstag und wird sieben Jahre alt. Als sich ihre erste Freude über ihre Geburtstagsgeschenke gelegt hat und sie fröhlich mit dem neuen Teddy spielt, sagt sie plötzlich:
„Ich wünsche mir noch was, - für bald..."
„Und das wäre?", fragt Hanni, „ist das, was du heute bekommen hast, denn etwa nicht genug?"
„Doch, das ist genug. Aber ich wünsche mir trotzdem, dass ihr bald heiratet und ich dann auch mit Nachnamen Lempelius heiße. In der Schule fragen sie schon immer so blöde, warum ich nicht wie mein Vater heiße..."
Hanni und ich sehen uns überrascht an, werden verlegen und trösten Silke mit irgendwelchen Floskeln. Wir können aber nicht umhin, uns mit diesem Thema in den nächsten Tagen zu beschäftigen, weil das Kind hartnäckig am Ball bleibt. Anfangs unterhalten meine Freundin und ich uns scherzhaft darüber, beginnen dann aber doch, uns ernsthaft mit dem Thema auseinander zu setzen und wägen ab, was für und was gegen eine Eheschließung spricht Wir entscheiden uns dafür: Erstens leben wir sowieso wie eine richtige Familie zusammen und unsere Liebe zueinander halten wir für gefestigt, wenn auch nicht immer spürbar, wie es frisch Verliebte empfinden würden. Zweitens habe ich mich stabilisiert und liefere keinen Anlass für Misstrauen, was meine Abstinenz anbelangt. Im Gegenteil...! Außerdem arbeite ich inzwischen im öffentlichen Dienst und habe gute Aussichten, dort auch weiter beschäftigt zu werden. Das schafft Sicherheitsgefühle für die Zukunft... Und wenn es mir gelingt, nach unserer Eheschließung Silke zu adoptieren, sind wir auch nach außen hin das, was man hierzulande eine „richtige, kleine Familie" nennt. Das mag zwar spießig klingen, erzeugt aber auch so etwas wie ein inneres Stabilitätsempfinden...

Diese Entscheidung teilen wir der Kleinen ein paar Tage nach ihrem Geburtstag mit, und sie freut sich darüber „noch doller, als über meine Geburtstagsgeschenke“, wie sie uns hocherfreut wissen lässt.
Hannelore und ich verwirklichen die Idee im Juli 1980 und heiraten im engsten Freundes- und Familienkreis in Form einer sehr kleinen Feier. Ein paar Tage danach rufe ich etwas aufgeregt Silkes leiblichen Vater an und frage ihn, ob er etwas dagegen hat, dass ich seine Tochter adoptiere. Er zahlt zwar Unterhalt für das Kind, es gab aber nach der Scheidung keinen persönlichen Kontakt mehr zwischen den beiden. Auch Silkes Vater ist anlässlich dieses für ihn unerwarteten und überraschenden Vorschlags von mir sehr aufgeregt, wie er mir gesteht. Er stimmt meinem Ansinnen jedoch ohne Umschweife zu. Für ihn bedeutet das nämlich, dass er keinen Unterhalt mehr zu zahlen hat und jeglicher Verantwortung gegenüber dem Kind entbunden ist, wenn die Adoption vollzogen wird. Nachdem er diese Entscheidung schriftlich bestätigt hat, beantragen Hanni und ich die Adoption bei der Behörde. Von der wird mir auferlegt, jemanden zu benennen, der für mich und meine Seriosität aussagt. Dazu erklärt sich Frau Wieners bereit, die früher zu meinem Behandlungsteam gehörte und mit der ich heute auf kollegialer Ebene verbunden bin. Außerdem hegen wir privaten, freundschaftlichen Kontakt, und sie verfolgt meinen Werdegang mit großem Interesse.
Als endlich alle anstrengenden Ämterwege gegangen sind und die notwendigen Adoptionsformalitäten erledigt sind, bekomme ich den amtlichen Bescheid, dass ich Silke „an Kindes statt annehmen“ und sie somit adoptieren darf. Von dem Zeitpunkt an heißt sie Silke Lempelius, ist offiziell meine Tochter, und niemand fragt sie mehr, warum sie anders heißt als ihr Vater... Allerdings sagt sie nie „Vati“ oder „Papa“ zu mir. Seit sie ihre ersten Sprechversuche gemacht hat, nennt sie mich „Otti“. Niemand kennt den Ursprung dieses Namens, den sie mir damals gegeben hat. Sie selbst auch nicht. Aber sie nennt mich weiterhin so. Auch heute noch...

„Schwester Eberhard..."

Blenden wir zurück zum 01. Oktober 1979, zu dem Tag, an dem ich meine Karriere im Bremer Gesundheitswesen beginne. Wie bereits erwähnt, anfänglich als Pflegehelfer ohne jegliche Ausbildung. Finanziell verschlechtere ich mich nicht, denn ich verdiene trotz des kleinen Pflegegehalts, welches ich bekomme, ungefähr 100 DM netto mehr als ich während meiner Tätigkeit als LKW-Fahrer ausbezahlt bekam. Nachdem ich geheiratet und Silke adoptiert habe, wird es durch die Veränderung meiner Steuerklasse sogar noch mehr.

Ich werde auf der Entgiftungsstation „1" unserer Suchtabteilung eingesetzt. Inzwischen ist die Suchtabteilung „meiner" Klinik erweitert worden und in ein leer stehendes Krankenhaus umgezogen, welches in Bremen als „Klinik Sebaldsbrück" bekannt ist. Die somatischen Fachbereiche, die sich dort zuvor befanden, sind aus Modernisierungsgründen in einem jüngst eingeweihten Neubau des Zentralkrankenhauses Bremen-Ost untergebracht. Und somit haben wir in Bremen eine eigene Suchtklinik, die aber verwaltungstechnisch zum „ZKH-Ost" gehört.

Nachdem die Oberschwester der Suchtabteilung mich auf die Station 1 gebracht und mich dem dortigen Team als neuen Mitarbeiter vorgestellt hat, kommt eine Kollegin auf mich zu und stellt sich mir als „Schwester Helga" vor. Sie bietet mir an mich in meine Arbeit einzuweisen. Ich nehme ihr Angebot dankend an und lerne von ihr, wie man bei den Patienten Blutdruck und Puls misst und auch, wie man eingekotete und eingenässte Patienten reinigt, entkleidet und frisch anzieht, sowie die Betten neu bezieht, ohne dass die Patienten ihr Bett verlassen müssen.

Ich lerne sehr schnell, bin aber während der Verrichtung meiner neuen Tätigkeiten anfangs sehr aufgeregt. So messe ich einem Patienten, der sich im Entzug befindet, den Puls und zittere dabei vor Aufregung genauso wie er, der es mit seinem Entzugstremor zu tun hat. Gott sei Dank bemerkt er es nicht... Auf dieser Entgiftungsstation begegne ich dem Krankheitsbild „Sucht" in seiner schlimmsten Form. Ich sehe delirante Patienten, erlebe, wie schockierend sich die Symptomatik von

Krampfanfällen darstellt und lerne Menschen kennen, die sich über jahrelangem Alkohol- oder anderem Suchtmittelkonsum Körper, Geist und Seele fast völlig zerstört haben. Diese Menschen scheinen nur noch Wracks zu sein, wissen nicht mehr, worüber man mit ihnen vor fünf Minuten gesprochen hat, finden ihre Zimmer nicht und lassen mitunter ihre Exkremente an der Stelle fallen, wo sie gerade stehen, gehen oder liegen...

Manchmal wird mir klar, dass ich diesem Stadium der Krankheit bis jetzt entwischt bin. Wohlgemerkt: bis jetzt! – Denn wenn ich wieder „hinlange“ und nicht mehr aufhören kann, droht mir das gleiche Schicksal, das ist mir klar! Aber andrerseits bin ich mir sehr sicher, dass ich das nicht will...

Obwohl ich eine Menge spektakuläre und erschütternde Krankheitsbilder sowie manche in Gewalt ausartende Szenen miterlebe, verrichte ich meine Arbeit sehr gerne. Es gelingt mir, eine gesunde Distanz zu den Geschehnissen herzustellen und mich nicht zu sehr „reinzuhängen“. Ich kann die Ereignisse gut loslassen und nehme sie in der Regel nicht „mit nach Hause“. Der Umgangston des Personals gegenüber den Patienten ist so, wie ich ihn bereits aus meiner Therapie kenne: „konfrontativ-stützend“. Allerdings gibt es in diesem Bereich leider ein paar Kollegen und Kolleginnen, die auf das „Stützen“ verzichten und nur „Konfrontation“ praktizieren. Einer von denen neigt sogar dazu, die Patienten zu schikanieren. So lässt er sie zum Beispiel drci- oder viermal hintereinander ihr Bett frisch beziehen oder die Mülleimer der Station leeren... Ich bin jedoch zu feige ihn deswegen zur Rede zu stellen, weil ich befürchte, dass er dann dafür sorgt, dass ich als aufmüpfiger Neuling gleich wieder rausfliege... Zu meiner Ehrenrettung sei gesagt, dass ich das Versäumte einige Jahre später, als ich fest angestellt bin, gründlich und für ihn sehr beeindruckend nachhole...

Nach vier Wochen Arbeit auf der Station1 der Klinik Sebaldsbrück ordnet die Pflegedirektorin an, dass ich den Arbeitsbereich wechseln soll. Ihre diesbezügliche Begründung lautet:

„Herr Lempelius soll auch mal andere Patienten als immer nur Alkoholiker kennen lernen bevor er seine Ausbildung beginnt.“
Und somit werde ich ins Haupthaus auf die Station 113 der neurologischen Klinik unseres Krankenhauses versetzt. Hier begegne ich anderen, aber auch sehr spektakulären Krankheitsbildern. Durch hirnorganische Schäden gelähmte Menschen, Patienten mit Gehirntumoren oder nach Hirntumor- oder Wirbelsäulenoperationen und auch Menschen, die durch hirnorganische Krankheitsprozesse seelisch, körperlich und geistig beeinträchtigt sind, werden hier behandelt. Auch diese Patienten koten oder nässen, ohne es beeinflussen zu können, im Bett oder an anderen Stellen ein, weil auch sie durch ihre Krankheit sehr verwirrt und desorientiert sind. Außerdem sterben hier sehr viele Patienten an ihren schweren Erkrankungen, und ich lerne den Tod viel näher kennen als bisher und stelle fest, dass er an dieser Stelle sehr oft als Erlöser auftreten kann. Die neurologische Abteilung stellt sich für mich als sehr arbeitsintensiv dar. Das Team der „113“ leidet ständig unter Personalmangel, und die Kolleginnen und Kollegen werden aufgrund der ständigen Arbeitsüberlastung öfter krank als in anderen Bereichen. Trotzdem fühle ich mich auch dort wohl und bin durch mein Engagement, meiner frischen Fröhlichkeit und Lernbereitschaft schnell ins Team integriert und von den Kolleginnen und Kollegen akzeptiert Der alte Stationspfleger, der prinzipiell niemanden seiner MitarbeiterInnen duzt, macht mir deswegen nach ungefähr dreimonatiger Tätigkeit auf der Station ein tolles Kompliment. Er sagt wörtlich zu mir:
„Wissen Sie? Manchmal stehen mir hier meine restlichen Haare zu Berge... da kommen mitunter superschlaue, hochintelligente, gebildete junge Menschen mit klugen Sprüchen auf unsere Station, um hier als Schwester oder Pfleger zu arbeiten. Die sind aber meistens leider zu nichts Praktischem zu gebrauchen und hauen sehr bald von alleine wieder ab... Das hab’ ich hier oft erlebt... Tja, und irgendwann taucht da so ’n ehemaliger Seemann und LKW-Fahrer aus dem Nichts auf - von Krankenpflege völlig unbefleckt - guckt nach links, guckt nach rechts, krempelt seine Ärmel hoch und fängt einfach an zu arbeiten und ist

obendrein auch noch beliebt bei den Patienten... Das find' ich ganz toll, Herr Lempelius, bleiben Sie so.
Sie sind'n richtiger Glücksgriff für die Krankenpflege!"
Von diesem Lob höchst geschmeichelt, fällt mir mein „Interimszeugnis" ein, welches ich innerhalb der nächsten zwei oder drei Wochen beim Arbeitsamt abgeben muss und leite das,
ermutigt durch dieses Lob, bei der Pflegedirektorin in die Wege. Dass mir auf Grund des sehr gut ausgefallenen Zeugnisses die dreijährige Umschulung vom Arbeitsamt genehmigt wird, erwähne ich an dieser Stelle noch einmal zur Erinnerung...
Einige meiner Kolleginnen und Kollegen nennen mich mittlerweile scherzhaft „Schwester Eberhard", weil der Liedermacher Reinhard Mey das Lied mit der Textpassage: „Schwester Eberhard - Skalpell!" öffentlich zum Besten gibt...
Ich erkenne für mich, dass ich mit der Ausübung des Pflegeberufs gewissermaßen einen „schlafenden Hund" in mir geweckt habe und kann mir vorstellen, nach meinem hoffentlich bestandenen Examen auch in anderen Bereichen des Krankenhauses zu arbeiten, falls dann in der Suchtklinik kein Arbeitsplatz für mich frei sein sollte.
Mein Einsatz als Pflegehelfer auf der Station 113 endet nach fast einem Jahr Tätigkeit am 30. September 1980. Und zwar deswegen, weil am 01. Oktober 1980 für mich meine dreijährige Ausbildung zum Krankenpfleger mit einem mehrwöchigen Blockunterricht an der Krankenpflegeschule unseres Hauses beginnt... Für mich aber nur deswegen, weil ich inzwischen stolzer Absolvent des Hauptschulabschlusses bin, 12 mysteriöse Punkte erreicht habe und vom Arbeitsamt drei und nicht nur zwei Jahre lang finanziell unterstützt werde! Und - weil ich bis heute keinen Alkohol mehr in mich hineingekippt habe... Drei Jahre und zehn Monate nicht mehr... All das fühlt sich sehr gut an und schafft auch ein wenig innere Ruhe und Selbstbewusstsein. Trotzdem stehe ich nach wie vor sofort wieder unter Strom, wenn irgendetwas nicht so funktioniert, wie ich es mir vorstelle. Das Gleiche gilt aber auch für Situationen oder Vorfälle, die mich begeistern und mein Engagement aktivieren...

Ehrgeiz, Erfolge und: Krise als Chance...

Dieses aktive Engagement meinerseits kommt insbesondere in meiner neuen Lernbereitschaft und meinem diesbezüglichen Ehrgeiz in der Krankenpflegeschule zum Tragen. Außerdem auch während meiner Pflegeschülereinsätze in den verschiedenen Fachbereichen, die ich als Auszubildender im Krankenhaus durchlaufen muss. Bevor ich näher darauf eingehe, plaudere ich erst einmal ein wenig Allgemeines und Informatives aus der Schule:
Ich bin der älteste Mann in unserem Ausbildungskurs. Jener setzt sich aus siebzehn Frauen und drei Männern zusammen. Zwei von den Schülerinnen sind auch in meinem Alter und nehmen ebenfalls eine zweite Berufsausbildung in Angriff. Die anderen Mitschülerinnen und Mitschüler sind noch sehr jung, in etwa 18 bis 22 Jahre alt.
Unsere Kursleiterin Schwester Rosi ist eine freundliche, kumpelhafte und fachlich sowie menschlich sehr kompetente Lehrerin für Krankenpflege. Der andere so genannte Lehrkörper besteht aus weiteren Lehrern und Lehrerinnen für Krankenpflege sowie Ärzten und anderem Fachpersonal. Die beiden Letztgenannten unterrichten nebenberuflich an dieser Schule. Unser umfangreiches Unterrichtsprogramm setzt sich aus vielen Fächern zusammen: Krankenpflege, Anatomie, Hygiene, Physik, Chemie, Pharmakologie, Gesetzeskunde usw. Außerdem ist jeder klinische Fachbereich, wie Chirurgie, Innere, Psychiatrie, Neurologie usw. zusätzlich als eigenes Unterrichtsfach vertreten. Für mich stellt sich als Überraschung heraus, dass die theoretische und praktische Ausbildung zum Krankenpfleger so umfangreich und lernintensiv ist.
Im Hinblick auf meine deprimierenden Erfahrungen mit meinen früheren Schulkarrieren und der dadurch entstehenden Angst, auch jetzt wieder solche Schlappen zu erleiden, wird mein zuvor erwähntes Engagement und der damit verbundene Ehrgeiz im Gegensatz zu früher intensiv beflügelt. Ja, ich muss gestehen, dass mein Ehrgeiz sogar die Stufen zum Strebertum empor klettert und ich von meinen Mitschülerinnen und –schülern manchmal: „Ebi, du Strebi“

vorgesungen bekomme. Ich entwickle mich förmlich zum „Spitzen-Zensuren-Jäger“ (...wenn das mein Vater wüsste...). Diese ehrgeizige Jagd beginnt damit, dass wir nach den ersten drei Wochen unseres Schulbeginns die erste Klausur im Fach „Krankenpflege“ schreiben und ich mir eine „1“ einfange. Ein paar Tage später schreiben wir einen Test in „Hygiene“. Wie lautet meine Zensur? Jawohl: „sehr gut“. Als Nächstes folgt eine Klassenarbeit im Fach „Anatomie“. Dem Gesetz meiner bisherigen Serie folgend müsste letztere wieder mit einer „1“ ausgezeichnet werden... Und? Genau! Es wird wieder eine solche...
Das Erreichen dieser guten Zensuren entsteht bei mir dadurch, dass ich im Vorfeld lerne und pauke wie „verrückt“ - im wahrsten Sinne des Wortes. Ich igle mich zu Hause ein, habe keinen Sinn mehr dafür, was sonst noch geschieht oder vielleicht geschehen könnte... Ich pauke, pauke, pauke... Als die nächste Klausur ansteht, durchlebe ich in der Nacht zuvor einen Alptraum. Ich träume, dass ich nur eine „3“ schreibe. Tief enttäuscht und voller Scham nehme ich die Zensur von dem Dozenten entgegen, kündige meinen Lehrvertrag und verlasse total enttäuscht von mir selbst und mich verfluchend die Krankenpflegeschule... Danach wache ich schweißgebadet auf. In der Folgezeit denke ich sehr oft über diesen Traum nach, stelle meinen übertriebenen Ehrgeiz in Frage und nehme mir vor, mich nicht mehr so verrückt zu machen. Aber es fällt mir trotzdem schwer im Vorfeld und in Erwartung von weiteren Klausuren, das richtige Arbeitsmaß zu finden. Dann muss ich mein altbewährtes „Paukkonzept“ bei behalten, weil mir das die innere Sicherheit verschafft, die ich benötige. Allerdings akzeptiere ich im weiteren Verlauf meiner Schulzeit, dass ich zwischendurch mit einer „2“ oder einer „3“ auch ganz gut bedient bin und werde im Hinblick auf meine Zensuren doch etwas ruhiger und gelassener... Zum Abschluss meiner praktischen Einsätze in den verschiedenen Fachbereichen erwirke ich mir auch gute bis sehr gute Beurteilungen. Hierfür mache ich mich aber nicht so verrückt, wie vor meinen theoretischen Tests. Ich verrichte einfach engagiert und interessiert meine Arbeit, weil sie mir Spaß bringt und profitiere auch

ein wenig von meinen praktischen Erfahrungen, die ich im Jahr zuvor als Pflegehelfer gemacht habe.
Gegen Ende meines Einsatzes als Schüler auf der Inneren Abteilung fragt mich die dortige Stationsärztin, ob ich Lust hätte nach bestandenem Examen auf dieser Station anzufangen. Ich erkläre ihr daraufhin, dass ich dann lieber in der Klinik Sebaldsbrück mit den suchtkranken Patienten arbeiten möchte. Der Ärztin ist bekannt, dass ich trockener Alkoholiker bin. Trotzdem sagt sie:
„Das ist aber schade, dass Sie in die Suchtklinik gehen wollen... Hm, denn das heißt ja: Perlen vor die Säue werfen, wenn Sie dort hin gehen..."
Unabhängig davon, dass ich diese Bemerkung von ihr gegenüber den suchtkranken Menschen sehr verächtlich finde, überlege ich für mich:
„Was bin ich denn jetzt? Perle oder Sau...?"
Ja, ja - auf beruflicher Ebene erlebe ich für mich trotz dieser unbedachten Diskriminierung jener Ärztin eine erfolgreiche, wenn nicht sogar glorreiche Zeit!
Im privaten Bereich jedoch nicht so sehr. Dort sind inzwischen ein paar dunkle Wolken aufgezogen. Auf finanzieller Ebene gibt es einige Einschränkungen. Als Schüler verdiene ich wesentlich weniger als zuvor. Von meinem Arbeitgeber, dem öffentlichen Dienst, bekomme ich den Tariflohn für Krankenpflegeschüler und vom Arbeitsamt eine sogenannte Unterhaltszahlung. Beides zusammen ergibt ungefähr 250 bis 300 DM weniger als ich zuvor verdiente. Somit trägt Hanni wieder einmal die finanzielle Hauptverantwortung in unserer Familie. Das ist aber nicht unser Hauptproblem, denn wir kommen trotzdem einigermaßen über die Runden. Es gibt auf anderem Gebiet ernstere Schwierigkeiten: Durch mein vor Misserfolgen angstbesetztes und dadurch überehrgeiziges Engagement während meiner Ausbildung halte ich die übrigen Familienthemen und –probleme nicht mehr für sehr wichtig. Darüber bin ich für Hannelore und Silke als Ehemann und Vater nur noch sehr eingeschränkt und auch ungern präsent. Wenn meine Frau mich deswegen in Frage stellt, liefere ich das Argument ab, welches die meisten erfolgsorientierten Männer abgeben:

„Das mache ich doch alles nur für Euch...!“, und bitte in der Folge darum, in Ruhe gelassen zu werden...
Hinzu kommt, dass Hanni und ich sehr oft über Erziehungsfragen in Bezug auf Silke streiten.
Ich befürchte, dass meine Frau zu hohe und zu ehrgeizige schulische Ansprüche an das Kind stellt und nicht zufrieden mit dem ist, was es leistet. Ich selbst trete durch meinen ständigen inneren Stress meiner Tochter gegenüber sehr oft nervös, gereizt und ungeduldig auf, was Hanni mir dann vorwirft. Durch die vielen Streits verlieren wir auch auf sexueller Ebene immer mehr das Interesse aneinander und leben schon bald nach unserer Hochzeit wie eines von jenen Ehepaaren zusammen, welche sich außer gegenseitigen Vorwürfen und Mäkeleien nicht mehr viel zu sagen haben und auch nichts mehr miteinander unternehmen. Diese Tatsache verdränge ich jedoch recht erfolgreich, weil ich mich sehr oft in den Erfolgserlebnissen meiner Berufswelt sonnen kann...
Während dieser Zeit besuche ich weiterhin die AA-Gruppen. Allerdings nicht mehr so oft wie früher, sondern nur noch zweimal pro Woche, manchmal auch nur einmal. Wenn ich mich auf eine Klausur vorbereiten muss, gehe ich mitunter eine oder zwei Wochen gar nicht mehr hin. Es gibt ein paar AA-Freunde, die das kritisch sehen und mir dann vorwerfen, dass ich die „Meetings schwänze“ und mich dadurch bewusst in Rückfallgefahr begebe... Aber sie erreichen mein Gewissen nicht, weil ich meiner Meinung nach genug für meine Abstinenz tue und mich nach wie vor stabil fühle. Außerdem bin ich mir sehr sicher, dass es für mich und meine Trockenheit auch wichtig ist, mich intensiv um meine Ausbildung zu kümmern und mir die Zeit zu gönnen, die ich meiner Meinung nach dafür benötige...
Und so läuft meine Zeit mit beruflichem Erfolg und manchem privaten Ärger sehr schnell dahin, und meine Ausbildungszeit zum Krankenpfleger nähert sich erstaunlich schnell dem Ende zu. Die drei Jahre vergehen wie im Flug und mein innerer Stress erreicht seinen Höhepunkt, als es ansteht sich auf das Staatsexamen vorzubereiten. Als es im September 1983 endlich so weit ist, gehe ich mit den Vorzensuren „Praktisch 1“ und „Theoretisch 1,5“

in die Prüfung und bestehe diese glatt mit „sehr gut". Also mit Auszeichnung. Mit mir zusammen schaffen das noch drei andere aus unserem Kurs. Niemand „fällt durch".
Ich bin überglücklich. Eine Riesenlast fällt von mir ab. Auch meine beiden „Frauen" freuen sich mit mir, und wir verbringen ein paar fröhliche und von drückender Last befreite Tage miteinander.
Ein paar Tage nach meinem Examen sitze ich abends in einem AA-Meeting und berichte fröhlich stolz und immer noch von Glückseeligkeit durchflutet über die Tatsache, dass ich als mittlerweile 40-jähriger Mann das erste Mal in meinem Leben eine Schulzeit bis zum Ende durchgehalten habe. Und nicht nur das! Ich habe außerdem mit Auszeichnung und einem „sehr gut" abgeschlossen... „Mann, ich bin überglücklich!", lautet der Schlusssatz meiner Aussage. Etwas später meldet sich ein AA-Freund zu Wort. Ich kenne ihn gut und weiß von ihm, dass er bereits seit 15 Jahren trocken lebt. Er sagt:
„Ich heiße Hans und bin Alkoholiker und möchte auf die Aussage von Eberhard Bezug nehmen. Herzlichen Glückwunsch zu dem Erfolg. Aber ich gebe an dieser Stelle zu bedenken, dass zu viel Freude auch zum Rückfall führen kann... Ich persönlich habe schon viele deswegen wieder trinken sehen... Mehr will ich dazu nicht sagen. Danke."
Ich sehe ihn daraufhin grinsend an, schüttle meinen Kopf missbilligend und denke:
‚Du dämlicher Sack! Weißt du überhaupt, wie sich richtige Freude anfühlt, du staubtrockener, verknöcherter Gramusel?'
Laut äußere ich mich nicht dazu, weil ich mir durch seinen blöden Spruch nicht die Stimmung vermiesen lassen will. Andere Meetingteilnehmer machen ihm auch durch missbilligendes Kopfschütteln deutlich, wie sehr er auch ihrer Meinung nach mit seinem Miesmacherorakel daneben liegt...
Zu meiner Freude beginne ich am 01. Oktober 1983 meine Arbeit als Krankenpfleger in der Bremer Suchtklinik „Sebaldsbrück". Glücklicherweise gibt es dort für mich eine freie Stelle auf der Station „2". Der Stationspfleger ist niemand anderes als Herr Hampel. Nämlich genau der Herr Hampel, den ich während meiner Therapie im Stillen als

Spießer verurteilte und ihn anschließend im Gegensatz dazu als einfühlsamen und verständnisvollen Menschen kennen lernen durfte... Anlässlich meiner Einstellung auf seiner Station freuen wir uns beide, dass wir es auf dieser Ebene wieder miteinander zu tun bekommen.
Während meiner jetzt folgenden Tätigkeit als Krankenpfleger im Fachbereich „Sucht" gelingt es mir sehr schnell, mit den Patienten so etwas wie eine gemeinsame Sprache zu finden. Insbesondere deswegen, weil ich deren Problematik mehr oder weniger selbst durchlaufen habe. Auch ich übernehme den „konfrontativ-stützenden" Ton, der zu der Zeit auf suchttherapeutischer Ebene angesagt ist. Ich lege dabei für mich aber auch sehr viel Wert darauf, dass dabei das „stützende Element" nicht zu kurz kommt. Meine diesbezüglichen Vorbilder heißen nach wie vor „Wischer und Baumann". Mir ist klar, dass ich nicht sein kann, wie sie, sondern dass ich meinen eigenen Stil in meiner Arbeit finden muss.
Dr. Baumann wird noch im selben Jahr pensioniert. Ihn löst ein sehr junger, wenig suchterfahrener, aber mit sympathischer Frische ausgestatteter Chefarzt namens Dr. Gunther Kruse ab. Durch seine Art lockert sich nach meinem Empfinden die Klinikatmosphäre insgesamt etwas, aber die Fachlichkeit bleibt trotzdem erhalten und entwickelt sich auch unter seiner Leitung weiter...
Was mich und meine eigene „Stilfindung" betrifft, stelle ich fest, dass sie mir mit zunehmender Berufspraxis immer besser gelingt. Meine Patientinnen und Patienten akzeptieren mich mit der Zeit mehr und mehr. Sie suchen immer öfter das Gespräch mit mir und lassen mich in der Folge wissen, dass es ihnen „...gut was bringt", wie sie sagen. Allerdings wehre ich die oft geäußerte und manchmal „schleimig" wirkende Meinung der Patienten ab, dass ihrer Ansicht nach nur der Betroffene dem Betroffenen (also jemand wie ich) etwas über die Sucht vermitteln kann. Auch hier kann ich aus selbst gemachter Erfahrung berichten, dass ich in „Sachen Sucht" von Nichtbetroffenen sehr viel gelernt habe. Es gibt lediglich einen Aspekt, der mir den Nichtsüchtigen gegenüber einen kleinen Vorteil verschafft: Ich kann die Gier und das Verlangen sowie die gesamte Suchtdynamik des Patienten

nachempfinden, weil ich das selbst durchlebt habe. Meiner Meinung nach können beide Seiten, süchtige und nicht süchtige gleichermaßen voneinander lernen. Deswegen halte ich es für vorteilhaft, wenn in den Teams „beide Parteien“ vertreten sind und sich ergänzen. In der Klinik Sebaldsbrück ist das auf vielen Stationen der Fall.
An dieser Stelle möchte ich als Fazit für meine Anfangszeit in der Suchtarbeit sagen: Ich habe für mich die richtige Berufswahl getroffen und bin froh und dankbar, dass ich meinen Plan bis hierher in dieser befriedigenden Form erfüllt habe!
In meinem Privatleben sieht es nach wie vor etwas anders aus. Trotz unserer gemeinsamen Freude über mein bestandenes Examen und der damit verbundenen Beendigung des dreijährigen Dauerstresses gelingt es Hanni und mir nicht mehr gefühlsmäßig wieder zueinander zu finden. Wir beide überspielen das und leben „irgendwie“ nebeneinander her. Manchmal glaube ich, dass wir nur noch wegen Silke zusammen sind.
Nachdem ich etwas mehr als ein Jahr in Sebaldsbrück beschäftigt bin, begegne ich während einer Besprechung auf einer anderen Station einer neu eingestellten, für meinen Geschmack sehr attraktiven Kollegin, die Elke heißt. Schnell kommen wir miteinander ins Gespräch und verlieben uns ebenso schnell „Hals über Kopf“ ineinander. Auch Elke ist verheiratet, steht aber bereits kurz vor ihrer Scheidung.
Einerseits besuche ich sie fortan fast täglich unter irgendeinem dienstlichen Vorwand gerne auf ihrer Station und sie mich auch - andrerseits strapaziere ich mein Gewissen auf moralischer Ebene, weil ich mich trotz unserer fragwürdigen ehelichen Beziehung vor meiner Frau schäme und hoffe, dass sie mir nichts anmerkt. Ich gerate innerlich stark „ins Schwimmen“ und wünsche mir, dass diese Verliebtheit zur Rettung meiner Ehe bald von alleine wieder verschwindet. Aber ich tue nichts dafür, denn andrerseits wünsche ich mir, dass dieselbe Verliebtheit ewig anhalten möge... Trotz Elkes Drängen erlaube ich es mir aus Anstandsgründen nicht mit ihr zu schlafen. Ich will nicht „fremdgehen“, obwohl ich es gedanklich schon längst vollzogen habe. Letzteres gestehe ich mir aber nicht ein.

Mit diesem Selbstbetrug und meiner inneren Ambivalenz laufe ich ein ganzes Jahr gestresst durch die Gegend. Zwischendurch spreche ich öfters mit Uwe Wischer über mein Problem und er rät mir, meinen Eiertanz zu beenden und eine Entscheidung zu treffen. Als ich endlich begreife, dass sich das Problem wirklich nicht von alleine auflöst und die Verliebtheit eher stärker als schwächer wird, ziehe ich die Konsequenz, beichte Hannelore alles und trenne mich von meiner kleinen Familie. Auch Elke verlässt ihren Mann und wir ziehen beide erst einmal um, in das Personalwohnheim unserer Klinik.

Mit Silke halte ich den Kontakt aufrecht. Zu Beginn fast täglich, damit sie begreift, dass ich für sie nicht verlorengegangen bin. Hannelore ist so sauer und so enttäuscht, dass sie monatelang nicht mit mir sprechen will. Nach erfolgtem Trennungsjahr lassen wir uns scheiden.

Aber auch die „Flitterzeit“ mit Elke hält nicht ewig. Sie dauert ungefähr ein Jahr. Bald danach merken wir, dass wir völlig verschiedene Ansichten, Geschmacksrichtungen und Interessengebiete haben, leben aber trotzdem noch weitere vier Jahre in einer gemeinsamen Wohnung zusammen. „Irgendwie“... und scheinbar harmonisch...

Während dieser Zeit, genauer gesagt im Jahr 1988 werde ich „AA-müde“. Fast 11 Jahre bin ich jetzt trocken und merke, dass ich keine rechte Lust mehr habe abends ins Meeting zu gehen. Schon längere Zeit beteilige ich mich nicht mehr so engagiert und aktiv in den Gruppen wie in den Jahren zuvor. Außerdem bin ich inzwischen der Meinung, dass es mir jetzt ganz gut gelingt meine Probleme selbst zu lösen. Mir ist klar, dass ich das unter anderem auch mit Hilfe der AA geschafft habe, aber deswegen bin ich doch nicht an sie gebunden wie an einen Rollstuhl, überlege ich mir und entscheide mich, herauszufinden, ob ich alleine laufen kann. Wobei ich nicht das Gefühl habe, alleine zu sein, weil ich außerhalb der AA auch einige Freundschaften pflege. Nachdem ich meine Entscheidung verwirklicht habe, stelle ich in der Folgezeit fest, dass ich ohne meine Gruppe ganz gut zurechtkomme. Und zwar genauso gut, als würde ich sie nach wie vor besuchen.

Eines Tages treffe ich während dieser Zeit Maria. Sie ist Mitglied in einer der Gruppen, von denen ich mich jüngst losgesagt habe.
„Hallo, Eberhard“, begrüßt sie mich erfreut, aber auch mit kritischem und besorgtem Blick, „dich habe ich ja lange nicht mehr gesehen. Gehst du gar nicht mehr ins Meeting? Oder besuchst du eine andere Gruppe?“
Als ich ihr erzähle, dass ich überhaupt keine Meetings mehr besuche und noch bevor ich meine diesbezügliche Begründung schildern kann, unterbricht sie mich und hält mir einen ellenlangen Vortrag über die Rückfallgefahr, in die man garantiert hineinrutscht, wenn man „die Gruppe“ verlässt. Sie berichtet von Menschen wie mich, die die AA verlassen haben und reumütig, aber rückfällig zurückgekommen sind und sich nur mit Hilfe der Gruppe wieder stabilisieren konnten...
Maria gelingt es, diese durchaus glaubhaften Geschichten so überzeugend zu schildern, dass sie mein Gewissen erreicht und ich – ohne Rückfall – aber doch etwas reumütig zu den Anonymen Alkoholikern zurückkehre. Ich suche mir aber ein anderes Meeting aus und finde eins, welches sich regelmäßig und ernsthaft mit den Inhalten des AA-Programms beschäftigt. In dieser Gruppe fühle ich mich wieder wohl, engagiere mich neu, bleibe dort aber trotzdem nur noch drei oder vier Jahre, um dann aus innerer Überzeugung gar nicht mehr hin zu gehen. Diese Entscheidung beinhaltet zwei ausschlaggebende Aspekte: Einerseits habe ich jetzt wirklich das Gefühl, „selbständig laufen zu können“, andrerseits erlebe ich es für mich als zunehmend problematisch, dass immer mehr aktuelle Patientinnen und Patienten aus meiner Klinik in dieses Meeting kommen. Letzteres ist für mich der entscheidende Grund nicht mehr in die Gruppen zu gehen. Selbstverständlich breche ich den Kontakt nicht völlig ab, sondern bleibe der AA und einigen Gruppenmitgliedern in freundschaftlichem Kontakt verbunden. Ich bin den Anonymen Alkoholikern nach wie vor dankbar und möchte die Zeit nicht missen, die ich mit meinen „AA-Freunden“ gemeinsam in dieser „Lebensschule“ verbracht habe...

Im Oktober 1989 leben Elke und ich seit fünf Jahren zusammen und ich lerne eine neue Kollegin kennen, in die ich mich (wieder einmal) hoffnungslos verliebe. Hoffnungslos im wahrsten Sinne des Wortes, weil ich auf sehr wenig Gegenliebe stoße. In Bezug auf meine Anfälligkeit, mich so schnell zu „verknallen“ glaube ich manchmal, dass ich es jetzt nötig habe, meine versäumten „Jungmännerverliebtheiten“ nachzuholen, die ich damals wegen meiner Sauf- und Prügelfreudigkeit nicht ausleben konnte oder wollte...
Über diese neue, aber aussichtslose Verliebtheit und meine daraufhin konsequent eingeleitete Trennung von Elke gerate ich in eine so schwere persönliche Krise, wie ich sie in dieser Form seit Beginn meiner abstinenten Lebensform noch nicht erlebt habe. Ich werde total depressiv, habe zu nichts mehr Lust, mag morgens nicht mehr aufstehen, finde wenig Schlaf, bin völlig verzweifelt und lasse mich letztlich krankschreiben.
Rückfallgedanken oder Saufdruck bekomme ich nicht. Allerdings schleichen sich bei mir Selbstmordideen ein. Es sind zwar keine klaren und direkten Absichten oder gar Versuche, aber doch Wachtraum-Phantasien. In der Fachsprache bezeichnet man einen solchen Zustand wohl als „latent suizidal“ und ich befürchte, dass diese Diagnose im Moment stark auf mich zutrifft. Dadurch noch mehr beunruhigt, suche ich einen Psychiater auf, von dem ich weiß, dass dieser sich auch mit Alkoholikern gut auskennt. Er war Stationsarzt in der Klinik Sebaldsbrück und führt mittlerweile eine eigene Praxis. Mein bisheriger Werdegang ist ihm gut bekannt. Nachdem ich ihm meine aktuelle Situation und die damit verbundene seelische Verfassung geschildert habe, fackelt er nicht lange und organisiert mir sehr schnell eine Einweisung in eine psychosomatische Klinik. Dort geschieht etwas mit mir, was mein Leben, meine Einstellung zu mir selbst und auch zu meinen Mitmenschen in der Folge sehr wesentlich und positiv beeinflusst...
Ich bekomme in dieser Klinik Einzeltherapie verordnet. Mit leichtem Argwohn stelle ich fest, dass meine Therapeutin noch sehr jung zu sein scheint. Ich schätze ihr Alter auf „Ende zwanzig“. Im Stillen frage ich

mich skeptisch, ob ich mit Hilfe einer so jungen Frau mein derzeitiges Chaos in den Griff bekommen kann... Trotzdem entscheide ich mich alles mitzumachen was von mir verlangt wird und gehe unmittelbar nach diesen zweifelnden Gedanken der Psychologin gegenüber kritisch mit mir selbst ins Gericht und denke:

‚Was willst du eigentlich? Du selbst bist zwar „schon" fast 47 Jahre alt, benimmst dich aber nach wie vor, wie ein 16-jähriger Teenager, dadurch ist diese Frau dir in Bezug auf Reife bestimmt haushoch überlegen...'

Also lasse ich mich auch „innerlich" auf meine Therapeutin und die Behandlung ein. Zu Beginn meiner Therapiestunden lässt mich die junge Frau meine Lebensgeschichte erzählen. Während weiterer Termine besprechen wir Einzelheiten daraus. Insbesondere solche, die meine Kindheit betreffen. Irgendwann fragt sie mich:

„Hat Ihre Mutter Sie eigentlich nie vor Ihrem Adoptivvater in Schutz genommen?"

„Mich in Schutz genommen?", wiederhole ich ihre Frage etwas erstaunt, „nein, im Gegenteil. Hm - diese Frage habe ich mir noch nie gestellt. - Hätte sie ja eigentlich als meine leibliche Mutter tun können oder vielleicht sogar müssen... Aber nee, sie hat sich gegen mich und für den Alten entschieden, als ich 16 Jahre alt war..., hab' ich Ihnen doch erzählt."

Nach diesen Worten merke ich, wie ich einen ganz kurzen Moment lang wütend auf meine Mutter bin. – Ganz kurz nur.- Danach ist das Gefühl sofort wieder weg und das mir altbekannte „Egal-Gefühl" ihr gegenüber ist wieder präsent.

Nach meinen Worten nickt die Psychologin, gibt ein kurzes „Aha" von sich und schweigt einen Augenblick. Plötzlich fragt sie mich:

„Können Sie sich den kleinen Jungen bildlich vorstellen?"

„Welchen kleinen Jungen?", hake ich etwas verständnislos nach.

„Na ja", sagt sie, „den kleinen Eberhard, der so oft geprügelt und misshandelt wurde."

„Ach so, ja, das kann ich." Und sofort erinnere ich mich an eine Fotografie von mir, die entstand, als ich fünf Jahre alt war. Auf dem

Bild trage ich einen weißen Sonntagsanzug und weiße Kniestrümpfe. Am eindrucksvollsten erscheinen mir auf dem Foto meine großen, fast schwarzen Kulleraugen. Auf dem Bild sehe ich richtig niedlich aus. Eher zum Knuddeln als zum Verprügeln... Meine Therapeutin fragt weiter:

„Ah ja, Sie können sich den kleinen Jungen also gut vorstellen. Was würden Sie denn gerne mit ihm machen? Stellen Sie sich vor, der kleine Eberhard befindet sich jetzt hier bei Ihnen im Raum, und zwar bei Ihnen, dem großen Eberhard."

„Hm", überlege ich, "vielleicht mit ihm spielen..."

„Ja, das wäre eine Idee, aber er weint gerade, hat just wieder Prügel mit dem dünnen, elastischen Stock bekommen... Nehmen Sie ihn mal auf den Schoß... Und? Was würden Sie jetzt als Großer tun?"

Ich stelle mir das von ihr vorgegebene Szenario vor, nehme in meiner Phantasie meinen kleinen, vor Schmerz noch schreienden und sich die brennenden Stockstriemen reibenden Eberhard auf meinen Schoß, werde unbeschreibbar traurig und verspüre ein tiefes Mitleid mit dem Kind, aber auch eine starke, mir unbekannte Liebe gegenüber diesem kleinen Menschen.

Eigentlich hätte ich noch gerne gesagt:

„Ich will das Kind trösten." Aber ich schaffe es nicht mehr diese Worte hervor zu bringen. Denn ich muss weinen, weinen, weinen...

Das tiefe Trauergefühl beherrscht mich. Aber während des Weinens entsteht in mir auch das Gefühl als würde ein furchtbarer Druck von mir weichen. Einer, den ich zuvor nie bewusst wahrgenommen oder gefühlt habe. Erst jetzt, als er sich auflöst, wird mir bewusst, dass es ihn in mir gibt.

Als ich mich ein wenig beruhigt habe und wieder einigermaßen sprechen kann, sage ich immer noch schluchzend zu meiner Therapeutin:

„Mein Gott, ich habe ja richtiges Selbstmitleid, aber ich glaube, das steht mir für meinen kleinen Jungen auch zu, oder?"

„Oh ja, antwortet sie, das ist völlig in Ordnung und auch berechtigt, dass Sie sich bemitleiden. Der kleine Junge in Ihnen hat schließlich sehr viel Schlimmes erfahren und das darf Ihnen gerne jetzt und auch noch in der Zukunft Leid tun. Dass Sie inzwischen Verantwortung für sich und Ihr Leben übernehmen können, haben Sie ja während der letzten 13 Jahre bewiesen. Jetzt dürfen Sie durchaus über den kleinen Menschen in sich weinen, den Sie soeben neu kennen gelernt haben. Tun Sie sich einen Gefallen: Behalten Sie ihn gut in Ihrem Bewusstsein...!"

Diesen Ratschlag von ihr nehme ich an und beherzige ihn auch weiterhin.

In Verbindung mit diesem Therapieerlebnis habe ich ein Empfinden, welches ich gut kenne. Es fühlt sich an wie das Erwachen aus einer Narkose: Ich bin im wahrsten Sinne des Wortes „zu mir gekommen."

An dieser Stelle meiner Erzählung schließt sich wieder ein Kreis. Ich bin in Liebe und Mitgefühl bei dem kleinen Jungen angekommen, über den ich zu Beginn dieser Geschichte so viel Leidvolles zu berichten hatte. Und deswegen möchte ich die Erzählung an dieser Stelle beenden.

Ich bin voller Dankbarkeit, dass ich mich nicht vernichten musste, sondern lernen durfte, mich und mein Leben zu lieben.